千古一戰神

韓信

姜狼 著

目錄

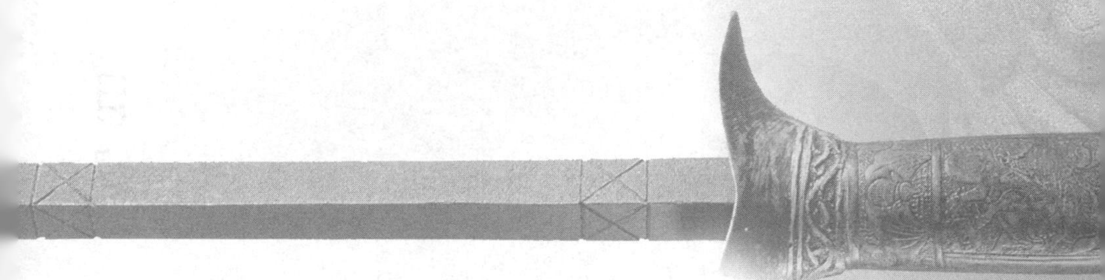

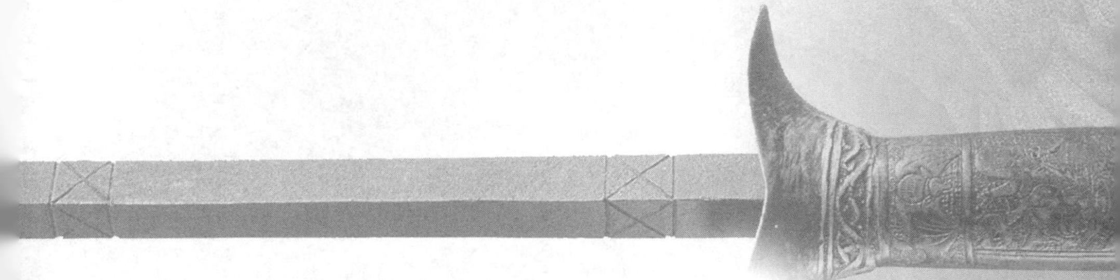

序

清朝乾隆年間，舉人包彬曾寫過一首《淮陰侯廟》，感慨楚漢之際一代戰神韓信的悲喜人生，詩如下：

鳥盡良弓勢必藏，
千秋青史費評章。
區區一飯猶圖報，
爭肯為臣負漢王。

韓信在歷史上的名氣有多大？看看韓信的人生和那些著名人物的人生糾纏不休就知道了：千古一聖劉邦、千古一雄項羽、一代雌虎呂雉、一代賢相蕭何。不過韓信出名，並不是靠傍著名人炒出來的，而是用自己睥睨千古的軍事天才，在群雄的盛宴中強行分走一杯羹，譜寫了一首讓人擊劍長歎、感慨萬千的人生傳奇。

世人記住韓信的，不僅是他跌宕起伏的傳奇人生，還有許多在歷史上閃閃發光的成語：一飯千金，胯下之辱，婦人之仁，明修棧道，暗渡陳倉，推陳出新，傳檄而定，大張旗鼓，背水一戰，各自為戰，為民請命，置之死地而後生，十面埋伏，三足鼎立，群雄逐鹿，人心難測，肝膽塗地，肝膽照人，多多益善，成也蕭何，敗也蕭何。

一個古人能和一條成語聯繫起來，就足以垂名青史，何況有這麼多膾炙人口的成語，韓信想不出名都難。對於韓信來說，他在意的並不是名垂青史，而是名垂當世。人活一世，何必圖萬世虛名，能在當時的一方天地中證明自己的偉大，足夠了！

無論是名垂當世，還是名垂青史，韓信都做到了。兩千二百多年前，韓信是一個不可思議的「現象」，自漢以後，韓信一直以來都是不可思議的「現象」，直到現在依然如是。歷代帝王將相如過江之鯽，匆匆而來，匆匆而去，能被歷史牢牢記住的又有幾人？但歷史卻牢牢記住了韓信。

劉邦以治國為不朽，張良以奇謀為不朽，項羽以熱血為不朽，而韓信，以用兵為不朽！看看明朝著名的文學評論家茅坤怎麼評價韓信用兵的：

「予覽觀古兵家流，當以韓信為最，破魏以木罌，破趙以立漢赤幟，破齊以囊沙，彼皆從天而下，而未嘗與敵人血戰者。予故曰：古今來，太史公，文仙也；李白，詩仙也；屈原，辭賦仙也；劉阮，酒仙也；而韓信，兵仙也，然哉！」

——出自《史記鈔》

歷代善用兵者多矣，但茅坤只認可韓信為兵仙，足見韓信在軍事上的超絕地位。

從出人意料的登壇拜將開始，韓信的人生軌跡如火箭般躥升，手眼通天，橫劍成國，讓人目不暇給，歎為觀止：

明修棧道、暗渡陳倉，談笑定三秦。
木罌疑兵，擒魏豹如覆掌。
背水成陣，擊殺趙軍二十萬，趙歇伏首馬前。
東向擊齊，殺俘楚軍二十萬，上將龍且授首。
垓下之圍，十面絕陣，霸王別姬，沛公一戰定天下！

如果把兩千二百多年前橫空出世的大漢帝國比喻成一座豐碑的話，那麼，漢高祖劉邦就是這座豐碑的碑身，矗立在歷史的醒目處，供後人膜拜憑弔；韓信，則是這座豐碑的基座，雖然沒有碑身那麼耀眼奪目，但所有人都知道，沒有基座，也就沒有這座豐碑。

自從秦末著名的泥腿子陳勝登高一呼，「王侯將相，寧有種乎」，無數個出身寒微的草根不甘心接受命運的殘酷判決，他們不甘淪為草芥，他們渴望一飛沖天。他們要用熱血和青春，甚至是生命來向蒼天大地證明：歷史的豐碑，人人有份！不能者下之，能者為之！

歷代有許多從底層草根中強勢殺出的英雄人物，但能以「叫花子」身分最終封王成神的，只有兩個人：一個是開創明朝二百七十七年江山的叫花子朱元璋，一個就是韓信。韓信雖然名為王孫，實則草根，最落魄的時候連飯都吃不上，生存對韓信來說幾成奢望。

沉重的苦難，沒有壓倒韓信，永遠不要低估一顆冠軍的心！每個人都會有夢想。機會面前，人人未必平等，草根固然不如豪貴子弟近水樓臺，但作為一個草根，如果你連最基本的信心和勇氣都沒有，是沒有資格去夢想成功的，不能也不會得到任何人的同情。

看看韓信吧！

無論青少年時期有多少的困窘，受過多少人的污辱和恥笑，韓信還是勇敢地活下去。因為韓信心中有一個夢想，一個所有男孩都曾經有過的夢想。即使被所有人拋棄，韓信依然沒有放棄自己，他還在努力向命運證明自己存在的價值。

韓信的人生傳奇，其實就是一本勵志書，讀懂了韓信，也就讀懂了苦難的人生。在這個世界上，沒有什麼比堅持更可貴，沒有什麼比勇氣更讓人感動。出身草根沒什麼，只要你努力，就會離成功越來越近。

雖然韓信的人生最終以悲劇收場，但那只是政治的失敗，而不是信心和勇氣的失敗。根據著名的木桶理論，韓信這只木桶上有許多合乎尺寸的堅實木板，有軍事板、信心板、勇氣板，唯獨有一塊政治短板，直接葬送了韓信的輝煌前程。

韓信缺少足夠的政治能力，也就是政治情商，更直白地講，就是不會做人。從這個角度看，項羽、韓信其實都倒在了同一個地方，他們都是多智商，少情商。所不同的是，項羽的失敗在於他高估了自己，而韓信的失敗，則是低估了對手。

平生自負兵學無解，得志升龍之後，韓信目中無人，得罪了官場上近乎所有實權派。當韓信輕鄙地當面辱罵樊噲是屠狗輩的時候，他的悲劇命運就已經不可逆轉。聰明人心裏瞧不起誰，不會說出來，面上依然春風和氣。當所有人都站在你的對立面時，你就已經失敗了。

韓信做事聰明，做人不聰明，他沒有參透權力之於人的得失關係。韓信沒有從做人的利害關係上去分析他和劉邦的關係，以為天下底定，就可以和皇帝陛下共富貴，長餉食祀，千秋在信一人。只是韓信沒有想過，劉邦可以與蕭何共富貴，可以與張良共富貴，甚至可以和樊噲共富貴，但絕對不可以和韓信共富貴！

原因，其實很簡單：臥虎之側，誰睡其酣！

蕭何、張良本事通天，也不足以對劉邦的天下造成威脅，更遑論樊噲這個屠狗妹夫。而韓信是當時公認的天下第一名將，用兵如鬼神翻覆，人皆不能測。劉邦能消滅項羽，韓信戰功最大，一旦韓信和劉邦刀兵相見，誰敢說劉邦能笑到最後？

為了大漢千秋萬代，韓信必須死，但如果韓信知道「兔死狗烹」的道理，天下底定之後，迅速交出兵權，示劉邦以歸野遊逸之志，終生不入官場半步，劉邦還是可以放韓信一條生路的。一千五百多年後的明朝開國大將湯和就遠比韓信拎得清、看得透，要不是湯和及時交出兵權，以釋君主之疑，朱元璋是不會放過他的。

可韓信選擇的卻是挾功抗上，自負凌人的絕路，長樂宮中的地獄之門已經緩緩朝著韓信打開，而韓信卻還昂首踏了進去。陰險毒辣的呂雉一聲令下，一段不可複製的人生傳奇就此化為一縷雲煙，消失在蒼茫天際。興衰榮辱，空空如也。

韓信生得卑微，死得憋屈，但過程卻是轟轟烈烈、盪氣迴腸。一歎韓信胯下受辱，再歎韓信功垂宇宙，三歎韓信兔死狗烹。在這個巨大的人生反轉過程中，人性中的善與惡、美與醜、智與愚、忠與奸，淋漓盡致地噴灑在歷史的醒目處，寫就了一幅不可再得的人生畫卷。

從所有人鄙棄的懦夫，到所有人認可的戰神，其間發生了許多故事……

01 秦失其鹿，而群雄逐之

秦王政二十六年，即西元前二二一年，中國歷史會永遠記住這一年。在這一年，秦國將軍王賁率秦軍從燕國南下，攻破臨淄，俘虜田氏齊國最後一任齊王建。關東六國中最有實力的齊國被消滅，標誌著秦國統一戰爭的徹底勝利。

秦朝是中國歷史上第一個帝國，帝國疆域「東至海暨朝鮮，西至臨洮、羌中，南至北向戶，北據河為塞，並陰山至遼東」。嬴政統一了天下，卻沒有統一人心，因為六國已經立國數百年，分封制的思想基礎非常雄厚。六國舊貴族面對亡國，多數不服氣，老子的祖業，憑什麼就白給了你姓嬴的？刻薄的人也許會咒罵嬴政：「天知道你姓嬴還是姓呂？」

嬴政知道這些諸侯的子孫在想什麼，為了消除隱患，嬴政下詔把各國的兵器都運到咸陽，熔成十二個金人，號為「翁仲」，諸侯子孫沒了兵器，看他們拿什麼造反？同時，嬴政還強行把諸侯國富人約十二萬戶遷到了咸陽，就近控制。

嬴政是個好大喜功的雄主，面對自己創作的偉大作品，他自然要讓天下人知道，否則這幅畫給誰欣賞？天下都是他的，他愛上哪就上哪，誰也管不著，也不敢管。

嬴政還是中國歷史上著名的旅行家，他有一個宏大的志願，就是要遊遍祖國大好河山。當然，讓天下人見識一下始皇帝的赫赫威儀才是最重要的。

嬴政一邊遊行示威，一邊用嚴刑酷法來震懾天下人，秦法向以嚴厲著稱。秦文公時，法有三族罪，即「父族、母族、妻族」。公孫鞅變法時，「令人為什伍，而相牧司連坐，不告奸者腰斬」。到了嬴政時代，刑法更加嚴厲殘酷，比較著名的死刑就有族（滅族）、車裂（五馬分屍）、具五刑（類似於凌遲）、坑（活埋）、定殺（溺死）。

當然，秦朝法律中有一條現代人非常熟悉：「失期，法皆斬。」就是說如果戍卒沒有按事先指定的時間到達服役地點，無論有什麼不可預料的客觀困難，所有人都要被殺掉，打響反秦頭炮的陳勝就是因為這個原因被逼反的。

自滅齊之後，秦朝統一不過十年，統治便危機四伏，天下人皆恨始皇帝暴政。始皇帝三十七年（前二一〇）七月二十日，千古一帝嬴政病死於巡遊途中。嬴政死前發書給長子嬴扶蘇：「與喪會咸陽而葬。」但是，被趙高扣下了。

如果嬴政的天下能順利傳到長子嬴扶蘇手中，秦朝還是大有希望度過危機的。嬴扶蘇「為人仁」，是塊守業的好料子。如果嬴扶蘇和後來的漢文帝劉恆調個位子，不見得嬴扶蘇做得會比劉恆差多少。

但當時嬴扶蘇並不在始皇帝身邊，而是被打發到了塞北，和將軍蒙恬一起防禦匈奴人。留在始皇帝身邊的是幼子嬴胡亥，中車府令趙高和丞相李斯都不喜歡嬴扶蘇，便改立了嬴胡亥。

二十一歲的嬴胡亥在一片混亂中即位，成為秦朝第二位皇帝，即歷史上鼎鼎有名的秦二世。嬴胡亥的即位，標誌著秦朝「以暴治國」的政策不但沒有任何改變，反而變本加厲，最終將本可以千世萬世的大秦帝國在瞬間推進歷史的墳墓。

第一個敲響秦王朝喪鐘的，是來自陽城的「泥腿子」陳勝。

陳勝的傳奇性，並不在他反抗暴秦，而在於他造反時說的那句震爍千古的真理：「王侯將相寧有種乎！」作為一個社會底層的「草根」，面對累世公卿獨吞蛋糕的殘酷社會，他站在大澤鄉的那塊高坡上，迎著瓢潑大雨，大聲斥責著這不公道的歷史規律，他要推翻這個顛倒的世界。

因為這個，他才是陳勝，否則他什麼都不是。

秦二世元年（前二〇九）秋七月，因為大雨阻道，陳勝帶著九百人無法按期前往漁陽服兵役，按法當斬，窮急之下的陳勝決定「揭竿而起，斬木為兵」，為了九百名兄弟的生存，陳勝要和命運玩一場賭博。

秦昭襄王和秦始皇帝百戰打拼出來的大秦帝國，此時已經徹底分崩瓦解。

秦朝之所以在完成統一之後僅僅十五年就徹底崩潰，原因大致有三個：

一、秦始皇暴力治國的非常態方式。

二、六國雖亡，但六國宗族勢力依然強大，這也是秦朝崩潰後，六國得以迅速復國的主要原因。

三、六國舊貴族之所以在短時期內迅速復活，還要得益於一個歷史大背景，就是秦統一之後實行的郡縣制是新興事物，而諸侯分封制已經沿襲了上千年，在社會心理上根深蒂固，當時大多數人都對郡縣制不理解，對分封制還有著強烈的感情。

早在陳勝起義之初，陳勝就自稱要為楚國名將項燕復仇，頭號軍師吳廣在旁邊裝神弄鬼，取得了大澤鄉戍卒的支持。當陳勝的軍隊攻佔了陳郡（今河南淮陽）之後，陳地父老就有意尊陳勝為楚王，正式建立屬於陳勝個人的江山，因為陳勝也是楚人。

正在陳勝竊喜的時候，大梁（今河南開封）雙傑張耳和陳餘卻極力反對陳勝稱王。二人都是分封制的擁護者，他們勸陳勝不要稱王，而是改立六國之後，利用六國的力量反秦，則可事半功倍。面對誘人的王位，陳勝拒絕了張耳、陳餘的進諫，在陳郡自立為楚王，國號張楚，意為復興楚國。

陳勝雖然「貴」為楚王，但他實際上控制的地盤並不大，無論是六國舊貴族，還是「泥腿子」新貴，都沒把陳勝當盤菜，不過是打著陳勝的旗號渾水摸魚罷了。比如被陳勝派往趙國擴大地盤的親信武臣，就在張耳、陳餘的鼓動下，於陳勝起兵一個月後，自稱趙王。

陳勝對武臣的背叛極為憤怒，甚至要誅武臣的九族，但即使滅了武臣九族，那又能如何？在野心勃勃的天下諸雄看來，陳勝又有多少號召力呢？雖然陳勝立舊魏國公子魏咎為魏王，但也不過順水推舟而已，陳勝不下任命書，魏咎照樣可以自立為王。齊國的舊王族田儋則根本沒有經過陳勝的同意就自立為齊王，說明陳勝根本無力控制六國局面。田儋有兩個著名的堂弟：田榮、田橫。而魏王魏咎的弟弟在歷史上遠比魏咎出名，他就是著名的魏王豹——漢文帝生母薄姬的前夫。

天下大亂，群雄逐鹿！

自古亂世出英雄，對於始皇帝來說，不幸的是，他預言的大秦帝國千世萬世並沒有出現，僅僅二世即亡，但對後世來說，也許應該感謝秦始皇對天下改造的失敗。正因為如此，才拉開了轟轟烈烈、盪氣迴腸、波瀾壯闊的楚漢爭霸史。已經熟悉楚漢爭霸所有細節並為之擊節感歎的後人們無法想像沒有這段歷史，青史汗簡將如何書寫。

陳勝、吳廣、項梁、項羽、英布、章邯、劉邦、韓信，在這一串閃光名字的背後，襯托著一個偉大的英雄時代。在楚漢之際，江海山澤，英雄豪傑，縱橫於中原大地上，上演了一齣齣讓後人血脈賁張的歷史大劇。兩千二百多年過去了，這依然是中國人最熟悉的歷史片段之一。

劉邦對決項羽，是這段歷史的主軸，在這條主軸線上，有多少英雄豪傑噴灑熱血，就有多少可歌可泣的不朽傳奇。

對於項羽和劉邦，我們實在是熟悉得不能再熟悉了，在歷史上的決鬥者中，他們是最知名的一對。劉備和曹操本也有希望成為最知名的一對決鬥者，可惜雙雄對決被孫權生生插進一腳，成了「三角戀愛」，扯不清、道不明。

項羽是中國古代英雄的化身，而不幸的是，他一生的知音和對手劉邦，則成了流氓的典型代表。項羽是英雄嗎？劉邦是流氓嗎？相信每個人心中都有自己的標準，歷史早就給出了公正的答案。

我們先來了解一下項羽。

02 千古雙雄——項羽與劉邦

風雲和雷的激盪，滄海與桑田的變遷，時間在飛快地向前奔跑。

兩千多年過去了，人們已經不記得項梁是誰了，但一定記得項羽是誰。在中國的歷史豐碑上，「項羽」這個名字格外耀眼，即使我們對項羽那卷人生的傳奇已經讀到厭倦，也依然阻止不了我們的耳朵經常能聽到這個再熟悉不過的名字。

根據《史記》記載，項羽名籍，字羽，生於楚幽王熊悍五年（前二三三）。項羽的出生地在楚國東北部的下相，即現在的江蘇宿遷市郊。歷史總是在不經意的時間裏出現不可思議的巧合，項羽在孩童時代並不知道，距離下相西北方向不遠的沛縣，有一個男人名叫劉邦；距離下相東南方向不遠的淮陰，有一個男人名叫韓信。而這三個改變歷史的偉大男人，都是楚國人。

不過和劉邦這個「冒牌楚人」相比，項羽是貨真價實的楚人，楚國情結是縈繞在項羽心中難以解開的感情之一，另一個難以割捨的情結是他最愛的女人虞姬。項羽的一生和楚國的興衰榮辱緊密地聯繫在了一起，不可分割，因為，項羽的祖父是楚國的超級名將項燕！

作為名將項燕的孫子，項羽的一生注定不會平凡。

不過在司馬遷的《史記》和班固的《漢書》中，都沒有交代項羽的父親是誰。既然項羽是項燕的孫子，項梁是項羽的季父，那麼只能從項燕其他兒子中尋找答案。據《項氏族譜》記載，項燕有三個兒子，長子叫作項超，老二叫作項梁，老三叫作項襄（即項伯）。

既然項梁是項羽的叔父，而不是伯父，就可以排除老三項襄是項羽之父，而且《資治通鑑》卷七也明確記載：「項梁者，楚將項燕子也，嘗殺人，與兄子籍避仇吳中。」所以基本可以肯定項羽的父親是項超。

當項羽只有九歲的時候，也就是西元前二二四年，秦國大將王翦率六十萬大軍攻楚，在蘄南（今安徽宿州南）大破楚師，殺楚將軍項燕。西元前二二三年，王翦破壽春，俘虜了楚王熊負芻。項羽是季父項梁撫養長大的，項梁很喜歡這個侄子。項羽懂事後，項梁開始有意識地培養項羽。項梁先教項羽讀書，可項羽天生不是塊讀書的料，學了幾天就賴著不肯學。項梁又教侄兒學劍，項羽勉強學了幾天劍，又放棄了。

項羽東不成西不就，項梁非常惱火。項羽卻豪情滿懷地說道：「讀書識字，能練好簽名就行了，何必那麼認真？學劍嘛，學得再好，也不過是防身所用，都不是我所需要的。好男兒大丈夫，當學萬人敵！」

項梁吃驚地看著項羽，沒想到侄兒有如此志向，使他對項羽刮目相待，便教起項羽兵法。項羽大喜，開始苦學兵書，可惜項羽是個猴子性格，大略知道了兵書用法後，又開始耍起無賴，不學了。項梁拿他也沒什麼辦法，只好由他去吧。

後來項梁因事殺了人，害怕仇家報復，帶著項羽逃到吳中避禍。項梁是個八面玲瓏的角色，在吳中混得不錯，成為當地的頭面人物，遇有官府徭役或誰家出了白事，都是項梁主持。

此時的項羽已經二十多歲了，身高八尺二寸。秦朝的尺寸標準，一尺合二十三・一釐米，將近一米九的彪形大漢，加上項羽力大過人，能舉起大鼎而面不更容氣不喘，吳中少年都知道這位項少爺的本事，又畏又服，在項羽身邊也逐漸形成了一個小圈子，就像劉邦身邊也同樣形成一個喝酒吃肉的小圈子一樣。

秦始皇帝三十七年（前二一〇）的十一月，嬴政巡遊天下，來到會稽，轉了一圈兒後準備回咸陽。在渡江的時候，萬民圍觀，項梁和項羽也無事，便來湊個熱鬧，想看看這位威震千古的大皇帝長什麼樣子。項羽踮起腳伸頭瞧了一回，滿臉不屑地說：「無甚稀奇，彼可取而代也！」不清楚項梁是否知道七年前秦始皇在博浪沙時差點兒被一個韓國貴族子孫用大鐵椎砸死的故事，這個「韓國人」名叫張良。萬一嬴政長了一雙順風耳，聽到了項羽的話，那還了得？項梁忙用手捂住項羽的大嘴，輕聲罵侄子：「你昨晚灌了幾碗黃湯，敢說這種話？小心滅族！」不過從此項梁也看出來項羽志向非等閒人可比，越發喜歡這個侄子。

項梁其實也不是個省油的燈，作為項燕的兒子，對秦國強烈的亡國仇恨幾乎讓項梁不能自持，在他有生之年，他一定要實現「楚雖三戶，亡秦必楚」的偉大預言。項梁不比項羽這個愣頭青，他知道嬴政雖然殘暴，但此時尚不是反秦的最佳時機，在等到嬴政掛掉，嬴胡亥即位之後，天下土崩，陳勝舉起了反秦大旗，項梁知道，他的機會來了。

秦二世皇帝元年（前二〇九）九月，也就是陳勝揭竿起義的兩個月後，時任會稽郡守的殷通已經判定秦朝大勢將去，不如趁機搭上陳勝這條破船，順便撈幾把可口的魚蝦。

殷通知道要想做成大事，身邊沒幾個強人是不行的，因為項梁是當地大佬，文武兩道都能吃得開，所以殷通就想拉項梁入夥。殷通告訴項梁：「秦朝看來氣數將盡了，我等何苦為二世賣命？不如反他娘的，我打算讓你和桓楚做將軍。」

項梁早就等著這一天了，但要讓項梁跟著殷通這等不三不四的人物混，豈非笑話？殷通手上有地有糧有兵，是做大事必不可少的戰略資源，項梁對殷通的態度一直是「羨慕忌妒恨」，想殺掉殷通，用殷通的麵粉做蛋糕。

項梁心生一計，他嘴角露出了詭異的笑容。項梁很誠懇地告訴殷通：「桓楚是良將，不過他現在正在逃亡，沒有人知道他窩在哪裏。我侄子項籍倒知道桓楚的去處。」

渾身冒傻氣的殷郡守便讓項梁把項羽叫進來問話，項梁趨出，交代了項羽一番，然後帶著項羽入內。

還沒等殷通說話，項梁遞給項羽一個眼色：「你現在可以告訴郡守，桓楚在哪裏了！」項羽拔劍趨前，還沒等殷通驚叫出聲，殷郡守的人頭就像西瓜一樣在地上滾來滾去了。

鮮血濺滿了項羽英俊的面龐，項羽面無表情地站著。

項梁把印綬佩在身上，手中拎著殷通血淋淋的人頭，告訴在場眾人：殷通已死，項梁尚在，以後我就是你們的老大了！一府中人見狀皆驚駭，項羽不容得他們，跳起擊殺近百人，血流成河，餘下的人都害怕被項羽殺掉，紛紛伏拜。項梁乃自為會稽郡守，讓項羽做將軍，準備北上尋找秦國的仇人，一了亡國之恨。

項梁隨即在吳郡舉兵，收吳郡精兵八千人，這就是後來跟隨項羽橫衝天下、幾乎殺遍各路大神的八千江東子弟。八千人馬在當時並不算很多，秦國滅楚一戰就能發動六十萬軍隊，但這可是項羽帶出來的鐵血雄師，項羽的傳奇人生，和這支讓人心潮澎湃的八千江東子弟兵密不可分。

這一年，項羽二十四歲。

項羽的家世先介紹到這裏，我們再回過頭來了解一下劉邦的身世。

《史記‧高祖本紀》記載劉邦的出身：「高祖，沛豐邑中陽里人，姓劉氏，字季。父曰太公，母曰劉媼。」西元前二五六年，也就是周赧王姬延的最後一年，劉邦出生於豐邑（今江蘇豐縣），成長於沛縣（江蘇沛縣），都屬於秦始皇統一之後新設的泗水郡，轄區大致為今江蘇東北部和安徽北部。

劉邦在家中兄弟排行第三，所以正史稱劉邦為劉季，「季」的意思其實就是排行第四。而劉邦的父親沒有留下名字，《史記》上稱為「劉太公」，母親稱為「劉媼」，也就是鄉下老頭兒老太太的意思，沒什麼特殊含義。不過劉邦的家庭背景還不像朱元璋那樣赤貧，家裏至少還有幾畝地，如果勤勞肯幹，儘管大富貴沒有，吃飽飯是沒問題的。

如果要舉出歷史上最著名的懶漢，想必非劉邦莫屬。劉邦是出了名的好吃懶做，一股傲氣，渾身懶病，不肯參加農業生產。

劉邦的驕傲，來源於他特殊的長相。項羽長相也與眾不同，項羽有重瞳，就是眼睛裏有兩個眼仁，而劉邦則異在長著一個高鼻樑，再加上一副漂亮的鬍鬚，是當時十里八村公認的美男子。

也許正是出於這種長相的自信，劉邦對幹農活有著強烈的抵觸情緒，能躲就躲，老爹劉太公拿這個懶兒子一點辦法也沒有。在劉邦的潛意識裏，他並非輕視體力勞動，而是覺得自己天生就不應該拴在這一畝三分地上。他有著更為廣闊的天地。

劉邦比較懶散，成年後極少去地裏幹活，有這閒工夫不如找狐朋狗友喝酒侃大山去。但有一個現實的問題擺在劉邦面前，兜裏沒錢，拿什麼花天酒地？所以劉邦不願意在土地上撈飯吃，那就要謀一份能拿薪水的差使。

不知道是通過什麼途徑，劉邦謀得了一份泗水亭長的差使，好歹有份收入了。亭長是秦朝政府機構中最基層的職務，秦制每十里為一亭，亭長主要負責地方上的治安，同時還要負責招待各地方的官員住宿，官郵的發送，差不多相當於今天的鎮派出所。

作為亭長，要和方方面面的人打交道，迎來送往，要求會察言觀色，口吐蓮花，而且做事要有魅力。就秦末這些反王來看，最合適做亭長的，只有兩個人，一個是項梁，一個是劉邦。

劉邦和項梁的相似之處，在於做人都比較圓滑，八面玲瓏、四面透風，這是項羽和韓信所不具備的特長。劉邦在做亭長之後，果然發揮了自己善於交際的特長，和地方的基層官吏處得火熱，經常勾肩搭背，稱兄道弟，《史記・高祖本紀》記載：「廷中吏無所不狎侮。」

「狎侮」二字用得極妙！劉邦身上的痞子氣被活脫脫展現出來。劉邦做人從來沒個正形，不正衣冠，吊兒郎當，今天調戲這個，明天調戲那個，公堂之上，雞毛亂飛。被劉邦所「狎侮」的縣吏中，有兩位後來是四百多年大漢王朝的開國宰相：頭一個，蕭何！後一個，曹參！

除了蕭、曹之外，劉邦身邊聚集著許多「社會閒散人員」，比如殺狗賣狗的樊噲、吹喇叭的周勃、縣衙裏養馬的夏侯嬰，以及劉邦的把兄弟王陵、盧綰等人。在這些狐朋狗友中，劉邦和盧綰的私交最好。劉、盧兩家是世交，二人同年同月同日出生在同一個村子，從小就一起光著屁股玩泥巴長大，長大後一起讀書。

朋友多了是好事，常言道：「多個朋友多條路，多個敵人多堵牆。」但話又說回來：「身無分文，不敢橫行。」朋友，有時也是用錢砸出來的，光棍一條，誰和你交朋友？比如光棍韓信就一個朋友也沒有。劉邦也遇到了這個嚴肅而又無奈的問題，劉邦雖然吃了公家飯，但亭長的薪水很低，劉邦兜裏沒幾個錢，如何結交五湖四海的朋友？

別人兜裏沒錢，就只能蹲在破屋子裏喝西北風，哀歎命運對自己的不公。劉邦不一樣，亭長大人雖然也窮得四面透風，但照樣經常招呼貓三狗四的朋友去鄰近的酒店喝酒，不管兜裏有錢沒錢，先過了嘴癮再說。

劉邦最經常光顧的是王老太和武負的兩家酒店，因為混得熟了，劉邦便經常賒賬，欠條塞滿了一抽屜。王老太和武負願意讓劉邦賒賬，原因恐怕不是《史記》所說的她們曾經看到劉邦在酒店裏睡覺時身見大龍，而是劉邦作為亭長，手上還有點權力。

如果兩位老闆娘敢問劉邦要酒錢，小心劉邦給她們背後捅刀子。不過二位大娘也覺得劉邦不似常人，做生意的哪個不精明？劉邦再有本事也不能把她們吃窮了，所以也不在乎那倆酒錢，把劉邦欠的酒錢都一筆勾銷了。

劉邦經常這樣吃白食，最經典的一次，是單父縣的財主呂公遷居沛縣後，大設宴席，請沛縣的頭面人物來作客。主持這次堂會的是沛縣主吏掾蕭何，蕭何很會辦事，規定以掏出紅包的多少來確定座次，賀一千錢以上，坐上座，一千錢以下的，都坐在最外面。

劉邦不知從哪聽到了風聲，流著口水，哼著小曲，兩隻手蜷在袖筒裏，空手白條地來到呂宅，高聲唱諾：「劉季賀萬錢！」呂公見沛地居然有如此闊綽的財主，加上劉邦面相不俗，忙延請劉邦上坐。

蕭何和劉邦是多年的朋友，他知道劉邦身上最多時能裝上幾個錢，知道他又犯了嘴饞的毛病，蹭白食來了。蕭何笑著告訴呂公：「劉三嘴裏經常跑火車，別聽他的，他哪來的一萬錢？」呂公已經被劉邦的異相給迷住了，不但沒有責怪劉邦，反而將他最心愛的女兒許給了劉邦。這個貌美如花的太公女兒，就是後來心狠手辣的一代傳奇雌虎呂雉。

雖然劉邦現在只是個小亭長，但當年姜太公窮酸落魄時，連飯都吃不上，結果不也飛黃騰達？不要輕視「草根」，草根中藏龍臥虎。假設一下，如果讓呂公在劉邦和項羽之中選擇一個女婿，呂公依然會看上劉邦。原因無他：劉邦的這種性格和為人處世風格，更適合在官場中生存。

劉邦和項羽，這一對歷史上的絕代雙璧，有著幾乎完全相反的性格特徵，或者說他們就站在人性的兩極，各自向歷史證明著自己這一種人存在的價值。在兩千二百多年的中原大地上，出現了這一對絕代雙璧，再加上一代戰神韓信，這是歷史的莫大幸運。

也許當年意氣風發的始皇帝嬴政並沒有想到，當自己橫掃六合時，大秦帝國的埋葬者就已經出生，甚至劉邦和項羽就曾經站在他面前，只是當時始皇帝並沒有在意這兩個毫不起眼的小人物，甚至根本不知道這兩個人的存在。

說來也是巧合，後來合力滅秦的項羽和劉邦都有緣見過始皇帝，他們目睹了始皇帝的無上威儀，這使得他們的野心得到了極大的膨脹：嬴政也是人，他能成功，我們憑什麼不能！

和項羽在家門口欣賞嬴政擺譜不同的是，劉邦是因公去咸陽辦差時，正趕上始皇帝駕出巡，劉邦也擠在人群中傻看，看罷長歎：「嗟乎，大丈夫當如此矣！」

如果項羽和劉邦的感慨都被秦始皇帝聽到的話，那麼嬴政也只會治項羽的罪，想取代朕？大逆不道，當族誅之！而劉邦要是運氣好的話，還能被始皇帝召見，勉勵他一番：「好好給朕幹，將來少不了你的官做。」

項羽要取代秦始皇，而劉邦則是在誇讚秦始皇，所以從二人的話中也能看出二人的性格差異。項羽喜歡走極端，做人做事都很絕對。他的世界觀非黑即白，不存在灰色過渡地帶。劉邦則笑容可掬，長袖翩翩，踩著雞蛋起舞，為人處世圓滑老練。項羽像一個菱形，四邊有角，攻擊性很強，但過剛易折。而劉邦更像是一個圓形。

項羽最終的失敗和他的這種性格有很大的關係，往小了說是做人的失敗，往大了說則是戰略眼光的短淺。不過話又說回來，項羽之所以是項羽，就因為他最終失敗了，而且死得極為悲壯：項羽最心愛的女人自刎在他面前，項羽高唱完人生絕響，倒在了故鄉的對岸。

命運，讓人無法琢磨。

03 蹭飯吃的韓信

就在項羽騎烏騅、舞大戟、縱橫熱血疆場、揮灑男兒豪情的時候，在距離項羽家鄉下相不遠處的淮陰市中，一個相貌魁偉卻衣著窮酸的年輕人，背著一柄冷寒映日的長劍，在喧囂熱鬧的街市上，沉默地穿行。

從韓信「家貧無行」的記載來看，韓信可能自父輩開始就窮得身無分文，在社會最底層苦苦掙扎。不過眼前混得一團漆黑，不代表老祖宗就沒發達過。一個最典型的例子：蜀漢劉備，祖上是日享千鍾的中山靖王劉勝，但到了劉備這一輩，家境早就沒落了，只好在街上賣草鞋謀生。

從韓信的姓氏來看，不排除他是戰國七雄之一韓國的某個遠房宗室。有一種說法認為韓信是韓襄王韓倉的曾孫，祖父是襄王之子蟣虱，當時在楚國做人質的蟣虱沒有當韓王，而是留在楚國。如果韓信真是韓國後裔的話，他極有可能是韓蟣虱的後人。

蟣虱留楚時，楚尚未遷都，而是在幾十年後才在秦國的軍事壓力下東遷壽春。韓信的祖上可能也隨著人潮遷到淮河南岸的壽春，距離淮陰非常近，韓信也是有可能流落淮陰的。

《史記》記載漂母對韓信的稱呼是「王孫」，韓信的出身應該不是底層平民。

關於「王孫」這個稱呼，蘇林說是漂母對韓信的尊稱，就如同戲文小說裏對年輕書生稱為「公子」一樣，不代表韓信就是王公子孫。但西漢人劉德卻給出了另一種解釋：「秦末多失國，言王孫、公子，尊之也。」秦末多失國，顯然是指秦滅六國後，六國王室子孫流落民間，也許淮陰人已經知道韓信的身世。

能證明韓信是破落王公貴族子孫的，也許只有韓信日夜不離手的那柄劍。在春秋戰國時期，劍是身分的象徵，在等級森嚴的先秦年代，除了周天子，五等爵位公、侯、伯、子、男，以及卿、大夫、士，才有資格佩劍。尋常百姓是不能夠擁有、也買不起劍的，再說老百姓平時誰用得著那玩意兒？韓信的這柄劍，應該是祖上傳下來的，不太可能是別人送給韓信的。

至於韓信的父母，史書語焉不詳，只是記載韓信的母親葬在淮陰。通過韓信葬母的這一史料，可以證明韓信曾經和母親生活過相當長的一段時間，至少韓信葬母時已經成年。但韓信的父親是誰，有過什麼事蹟，史書無一字記載。有兩種可能：一、韓信的父親死於秦滅韓之戰，韓信有可能是遺腹子，由母親獨自撫養長大。二、韓信的父親在戰亂中與妻、子分散，客死異鄉。

對於韓信的童年生活情況，《史記》和《漢書》沒有一個字的記載。當韓信穿越歷史的重重迷霧，行走在淮陰市井郊外的時候，他已經是個弱冠的青年人了。

韓信沒有正當的職業，他出身太低微，按當時制度是不能做官的。不要說做官了，就是當個府衙小吏，韓信也是沒資格做的。沒有鐵飯碗，如果會一門手藝，也是能吃上飯的。比如做個二道販子，搗鼓一些商品在市場上叫賣，賺點兒差價。不幸的是，韓信不會做生意。當然，主要原因還是韓信沒有本錢，一文錢難倒英雄漢，這年頭手上沒錢，什麼都做不了。韓信手上有一柄劍，如果典當的話，也應該能換不少錢，但韓信不會賣掉這柄劍，這是他在人間受苦受難的日子裏，唯一的精神寄託。在韓信看來，有了劍，才是真正的男人。

家裏沒有存款，眼前又沒有工作，韓信一日三餐都成了問題。不知道這些年來，韓信都是靠什麼活下來的。

想活下來嗎？家窮沒關係，人品惡劣也沒關係，只要臉皮厚實，放下身段，依然可以混上一口熱飯吃。韓信別的本事也沒有，但他的臉皮特別厚實，比城牆根兒還厚三分。有了這個特殊本領，韓信就有辦法填飽肚子了。

蹭飯吃！這是韓信活下來的唯一出路。

韓信在淮陰的親朋故舊也不多，但就是這幾家親朋故舊，成了韓信下嘴的目標。韓信每天的生活規律是這樣的：

早晨，韓信從四面漏風的破草屋子裏爬起來，穿上他那件百寶衣，背上心愛的寶劍，來到不遠處的親朋家中，把劍放在門外，然後有模有樣地坐在人家的飯桌上，該吃的吃，該喝的喝。吃完後，韓信道了聲謝，背上劍離開。

從上午到下午，韓信開始在大街上、河邊、城牆根兒閒逛，一會兒看人釣魚，一會兒看人種田，或者陪幾個小孩子玩遊戲。

傍晚，夕陽西沉，人們開始收拾傢伙回家吃飯，韓信再次來到熟人家裏蹭飯。一碗不夠，再吃一碗，直到吃得打飽嗝兒，韓信才起身離開。

一開始的時候，別人還能看在親朋故舊的關係上，賞韓信幾碗飯吃，但韓信吃飯是從來不給錢的，他也沒錢。時間長了，別人就吃不消了，誰家也不富裕，哪經得起這頭餓狼的糟蹋。

有些親友很討厭韓信吃白食，只是念及舊情，沒好意思發作，但臉上已經開始掛不住了。第一個揭竿而起，給韓信甩臉色的，是淮陰郡下鄉南昌亭長的老婆。

在這場由韓信發起的蹭飯戰役中，南昌亭長家裏受損最為嚴重，因為韓信在他家蹭了好幾個月的白飯。作為受害者，亭長一直隱忍不發，但亭長夫人可沒有這麼好的涵養。

韓信剛開始來吃白食的時候，她還能沉得住氣，但幾個月下來，亭長夫人就被韓信給吃急了，家裏的米缸已經開始養老鼠了，韓信還每天按時來蹭飯吃，世上怎麼會有這麼不要臉的男人！

為了不讓韓信再來她家吃白食，亭長夫人想出了一個好辦法，其實就是提前吃飯。平時七點吃飯，現在改成五點就起床做飯，夫妻二人以迅雷不及掩耳之勢，把剛出鍋的飯菜一掃而光，然後打掃乾淨，等待韓信的到來。

一陣沉重的腳步聲傳來，韓信已經背著劍，站在了門外。

房間裏聞不到一絲飯菜的香味，韓信所能感覺到的，只有席坐於地的亭長夫人冰冷的沉默。

「食乎？」韓信面色不悅地問。

「已盡矣！」亭長夫人面無表情地回答。

平時亭長家吃早飯都是準時準點的，現在突然把飯局提前了，很明顯，這是衝著韓信來的。韓信滿心歡喜地來蹭飯吃，結果飯沒吃到，卻蹭到一頓白眼，韓信的臉上頓時就掛不住了。

他要發作！

韓信的臉開始抽搐，拳頭握得咯咯作響，當場大罵亭長夫人是個心術不正的壞婆娘，憑什麼不讓我吃飯？雖然不知道韓信都罵了什麼，而且司馬遷在《史記・淮陰侯列傳》中對此事的描述只有簡短有力的四個字：「怒，竟絕去。」將韓信當時的憤怒心態刻畫得淋漓盡致。

韓信吃不到白食，他居然還好意思發怒！白食吃到了韓信這種囂張跋扈的份兒上，可謂千古奇觀。不知道韓信發怒的勇氣是從何而來，難道他認為在亭長家蹭飯吃，不是亭長對自己的施捨，而是自己對亭長的施捨？

韓信很有「骨氣」，不讓吃就不吃，誰稀罕你家那盤爛菜！韓信被亭長夫人狠狠扇了一巴掌，心境悲涼地負劍而去，從此再沒有踏進亭長家的大門。韓信餓著肚子在大街上漫無目標地溜達，看到街市上炊煙嫋嫋升起，行人攜兒帶女，說說笑笑回家，韓信突然淚流滿面。

家？韓信的家在哪裏？

他沒有家，自從母親含淚去世後，韓信就孑然一身，飄零於江湖，在別人的冷眼中艱難地生存著。

04 漂母的一飯之恩

淮陰城外的一條河邊。三五個洗衣的婦女蹲在河邊，用木槌捶打著衣服，說說笑笑。還有許多農夫扛著鋤頭，從河邊走過。

韓信虛弱地倚在一棵柳樹，手上拿著一根長長的竹竿，竹竿的前頭繫著一條麻線，垂直地伸在河裏。

原來韓信在釣魚！

韓信已經一天多沒吃飯了，自從亭長家出來後，韓信就沒有回到那間四面漏風的破草屋子，在河邊哭了一夜，哭累了，就在河邊睡著了。韓信餓醒之後，還要想辦法解決吃飯問題，哭與罵，是解決不了任何問題的。韓信揉著惺忪的雙眼，突然看到腳下的河裏魚兒在歡樂地游來游去，韓信眼前一亮：何不釣幾尾魚來吃？

其實韓信根本就不會釣魚，他不了解魚的習性，幾時沉底，幾時浮游。韓信坐在柳樹下，舉著竿子，餓得兩眼昏花，卻不見有一條魚上鉤。韓信已經不是在釣魚了，而是在憤怒地審判自己的失敗人生，為什麼自己活得這麼艱難！

現在韓信上天無路，不要說老婆孩子熱炕頭，就是一頓飽飯，韓信也不知道在哪裏才能吃到。那麼，韓信為什麼不放棄在別人眼中已經成為笑柄的人生，直接跳到河裏，用一種慘烈的方式，來結束這段不堪回憶的恥辱？

絕不！一個憤怒的聲音從韓信的心中迸發出來。

韓信是不會放棄的，因為韓信始終認為自己將來必成大器。韓信厚著臉皮蹭飯吃，他不是不知道這等以尊嚴換來的熱飯吃下去是何等的艱難。為了那個現在看來根本就是鏡花水月的目標，韓信可以忍受所有人對自己的誤解。

在別人的恥笑聲中堅持活下來，遠比憤怒地自殺更為艱難。活下來，就有成功翻盤的那一天。如果自殺，那麼，別人的恥笑聲將永遠定格在空中，風吹不散，雨淋不濕。

韓信還在咬牙堅持。

雖然史載韓信「無行」，但韓信有一點品質非常可貴，就是他可以忍受別人的白眼蹭飯吃，但他從來不偷東西。

從現有的史料來看，沒有發現韓信有偷雞摸狗的記錄。他是高貴的王孫，他做不得這種見不得光的事情。蹭飯不一樣，雖然比較丟人，但至少沒偷沒搶，甚至他吃白食都是理直氣壯的。

韓信也不知道他的未來在哪裏，或者說，他不知道自己還有沒有未來。此時的韓信，雖然還沒有放棄那個崇高的理想，但對生活已經沒有多少信心了。想得那麼長遠，可眼下卻衣食無著，餓著肚子空談天下大事，又有多少實際意義？

柳樹下的韓信，已經處在餓昏的狀態，閉著眼睛倚在樹邊，手上的魚竿也不知不覺間垂了下來。

……

一股飯菜的香味突然襲來，韓信猛然從雲裏霧中墜落人間，他發現在自己的面前，站著一位面目慈祥的中年婦人，她手上拎著一個木盒。飯菜的香味，應該就是從這個木盒中散發出來的。

韓信揉了揉眼，他不認識眼前這個女人，她是誰？來幹什麼的？韓信沒有說話，眼睛卻直勾勾地看著婦人手上的那個瀰漫著飯香的木盒。

婦人笑了，她蹲了下來，打開木盒，端出一盤稍有些冷的菜，盤上還放著幾個飯團。婦人只說了一句：「吃吧，有了力氣，才能釣到大魚。」說完，婦人轉過身去。她知道年輕人都要面子，自己直勾勾地看著韓信，他不好意思進食的。果然，當婦人轉過身後，就聽到一陣狼吞虎嚥的聲音。韓信已經餓得不成人樣了，眼前這幾個飯團的誘惑，遠遠大於日後出將入相的誘惑。

等韓信打起飽嗝兒，婦人轉過身來，語氣平緩地告訴韓信，她就住在這附近，以漂衣為生，每天都要來河邊給人家漂衣，都要帶著飯團充饑。在臨走時，她告訴韓信：「若王孫不嫌老嫗飯菜粗陋，每日此時，可於此樹下等我，老嫗雖然窮困，猶能贈王孫一飯。」

說完，婦人飄然而去，韓信還在傻傻地看著婦人遠去的身影。

韓信不知道這個神祕漂母的來歷，她為什麼要給自己飯吃？但現在吃飯問題有了著落，卻讓韓信非常興奮，拿到飯票的韓信，已經顧不上猜想漂母贈飯的目的，能活下來，比什麼都重要。

韓信背著那柄劍，將魚竿放在肩上，腳步輕鬆地回到了那間破茅屋裏，開始了對人生的長遠規劃。

淮陰雖然在當時是個小城，但地理位置並不偏僻，這裏也是楚國東遷壽春後，淮河一線的重要地區，人煙稠密，物產豐饒。最重要的是，淮陰的交道非常便利，各方面傳來的有關時事的消息並不少，也許在少年韓信的心中，他已經對天下大勢有了自己的看法。

他相信，自己一飛沖天的日子，很快就要到來。

韓信之前有些萎靡的精神頓時振作起來，他激動地蹲在屋前泥地上，用樹枝畫著陣營分布，以石為兵，以沙為糧，運籌帷幄、決勝千里。興起時，韓信起身，橫劍拭日，大喝：「大丈夫當於此中直取萬戶侯！」

人生當如韓信，別人不拋棄，自己不放棄。

韓信每天早晨來到河邊的柳樹下，繼續釣魚，但此時他腦海中閃過的，已經不是有沒有魚上鉤，而是在反覆思考昨天他給自己設下的幾個軍事上的命題：此戰當如何攻守？若敵固守不戰，我當如何應之？

等到他感覺腹中饑餓時，漂母已經把噴香的飯團遞在他手中。韓信大口咀嚼，漂母在一旁慈祥地看著。當韓信猛然間抬起頭，與漂母眼神對視的那一瞬間，韓信突然有一種想哭的感覺，因為他在漂母慈祥的眼神中，讀出了他曾經最熟悉的感情，那是他的亡母特有的眼神。

也許，自己的亡母在天上看到自己的兒子在人間受苦受難，便化身漂母，來給她最疼愛的兒子送上可口的飯團。當然這只是韓信的胡思亂想，亡靈是不可能還魂的，但漂母的善行卻讓韓信感受到了失落很久的母愛。

韓信喉頭哽咽，含著淚水吃下了飯團。

之後連續幾個月，每天的這個時候，韓信都能在柳樹下接過漂母送來的飯團，在這個殘酷世界裏感受那種母愛般的溫暖。韓信已經很久沒有這種感覺了，他在世上孤苦伶仃地存在著，沒有人欣賞他，沒有人愛他，甚至都沒有人可憐他。直到漂母的出現，才讓韓信改變了自己對這個世界刻薄的看法：世上還是有溫暖的。

韓信每次看到漂母離去的身影，心裏都特別感動，他已經「愛」上了這個心地善良的女人。這種愛，是兒子對母親的那種難以割捨的血緣之愛，雖然韓信和漂母沒有任何的血緣關係。

韓信終於忍不住了，當漂母再次把飯團遞到韓信手中的時候，韓信淚流滿面，他哽咽著告訴漂母：「蒙母不棄兒，以饋兒食，日後兒若封侯，必贈母千金，以報一飯之恩。」韓信是動了真感情，他相信漂母一定會非常高興地接受自己的千金之諾。

沒想到韓信等來的卻是一頓臭罵。

漂母臉色突然陰沉下來，她有些哀其不爭地看著韓信，語氣很憤怒地告訴韓信：「你堂堂七尺男兒，不能耕地，不能為商，淪落於河邊挨餓。我看你實在可憐，給你提供飯團，讓你有機會活下去。我不是貪圖你的千金之諾，富貴於我如浮雲，你說這些話，是在污辱我的人格。如果以後還想繼續讓我提供食物的話，這樣的話不要再說了。」

說完，漂母轉身離去，韓信呆呆地站在柳樹下，淚水依然在臉上肆意地流淌。雖然漂母話說得很重，但韓信卻不認為這是漂母對自己的鄙薄，而是對自己的關愛。被母親斥責，其實是一種幸福，說明母親還沒有徹底忘記自己。

有些人很願意在母親的斥責聲中存在著，但慈愛的母親卻早已不在人間。

韓信面目呆滯地望著不遠處那塊埋葬自己母親的空曠郊野，突然想念起母親，他無法忘記母親臨終前的淚水。

漂母資助的飯團不僅解決了韓信的饑餓，更重要的是，提升了韓信對生活的自信，人間自有真情在；漂母的關懷，在韓信冰冷的心裏點燃了熊熊的烈火。這才是漂母那幾個飯團的真正價值所在。

人在殘酷的世界中奮鬥，僅憑自己的努力未必一定能成功，有時還是需要貴人相助的。對韓信來說，他最大的貴人也許不是後來月下追他的蕭何，而是眼前這個樸實無華的漂母。後人根據韓信的傳奇人生，作出一副絕對：「生死一知己，存亡兩婦人。」

一知己是推韓信登上歷史高峰，後來又將韓信推下歷史深淵的蕭何，正所謂「成也蕭何，敗也蕭何」。存亡兩婦人，亡婦是後來直接動手殺掉韓信的一代雌虎呂雉，存婦便是漂母，可見漂母對韓信的人生產生了多麼重大的影響。

05 從我的胯下爬過去

陽光普照大地，淮陰城一如既往地熱鬧著，人來人往。

淮陰市面並不大，常住人口也不算多，來來回回就那些熟人，大家低頭不見抬頭見。韓信雖然身無分文，買不起這裏任何一家店鋪的商品，但由於韓信常年在市井裏流浪，大家都認識這個背著劍的年輕人。

韓信的大名在淮陰市井如雷貫耳，特別是在以年輕人為主的時尚小圈子裏，更是人人盡知，但韓信卻沒有資格擠進這個小圈子。一方面，韓信確實不善於人際交往，他生性孤傲，瞧不起別人；另一方面，年輕人聚會是要花錢的，韓信身上一毛錢沒有，誰願意讓這個蹭神吃白食？

這些年輕人的家境普遍都比較殷實，兜裏都有不少零花錢，其中幾家臨街屠戶的小青年關係不錯，經常在一起玩耍。不知道是誰出的主意，說咱們天天這麼玩也沒意思，不如調戲一下韓信。有人問如何調戲，這個小青年說了幾句話，眾人拍手大笑，妙計！

韓信吃過漂母送來的飯團，拍拍圓鼓鼓的肚子，背著劍，離開了河邊，他準備穿過那座繁華的小城，回到屬於自己的那間破草屋裏，繼續自己在軍事上的閉門研究。韓信在人間很孤獨，但在他自己的世界裏，卻有許多朋友，比如孫武、孫臏、司馬穰苴、吳起、白起、李牧……

正當韓信路過一個肉鋪子，準備穿過不遠處的城門時，突然被幾個衣著光鮮的小青年攔住了去路。幾個小青年挽著油兮兮的袖子，嘴裏叼著草，嬉皮笑臉地互相對視，然後大笑。

韓信不知道他們要幹什麼，停下腳步，面無表情地看著這幾具行屍走肉。

「你就是韓信？」為首的那個高大青年人問。

「正是，有什麼事？」

青年人不懷好意地笑：「你背上的那把劍是從哪來的？不會是偷來的吧？」眾人大笑。

「閒話少講，與你無關，放我過去。」韓信依然是面無表情。

青年人雙手橫抱胸前，雙腿八叉列開，斜視韓信，笑道：「路又不是我們家修的，放你過去也不難，從我胯下爬過去。」眾幫閒一片鼓譟。

……

韓信明白了，這幾個人是有意找事的，看來今天是躲不過了，總要給他們一個說法。

韓信一動不動，但拳頭已經握得咯咯作響。

「沒看出來，你還很有骨氣，是我們小瞧了你。看你這副大塊頭，又背著一把來路不明的劍，想必也是個練家子。這樣，如果你認為我的要求污辱了你的人格，你把劍拔出來，當胸刺我一劍，算你是一個爺兒們，從今以後我們絕不再找你的麻煩。我若死，我家也不會拖你報官，如何？」高大青年人語帶輕蔑地問，他相信韓信是沒有膽量拔劍的。

韓信死死盯住惡少，臉上沒有任何表情。

十步殺一人，血濺當場，還是像狗一樣從別人的褲襠下爬過去，韓信將做出艱難的抉擇。殺，還是不殺？

韓信猛地向前走了一步，右手已經反向握住了背後那柄劍的劍柄，他的眼睛中突然迸發出一種邪惡的感覺，這是所有認識韓信的人從來沒有見過的眼神。惡少臉上陡然變色，他的身體哆嗦了一下，難道韓信真的已經無法忍受這種奇恥大辱，要抽出寶劍，捍衛一個男人最後的尊嚴？

惡少壯起鼠膽質問韓信：「有種的你刺我一劍！我就不信你敢殺我。」惡少臉上汗珠不停地沁出。

韓信的眼神緊緊盯著惡少，一言不發，他還在思考剛才那個問題。韓信其實是個很在意自己尊嚴的人，面對惡少對自己的人格污辱，只要韓信橫下一條心，抽出劍來，幾秒鍾的時間，就可以在現場所有圍觀者的關注下，捍衛自己作為男人的最後尊嚴。

韓信在想：我將來是要出將入相的，豈容你們這群小人恣意糟蹋！

但韓信的手始終紋絲不動。

惡少的挑釁固然讓韓信無法忍受，但這柄銘刻韓信祖上光榮與驕傲的名劍，卻即將沾滿這種市井小人的髒血，更是韓信萬難容忍的。這把劍以上等好鐵鍛煉而成，抽鞘斜舉，以日光映之，寒光閃閃，攝人心魄。名劍只殺千夫長，奈何殺小人？韓信心有不甘。

更重要的一點，面對惡少的人格污辱，韓信可圖一時快意，一劍封其喉，震懾群小，在江湖上傳揚韓信怒殺惡少的美名。

但代價呢？當街殺人，這是犯死罪的，自古殺人抵命，欠債還錢。韓信志向遠大，他是即將展翼高飛的雄鷹，為了所謂的尊嚴，面對麻雀的挑釁，不惜和麻雀同歸於盡，這是英雄主義，還是愚蠢得不可救藥？

是做一個個人主義的英雄，還是做一個天下主義的英雄？韓信還在猶豫。韓信很清楚，以韓信的大塊頭，且有一柄好劍，什麼樣的人殺不得？他恨不得殺光眼前這群惡少。不過從此韓信再無機會去在廣闊天地中追尋屬於自己的那份光榮與驕傲，值得這麼做嗎？

「不值！」韓信的心裏有一個憤怒的聲音傳來。

韓信下定了決心，他選擇了做一個天下主義的英雄，那麼今天，韓信就要為了這個偉大而遙遠的理想付出人格上的慘痛代價！

韓信沉默地將劍從背上取了下來，他可以從惡少胯下爬過去，但劍不可以！因為這柄劍，銘刻著自己在人間僅存的驕傲。韓信心裏出奇地平靜，他似乎不再憤怒，而是心平氣和地蹲下來，吹了吹地上的塵土，把劍放在惡少身後一塊乾淨的地面上，然後走回惡少的面前。

眾人冷漠地看著韓信，惡少似乎已經感覺到韓信要向自己屈服了，他的嘴角在微笑，雙腿之間的距離又稍拉大了一些，以便韓信舒服地從自己胯下像狗一樣爬過去。

韓信單膝跪了下來，然後將另一條腿往後收縮，雙膝同時著地，而惡少就站在他的面前。韓信沒有抬頭，他知道，惡少臉上會呈現出一種征服的快感，而韓信不想看到這個小人在享受自己帶給他的這種屈辱的快感。

韓信手腳並用，在惡少輕蔑的恥笑聲中，像狗一樣，緩慢地從惡少的胯下爬了過去。在即將爬過胯下的那一瞬間，韓信用眼角的餘光掃了一下將自己的身體緊緊箍住的那雙大腿，彷彿就像兩座大山，將韓信牢牢壓在下面。

韓信心情複雜地從惡少胯下爬過，突然抬起頭，看到了遠方刺眼的陽光，彷彿看到了光明。韓信以極快的速度站了起來，重新恢復了一個男人最標準的存在姿勢——頂天立地地站著。

韓信蹲在地上，把寶劍捧起來，用粗大的手拂拭著這把象徵著自己最後尊嚴的冰涼寒鐵，劍在人在，劍亡人亡。屠家惡少的故事已經結束了，但韓信不會忘記他，是這個惡少用行動告訴韓信：人間險惡，想在人世間繼續生存下去嗎？那就要比所有人更邪惡。

在韓信闖蕩江湖之前，他生活的圈子非常狹小，真正在這個時候和韓信人生軌跡交叉的只有三個人：亭長夫人、漂母、惡少。亭長夫人不讓韓信蹭飯吃是天經地義的，她有無數個能站得住腳的理由為自己辯護，真正讓韓信體會到人間冷暖的，前者是惡少，後者是漂母。

漂母和惡少就是韓信少年時代對社會認知的兩個完全相反的方向，漂母的善良給予了韓信極大的人生鼓勵，而惡少的侮辱則讓韓信看到了人性的另一面。這兩個社會底層人物從兩個完全相反的側面給韓信上了走向社會的第一課，從某種意義上說，這兩個人是韓信走向成熟的老師。

韓信不會忘記這兩個曾經對自己人生產生重大影響的小人物，這就是韓信的可愛之處。知恩必報，有仇必報，不要講什麼以德報怨的鬼話：「以德報怨，何以報德？」男子漢大丈夫，就應該恩怨分明，光明坦蕩。

有句老話說得好：「能忍人所不能忍，方能為人所不能為。」宋人蘇軾在《留侯論》中講了大忍與小忍的區別，所謂小忍，就是「匹夫見辱，拔劍而起，挺身而鬥」。所謂大忍，就是「猝然臨之而不驚，無故加之而不怒」。

韓信受辱，如果拔劍斬殺惡少，固能圖一時之快，但必須以命償命，這是小忍。當韓信伏在地上，像狗一樣鑽過惡少的胯下時，他已經達到了後世蘇軾所說的大忍境界。

清初詩人沙張白有首《胯下橋》，寫韓信在胯下受辱一事，詩中有這麼兩句：「韓王孫，昔何懦，惡少年，能死我。」沙張白認為韓信穿惡少胯下是懦夫的表現，實則不大然，韓信伏胯而行，並非懦，而恰恰是勇的表現。一個人面對如此侮辱，還能隱忍不發，這是何等的堅韌和可怕？非大勇者不足為此。

「匹夫見辱，拔劍而起，挺身而鬥。」這是個人主義的英雄，韓信要做的是天下主義的英雄。

在惡少和圍觀眾人的肆意恥笑聲中，韓信背劍迎著夕陽遠去，背影漸漸模糊……

淮陰是韓信生於斯、長於斯的熱土家鄉，但這裏卻不是韓信的天堂。這裏的每一間充滿家庭溫暖的房屋，每一縷帶著濃烈親情味的炊煙，每一聲兒女的嬌憨聲，都不屬於韓信。這個身材高大魁偉的落魄王孫，無妻無子，孑然一身，飄零於市井鄉野，沒有人在乎他的死活。唯一屬於韓信的，就是淮陰城外那座已經長滿荒草的土墳，那裏埋葬著韓信的母親。

韓信也有過在母親膝下撒嬌的快樂童年，雖然生活很貧苦，但能得到母親的疼愛，是世界上最偉大的財富。母親離開了人間，把這個苦命的兒子扔在了這個冰冷的世界裏，痛苦地回憶著與她在一起生活的點點滴滴。

韓信的未來在哪裏？首先有一點可以肯定的是，韓信不可能再在淮陰這麼漫無目標地流浪下去了。且不說韓信志在天下，這座小城不是韓信人生中唯一的驛站，單說生存，淮陰市井笑韓信，除了漂母，這裏還有誰把韓信當人看？就算是流浪，也應該去一個陌生的地方，至少那裏沒有白眼和恥笑。

是時候離開了。

就在韓信無助地徘徊在人生的拐彎處時，寂靜許久的小城淮陰突然熱鬧了起來，因為有一支鬥志高昂的軍隊即將從淮陰附近渡過淮河，繼續北上，去完成征服天下的偉大夢想。這支軍隊的統帥，名叫項梁，還有項梁的侄子項羽。

韓信苦苦等待的機會終於來了。

06 仗劍從項王

秦二世皇帝元年（前二〇九）九月，一肚子陰謀詭計的項梁讓自己那個有萬夫不當之勇的侄子項羽斬殺傻呼呼的會稽郡守殷通，獲得了會稽郡的統治權。項梁的野心絕不是當一個快樂的土財主，他要的是整個天下，至少是楚國曾經的天下！

楚國的天下，在項梁之前，還有張楚王陳勝在秦軍強大的壓力下苦苦支撐著。項梁因為處在創業初期，實力不是很強，所以他很樂意掛靠在陳勝門下，借雞生蛋。不過讓項梁沒想到的是，陳勝太不經打，被秦朝最後一個名將章邯打得狼狽不堪。

隨著秦軍一路趕鴨子似的向東南平推，敗周文，殺伍逢，斬房君、張賀，張楚軍主力幾被全殲。陳勝見勢不妙，捲款駕車，向東倉皇撤退。陳勝希望能逃回楚國，沒想到就在下城父（今安徽渦陽），車夫莊賈突然反水，一劍將陳勝刺死，割頭獻給在後面追擊的章邯。

陳勝死後，奉陳勝之命攻打廣陵（今江蘇揚州）的將軍召平為了給自己找一個靠山，就打著陳勝的旗號，拜項梁為上柱國，請項梁急速過江滅秦。項梁此時還不知道陳勝已死，但不論陳勝生死與否，項梁始終是要過江滅秦的。

在接到召平所謂的「陳王令」之後，項梁不敢耽誤，立刻動身北上。

在一個秋高氣爽的午後，項梁全身貫甲，項羽跨上烏騅馬、掌中橫天戟，帶領著他們打天下的全部本錢——剽悍的江東八千子弟，高高舉起大楚的旗幟，迎著濕漉漉的江風，乘艦浩蕩西渡長江。

這支楚軍渡過長江後，繼續向北開拔，準備渡過淮河，與山東諸國取得聯繫，共圖滅秦大計。

但就在這支來自江東的軍隊剛渡過淮河時，在楚軍營前，突然來了一個衣衫襤褸，卻背著一柄冰冷寒鐵的年輕人，他有些趾高氣揚地告訴在營前站崗的衛兵：「告訴上柱國，韓信在此！」

楚軍一陣騷動。

項梁騎馬站在淮河南岸，右手橫持馬鞭，指揮江東子弟兵從容渡河，項羽則騎著他那匹心愛的烏騅馬，在岸邊來回巡遊，以備不虞。

淮河岸邊，風吹旌旗撲獵，人喊馬嘶，煞是熱鬧。

有人已經告訴項梁了：「上柱國，有壯士來投！」

「讓他過來見我。」項梁不似後來的項羽，橫豎瞧不起人，他還是很尊重人才的。

當韓信默默地站在項梁眼前時，項梁仔細打量著這個來路不明的年輕人，他想從韓信的眼神中讀出一點什麼。可讓項梁非常失望的是，他沒有從韓信眼中讀出任何東西。「庸人耳！」這是項梁第一眼見到韓信後，給韓信的初步評價。

雖然項梁從韓信口中得知了他是韓國宗室後裔，但這並沒有讓項梁對韓信高看一眼。韓信落魄寒酸，手上沒幾桿槍，對項梁的事業並沒有太大的幫助，項梁也沒有理由立刻封韓信為上將，僅僅是把他安排在軍中吃夥頭飯，當個大頭兵。

理想是美好的，現實往往是殘酷的。

當韓信滿懷雄心地拜辭亡母之墓時，他還幻想著能在雙方的第一次交談中就能讓項梁折服於他的驚世才幹，然後封他為將軍，率千軍萬馬橫衝疆場，在青史豐碑上銘刻屬於他的那份驕傲。

可惜韓信的伯樂並不是項梁，項梁對韓信來說，不過是人生中的一個匆匆過客。可現在韓信卻不得不把自己的命運交給項梁這個陌生人來決定，韓信心裏無比委屈。

此時的韓信身無分文，是因為項梁的軍隊正好渡過淮河，韓信可以就近從軍，不用花路費。如果遠投他人，韓信路上吃什麼？韓信已沒有選擇，他只能低首收心地留在項梁軍中，做一個毫不起眼的路人甲。

路人甲，橋上乙，幾乎沒有人注意韓信的存在。而韓信，每天則默默地注視著這些名將豪俠，看著他們驕傲地書寫自己轟轟烈烈的人生，韓信心中五味雜陳。看著別人在自己面前呼風喚雨，「羨慕嫉妒恨」，那種痛苦心酸的滋味，只有親身經歷了，才能體會得到。

項梁下令，諸軍休整完畢，六七萬人齊貫甲，操戈在手，離開淮河北岸，精神抖擻地向著北方行進。韓信在其中如僵屍一般，被洶湧的人潮推著，他也不知道自己的未來在哪裏。

天高日遠，山迢水長，道旁麥田青青，風捲旌旗如畫。

這支以江東八千子弟為根本、會合了五湖四海六七萬人的部隊，一路北上，來到了距項梁家鄉下相西北方向幾十公里的下邳（今江蘇睢寧古邳鎮）。項梁下令在此休整，並時刻關注著來自關東的所有情報。在海量的信息情報中，項梁注意到一條信息：原泗水亭長劉邦已經起事，佔據沛縣，自稱沛公。

劉邦在沛縣起兵的時間和項梁在會稽郡起兵的時間差不多，都是陳勝起義後的兩個月，也就是西元前二〇九年九月。

劉邦出身低微，強為下吏，但這並不能掩藏那顆在和善面目下不斷跳躍膨脹的野心。眼看著暴秦行將崩潰，四海豪傑仗劍而起，劉邦心裏不可能沒想法。不過真正讓劉邦決定反秦的，是劉邦以亭長身分押送役徒赴驪山服役，替秦朝的暴君修建宮殿那次經歷。

所有役徒都知道，此次西行必定有去無回，所以都在半路上開了小差。劉邦看到逃亡的人越來越多，他是知道秦朝法律的，「失期，法皆斬」！去了咸陽就是送死。與其送死，不如另謀生路，劉邦很豁達地放跑了所有役徒，只有十幾個壯士感念劉邦厚恩，願意跟隨亭長左右，共擔生死。

之後，便是著名的斬白蛇故事，「季被酒，夜徑澤中，有大蛇當徑，季拔劍斬蛇」。不要小看了斬蛇的意義，且不說這條倒楣的蛇象徵著曾經不可一世的大秦帝國，更說明劉邦的性格。不要看劉邦平時滿面春風，一團和氣，但一旦確定目標，劉邦下手極為狠辣，絕不留半點情面。

劉邦不敢去咸陽送死，又暫時沒法回沛縣交差，乾脆躲在了芒碭山避避風頭，等待時機。

機會總是在不經意間到來，劉邦在沛縣時的那位縣令大人也不是個安分的主，聽說陳勝斬木而起，也想闖進這場盛宴中分一杯羹。沛縣主吏掾（縣令辦公室主任）蕭何與獄掾（司法局長）曹參對沛令要做諸侯的想法嗤之以鼻，他們心中最合適的沛公人選是劉邦。

在蕭何的忽悠下，沛令大人派劉邦的「狗肉」朋友樊噲去芒碭山請劉邦回沛縣共商大事，不過在劉邦剛至沛縣城外的時候，沛令就後悔了。沛令認為劉三野心勃勃，他回沛後會對自己稱霸不利，因此拒絕給劉邦開城門。

沛令忽略了劉邦在沛縣經營這麼多年積累的人脈關係，無論是官場還是民間，泗水亭長的仁義豪邁都深深折服了許多人。劉邦只往城中射了一封信，城中父老就爭先恐後地闖進縣衙，殺掉了還在做春秋大夢的沛令大人，然後打開城門，歡呼著泗水亭長的歸來。

整個沛縣，沒有任何人的威望可以超過劉邦，所以劉邦很順利地當了沛縣的代理縣令，這就是歷史上著名的「沛公」。自此之後，劉邦意氣風發地站在前臺，帶領沛縣父老子弟走上一條前途艱險的道路。

開局之初，形勢發展得很順利，劉邦留下老鄉雍齒守豐邑（今江蘇豐縣），自己率軍北上，相繼攻下了蘇北和魯南的部分地區。但讓劉邦沒想到的是，雍齒居然在魏國丞相周市的引誘下，公然背叛劉邦。

劉邦大怒，一邊罵著雍齒做人不地道，一邊率軍殺回豐邑城下，準備收復舊地。劉邦能拿下薛郡（今山東曲阜），卻拿豐邑小城毫無辦法，「不能取，沛公還之沛」。

正在劉邦哭天罵地罵雍齒的時候，傳來了一個重要消息，東陽人甯君、秦嘉立了景駒為楚王，現在在留（今江蘇沛縣境內微山湖西側）駐紮。劉邦覺得這夥強人對他來說有些利用價值，便去留地搬救兵，在路上沛公遇到了同樣想去找景駒的韓國貴族張良，劉邦大喜，有張良為之助，大事可成矣。張良是中國古代謀士群中的代表性人物，後世有人把姜尚和諸葛亮與張良並比，但嚴格來說，姜尚和諸葛亮都是統帥型的人物，而張良則是純粹的謀國之士。

劉邦在彭城一帶閒逛，距離他不遠處的「張楚」上柱國項梁也沒有閒著，四處跑馬刮地皮，擴大生產規模。第一個撞到項梁刀口上的，是劉邦的政治盟友秦嘉。至於攻擊秦嘉的理由，非常簡單，項梁就以秦嘉在沒有得到陳勝王許可的情況下私立景駒為王為理由向秦嘉發起進攻。

項梁聯軍六七萬，對付秦嘉這樣的小蝦米再輕鬆不過。三下五除二，秦嘉在胡陵（今山東魚台）被項梁殺死，「楚王」景駒光棍般逃走，他們的軍隊瞬間便成了項梁的人馬。

自從陳勝死後，實力日漸雄厚的項梁就已經成為天下反秦的盟主，這一點，從項梁在薛地召開武林大會就可以看出來。但更讓項梁高興的是，他在薛地得到了一個不世出的謀略奇才，他就是居鄛（今安徽桐城）人范增。

范增給項梁謀劃的第一個具有戰略眼光的建議就是擁立楚國正統王室的後裔，以安楚人之心。項梁聽從了范增的建議，在民間尋找到了正在地主家放羊的楚懷王熊槐的孫子熊心，項梁率眾立熊心為楚王，也號稱楚懷王。所有人都知道，熊心雖然貴為楚王，但他不過是新封的武信君項梁手上的一隻提線木偶，軍國大事，還是項梁拿主意。

就在項梁等人復立楚懷王熊心不久，秦將章邯就以排山倒海之勢大破魏國、齊國，擊殺魏王魏咎、齊王田儋，隨後圍田榮於東阿。齊國是楚國重要的戰略盟友，秦滅齊，楚國便失去了戰略屏障，唇齒之勢，楚國必然要去救的。

項梁和已經與他結盟的劉邦共同出兵北上救田榮，楚軍非常梟悍，「大敗章邯東阿」。田榮感恩戴德地回到齊國。在關中戰場上，真正的主角就是秦國的章邯和楚國的項梁，項羽和劉邦此時都還是重要配角。

在打敗章邯後，項梁讓侄子項羽和劉邦合作，率兵北擊秦軍。這也是劉邦和項羽第一次合作。

秦將章邯打遍關東無敵手，這回碰上了項羽，可算是真正明白了什麼是山外青山樓外樓。項羽和劉邦隨後在濮陽又將章邯打得亂七八糟，章邯鼻青臉腫地逃了。項羽和劉邦攻打定陶，因為沒有得手，二人又轉戰雍丘，也就是今河南杞縣，與當地秦軍亮出架勢鬥了幾回合，大敗秦軍，殺掉了秦朝三川守、秦丞相李斯的長子。

這時秦朝的國都咸陽發生了一場重大事變，丞相李斯在和郎中令趙高的政治鬥爭中敗下陣來，被夷三族。李斯搞陰謀詭計也算是一把好手，可惜碰上了趙高這個玩弄權術的高手，趙高誣衊李斯縱其子李由私通陳勝等「楚盜」，圖謀不軌。嬴胡亥早就看李斯礙眼了，正好利用這個機會除去李斯。

秦二世二年（前二〇八）七月，李斯被腰斬於咸陽市，夷三族。

李斯的死，對秦朝統治基礎的打擊是致命的，秦朝宮、府、監的三角平衡關係被徹底打破。在這三極中，趙高勢最強，而嬴胡亥和李斯都處於弱勢，嬴胡亥弄掉了李斯，李斯所留下的權力真空卻被趙高強佔，嬴胡亥在和趙高的權力對峙中處在更加不利的地位。秦朝之亡，雖始於嬴政，但最關鍵的一步卻是李斯的被殺。秦朝成了一具空殼，滅亡是必然的。

在這段時間裏，章邯屢戰項梁不勝，但這並沒有讓章邯喪失對勝利的渴望。相反，人越是處在困境時，那種出於本能的力量爆發就越加強烈。秦二世知道此時的山東已經亂成了一鍋粥，而其中項梁的聲勢最為浩大，能除掉項梁，就可以打掉各路反王的囂張氣焰。秦「悉起兵益章邯」，為了能撲滅楚國復興的希望，秦朝也在做最後一搏。

項梁還在定陶做著復楚滅秦的黃粱大夢，人都有做夢的權利，但夢總會有醒來的那一天，而項梁並不知道，他夢醒的那一刻，就是自己人生的終結。剽悍的秦軍在章邯的率領下，風馳電掣般地殺進了定陶楚軍的大營裏……

「（秦軍）大破（楚軍）之定陶，項梁死。」

項梁死得很突兀，卻也在情理之中。驕傲是失敗的孿生兄弟，「驕兵必敗」這個道理再淺顯不過了。項梁這棵大樹倒了，蹲在這棵大樹上的猴子們，比如項羽、劉邦、韓信都四散逃去，去追尋自己新的夢想。

07 官不過郎中，位不過執戟

自從在淮河仗劍從軍以來，韓信始終沒有受到項梁的器重，只不過做了一名吃大鍋飯的小卒子，幾個月下來，韓信的地位沒有任何改變。項梁居中指揮，項羽橫戟躍馬、萬人陣中書寫男兒豪情，劉邦也拔劍迎風，只有韓信仗著那柄刻滿歲月滄桑的鐵劍，在萬人陣中吶喊廝殺。

記得有句名言：「在你成功之前，沒人在乎你的感受。」

幸運的是，在這場對楚軍來說如噩夢一般的定陶慘敗中，作為楚軍領袖的項梁戰死於陣上，吳中子弟也損傷慘重，但韓信作為一線戰鬥人員，居然毫髮未損！對於韓信來說，不要去想未來有可能發生的功成名就，每次殘酷的戰役過後，他還活著，就是最大的成功。

活著，就意味著還有希望。

項梁的死訊在楚軍內部造成了不小的政治震盪，再加上項羽、劉邦的「召喚」，熊心立刻從臨時國都盱台遷到彭城（今江蘇徐州）。在迎立熊心之初，大家都把熊心當成一個木頭玩偶。其實大家都小看了熊心的野心和手腕，就在熊心遷都彭城不久，他就要盡手腕，奪走了呂臣和項羽所屬部隊的控制權，一躍成為楚國最大的實力派。

熊心的聰明之處還在於，他奪去了呂臣、項羽的兵權，但又提高了他們的政治地位，讓他們啞巴吃黃連——有苦說不出。楚懷王下詔，封項羽為長安侯，號為魯公，呂臣為司徒。

作為楚國軍政高層，呂臣、項羽、劉邦都得到了高官厚祿，而作為將軍帳前一小卒，韓信連塊饅頭渣子都沒撈到。軍政高層們在開會的時候，沒有人會注意帳下站著的這個胯下辱夫。

但有一個人卻在暗中觀察了韓信很久。此人一直以來就有意無意地關注著韓信的一舉一動，他就是項羽。項羽應該對韓信有了一定了解，也許項羽並沒有走進韓信的靈魂深處，他也走不進去，但項羽至少隱隱地感覺到眼前這個男人有些與眾不同。

項羽欣賞有個性的男人，但韓信還沒有任何機會展示自己的個性，所以項羽覺得應該給韓信一個不大不小的平臺，讓這個男人來證明自己的與眾不同。如果韓信一飛沖天，那是因為項羽的提攜之功；如果韓信果真是塊糊不上牆的爛泥，那不過增加了一個笑料而已。

韓信在項梁手下混了大半年，連個一官半職也沒混上，成天和兵卒子們攪馬勺，一起吃大鍋飯。在項羽的有意提攜下，他終於當官了。

項羽給韓信封的這個職務其實非常小，不過是一個郎中而已，就是個每月可以領到三十斛祿米的保鏢隊小頭目。

古代政府給官員發薪水，雖然是以祿米計算的，但有時不一定全發糧食，也有按糧食折價給現錢的。如果一家老小都靠朝廷發的祿米生活，除非是有外快的，否則生活不算太富裕。

韓信在家鄉時就打著光棍，參軍後更不可能娶老婆，韓信就一張嘴，「一人吃飽，全家不餓」，所以這些工資還是夠韓信生活用度的。如果韓信節省用度的話，也許還能攢下幾個私房錢。

有了一點生活費，對韓信來說確實是雪中送炭，但韓信顯然更看重的是郎中這個職務。郎中是韓信通向人生巔峰的那塊政治墊腳石，踩著這塊石頭，韓信距離巔峰就會越來越近。

當上了郎中，還意味著一件事，就是可以有條件經常接觸項羽、劉邦這些楚國高層人物。雖然平時韓信也有機會見到他們，但畢竟自己只是個小卒子，遠觀而已。作為郎中，負責高層安保，自然可以近水樓臺先得月。

特別是長安侯項羽，韓信甚至每天都能看到這位楚國新貴，因為韓信作為郎中，所要保衛的，正是項羽本人。此時的韓信，和不遠處的劉邦八竿子打不著。韓信苦苦等待的，就是這樣一個機會。當初韓信跟著項梁大半年，一根雞毛也沒撈到，現在項羽突然為陷在迷途的韓信點亮了一盞明燈，讓韓信感動不已。

只是有時韓信也會對項羽露出一點不服，或者說是對命運安排的不服。同樣是貴公子後裔，韓信可是韓國諸侯王，而項羽祖上不過是楚國的世家將，項羽可以衣錦衣，騎名馬，甚至還有美女相伴。韓信有什麼？抬頭見天，低頭見地，地無一畝，無妻無子。

韓信也知道，人是不可能選擇出身的，他所能做的，就是用生命和熱血來證明自己是天之驕子，國士無雙！

08 破釜沉舟，鉅鹿封神

項梁死了，但楚國的最高戰略目標依然沒有任何改變：殺進咸陽，滅秦復仇！

從陳勝到項梁，反秦的吶喊一浪高過一浪，楚人反秦的怒火被徹底引爆，楚國在六國之中鬧出的動靜最大。所以章邯重點對付項梁。現在項梁已死，楚不足憂矣！章邯把攻擊目標轉移到了趙國。

自長平慘敗後，趙軍實力已經一蹶不振，這些臨時拼湊出來的軍隊根本不是章邯的對手。形勢也果然朝著對秦軍有利的方向發展，秦軍初渡河，便大破趙軍，隨後章邯督軍北進邯鄲。章邯為了防止趙國向周邊諸侯求救，特意在漳水兩岸修建甬道，將大量糧食通過甬道源源不斷地運到趙王趙歇藏身的鉅鹿城下，供大將王離所部食用。

趙歇知道章邯想要什麼，為了活下來，趙歇想到了六國中實力最強的楚國，現在只有楚軍才能把他從章邯的魔爪下救出來。不過讓趙歇失望的是，趙國使者連出數次，楚國那邊卻一點兒動靜也沒有，趙歇心急如焚。

楚國統治層已經知道了趙國被圍的消息，但他們現在最需要做的不是救趙，而是盡快選出一位最高軍事首腦，以接替武信君項梁在軍中的位置。人選很快水落石出，居然是宋義，楚懷王拜宋義為上將軍，為「卿子冠軍」。

在選出最高軍事首腦之後，楚國才開始考慮救趙的問題。不知道是誰提出了一個絕妙的救援方案：以強兵制章邯於前，以弱兵襲關中於後。這個戰略說得通俗一點，就是「圍秦救趙」，同時派奇兵襲擊秦國本部，讓章邯變成無水之魚。

方案訂下來了，但派誰去救趙，誰去襲關中呢？按楚國大多數高層的意思，打算讓性情寬厚、處事溫和的沛公劉邦去攻關中，讓性情殘暴、作戰勇猛的項羽跟著上將軍宋義去救趙國。

之所以給項羽安排了這個苦差事，是因為項羽過於好殺，如果任由項羽這樣的屠夫到處燒殺搶掠，會讓楚國變得和秦一樣臭名昭著。劉邦待人以寬厚為本，在政治上非常成熟，劉邦去執行宣傳楚國仁義的任務再合適不過了。

熊心不喜歡項羽這樣的粗暴武夫，他對溫潤如玉的劉邦更有好感。在他明明知道劉邦西入收秦，在時間上肯定比項羽滅掉章邯後再入關中要早得多的情況下，他還是當著諸將的面，立下了一個著名約定，就是「先入定關中者王之」。

當項羽看著熊心慢悠悠地說出這句話時，差點沒當場爆粗口，不帶這麼欺負人的！憑什麼不讓我去關中「武裝接收」，天下人都知道這是個肥差。但胳膊擰不過大腿，這是楚國決策層共同作出的決定，項羽必須執行命令。

由上將軍宋義領銜，次將項羽、末將范增三巨頭連袂出馬，率楚國所有能拿得出手的精銳部隊，星夜兼程，向北進發，必須把趙歇從章邯的魔爪下撈出來。

臉色鐵青的項羽在帳中收拾東西，準備啟程北上，去迎接難以預知的命運。項羽的身邊，他最心愛的女人虞姬默默無語，只是幫著項羽整理衣裝。男人就要上戰場了，吉凶難測，虞姬淺歎無語。

帳外，執戟郎韓信斜視著帳內發生的一切，他還在保持沉默。

經過一段時間的接觸，韓信已經基本掌握了項羽的性格特徵，以韓信的聰明，他一定會猜測到，項羽會把所有對懷王不滿的怒火，撒在章邯身上！

而這次北上救趙，是項羽證明自己是楚國第一重將的絕佳機會。只要打敗章邯，項羽就可以洗刷掉所有針對他的偏見和歧視，同時提高項羽的政治地位，甚至還有可能取熊心而代之。同時，這也是執戟郎韓信攀爬人生巔峰時更進一步的絕佳機會。

執戟郎，絕不是韓信的夢想！

項羽並不知道韓信在想什麼，一個小小的執戟郎，還沒有資格讓項羽更多地去關注他。此時的項羽，也許已經稍稍平復憤怒的情緒，雖然他更想去關中，但結果已經無法改變。

距離鉅鹿越來越近，項羽心潮澎湃，一方面還在為受到的不公平待遇而憤憤不平，一方面為即將到來的秦楚決戰而激動。項羽激動，並不是因為他為沒良心的楚懷王賣命，而是他就要面對項氏家族的兩個仇人。

章邯——殺害項羽叔父項梁的仇人。

王離——殺害項羽祖父項燕的王翦之嫡孫！

項羽摩拳擦掌，就等著宋義上將軍一聲令下，他騎著心愛的烏騅馬，舞著大戟，和手上沾滿楚人鮮血的秦人決一死戰。但楚軍來到距鉅鹿以南二百里的安陽時，宋義上將軍下了一道命令，全軍在安陽就地下營。

這一停，就是四十六天。

脾氣火暴的項羽忍了很久，實在忍不住了，在一個寒冷的早晨，闖進宋義的大帳，憤怒地抽劍砍下了宋義的人頭。宋義連一點反抗的能力都沒有，也不可能有，因為他的對手是項羽。

項羽殺宋義，並不是洩私憤報私仇，而是要取代宋義的指揮，率軍北上和章邯血戰。不過副將誅殺主將奪權，如果處理不好，會惹出大亂的。項羽誅殺宋義的理由是放不到臺面上的，即使他提出的速戰速決的戰略是正確的，也不能成為他擅殺主將的理由，他沒有權力這麼做。

項羽很聰明，他拎著宋義血淋淋的人頭，來到大帳外，召集各營主將，假傳楚懷王旨意，說宋義背楚降齊，楚王命令我誅殺此賊。軍隊在前方，和後方懷王的聯繫並不暢通，所以項羽打出懷王的旗號，他殺宋義就有了最合理的解釋。

楚軍的將軍們個個都玲瓏剔透，先不管帳內發生了什麼，此時的項羽已經實際上取得了軍隊的領導權，他們犯不著為宋義討公道。接下來發生的事情就很自然了，楚國的將軍們擁戴項羽做了代理上將軍，統領楚國軍隊。隨後，這些諂媚的將軍聯名給楚懷王熊心上書，請求給項羽轉正。

雖然熊心對於項羽擅自殺害軍隊首腦的行為極為憤慨，但此時的他已經無力改變局勢了，真把項羽逼急了，項羽祭起「將在外，君命有所不受」的旗號，熊心一點兒辦法也沒有。現在，熊心所能做的，只是在批准文書上簽上自己的名字，然後把楚國的命運以及自己的命運，都交給項羽。

項羽已經知道趙人被困久矣，抵抗心理幾近崩潰，必須要讓趙人看到活下來的希望，否則神仙也救不了趙國。項羽派英布和蒲將軍率兩萬楚軍銳卒火速前去支援。

英布能在江湖上闖出名堂，本事也不是吹出來的。這支剽悍的楚軍剛到鉅鹿城下，就給了驕傲的章邯一個下馬威。楚軍先破壞了章邯和王離之間的運輸通道，切斷了王離的糧食給養。英布最大限度地給趙人的堅持爭取到了時間，下面就看項羽的了。

項羽即將面對他人生中最重要的轉捩點，他很激動，但也非常冷靜。項羽當然知道章邯是何等人物。他並沒有絕對的把握戰勝章邯。是死是活，就賭這一回了。

項羽率軍渡過漳河，然後上將軍下令，將渡河的船全都沉到河裏。項羽身作表率，舉起大石頭將做飯用的鍋碗瓢盆全都砸得粉碎，燒掉營房，限定每個士兵只能帶夠三天吃的糧食。

項羽慷慨激昂地告訴將士們：「今日有秦無楚，有楚無秦！我們雪恥的機會終於來了，是男人的話，都跟著上陣，有進無退，有死無生！就算死了，也要給我死出個男人的模樣！」項羽這番血性十足的宣言，讓將士們無不熱血澎湃，舉臂高呼反秦口號。

破釜沉舟，擊殺王離，就在今日！

項羽騎著他心愛的烏騅，一道黑色閃電穿風而過，後面的將士執矛仗戈，整陣前進。韓信夾在這支憤怒的軍隊中，即將迎來他人生中最殘酷的一場戰役，但韓信卻沒有任何恐懼和緊張，他相信自己一定會跟著項羽笑到最後。此役之後，項羽功成名就，威震天下，自己怎麼說也能混上車郎中吧。

整個楚軍的鬥志都沸騰到了極點，他們無比渴望勝利的到來。

關於這支楚軍的人數，史書上沒有明確記載，但從之前英布、蒲將軍率領兩萬人的先頭部隊來看，楚軍主力至少要三四倍於這個數字。王離的秦軍敢圍鉅鹿，說明城中趙軍極少，而項羽隨後讓楚軍死死圍住秦軍，說明這支秦軍人數也不會很多，因為秦軍主力都在鉅鹿城外的章邯那裏。

上將軍一聲令下，數萬楚軍瘋狂地撲向了已經進退失據的秦軍，餓虎口中食，尚何自脫逃！秦軍三位大將王離、蘇角、涉間看著周圍黑鴉鴉望不到盡頭的楚軍，開始絕望。同樣是以十圍一，秦軍奈何鉅鹿城中的趙歇不得，但項羽完全可以將秦軍逼到城牆下面，輕易圍殲之。

王離現在唯一活下來的希望，就是駐紮在鉅鹿棘原南的章邯軍二十萬人，這個數字足以使楚軍腹背受敵。只要章邯一聲令下，二十萬秦軍殺向楚軍背後，王離裏應外合，項羽人頭可置掌中！

但讓王離、蘇角、涉間憤怒的是，等他們已經明顯嗅到楚軍刀戈所迸發出的寒意時，發現楚軍陣形沒有任何凌亂的跡象，這就說明章邯根本沒有出兵相救。殺我虎將，助敵之威，是何忍也！王離以前一直把章邯當成老大哥，現在他終於看清了這位老大哥貪生怕死的真實面目，可惜為時已晚。

不過現實告訴他們，現在再怎麼責罵章邯都沒有任何意義了，而且面對數倍於己的楚軍，他們沒有任何笑到最後的可能。現在他們唯一能做的，就是在剽悍的楚人面前，亮出秦人的血性和勇氣，生命可以丟掉，但絕不可以丟掉秦人的尊嚴。

心境悲涼的秦軍、滿懷家仇國恨的楚人，在遠離秦、楚數千里的河北大地上，在刺骨的寒風中，為了各自家國的尊嚴，用熱血和青春來了斷那一段永遠無法在心中抹去的恩怨情仇吧！

《史記・項羽本紀》：「（項羽）與秦軍遇，九戰，絕其甬道，大破之，殺蘇角，虜王離。涉間不降楚，自燒殺。」是役，楚軍全殲秦軍。

雖然自從鉅鹿之戰後，王離就已經消失在史籍之中，沒有交代王離被俘後的下場。但王離作為楚國項氏的仇人，是沒有任何生還可能的，項羽一定斬殺王離，執其首，南向伏拜，祭先祖項燕於蒼天大地之間。

楚軍戰士還在打掃著戰場，在以王離之首拜祭完祖父在天英靈之後，項羽還有其他事情要做。項羽依然踞坐上席，執戟郎韓信站在上將軍身邊，得到項羽指令，頂盔貫甲，執戟走到楚軍轅門前，對著外面高喝一聲：「諸侯將入謁上將軍！」

已經在楚軍營前等候多時的諸侯將彷彿聽到了馴猴人的指示，開始賣力地表演，他們知道自己的表現將決定項羽分給他們幾個桃子。韓信話音落下，諸侯將們爭前恐後地闖進了轅門，朝著項羽踞坐的上席擁去。

為了表示對項羽的尊重，或者說是想討好項羽，諸侯將在遠遠看到項羽時就已經集體跪在地上，低頭垂手，以膝為步，誠惶誠恐地向前跪行。當這群演技精湛的將軍跪到項羽面前時，更不敢仰視項羽，這是不禮貌的行為，而是齊聲高呼上將軍威武。

項羽雄踞上席，撫劍大笑，而在他的席側，就放著王離那顆血淋淋的人頭。對於諸侯將近乎肉麻的歌頌，項羽受之無愧，他認為這是自己應該得到的尊重。項羽含笑向將軍們示意，賜座，執酒，大家開懷暢飲，來慶祝這場偉大的勝利。

在宴飲之間，諸侯將們共同作出了一個決定：尊楚國上將軍項羽為諸侯上將軍，總制各路反秦兵馬。是後，趙、齊、燕、韓、魏、代各軍歸入楚軍最高指揮系統，由項羽掌握對諸國軍隊調動的最終權力。

諸將起身向項羽敬酒，祝諸侯上將軍再假餘勇，致章邯人首於麾下，克入咸陽，擒二世而斬之。並約定俟有此日，諸侯共尊楚國為盟長，掌六國之印，天下復為周之分封。項羽談笑長飲，場面非常歡快。

這一切，都被站在項羽身後的韓信看在眼裏……

作為小小的執戟郎，韓信是沒有資格參與這場慶祝酒會的，他的任務只是做一個道具，在上將軍身邊增加一點象徵楚軍威武的點綴，僅此而已。韓信面上平靜如水，氣宇軒昂，雙目平視前方，甚至是誰來給項羽敬酒，韓信都未必看得真切。

但韓信的心裏卻波濤洶湧，難以平靜。

上將軍踞坐上席、席前橫劍、諸侯將膝行伏拜，這一切，不正是韓信寧忍胯下之辱、仗劍從軍苦苦追求的嗎？面對如日中天的項羽，韓信心中會產生各種不服，也許韓信會刻薄地想，要不是你有一個好叔父，也許站在上將軍身邊執戟的，就是你項羽。而那位橫劍大笑的上將軍，就是他韓信。

有一種強烈的感覺在衝擊著韓信的心房：有朝一日，坐在項羽現在這個位置上的，一定是我！執戟郎又如何？不要只看到大鵬的凌雲萬里，麻雀同樣也有振翅高飛、擊風入雲的夢想。

正在享受諸侯將無底線讚美的諸侯上將軍項羽還沒有從無限的快樂中拔出來，他還陶醉其中，並沒有注意到站在自己身邊執行護衛任務的執戟郎韓信。項羽不擅長用自己犀利的眼神走進別人的靈魂，他猜不到韓信心裏在想什麼，也不屑去猜一個執戟郎的心理活動。只是項羽絕對沒有想到的是，最後終結自己煌煌人生的，正是身邊這個沒沒無聞的小人物。

人生賭局的魅力就在於此，因為你永遠猜不到自己是誰的終結者，誰又是自己的終結者。

09 沛公定關中

項羽在鉅鹿一戰封神，沛公劉邦還在西征的路上，劉邦一直在盤算什麼時候能殺進咸陽，做關中王。

不過讓劉邦沒有想到的是，在這條看上去充滿希望的陽光坦途上，也布滿了荊棘，甚至陷阱。形勢的發展也證明了這一點，秦二世三年（前二〇七）二月，沛公率軍進攻昌邑縣（今山東金鄉西）。劉邦以為一戰可下，結果一頭撞在了大樹上，昌邑紋絲未動。

值得一提的是，劉邦還不是孤軍作戰，而是臨時增加了一支友軍，就是秦末著名反王彭越的軍隊。雖然彭越軍的人數並不多，只有一千多人，但加上劉邦的數千人，卻拿一個小縣城的孤軍毫無辦法，確實足夠丟人的。

劉邦不服氣，在吞併了一支由來路不明的剛侯陳武所率領的四千人軍隊後，再加上一支來自魏國的援軍，雜七雜八算起來，供劉邦指揮的足有萬餘人！這支混合軍隊再次撲向了昌邑，結果又被撞得滿頭包。

昌邑未下，劉邦就先繞過這塊硬骨頭，另尋美味。劉邦下一個進攻目標是中原重鎮陳留（今河南開封東南），而首勸劉邦進攻陳留的，就是歷史上著名的高陽酒徒——高陽人酈食其。

在接見酈食其的時候，劉邦再次犯了「無賴」的老毛病，症狀就是對賢者不尊，特別是對儒生的態度。關於劉邦不敬儒生最著名的一個典故，就是這個老傢伙喜歡從儒生頭上揪下人家戴的儒冠，把儒冠當夜壺撒尿。後世儒生對劉邦沒有多少好感，原因也多在於此。

酈食其是當世名儒，年齡又已六十有餘，按說劉邦應該倒屣相迎，設上席請入座。結果呢？當酈老先生走入劉邦的會客室時，發現劉邦正斜臥榻上，將兩隻脫掉襪子的臭腳丫子伸在盆裏，兩個美貌侍女跪在地上，正在給沛公洗腳。

如此不尊重賢人，氣得酈食其差點兒沒當面爆粗口，劉邦不喜儒生，但就喜歡性格直率的「無賴」，二人一聊，「臭味相投」，勾肩搭背，成為酒友。酈食其並非大言求食之輩，他向劉邦提出了奪陳留、據四戰之地的戰略，理由是劉邦現在兵寡且乏糧，而陳留多糧，可得之以為倉廩食，然後徐圖西進。

劉邦雖然待人吊兒郎當，甚至當面狎侮，但他從善如流。在酈食其的配合下，劉邦不費吹灰之力拿下陳留，足兵足食，進可圖關中，退亦可守徐汴。

也許是吸取了強攻昌邑失敗的教訓，這次劉邦調整了戰略方向，不再是每遇一城必強攻之，而是採用大跳躍戰略，即不再糾纏一城一地之得失，以殲滅秦軍有生力量為主要目標，必須先於項羽拿下關中稱王。此時的劉邦或許已經預感到了，滅秦之後，他和項羽之間，必有一戰。

三月，劉邦率軍進攻開封（今河南開封西南），結果又吃了閉門羹，劉邦不在開封城下逗留，立刻折向東北數百里，轉戰白馬（今河南滑縣東），目標是秦將楊熊的一股秦軍。

這兩支軍隊非常有趣，從白馬開始對打，邊打邊往西南方向移動，一直打到了曲遇聚（今河南中牟東），距離劉邦之前所在的開封不過數十里。這次劉邦終於開竅了，在曲遇聚吃掉了這股秦軍。接下來，劉邦的目標是潁川，即舊韓國的都城陽翟，這也是劉邦首席謀臣張良的家鄉。這裏應該是秦軍駐守的薄弱地帶，劉邦很輕鬆地拿下潁川。

有趣的是，在這裏，劉邦得到了一位同樣是韓國王孫的名將，他的名字叫韓信！當然此韓信非彼韓信，他就是楚漢史上著名的韓王信，而不是來自淮陰的那個本傳主人公韓信，為了敘述方便，以後就稱他為韓王信。

六月，劉邦的軍隊殺進南陽郡，形勢確如分析的那樣，南陽秦軍不堪一擊，在犨縣（今河南葉縣）將南陽郡守暴打一頓。不過雖然打不過劉邦，但可以耗死劉邦，他帶著殘兵逃回南陽郡治所宛城（今河南南陽）死守不出。宛城城高糧足，加上宛人守志強硬，南陽守寧死不降，劉邦進退維谷，好不尷尬。

劉邦的運氣非常好，就在劉邦一籌莫展的時候，南陽郡舍人陳恢來到楚營，以政治代言人的身分向劉邦提出了一個雙方都能接受的方案：將南陽郡的秦軍交給劉邦指揮，隨他西進，而劉邦則答應繼續留守南陽的請求。

這個要求對劉邦來說並不過分，劉邦非常爽快地答應了陳恢的條件，隨後，以南陽降劉邦。捍衛秦都咸陽東南方向的軍事鐵門被劉邦成功打開，距離咸陽，劉邦只有一步之遙。

咸陽以西南，南陽以西北，這中間的大片區域，只有三個有軍事防禦價值的戰略據點，從南陽方向往西北算起，分別是丹水縣、武關、商縣、嶢關（即藍田關）、藍田縣。這些軍事據點規模較小，遠不如南陽之於咸陽的軍事防禦價值更大，所以，劉邦拿下南陽的戰略意義是不言而喻的。

形勢對劉邦越來越有利，劉邦也越打越開竅，而且劉邦更重視戰爭中的政治攻勢，他下令：諸軍所過處，亡得擄掠，違者斬！楚軍所過之處，秦人無不望風歸降。

看看秦人對劉邦的態度：秦民皆喜。項羽後來的失敗，就在於他站在歷史的反面。

西征路上一片坦途，劉邦喜笑顏開，關中近在眼前，關中王即將加冕，這一切讓劉邦有些飄飄然。不過就在這個時候，突然從河北傳來了一個讓劉邦非常震驚的消息：秦少府監章邯率二十萬秦軍集體向楚上將軍項羽投降！

劉邦沒有聽錯，章邯確實投降了項羽。

章邯為什麼要這麼做？難道他忘記了秦楚之間的血海深仇？難道忘記了他現在是落難中的大秦帝國存在的唯一脊樑？章邯沒有忘記，只是現在的章邯已經不是過去那個熱血鐵骨的章邯了，他只是一具喪失了理想和靈魂的行屍走肉。王離在鉅鹿城下被楚軍重重剿殺的時候，章邯率軍逃離現場，足以證明這一點。

權傾天下的趙高在咸陽擅作威作福，關外已是烽火連天，項羽率領的諸侯盟軍日夜兼程地向咸陽方向殺來，而且嬴胡亥和趙高也已經知道，沛公劉邦的軍隊已經攻克南陽，現在已經殺到了武關城下！

對於胡亥和趙高來說，他們現在最需要做的，不是同心協力，共赴國難，而是互相推諉扯皮，把亡秦的大帽子扣在對方腦袋上。不過胡亥和趙高政治決裂的催化劑，卻是一個意外的名字：沛公劉邦。

原因並不難猜，就在嬴胡亥和趙高互相扯皮的時候，劉邦率軍已經拿下武關，距離長安越來越近，而且劉邦具有遠強於項羽的政治運作能力，他在剛拿下武關後，就派人私下潛入咸陽，找到秦丞相趙高，達成了初步協定：等劉邦進入咸陽後，劉邦將和趙高分王關中。

趙高是個聰明人，秦朝已經爛到根子上了，救不活了，兩路楚軍即將殺到咸陽城下，不如給自己留條後路。趙高一邊和劉邦使者祕密接洽，一邊又在為胡亥知道此事而提心吊膽，這可是叛國重罪！一旦胡亥以這個藉口發動突然襲擊，趙高將毫無還手之力。

秦二世三年（前二〇七）八月，郎中令、中丞相趙高在咸陽宮中突然發動兵變，由趙高的女婿、咸陽令閻樂率兵千餘人強行闖入宮中，眼神凌厲地站在已經自知窮途末路的二世皇帝面前。胡亥知道趙高想得到什麼，在所有的要求都被趙高指使閻樂拒絕後，拔劍自殺，時年二十四歲。

雖然二世皇帝駕崩，但秦不可以無君，而趙高顯然不可能當秦朝的皇帝，所以趙高又從秦宗室子孫中拎出了一個替罪羊，就是秦末代君主嬴子嬰。「秦三世」嬴子嬰雖然繼承了嬴胡亥的位置，但他的身分已經不是大秦皇帝了，而是秦王。趙高丞相認為此時的秦朝疆域又回到了戰國時代，已非全有天下，所以再稱帝已經不合適了。趙高令下，廢除皇帝尊號，恢復秦王稱號。

大秦帝國不存在了，但秦國還在，新秦王嬴子嬰畢竟還是岐山嬴姓的子孫，他絕不甘心任由趙高擺布。嬴子嬰知道自己是以預備替罪羊的身分被趙高選中的，趙高今天敢殺胡亥，明天就敢殺自己。

嬴子嬰和兩個兒子密謀後，定下了一條計策：在即將舉行即位大典的時刻，嬴子嬰稱病不出。任由趙高催促，嬴子嬰就是不出來。趙高實在等不及了，親自來到齋宮，命令秦王快點即位。

就在趙高剛踏進殿門的那一瞬間，殿中突然擁出數十個鐵甲武士，嬴子嬰一聲令下，還沒等趙高叫出聲，這個禍秦的巨奸就一命嗚呼了。隨後，秦王令下：夷趙高三族。秦國的權力回到了嬴姓王族的手中，但秦國的天下，已經不屬於岐山嬴姓了。用現在的話來說：歷史，即將翻開嶄新的一頁。

江山易主，天下變色！

就在趙高人頭落地的那一刻，「楚將沛公」劉邦已經連克武關、商縣、嶢關、藍田。咸陽東數十里的灞上，大楚的旗幟漫天飛舞，沛公劉邦錦衣縱馬，蕭何、張良馳馬以從，樊噲、周勃、夏侯嬰貫甲橫劍，策馬隨後。

勝利的喜悅縈繞在每個人的臉上，因為他們知道，楚人已扼秦人之頸，嬴子嬰將無處遁逃！

秦王子嬰二年（前二〇六）十月（即正月），在經過和劉邦陣營討價還價之後，素車白馬，秦王頸上負帛，緩緩地離開咸陽宮門，朝著議定好的受降地軹道（今西安東南）駛去。隨後，劉邦在嬴子嬰的引導下，督旗下諸軍嚴整有序地進入曾經的大秦帝都——咸陽。

劉邦進入咸陽後做的最重要的一件事情，不是安撫秦人，而是竄進秦王宮中尋花問柳，和曾經侍奉過秦始皇的美女們調情耍樂，幾乎忘記了他身上承擔的歷史使命。好在樊噲和張良及時出面勸止，劉邦才收住了花心，大步離開秦宮，還軍灞上，繼續實現征服天下的夢想。

在灞上，劉邦召集關中各地有名望的父老鄉士，他要以新統治者的身分宣布他的關中治政方針。首先是法律上的，劉邦提出了歷史上著名的簡便法律——約法三章，即「殺人者死，傷人及盜抵罪」。亂世殺人不抵罪，這對鞏固新政權和社會穩定是非常不利的，所以劉邦必須以強力手段來維護社會穩定。

面對劉邦的種種善政，秦地父老的反應是什麼？「益喜，唯恐沛公不為秦王」。

歷史已經給出了正確的答案，但未必所有人都認可這樣的答案。這個人是誰？除了諸侯上將軍項羽，還能是誰！聽說沛公已定關中，項羽大怒：劉邦這等庸滑之徒，有什麼資格做關中王！雖然現在劉邦得到了關中，但這又如何！項羽可以從劉邦的手上搶回關中，那項羽還是關中王。

項羽相信自己有足夠的實力戰勝劉邦，因為他手上有四十萬精銳的諸侯軍，而劉邦手上只有十萬人馬，不可能是他的對手。不過項羽還是擔心跟著章邯投降的二十萬秦軍對自己的忠誠度，畢竟秦楚世仇數百年，不是一朝一夕可以忘記的。

項羽做人實在夠狠！為了解除自己這個顧慮，他不惜冒天下之大不韙，在一個月黑風高夜，命令與秦有血海深仇的諸侯軍將手無寸鐵的二十萬秦人推進事先挖好的大坑，悉數活埋！

看著跟隨自己多年征戰的弟兄們被楚軍推入坑中活埋，項羽的座上客、預備秦王章邯卻欲哭無淚。

項羽從來不在意別人對他是什麼看法，他只在乎能否得到自己想要的利益，道義、良知，從來不是項羽的選項。項羽堅定地認為，為了他自己的利益，二十萬秦人必須死，同樣該死的還有那個渾水摸魚的小人劉邦。

項羽騎著烏騅馬，迎風按戟，數十萬士兵諸侯上將軍的馬匹，踏著歷史的脈搏，在夕陽下悲壯西行。蹄足揚塵，所過之處，遮天蔽日。

10 千古不朽鴻門宴

漢元年（前二〇六）十二月，新豐鴻門，天寒地凍，北風獵獵如刀，吹著楚軍大營中的那桿大幡撲喇喇作響。

大帳內，爐火熊熊，溫暖如春，上將軍斜臥錦榻，面前跪著一個普通打扮的吏卒。此人跪地上言：「臣受左司馬使，密告上將軍，沛公雄心勃勃，今得關中，必不肯讓上將軍，而欲使降王子嬰為關中相，沛公自為關中王，盡享榮華一世。」

這個人口中的左司馬，就是沛公帳下的左司馬曹無傷。曹無傷雖然是劉邦的人馬，但他早看出項羽此來不善，必能殺沛公，所以曹無傷提前派心腹來向項羽遞了投名狀。

項羽本來是希望劉邦識趣讓權的，那樣的話，他有可能放劉邦一條生路，但聽來人這麼說，項羽頓時氣炸了肺：無賴劉三，何敢欺吾！你有何功德，敢居關中自為王？

局勢到了這一步，天下爭雄之勢已漸明朗，劉邦是項羽最大的敵人，除掉劉邦，天下可定。亞父范增也持同樣的觀點，他告訴項羽：「久聞劉季好色貪財，而今入關，財貨婦女一無所取，可見其志遠大。不除沛公，霸業難成，將軍勿疑，請急擊之。」

項羽立刻下令後勤部門備宴，犒賞麾下諸侯軍，就地休整，明日各部受吾統一之號令，西向進擊沛公軍。

劉邦陣營出了個叛徒叫曹無傷，而項羽陣營中同樣出了個叛徒，就是項羽另一位叔父項伯。項伯不會在意劉邦的死活，但他卻是劉邦首謀張良的私交好友，為了不讓張良陪著劉邦下地獄，項伯於夜色茫茫之際，溜進張良的寢帳。當項伯喘著粗氣告訴張良事情的經過後，拉著張良的手就要往外跑。

張良當然不會甩掉劉邦逃跑，他立刻將此事通告了劉邦。

雖然劉邦知道這一天早晚會來，但想到明天項羽就會給自己發出死亡通知書，劉邦還是不寒而慄。好在張良給劉邦出了一個主意：立刻搞好和正在沛公營中的項伯的關係，有此人在，或可助沛公逃脫項羽的魔掌。

長袖善舞，與人交際，這恰是劉邦最拿手的絕活。劉邦面帶春風，語出暖人，一方面尊項伯為兄，並祝壽；一方面與項伯結為兒女親家，並言之鑿鑿地證明自己對諸侯上將軍的一片赤誠，很快就把項伯給爭取過來了。

這招果然奏效，項伯回到楚營後，就開始做項羽的思想工作，說劉邦有大功於楚，若今擊之，恐在輿論上於我不利。項羽對這個叔父非常尊敬，在項伯的努力下，項羽答應了，等明天劉邦過來道歉時，他不會對劉邦下手。

本來項羽是準備在次日一早就向劉邦進攻的，如果真出了這種情況，劉邦必死無疑。幸虧項伯此來，給劉邦爭取了足夠的保命時間，接下來就看劉邦如何說服項羽了。

次日，執戟郎韓信入帳報上將軍：沛公已至轅門外。上將軍問：同來者誰？執戟郎答：從臣張良、樊噲，及親騎百人。項羽考慮了一下，大帳容不得許多人，便讓韓信出帳，請沛公、子房先生入來見問。

韓信執戟，踏步而出，站在表情略有些緊張的劉邦面前，請劉邦入見上將軍。

劉邦並不知道眼前這個執戟郎叫什麼名字，他只知道此人是項羽的門哨，沒太在意。得到項羽允許進帳的命令後，劉邦示意樊噲等人在帳外等候，他和子房先生去帳中一見。

禮畢，還沒等項羽張嘴斥責劉邦為何以重兵守函谷，劉邦就已先聲奪人。他表情恭卑地站在項羽面前，為自己作辯護：「昔者，奉懷王旨，臣與將軍戮力殺秦，將軍殺於北，臣殺於西。臣西行之日，不意能先於將軍入關，而今能見將軍於此，天也！臣之於將軍，耿耿不敢有貳。今不知是何小人，離間臣對將軍之精忠，當誅之，以謝天下。」

雖然劉邦麾下外交人才如雲，但劉邦本人也是能言善辯之士，他的嘴功不比酈食其差。經他這麼一說，項羽似乎有所動，他也不太相信以雙方四倍的軍力差距，劉邦敢拿雞蛋碰石頭。想到這，項羽對劉邦的疑心漸漸消退。

天寒地凍的，沛公來此不易，項羽命庖下燙酒，備肉，置於案上，請沛公坐，舉杯，歡飲。

看到項羽釋放出善意，劉邦一直懸著的心終於落了下去，不知道是帳裏溫度太高，還是他太緊張，額頭上已經沁滿汗珠，伸袖輕輕擦拭後，劉邦坐定，舉樽賀上將軍壽。項羽很享受劉邦的拍馬術，興奮地割下案上一彘肩肉（即豬肘），以刀送入口，並浮一大白。

以劉邦的忽悠能力，對付項羽這樣的單純青年不在話下，但坐在項羽身側的亞父范增卻不是那麼好對付的。

范增早就將劉邦視為項羽爭天下的最大勁敵，必欲除之而後快，今日劉邦自送上門，千古良機，豈能錯過？范增當然不能親自動手，只能用眼神來提醒項羽：不要被眼前的假象騙了，劉邦是個演戲的高手，你玩不過他的，早點兒下手，除掉劉三，絕日後大患。

示意了好幾次，項羽面部毫無表情，或許是項羽沒看到，范增又把腰間佩戴的玉玦摘下來，放在手上，高高舉起，重重落下。反覆三次，示意項羽動手，這次項羽看到了，但依然毫無表情。項羽已經被劉邦灌下了斷腸迷魂湯，又怎麼會輕易被范增說動？

眼看著項羽還在犯傻，一旦劉邦藉機逃離現場，日後再殺此人就難了。對項氏忠心不貳的范增情急之下，起身出帳，找來了將軍項莊，耳語幾句，然後回座，繼續盯著項羽。

范增回到坐席上，面無表情地飲酒食肉，還沒等項羽和劉邦回過神來，項莊已經布衣橫劍，站在食案中間的空地上。項莊面帶微笑，把劍置於地上，先向劉邦敬酒為壽，然後回身二三步，拾劍而起，拱手問項羽：「軍中坐談，枯乏無味，臣請舞劍，以為笑樂。」

項羽也覺得這樣乾喝酒無甚趣味，拍手大笑叫好。

項莊得諾後，揮手上三尺青鋒，若鶴展翅欲飛，似猿掛樹摘桃，劍姿雄美，上將軍壯之，連浮數大白。不過劉邦發現項莊的劍步不對，似乎離自己的案子越來越近，劉邦頓時緊張起來：項羽要暗殺自己！

不知道是張良暗中使了眼色，還是被劉邦昨天的千金之諾所感動，就在項莊殺氣漸進之時，坐在一端獨自飲酒的項伯突然站起，拔劍跳進場中，以劍擊項莊劍，道：「好劍器舞動四方，伯也不才，亦請為沛公舞一回。」

項伯憑空殺出，直接壞掉了項莊的任務，項伯是項莊的叔父，項莊不敢對項伯無禮，劍法已是凌亂不堪。看到此景，上座范增益怒，下座張良益喜，項伯已經盡最大可能為劉邦爭取到了時間，接下來，張良必須想辦法讓劉邦從虎口中脫險而出。

張良立刻恭身而出，來到帳外，叫來等候多時的樊噲，耳語數句。張良說完，閃身進帳，此時的劍舞已經結束，有項伯在，項莊根本靠近不了劉邦，項羽越來越覺得無趣，揮一揮手，項莊收劍，躬身退下。

剛才張良把帳中的情況粗略地給樊噲講了一下，樊噲大怒，項羽匹夫，休甚欺侮人！樊噲雖然是個狗肉販子出身，但他卻明白一點，一旦劉邦被殺，沛人集團將瓦解星散，那麼樊噲怎麼辦？跟著項羽也不過跟他面前站著的那個執戟郎一樣，淪為他人打手，這不是樊噲的追求。

樊噲不敢耽擱一秒鍾，立刻抽出佩劍，從親衛騎兵那裏抄來一張盾牌，大步踏前，如風一般捲進了大帳。正對帷簾而坐的項羽定睛看時，見有一牛大雄男，高如鐵塔，髮似扎毛，眼若銅鈴，怒氣沖天，手執盾牌，盾上置劍。

項羽從來沒見過這個人，此人見諸侯上將軍卻如此架勢，難道要刺殺項羽不成？項羽下意識地將置於身側的名劍抄起來，放在膝前，顧問張良：「子房，此何人？」張良出去不久，這個壯男就闖進來，再看劉邦的反應，此人八成是張良叫進來的。

張良笑道：「上將軍勿疑，此沛公麾下參乘樊噲也。」

果然是劉邦的打手，不過項羽真是可愛至極，他很欣賞樊噲這樣的樸素壯男，卻忘記了樊噲進帳後有可能對自己不利。項羽膝前的劍又回到身側，項羽也笑：「果然好壯士！賜卮酒與飲之。」

庖人進前，與樊噲一卮酒，樊噲伏地拜謝上將軍，起，單手執卮，一飲而盡。項羽越看樊噲越喜歡，他麾下也有名將，比如英布、龍且、鍾離昧，但似乎都不如面前的樊噲耿直爽快。項羽興致大起，他又命道：「賜壯士一彘肩，使食。」

樊噲接過彘肩，以劍挑入盾上，切成數段，一手橫盾，一手執劍，送彘肩入口，大快朵頤，好不瀟灑。樊噲特殊的進食方式，看得項羽目瞪口呆：庸滑如劉邦手下，居然有此等率真人物！

項羽拍手大笑，模樣可愛至極。項羽復問樊噲：「壯士！復能飲酒不？」樊噲吃得滿嘴流油，正噎得難受，急需酒來解渴。不過樊噲知道自己進帳的任務，座上沛公還等他來救命呢。

還沒等項羽賜酒，樊噲站在當場，厲聲指責項羽：「我樊噲是個草莽粗人，命賤如泥，何懼一杯酒！臣有一言，請上將軍聽納。昔秦以暴治天下，所以滅亡。懷王曾與諸將盟，先入關中者為王，而沛公先入，於理當稱關中王。而沛公入咸陽，封府藏，不敢有一物歸私，為何？待上將軍來也！沛公向來奉上將軍為尊，願為上將軍麾下之臣，而上將軍卻信小人讒言，欲害沛公，難道上將軍想做秦始皇第二嗎？臣愚鈍，以為此計不足為上將軍取也。」

樊噲一通慷慨陳詞，震驚了在場所有人，包括劉邦，劉邦沒想到平時粗魯耿直的樊噲會把話說得這麼漂亮！樊噲並不是大多數人印象中的那個魯莽大漢，他心思細膩，懂得大道理。劉邦偷瞧了一眼項羽，發現項羽張嘴想要說什麼，卻吐不出半句話來，他知道項羽是被樊噲給問倒了，劉邦暗中慶幸，幸虧帶了樊噲來。

項羽平時就笨嘴拙舌，最不擅長應付嘴戰，被樊噲好一通數落後，項羽沉默片刻，只是命樊噲坐於張良側，並賜酒。其實項羽並沒有想殺劉邦的意思，范增示意多次，項羽都不為所動，只是樊噲進來一鬧，更堅定了項羽不殺劉邦的立場。並非項羽仁慈，而是覺得以劉邦的實力還不足以和自己抗衡，所以沒必要對劉邦下手。

項羽不想殺人，但座中沛公卻無法掌握住自己的命運，一旦項羽翻臉，想跑都沒機會了。

「哎喲！哎喲！」劉邦大聲呼痛。

項羽被嚇了一跳，側身問劉邦：「沛公怎麼了？」劉邦含慚半笑，邊起身邊答：「臣進食太急，以致腹痛，請將軍稍等，臣去出趟恭，片刻就回。」還沒等項羽點頭，劉邦已經兔子般躥出了大帳。

在帳外，就在執戟郎韓信的身邊，劉邦問同出的樊噲：「如果就此而走，不向項羽辭別，是否不太禮貌？」樊噲罵道：「你有病吧，再回去還有活路嗎？還辭個屁，快跑！」

劉邦想想也是，范增那老傢伙是不會放過自己的，還不定再耍出什麼花活呢。為了安全起見，沛公把張良叫過來，耳語幾句，如此如此，這般這般，吾可得安，張良點頭，小聲稱是。安排妥當後，劉邦策馬先行，麾下四員大將樊噲、夏侯嬰、靳強、紀信步行執盾殿後，不時轉過身，以防項羽派人來追，餘下車騎緩慢回轍。

精彩的故事總會有續集。張良在帳外轉悠了很長時間，約估計劉邦已遠行二十里，安全得到保障後，張良才慢悠悠回到帳中，和項羽繼續泡蘑菇。張良拿出事先準備好的一對玉璧，恭恭敬敬地放在項羽的案上，然後變戲法似的掏出一雙玉斗，放在范增的案上。

項羽問張良：沛公何在？

張良答，沛公不勝酒力，已回營休息了，行前囑臣獻玉璧與上將軍，贈玉斗與亞父些小薄禮，敬請笑納。

項羽拿起玉璧，仔細把玩，這對玉璧作工精美，是世間不可多得之精品，項羽大喜。正欲側身讓范增把那雙玉斗拿過來讓他欣賞，范增沒好氣地將玉斗摔在地上，語帶悲愴地哭道：「武信君何在！今吾與小兒共謀，不足成大事！將軍今天放跑劉邦，日後我等死無葬身地矣！」

范增哭天搶地，老淚縱橫，而項羽掃了一眼地上被摔成碎片的玉斗，然後繼續把玩手上的那對玉璧，嘴角依然掛著滿足的微笑。

歷史，再一次在不經意的瞬間發生了逆轉。

11 韓信的選擇：項羽還是劉邦？

鴻門那場精彩絕倫的宴會，在張良轉身撩開帷簾的那一剎那，已經結束了。樽盞狼藉，范增拂袖痛哭而去，項羽已不勝酒力，被侍人扶掖著回寢榻休息。

僥倖逃回灞上的劉邦，立刻殺掉出賣自己、隨後又被項羽出賣的左司馬曹無傷。小人在軍，是為不祥！如果不是自己在鴻門宴上臨難應變，說不定已經成為項羽的戟下之鬼。直到現在，劉邦依然能感受到自己心臟劇烈跳動的聲音，鴻門一幕，太驚險刺激了！

不過有一點劉邦是相信的，只要他不激怒項羽，項羽暫時是不會動他的。只是眼睜睜看著自己百戰拼殺到手的關中，卻要孫子一般地送給項羽，劉邦就怒火沖天。但眼下正是項羽得勢的時候，一味拿雞蛋碰石頭，不是悲壯是愚蠢，所以，劉邦還要再忍！

劉邦為失關中而喪惱萬分，而項羽卻為新得關中而興奮不已，劉邦送給他的那對玉璧早不知道扔到哪個角落裏了。因為項羽知道，百年咸陽宮中，收藏著遠比那對玉璧更炫美無價的稀世珍寶，當然，還有秦宮中數千絕色美女。

都說劉邦好色，其實項羽更加好色，項羽的身邊遠不止虞姬一個女人。很難說項羽和虞姬之間有所謂驚天地、泣鬼神的愛情，虞姬在項羽看來，不過是一個發洩男人本能的工具。後世無限美化誇大了項羽和虞姬的感情，卻把劉邦的好色稱為流氓本性，這是非常不公平的。

項羽從來不是一個對歷史發展有建設意義的征服者，他只是一個歷史的破壞者，破壞掉舊的歷史，然後由別人來書寫新的歷史。時間，很快就證明了這個論斷是正確的。

《史記・項羽本紀》載：「居數日，項羽引兵西屠咸陽，殺秦降王子嬰，燒秦宮室，火三月不滅；收其貨寶婦女而東。」看到項羽愚蠢至極的戰略選擇，有人當面勸止：「將軍謬矣！關中阻山襟河，四塞形勝，兼地肥糧豐，以關中為都，足成王業。」此人名叫韓生。對於韓生反對東還，項羽是這樣回答的：「富貴不歸故鄉，如衣繡夜行，又有誰知道我的偉大與榮耀？」

項羽要衣錦還鄉，韓生罵道：「常聽人言，楚人沐猴而冠，今觀之，果然！」這話並不是韓生在項羽面前說的，但有人把這話捅給了項羽，項羽最不能容忍別人質疑他的權威，一怒之下，烹殺韓生。

韓生說得沒錯，秦之所以能立國，併關東，一個最關鍵的地緣戰略因素就是秦的西、北、南三面皆無強敵，只有東線面對趙、魏、韓、楚，但一條長河襟守關中，易守難攻，此天資秦以成王業。

面對如此突出的地緣優勢，項羽居然視而不見，只有衣錦還鄉這點兒出息，讓冷眼旁觀的執戟郎韓信失望透頂。從韓信所了解的信息來看，他應該知道劉邦的戰略選擇，就是據關中稱王。劉邦早就確定了拿下關中，並以此為根據地兼併天下的戰略，這一點讓韓信很佩服：這才是王者之風！

跟了項羽這麼久，韓信應該是立下不少戰功的，可韓信還是地位低下的執戟郎中，絲毫看不到升階的希望。韓信開始考慮，是時候換個發展平臺了。

項羽這架梯子，雖然以華貴名木打造，看上去金光燦燦，但卻掩飾不住內在的裂痕，韓信已經看出了這一點。再蹲在這架「金玉其外，敗絮其中」的破梯子上，韓信早晚要從高處摔下來，那還有活路嗎？

要換梯子，劉邦是再合適不過的人選，想必此時的韓信心中已經對自己未來有了一個比較清晰的規劃。

韓信並非沒有努力過，他曾經就時勢發展給項羽寫過好幾份報告，這是多少個不眠之夜，用男兒豪情干雲之志，輔以為主精忠之誠，在油燈下寫就的心血？可韓信得到了什麼？項羽看都沒看，直接扔到了火爐裏，劈劈啪啪的木簡焚燒聲，讓韓信欲哭無淚。

韓信已經做好了離開項羽這架爛梯子的心理準備，等待合適的時機，跳到劉邦那架梯子上。項羽並沒有在意韓信想什麼，一個小小的執戟郎，還沒有資格得到諸侯上將軍的關注，項羽現在的精力都放在了分封諸王上。

項羽不是一個具有長遠戰略的政治家，以關中形勝之地，得之必霸，他只是一個來自楚國的復仇者。什麼郡縣制、什麼同文同軌，這都不是項羽的選項，他只想做諸侯長。項羽的思維，還停留在合縱連橫的春秋戰國時代。

在分封之前，項羽需要做一件特別重要的事情，就是將已經失去最高權力的楚懷王熊心趕出中原，押到遠離中原千里之外的郴縣（今湖南郴州），名為就國，實為監押。雖然項羽把懷王的名號尊改為義帝，但失去權力之後，這些虛名還有什麼實際意義呢？

分封方案很快就隆重出臺。

項羽，自封西楚霸王，都彭城。

亡秦少府監章邯封雍王，這是早已確定好的；亡秦長史司馬欣為塞王，亡秦都尉董翳封翟王。魏豹封西魏王，韓成封韓王，司馬卬為殷王，燕王韓廣為遼東王，原燕將臧荼為燕王，田都為齊王，趙歇為代王，張耳為常山王，得舊趙之地。英布為九江王，吳芮為衡山王，共敖為臨江王。

對於已成眾矢之的的劉邦，被項羽封為漢王，地盤在今陝西南部、四川、重慶，疆域和三國蜀漢基本相當，都漢中。

這是一個項羽和范增一起制定的，充滿了惡意的分封。楚漢之際的西南地區地廣人稀，道路艱險，經濟落後。劉邦名為分封，實際上被踢出了中原，一旦項羽燒掉由關中入蜀的必經棧道，劉邦將客死異鄉，再無還鄉與家鄉父老團聚的那一天。

分封令一下，沛公大怒，拔劍曰：「重瞳小兒欺吾，必與之決死！」還是麾下文武苦苦相勸，才讓沛公按劍回鞘。蕭何的話很有代表性：「漢中、巴蜀雖是險地，猶足以資王業，只要大王善養民，禮致賢人，天道有變時，還定三秦，一舉擊楚，天下未必不可圖。」

劉邦收劍入鞘，一聲長歎：「捨此，奈何！」人在矮簷下，不得不低頭，能屈能伸才是大丈夫！雖然表面上，劉邦完全擁護項羽的決定，但暗中卻恨得咬牙切齒。劉邦一邊罵著項羽薄情寡義，一邊催促軍隊離開關中，走秦嶺棧道，蜿蜒入蜀。

劉邦的心情很不好，一路上喋喋不休，詛咒項羽和范增這兩個渾蛋，把老爺扔到這個人哭鬼愁的地方。劉邦越想越窩囊，即使是封王漢中，也是他通過張良，花重金買通項伯，讓項伯在項羽面前說好話，這才把劉邦的封地從巴蜀腹地改在了漢中。

這次劉邦西行，張良雖然也隨了隊，但還沒有到南鄭，張良就走棧道折回灞上，出函谷關，目標是彭城。張良為什麼不留在漢中與劉邦同甘共苦？難道張良吃不了這些苦楚？當然不是，張良東還，有更重要的軍國任務要辦。

張良在臨行前，告訴劉邦：「王可俟良走後，火燒棧道，絕斷歸路，以防止關中三王（章邯、司馬欣、董翳）出兵伐漢。如此，則可保漢無虞。」劉邦理解張良的良苦用心，項羽把章邯、司馬欣、董翳封在關中，就是隨時準備對付劉邦的。

行前，劉邦緊緊握住張良的手，未語淚先流，互相道一聲珍重。張良布衣芒鞋，在棧道上乘風而去，劉邦久久站著，悵然若失。等到張良消失在劉邦的視線之外時，漢王面無表情地下令：燒絕棧道！

在東土籍漢軍的號啕痛哭聲中，一條火龍延山而起，不斷有被燒斷的木枕帶著火苗掉落谷底，場面非常震撼。棧道燒掉了，就意味著家在中原的漢軍將士永無回鄉之日，父兄妻子，倚門延望，揮淚成海，便成永絕。

燒掉棧道，雖然難以還鄉，但至少可以保證漢中的安全，章邯他們肯定殺不過來了，這也是張良東歸的重要目的。張良趕到彭城，拜見了正在和秦宮婦女調情取樂的西楚霸王。霸王問漢王事，張良笑答：「劉邦豈有壯志！他入漢中後，為防關中三王進攻，已燒棧道，必無東歸之計，大王何憂。」

霸王大喜。

劉邦是項羽最不放心但又最沒理由可殺的危險敵人，而且因為當初分封諸侯不公的原因，原齊王田榮已經驅逐新齊王田都，扯旗造反，在以打游擊為生的彭越的幫助下，田榮平定三齊，向項羽發起進攻。項羽大怒，田榮小兒，敢不服霸王虎威！項羽和田榮這兩個異常剽悍的男人互相撕咬起來，打得難解難分，項羽很快就把劉邦拋到了腦後。

劉邦還在趕赴南鄭就國的路上，時間是漢元年（前二〇六）的四月。

自古棧道難行走，上有高天九萬里，下有深澗不見底。這是一條冒著生命危險鑿開的運輸通道，也是一條可使人生、可使人死的命運絕道，走在棧道上，稍不小心，就有可能墜落到萬丈深淵，摔得粉身碎骨。

12 漢王不欲就天下乎，奈何斬壯士！

此次入蜀的漢軍共有三萬人，之前劉邦有兵力十萬，但這其中應該有不少的雜魚，屬於劉邦嫡系的，應該就是這三萬人。不過由於劉邦賢名在外，有諸侯軍數萬人流著淚向劉邦表示他們願意跟著漢王入蜀受苦的決心，沛公深受感動，下馬扶起他們，不禁淚流滿面。

想必在這些被劉邦偉大人品所折服的軍人中，就有原楚軍執戟郎韓信的身影。韓信已經決定了，跳離項羽這艘破船，他沒有任何理由陪項羽殉葬，他有權利追逐自己的夢想。

以韓信在楚軍中的地位和財力，他還買不起馬匹，只能背著一個簡素的包裹、他那柄心愛的劍，以及一些簡單的生活用品。韓信執戟，在漢王車騎的後面，小心翼翼地行走在懸在懸崖絕壁上的棧道上，走在未知福禍的人生旅途上。

韓信隨意往腳下瞅了一眼，不禁有些眩暈，下面萬丈空蕩，深不見底，崇山密嶺，罕見人煙。偶爾有一隻雄鷹振翅飛過，聲鳴梟梟韓信信心滿滿，他相信自己一定可以像這隻鷹一樣，展翅一飛三千里，會當長嘯凌絕峰。

天下兩大陣營領袖——劉邦和項羽都沒有想到，一個曾經毫不起眼的路人甲，將逆轉他們人生的方向。劉邦並不知道隨他入漢中的人群中有韓信，項羽也不知道他的執戟郎去了哪裏。

對於背楚歸漢，韓信也是被動之下的選擇，如果不是一直得不到項羽的重用，韓信真的不想找劉邦要飯吃。只是韓信在項羽身邊站久了，對項羽的脾氣習性多少知道一些，這也有利於他在項羽陣營中謀事。韓信又了解劉邦多少呢？

且不說從關中入漢中，要走過多少險途，僅是韓信對楚軍的熟悉程度，也要遠勝對漢軍的了解。雖然韓信在項羽帳前執戟時，不止一次見過劉邦，但劉邦顯然不會注意這個面目無甚稀奇的衛兵。

除了韓信自己，沒有人在意過他。

不過韓信對劉邦陣營的人員配置情況或多或少應該有一定了解，蕭何、酈食其、張良自不必提，他們都是文臣，這也不是韓信的優勢，韓信也無意和他們一爭短長。

劉邦封為漢王，自有一套官僚體制，不算張良這個「體制外」的韓國人，漢國文臣之首，非丞相蕭何莫屬。不過漢國並沒有設置軍隊的最高長官大將軍，並非劉邦沒想到這一點，而是實在沒有合適的人選。大將軍位高權重，非心腹人、非天才將，不敢輕用之，「有其人則任，無其人則闕」。

韓信隨隊入漢中，就是衝著大將軍這個位置去的，他要擠掉的漢王重臣，是以樊噲為首的武將群。

劉邦手下的武將計有：臨武侯樊噲、昭平侯夏侯嬰、威武侯周勃、將軍盧綰、信成侯酈商、建武侯靳歙、昌文君灌嬰、共德君傅寬，再加上紀信、周緤等人，特別是樊噲、夏侯嬰、周勃、盧綰四人，是潛在的大將軍人選。如果劉邦終生不遇韓信，而又想東歸擊楚，或許不得不在這四個人中隨便挑出一個大將軍，死馬且當活馬醫。

劉邦並不知道項羽陣營中的一個執戟郎就跟在自己身後，但即使劉邦知道了又如何？劉邦入漢中時，諸侯軍有數萬將士隨隊而行，其中別說郎中這樣的小頭目，就是議郎、車郎中、騎郎中這樣的中下層軍官遍地都是，劉邦怎麼可能注意到韓信？

韓信的成功率是多少？近乎十萬分之一！

韓信的當務之急不是當什麼大將軍，而是要迅速進入漢國的政治軍事體制，哪怕再當一次執戟郎都可以。至少韓信知道一點：給劉邦當執戟郎，還有當大將軍的機會；給項羽當執戟郎，永遠都是執戟郎。

劉邦待人接物確實有一套，近十萬將士背井離鄉，跟著自己不離不棄，這份人情，劉邦非常領受。為了安撫軍心，劉邦對將士們進行封賞，許多人都提高了官職或軍職。劉邦要讓弟兄們明白一點：跟著我劉邦，都有肉吃。

韓信也在這次封賞之列，他得到的職務是「連敖」，說白了，就是一個跑腿打雜的吏員。韓信雖然做足了心理準備，但當接到任命書時，還是表現出了相當的失望情緒。韓信想當軍官，哪怕執戟郎都可以，結果卻管起了紅白喜事，成天和一堆之乎者也的老頭子廝混。這豈是韓信所追求的目標？

韓信的失望不難理解。他在項羽帳外執戟站了那麼長時間，耐心已經近乎用光。人的耐性總是有限的。當人努力之後，卻看不到任何成功的希望時，就很容易產生「破罐子破摔」的消極抵抗情緒。

對本職工作不熱愛，自然也做不出什麼成績，韓信成天吊兒郎當，朝九晚五地混日子，按月拿

韓信猛然覺得背脊發涼，知道這一刻終於要來了。韓信下意識地抬起頭，他還是不甘心就這麼死去，他還在淒涼萬狀地尋找最後一絲求生機會。突然，韓信看到了坐在不遠處的那個監斬官員。韓信認出了那是太僕夏侯嬰，夏侯嬰也注意到韓信了，畢竟他是最後一個被殺的罪犯，殺掉此人後，就可以回去交差了。

機會！韓信心裏靈光一閃，他知道這將是自己爭取活下來的最後一絲看上去希望並不怎麼大的機會。

韓信對著夏侯嬰，聲嘶力竭地大呼：「嗚呼蒼天！悲兮大漢。漢王初定關中，卻為楚王所欺，遷於此間。漢王、眾卿、虎狼之士，皆為東人，豈不思豐沛故鄉乎？楚王大殺四方，人神共憤，能為天下剪此凶者，非漢王而誰？漢王不欲橫平天下，卻擅殺壯士如我！如此，終生莫得回故土矣！」

夏侯嬰距離韓信並不遠，韓信的「絕命詞」順風傳到了他的耳朵裏，夏侯嬰心裏一震，此人言吐不俗。再看其貌，雖跪綁於地，但身形高大，面目雖不言美，但卻甚壯，果然好壯士！

夏侯嬰立刻喝止了劊子手，讓劊子手把已經舉在韓信脖頸上面的鬼頭刀放下，並把韓信押到他面前，他有話要問。滕公的話誰敢不聽，劊子手一邊小聲嘀咕著這小子真是好運氣，一邊拎起反剪韓信雙臂的繩索，將韓信半跪半行地拎到滕公坐席前。

韓信在吶喊的那一刻，其實是在做命運的最後一搏，一旦夏侯嬰對他沒什麼反應，韓信就將人頭落地，但好在韓信賭贏了。當韓信被拎到夏侯嬰席前時，他本已絕望的心情稍微好轉一些，但現在也只是「死緩」，如果他無法說動夏侯嬰欣賞自己，依然難逃一死。

二人的距離近了些，夏侯嬰似乎有些坐立不安，他隱隱感覺到氣氛有些異常，但具體哪點異常，他又說不上來。難道異常的感覺是眼前這個五花大綁的罪犯帶來的？夏侯嬰又仔細瞧了韓信一回，想從韓信的眼中尋找答案。

夏侯嬰雖然是半個武夫，但他卻沒有樊噲那樣的粗暴脾氣，性格特質更接近於蕭何，比較沉穩厚重。夏侯嬰聽懂了韓信剛才說的話，仔細咀嚼了一回，發現其中大有玄妙之處。

韓信說得沒錯，劉邦胸懷寬大，志在天下，絕不會甘心待在漢中富貴終老。夏侯嬰是劉邦在沛縣的刎頸之交，曾經替劉邦入獄受罪，二人關係非同一般，所以他對劉邦的了解非常深刻。但讓夏侯嬰好奇的是，眼前這個罪犯，又是怎麼知道劉邦志在天下的？

夏侯嬰不認識這個人，但似乎又在哪裏見過，但可以肯定的是，此人不會是沛人，雖然同為楚人，沛縣和淮陰的楚語口音上還是有一定區別的。夏侯嬰對這個神祕人物充滿了好奇和興趣，也許此人懷才不遇，是個天才，如果能做一回伯樂，掘玉出土成大用，這可是對子孫後世的大功德。

《史記・淮陰侯列傳》：「（夏侯嬰）與（韓信）語，大說之。」

夏侯嬰到底和韓信說了些什麼，司馬遷並沒有詳細記載，但夏侯嬰不會和韓信沒邊沒沿的扯名人八卦，韓信也不知道這些。二人交談的肯定是天下軍國大事，作為漢國核心重臣，夏侯嬰有責任為漢國盡心效力，這也正是夏侯嬰想急切聽到的。

滕公有令：解掉此人身上的縛繩，並延請至席前，一聽尊教。

韓信等的就是這個機會，不要說今天要砍頭逼得韓信不得不大言震滕公，就是放在平時，韓信也會想辦法接近這些重臣，兜售自己的驚世才學，不然他歷盡艱難來漢中做什麼？

韓信定了定神，然後語出滔滔，從自己神祕的家世談起，在淮陰時受漂母一飯之恩，受惡少胯下受辱，淮河仗劍從項梁。當然這些只是開篇，夏侯嬰才不管你是何方人氏，經歷如何，而是想知道你對天下時局的不同看法。

當然，夏侯嬰特別注意的一點是，這個名叫韓信的連敖原是項羽帳前的執戟郎，夏侯嬰知道項羽是劉邦爭天下的最大對手，所以要全方位了解項羽，常在項羽身邊侍奉的韓信無疑是個最佳管道。

知己知彼，百戰不殆。

韓信把自己對項羽的了解大致講給了夏侯嬰，同時也對天下時局發表了自己的看法，比如項羽為何不守關中而東歸，為何立章邯、司馬欣、董翳為三秦之王，關東諸侯對項羽的態度，以及老謀士范增之於項羽的作用。

夏侯嬰大悅，說明韓信的目標已經完全達到，死亡的威脅完全解除，他現在是太僕大人的席前賓。韓信現在需要做的，就是等待漢王劉邦的召見，然後韓信在殿上東向直指，運石為兵，籌沙為糧，大言驚漢王，談笑定天下。

13 月下追韓信

夏侯嬰先讓韓信歸隊，安撫一下受驚的心情，然後準備等待漢王的召見。韓信驚喜萬分，熬過寒冬飛雪，終於即將迎來百花齊放的春天。韓信非常感激夏侯嬰，他不僅是自己的救命恩人，還將成為自己的政治恩人，韓信激動地給太僕大人行禮道謝。

夏侯嬰是個信人君子，他對韓信做出的承諾，就一定要實現。韓信前腳剛離開，夏侯嬰後腳打馬闖進了漢王的大帳，他要向漢王道喜：大王還鄉有日矣！

此時的漢大王正坐在榻上，兩隻脫了襪子的大臭腳伸進地上的銅盆裏，由兩個侍女輕輕揉捏。劉邦雙目微閉，哼著小曲。猛然聽到有人大喊：「漢王，大喜！」把劉邦從鴛鴦戲水的夢幻中拉了回來。劉邦睜眼看時，是夏侯嬰。

劉邦揮退侍女，問滕公何事有喜。夏侯嬰把剛才經歷的戲劇性一幕從頭到尾告訴了劉邦，像是講故事。夏侯嬰講得眉飛色舞，劉邦聽得昏昏欲睡，不停地打著哈欠。刀下留人，這故事太老掉牙了，夏侯兄就不能整點新鮮段子？

韓信何人？當夏侯嬰說出此人曾經在項羽帳前做過執戟郎，劉邦恍然大悟。想起來了，劉邦不止一次見過這個執戟郎，原來他叫韓信，知道了，滕公還有何事？

「這可是世間少有的大才，漢王何不重用之？」太僕大人有些著急，漢王不可以輕賢，你劉三樂不思沛，我還想回老家呢。在夏侯嬰的一再舉薦下，劉邦有些不好意思了。

夏侯嬰對韓信稱讚有加，想必這個韓信還是有點本事的，可是給韓信封個什麼官好呢，大將軍？別開玩笑了，項羽的執戟郎做劉邦的大將軍，傳到江湖上，不怕諸侯笑掉大牙？

劉邦想了想，告訴夏侯嬰：「治粟都尉現在還缺一人，不如先讓韓信充其職，等他做出成績，可以考慮大將軍的人選問題。」夏侯嬰知道這是劉邦不好駁他的面子，想想也能接受，先讓韓信歷練歷練，大將軍的事情，不著急。

漢王簽發的委任狀被人送到了韓信的手上，當韓信打開一看，差點又沒哭出來，劉三的腦袋被驢踢了吧，讓爺做什麼治粟都尉！

治粟都尉是個什麼官？

秦漢時的「治粟」不僅管理糧食，還管理市場、貨幣、土地、運輸等國家經濟要害部門，而這個部門的最高長官是治粟內史，漢武帝改稱為大司農，為九卿之一。治粟都尉是治粟內史的下屬，都尉上面還有治粟丞，級別不算太高，但比連敖這個不倫不類的小官要高多了。

治粟部門的重要性，想必韓信是知道的，《漢書・食貨志上》：洪範八政，一曰食，二曰貨。當上國家經濟部門的中層幹部，前途不可限量，只要努力肯幹，鍍層金上位並不難辦。也許有一天，韓信會做到治粟內史，與丞相蕭何同坐前席，與漢王論治天下。

可做經濟部門的長官，從來就不是韓信的追求，如果無法實現自己率萬夫橫平天下的夢想，留在這裏當都尉，和在項羽身邊做執戟郎有什麼本質的區別？最讓韓信失望的是，做治粟都尉也沒什麼，漢王總要見一見吧。只要能見到劉邦，韓信相信自己可以憑實力征服劉邦，讓劉邦驚呼天才出世，可劉邦根本沒有召見他的意思。

怎麼辦？再一走了之，回到項羽身邊繼續做執戟郎，繼續做項羽呼風喚雨、改寫歷史的見證人？韓信當然不會走，他還在等待與劉邦的見面。一日見不到劉邦，韓信在漢中的旅途就不會結束。放眼天下，除了劉邦最有可能重用自己，還有誰可以託付一身錦繡俊才？

韓信一直在給劉邦機會，他還不斷地說服自己，苦苦等待著漢王的召喚。可沒過幾天，劉邦忘記韓信是誰了，漢王依然在回味那幾個美貌侍女帶給他的無上快感。

有些讓韓信意外的是，他這塊石頭丟到劉邦這潭臭水溝裏沒有打出一片水花，卻在蕭何那裏發生了奇妙的化學反應。

蕭何是漢國第一重臣，除了劉邦就是他了，劉邦在政治上是片刻也離不開蕭何的，否則就得抓瞎。蕭何有什麼本事？鎮國家、安百姓、定法律、收籍冊、治田畝、督稅賦、調軍糧，漢國最終能一統天下，蕭何至少要佔三分之一的股份。

韓信所在的治粟部門也在蕭何的職責範圍之內，也許是夏侯嬰的推薦，也許是韓信因為公事要向蕭何彙報，一來二去，一位千古名相和一位千古名將就這樣結識了。簡短的交流後，蕭何大驚失色。

漢水粼波，居然有如此蛟龍！

蕭何按劍立於漢水之濱，聽波濤汩汩，沉吟不語。

人才難得，這是蕭何意識中的第一反應。蕭何知道漢國在諸侯中的處境，兵不強、地不多，但最重要的是現在還沒有具有全局領導能力的將才。如果以後要出兵三秦，與項羽爭天下，憑樊噲、酈商之徒，是不可能打敗項羽的。

漢國距離沛縣有千里之遙，難道蕭何願意在此終老，作客異鄉嗎？當然不是，他和所有的沛籍將士一樣，都在熱切期盼著能早日回到家鄉。自從韓信出現在他的視野裏，蕭何眼前一亮：能使吾等還東者，必是此人！

韓信和蕭何都說了些什麼，和之前夏侯嬰問話一樣，《史記》同樣沒有記載，但話題肯定離不開如何平三秦、破西楚，定天下。韓信也知道蕭何的政治分量，如果能打通蕭何這個環節，也許劉邦會高看自己一眼。

韓信幾乎傾其平生所學，席前指掌，如黃河之水天上來，吞吐天地，包併八荒。蕭何目不轉睛地看著韓信，一邊聽著韓信指畫天下形勢，一邊在心中不停地讚歎：此人歸漢，天意，這是天意！

蕭何已經知道了夏侯嬰曾經在劉邦面前力薦韓信，但蕭何也奇怪劉三怎麼沒重用韓信。蕭何好言安撫韓信，說漢王向來敬重我，由我來舉薦，漢王必能重用韓生，你先回去做好本職工作，等我的好消息吧。韓信相信蕭何的分量，打通了蕭何這一關節，離劉邦就越來越近了，也意味著自己登龍翱翔九天，已為日不遠。

相似的一幕再次出現：蕭何來找劉邦，漢大王又在洗腳，懶洋洋地問丞相何事。蕭何把情況一說，劉邦有些不耐煩，又是韓信，韓信塞給了你們多少銀子？成天在寡人面前給這個給項羽看門的兵頭子吹喇叭。

蕭何的面子還是不如夏侯嬰的大，夏侯嬰一說，劉邦至少還升了韓信的官職，但任憑蕭何口吐蓮花，口乾舌燥，劉邦半點反應也沒有，蕭何氣得差點兒當場踢翻劉邦的洗腳盆。

蕭何的憤怒是有理由的，眼看劉邦終老漢中的意願越來越強烈，身在漢中的關東籍將士感覺到明顯的寒意。剛出灞上時，數萬將士都慷慨激昂地向漢王表達同甘共苦的豪情，但走上棧道後，這些人才發現蜀道行走之難！再加上劉邦走過一段棧道，便燒掉一段，以示再無東歸之心。誰家沒有父母妻兒，誰願意跟著這個胸無大志的漢王客死異鄉？

剛開始的時候，就有三三五五的漢軍將士擅自脫離大部隊，朝著日出的方向，唱著家鄉的歌謠，從山腳下不知名的小道悲壯地逃去，他們要回家！慢慢地人數開始成倍增加，歌聲震滿山谷，飛鳥受驚，盤旋而不敢下。

對於軍中出現大規模逃亡的情況，劉邦心裏很明白。他心急如焚，卻也無可奈何。他也想回到家鄉，可他的軍隊滿打滿算不到十萬人，能打得過項羽手下四十萬悍卒嗎？還是按子房先生說的辦吧，忍為上，誰如果思鄉東歸，他絕不阻攔。

蕭何也許是沒看透劉邦的心思，他還在為劉邦不思東歸而憤怒。眼看著離南鄭越來越近，蕭何再一次催劉邦重用韓信，劉邦依然對他打哈哈：人才難得，丞相放心，我會考慮重用韓信的。

蕭何沒辦法，只好回去告訴韓信，讓他再耐心等等，漢王用人一向比較靠譜，不會開玩笑的。看著蕭丞相為自己的事情跑來跑去，韓信心裏一熱，他也不好意思再催促蕭何，韓信還是識趣的，那就再等等吧。

從山谷空野，到漢水之濱，一直到了南鄭城裏，劉邦住進了漢王宮，韓信還是沒有等來劉邦的召喚。這一次，韓信的心真的涼透了。

韓信後悔了，早知道劉邦是個葉公好龍式的人物，還不如跟著項羽回楚國當執戟郎。枉費自己千辛萬苦過棧道、渡漢水，風餐露宿，到頭來還是白忙一場。回到項羽身邊？韓信似乎還沒有拿定主意，但至少要從劉邦身邊消失，這一點韓信已經決定了。

這就是韓信！

如果韓信留下來，治粟都尉的俸祿足夠韓信吃喝用度的，難道韓信忘記了饑餓的滋味？忘記了被亭長夫人趕出家門時的悲涼絕望？忘記了河邊柳樹下的幾近餓死？

以韓信的聰明才智，做九卿長未必不可能，雖然不能在戰場上呼風喚雨，但在官場上呼風喚雨，不也是一種成功嗎？何況治粟都尉也是軍隊職務，再等等又何妨？讓劉邦重用一個他完全不了解的人做大將，確實有些難為劉邦。

如果換了別人，也許會再給劉邦一點時間，有蕭何的面子，劉邦總會給自己機會的。但韓信來到這裏，不是做什麼治粟都尉，哪怕月俸兩千石也不要，他就是要當大將軍，即使月俸六百石也無所謂，有碗飯吃就可以。

要麼做大將軍，要麼繼續尋找做大將軍的機會，為了實現這個在許多人看來非常可笑的目的，寧可浪費掉整個人生，這是多麼可怕的堅持！

就是因為還在堅持這個理想，韓信才在眾人的恥笑聲中，從屠家惡少胯下鑽過去。如果沒有這種可怕而不可思議的堅持，韓信早就殺掉了這個不知好歹的惡少。韓信的骨子裏只有一個信念：他天生就是來到人間做大將軍的，這是上天的旨意！可蕭何催促劉邦已經不止一回了，依然沒能說服劉邦重用自己，那還留在這裏做什麼。天下之大，五湖四海，三山五岳，何處不可安身？

在一個月明星稀的夜晚，漢國的治粟都尉韓信背著包裹，以劍為杖，心境悲涼地悄然離開了剛來不久的南鄭，沿著他西來的道路，朝著東邊的方向走去。每次月下拭劍，韓信都心酸不已，這柄劍久經疆場血骨磨礪，對月猶寒，其聲猶剛，卻依然無法見證韓信的成功，韓信有愧此劍。

因為漢軍剛到南鄭，人事初定，蕭何也忙成一團，沒有人注意到韓信的離開。劉邦從灞上一路南下，走棧道，翻險山，涉大河，也走累了，剛進漢王宮，劉邦就立刻脫掉鞋子，跳上床榻，先美美地睡上一覺。

丞相蕭何這幾天非常繁忙，他還在腳不著地地指揮吏卒打掃衙舍，整理帳目籍冊，至於韓信的事情，稍後再找劉三論理。就在這個時候，突然有人來報，說韓信捲舖蓋跑了。

韓信跑了？

當確定這個逃跑的韓信，是治粟都尉韓信，而不是韓襄王之孫韓信時，蕭何氣得大罵來人不早說，韓信真要找不回，等著屁股挨板子吧。現在的韓信對蕭何來說，就是日後他能回到沛縣家鄉的保證，絕對不能讓韓信離開。蕭何有馬，立刻上馬去追，無論如何也要把韓信找回來。

可能是因為韓信走了很久之後，手下人才通告蕭何，或者是蕭何對漢中的地形不熟，蕭何打馬出城，卻始終沒有發現韓信的背影。好在蕭何有坐騎，不用耗費自己的體力，而韓信徒步前行，走不了多遠。蕭何很快發現在月色的映照下，漢水北岸，巴山腳下，風捲流水潺潺，緩慢行走著一個孤獨的黑影。

蕭何激動地跳下馬，大聲叫著韓信的名字，韓信猛地轉身。見是蕭何，韓信低頭淺歎不語。

「為什麼要離開？」蕭何問。

韓信看了一眼清波粼粼的漢水，水中盈月，欲碎還圓，偶爾有魚兒探出水面，來欣賞這幅靜中美極的圖畫。

韓信嘴角露出一絲苦笑，輕輕搖搖頭，回答蕭何提出的問題：「信不辭辛苦，翻山過水，追隨漢王至此，欲有為於漢王，得志於天下，豈為治粟都尉而來？有寶玉在此，漢王卻待為常珠，不以為我賢，不重我為用，如此，信所以辭也。」

蕭何再問：「留在這裏，還有做大事的希望，有我在此，必盡全力助你。如果離開，你認為還有誰把你視為寶玉？你確定項羽還會給你證明自己的機會？」蕭何這句話重重擊碎了韓信脆弱的堅持，韓信沉默不語。蕭何說的沒錯，留下來，還有機會，離開，一點機會也沒有了。

「丞相言是，但信留在這裏，卻看不到希望，漢王一次次拒絕，信已經心灰意冷。」韓信似乎沒有了之前憤怒的堅持，如果他能看到在劉邦這裏做大將軍一展雄才的機會，他真的不想離開。

蕭何是吏員出身，最善於察言觀色，從韓信沮喪的神色中，他發現韓信其實並不是想離開，只是自己還沒有堅定韓信留下來的決心。蕭何知道該怎麼做了，一定要讓韓信從自己這裏看到拜大將軍的希望。

蕭何情緒也有些激動，他上前幾步，緊緊握住韓信的手，生怕他再跑掉。蕭何眼眶有些濕潤，他斬釘截鐵地告訴韓信：「跟我回去，哪怕撕破我這張老臉，也一定要讓漢王重用你！我不相信漢王會一意孤行，如果他還在荒謬地堅持錯誤，我就和你一起離開！」

韓信已是淚流滿面。

14 築壇拜將

兩天過去了，蕭何依然不見蹤影。

有人來報漢王，說丞相已經逃跑了，氣得剛睡醒的漢王跳腳大罵蕭何做人不地道。當初可是你勸我不要拿雞蛋碰項羽這塊石頭，說英雄當忍，說勵精圖治，足可滅楚。現在把我騙到了這山溝溝裏，你自己倒拔腳溜了，忒過分了。

劉邦爭天下，最不可缺少的就是蕭何這個後勤部長，沒有蕭何，張良又不在身邊，劉邦哪裏看得懂堆積如山的公文卷宗、籍簿帳冊，劉邦知道人口多少？兵士多少？糧食多少？輜重多少？看著籍簿帳冊堆滿了案子，劉邦傻眼了。

就在劉邦喋喋不休地罵著蕭何是個大騙子的時候，突然有人來報：「漢王大喜，丞相回來了。」劉邦像是被電觸到了一般，猛地坐直了身子，然後從席上爬起來，連鞋子都沒穿，就朝門外衝出，正看到蕭何面色平靜地朝自己走來。

還沒等蕭何施禮，劉邦一把揪住蕭何的衣袖，以拳捶其肩，大罵：「你這個老東西，還知道回來！」劉邦差點兒沒哭出來，也難怪劉邦離不開蕭何，自從出道沛縣官場以來，二人就形影不離，親如兄弟。如果蕭何真的離開劉邦，那對劉邦的感情和事業上的打擊幾乎是致命的。

劉邦繼續質問蕭何這兩天都跑哪溜達去了，為什麼不辭而別，害得他擔驚受怕。蕭何笑了，他怎麼會逃跑？蕭何穩定了下情緒，告訴劉邦：「臣豈能離開大王，並非擅逃，而是去追一個人，因時間緊迫，沒來得及通知大王。」

劉邦「哦」了一聲，追人，追誰？

當韓信這個名字從蕭何口中緩緩說出來，還不是韓襄王的孫子韓信的時候，劉邦又罵開了：「哄鬼啊！你這傢伙肯定想逃跑，見道路艱難又回來了。你說你追韓信，讓我如何相信？自灞上至南鄭，一路上有多少中層將軍逃跑，我心裏門兒清，這些人逃跑時，你一個沒追，卻追什麼韓信，我不信！」難怪劉邦不信，一個小小的治粟都尉，怎麼可能會驚動丞相放下身段，親自去追？官職比韓信高的逃亡將軍多了，這從道理上說不通。

蕭何能理解劉邦的質疑，因為除了他和夏侯嬰之外，再無人讀懂韓信，都以為此人不過是個不起眼的下層軍吏，劉邦不解也在情理之中。蕭何已經從激動中冷靜下來，他侃侃而談他對韓信的了解：「大王言是，諸將級位皆高於韓信，但大王應該知道這樣一個道理，頑石易得，一玉難尋。若諸將者，皆頑石也，遍地可得；今有淮陰韓信，才不世出，將略異於常人，若以古名將比之，孫武、吳起也！以何觀之信，國士無雙，再無其儔！」蕭何不斷地加重語氣。

蕭何頓了一下，見劉邦聽得入迷，問了劉邦一個問題：「大王為項羽所欺，被貶封南鄭，大王想不想有朝一日能打敗項羽，回歸豐沛家鄉？」蕭何話音一落，劉邦就大罵：「你這不是廢話嗎？我的心思你還不了解？當然想回家了，誰願意待在山溝子裏！」

「如果大王只想留在南鄭為王，日日千鍾粟，夜夜歌舞酣，那根本用不著韓信，有樊噲、酈商即可用之。再說棧道已燒絕，章邯他們也過不來，大王自可高枕無憂。如果大王還想念豐沛父老，還沒忘橫平天下之志，那就非用韓信不可！臣再重複一句，非用韓信不可！大王若用韓信為大將，項羽豎子，何足道之！」蕭何斬釘截鐵地說道。

劉邦沉默了一下，告訴蕭何：「狐死必首丘，項羽欺我，此恨必有以報之。只是韓信真如丞相所言，有如此神通？」劉邦還是有些懷疑韓信的能力，一個項羽帳前的執戟郎，能有多大的本事？

看出了劉邦的疑惑，蕭何繼續警告：「臣再重複一遍，王欲東還，必須重用韓信，只有此人能幫助我們打敗項羽，樊、酈之徒皆不足道。如果大王想留下韓信，又不予以重用，韓信還是要逃跑的。欲得其人，必先得其心，願王勿疑。」說完，蕭何伏身長拜。

沉吟片刻，劉邦說話了：「丞相與我為手足，手足之情安可斷耶！丞相如此力薦韓信，想必此人必有過人之處。丞相有此言，我當從之，這樣吧，就讓韓信留在軍中，做一名將軍，等他立了大功之後，不用丞相再來言，我必重用之。」

蕭何幾乎使盡了平生的力氣，還是沒有說服劉邦任韓信為大將軍，臉上寫滿了失望。做個普通的將軍，根本發揮不出韓信的軍事天才，那和做治粟都尉又有什麼本質的區別？

「君臣尊卑，何豈不知，但今日臣還要斗膽指摘大王的短處。大王為人，素來輕薄，待人踞慢無禮，酈食其來時，大王洗腳，又摘儒生帽為壺溺之。爭天下之道，在尊賢用能。韓信若非天下才，臣豈敢貿然舉薦？今日必用韓信為大將軍，否則韓信必不留此。韓信再失，東還無望矣！」蕭何的聲音裏已經明顯聽出了哭腔，蕭何是真急了。

劉邦也有些被感動了，他從來沒看到過蕭何這麼失態，何況還是為了一個素昧平生的韓信。既然蕭何拼掉所有的面子舉薦韓信，那自己也不能不識抬舉，真把蕭何逼跑了，自己就要抓瞎了。

劉邦並不知道韓信的真才實學如何，可蕭何也說了，不用韓信，還能用誰呢？用韓信，至少還可以賭一把，輸贏的機會各佔一半。如果不用韓信，我們連這一半的成功率都沒有，只能坐死此地。一想到鴻門宴上的驚險與屈辱，劉邦被嚴重刺激到了，鴻門之恥，劉邦永世難忘。要報此仇，沒有一位軍事上的天才人物出任大將軍是辦不到的。

韓信？那就韓信吧！

看到劉邦點頭答應，蕭何欣喜若狂，幾近失態。蕭何擔心劉邦會吊兒郎當地對待這件事情，他又給劉邦提出幾點要求：一、拜將非兒戲，要選擇良辰吉日；二、大王要齋戒沐浴，以示敬賢之道；三、要專門為拜將築一壇場，以最隆重的儀式拜韓信為大將。如此，韓信必感激大王重用，漢業可定。

都聽丞相的，只要你別捲舖蓋跑了，你說什麼就是什麼吧。

這次劉邦答應蕭何立韓信為大將軍的請求，實際上不過是在還欠蕭何的人情債，劉邦出道以來，蕭何替劉邦擋了多少風雨，劉邦心裏清楚得很。是時候還債了，只要蕭何別成天在自己面前韓信長、韓信短的，讓劉邦做什麼都成。

至於韓信本人，劉邦並沒有多少興趣，甚至在答應蕭何的要求後，劉邦也懶得見上韓信一面，只是讓蕭何去通知韓信留下，做好登壇拜將的準備。蕭何風一般地衝了出去，他擔心韓信沒耐心再等下去，而劉邦則看著蕭何的背影發呆。

蕭何把好消息告訴了韓信，韓信激動的心情可想而知。機會終於來了，天不負我！我必不負人！韓信看著為自己忙得有些憔悴的蕭丞相，心頭一熱，對著蕭何，緩緩下拜。

其實為拜將而激動的不止韓信一人，聽說漢王要在幾天後築台拜將，漢軍的所有高級將領都激動得難以自持。這回漢王榆木疙瘩終於開了竅，要立自己為大將軍，早就該如此了。

將軍們的嘴角都掛著笑容，特別是樊噲，到處張著大嘴招搖，說大將軍非我莫屬。而酈商、盧綰等人也是自信滿滿，都開始幻想那一天，自己登壇拜將，萬眾矚目，風光無限。

看到這些將軍到處招風耍寶，太僕夏侯嬰笑而不語，他當然知道大將軍的人選是誰，但現在還不是他公布謎底的時候。

這一天的上午，南鄭外，漢水畔，晴空萬里，風和日麗，樹上的鳥兒在歡唱，水裏的魚兒在跳躍，地上的人們在騷動。因為站在台下等候拜將的漢軍將領們看到了不遠處，漢王和丞相連袂而來，將士們高聲歡呼漢王萬歲，現場氣氛非常熱鬧。

樊噲有些等不及了，他差點兒就衝上前去，嬉皮笑臉地拜謝漢王封他為大將軍。其實在漢軍的將領中，能有資歷當大將軍的，還真非樊噲莫屬。劉邦闖蕩江湖以來，樊噲參加了所有戰役，殺敵不計其數，立下赫赫戰功。如果劉邦立樊噲為大將軍，盧綰等人也是心服口服，漢軍麾下，也只有樊噲能服眾。

樊噲正四處接受同僚們的道賀，卻意外地發現在人群的遠角，站著一個他熟悉的身影——韓信。樊噲有些犯疑，韓信怎麼也來了，聽說他犯了事差點兒被斬，幸虧夏侯嬰保了他，當上了治粟都尉，今天也來瞧熱鬧？

好不容易把時間交給劉邦，眾人伸頭踮腳擠作一團，等待著那個讓人激動的名字的出現。

這種場合，一般來說要由文官來主持，最高領袖輕易不會主持，所以應該由丞相蕭何來宣讀大將軍的委任狀。蕭何站了出來，看了一眼眾人，看到樊噲抓耳撓腮的猴急模樣，他差點兒沒笑出聲來。

蕭何用眼角餘光掃了一下角落裏的韓信，露出一絲詭異的微笑，然後高聲宣讀了這個最終雀屏中選的名字：治粟都尉韓信。

蕭何話音剛落，下面一片譁然，同在下面伸頭踮腳瞧熱鬧的將軍韓信（韓襄王之孫）幾乎激動地叫出聲，樊噲差點兒當場爆粗口。韓信？確定沒念錯名字？一定是自己聽錯了，怎麼可能是韓信！

一個人見人罵的胯下懦夫，一個不入流的治粟都尉，有什麼資格做大將軍？眾人已經出離憤怒，紛紛上前指責這一不公正的人事安排。用樊噲我們沒意見，用韓信，憑什麼？

還在樊噲等人大呼小叫的時候，韓信已經從角落裏走出來，大踏步地從樊噲身邊經過，他似乎也在微笑。樊噲怒極，要不是眾人死死拉著，這個狗肉販子早就躥到韓信面前，揪住韓信大罵了。劉邦懶得理會樊噲，今天無論如何都要給足蕭何面子。劉邦含笑執韓信之手，並肩升階，蕭何隨後，樊噲在台下吹鬍子瞪眼。

唐人杜甫有詩云：「蕩胸生層雲，決眥入歸鳥。會當凌絕頂，一覽眾山小。」

此時的韓信，已經成功登上了漢國軍界的最高峰，從現在開始，他就是漢國萬眾矚目的大將軍了，漢國所有成員的生死榮辱，將繫於韓信一人。什麼是成功？一個人可以在世間左右無數人的生死榮辱，這就是成功！

韓信眼望東方，他的腦海中突然出現了千里之外那幾個熟悉的身影——亭長夫人、漂母、惡少，他冥冥中似乎還看到了母親慈愛的面容。

不知道是緊張還是興奮，韓信的手微微發顫，他昂首望長天，碧空如洗，男兒胸懷，不過如此！韓信經常羨慕白起、吳起、李牧等名將，經常哀歎自己生不逢時，未遇伯樂而不能抖鬣奮蹄。現在伯樂終於出現了，蕭何就站在他身邊，用鼓勵的眼神看著他，韓信感受到了內心深處從沒有過的激動。

拜將臺上，銅鼎含煙，香溢四方，太僕夏侯嬰按禮，持弓一、矢一，敬於前，已經身著大將軍甲服的韓信威武挺立，躬身接弓矢。漢王立其側，丞相居其右，然後由內侍讀拜將詔。

讀畢，侍人奉虎節劍印與漢王，王取之，然後轉身交給已經跪地舉手的韓信，拜將儀式算是正式完成。彷彿身處夢境之中，劉邦也覺得眼前發生的一切不可思議。從今以後，大將軍有人，天下將有變，是非福禍，已非漢王所逆知。

看到台下樊噲等人還在議論紛紛，臉上寫著各種不服，劉邦輕輕搖頭，苦笑了一下。然後漢王按劍而立，厲聲語台下諸將：「是後軍中有事，皆聽大將軍處置，敢不服者，斬！」

樊噲小聲嘟囔了一句，好像在罵人，劉邦沒有聽清楚。

15 漢王問對

拜將儀式熱熱鬧鬧地舉行完了，除了台下那幫武夫還在吹鬍子瞪眼，有資格站在臺上的這幾個人都喜笑顏開。韓信從始至終都在微笑，雄姿如虎，他得到了他認為應該得到的機會。蕭何和夏侯嬰力薦韓信，才有今日，殺回老家的希望大增！劉邦卻在考慮一個問題：是現在就考察韓信的真才實學，還是以後再說？

蕭何渴望還鄉，劉邦難道就不想回到家鄉嗎？那一片生他養他的豐沛熱土，風韻猶存的酒娘武負，瀰漫著狗肉餘香的樊家肉鋪，還有太公老母倚門長望的眼神，都時刻溫暖著劉邦日漸冰涼的鬥士之心。

劉邦恨不得現在就希望韓信率領漢軍殺出秦嶺，一路所向披靡，早日回到沛縣。既然歸鄉心切，那就把對韓信業務綜合能力的考核放在現在吧，正好台下人都在，讓韓信抖出他的真本事，讓樊噲等人也心服口服，省得成天在劉邦耳邊聒噪。劉邦授意蕭何，立刻在台下鋪幾張席子，讓眾將站立圍觀，看漢王與大將軍問對。蕭何明白劉邦的意思，立刻照辦。

劉邦降階而下，韓信甲兜是從，按劍隨後。

這是漢王班賜大將軍的一柄上品名劍，而陪伴韓信經歷風雨而略有鏽斑的那柄劍，靜靜地躺在韓信館舍的案上。換劍，並不意味著韓信忘記了過去，而是代表著韓信將以新的身分、新的心態來證明那柄舊劍對於韓信的意義。這柄象徵權力和威嚴的劍被韓信握在手上，屬於韓信的那個偉大時代已經呼之欲出。

唐人李嶠有詩名《劍》，云：「我有昆吾劍，求趨夫子庭。白虹時切玉，紫氣夜幹星。鍔上芙蓉動，匣中霜雪明。倚天持報國，畫地取雄名。」

漢王與大將軍脫靴，踞席而坐，對向，丞相側席坐。

等韓信把劍解下，置於膝側，然後抬頭目視漢王時，劉邦這才第一次仔細端詳韓信，「此人面目果不俗！」劉邦的心中有一個驚叫的聲音。雖然劉邦從來不以面貌取人，但韓信眼神中那股睥睨無人的傲氣還是讓劉邦非常欣賞。

一陣短暫的沉默，劉邦顧左右而不言，看到站在韓信後邊的樊噲一臉不服，心中暗笑，今天就讓韓信來治治樊噲吧。如果韓信治不了樊噲，那就讓樊噲來治治韓信吧。

劉邦輕咳了一聲，面帶微笑，語攜春風地問：「寡人為項羽所欺，憒憒居此間，不得還故鄉。寡人居此不樂，卻奈何自度力不敵項羽，更少大將佐之，不敢輕動。滕公、丞相常在寡人面前薦賢，言將軍略不世出，彷彿孫、吳。今日拜大將軍，寡人願也！有將軍在，但得龍虎力，乘風好還鄉。寡人不學不才，不明天下事，願將軍傾智囊，有以教寡人。」

這是漢王出給大將軍的第一個考題，言下之意是蕭何說你有雄才，那就把你對天下的獨特見解說出來吧，如果肚裏沒貨，趁早捲舖蓋走人。劉邦說話一團和氣，誠懇謙讓，但話中有刀劍，這是劉邦說話的藝術性。所有人都在看著韓信，或者是韓信的後背，他們也想得到答案：韓信究竟有何通天之才，值得蕭丞相為他來回奔走，必欲拜大將軍而後止？

韓信並沒有立刻接話，而是熟視漢王。韓信當然聽得出來劉邦話中有話，平時劉邦就對自己不屑一顧，能拜大將軍，也是賴蕭何賣掉所有面子，逼劉邦做的。

如果不能藉今日一席之地，折服漢王，取得上佳的印象分，以後自己這個大將軍也就名存實亡，不知道哪天就被劉邦藉故拿掉。這是韓信有生以來，面臨的最大考驗，連劉邦都征服不了，何談征服項羽？

韓信情緒有些激動，倒不是緊張，而是他歷盡千辛萬苦終於等到了施展平生所學的機會。這種心情，只有親身經歷過「寶劍鋒從磨礪出，梅花香自苦寒來」的艱難隱忍，才能深有體會。

韓信上身略微前傾，先向劉邦提出了一個問題：「大王久有平天下之志，臣素聞之，這也是臣跳離項羽這條破船，來歸大王的原因。臣愚鈍，設有一問，大王不欲居此，欲東向爭天下，大王自度之，漢之勁敵，除了項羽，還有何人？」

劉邦嘴上說：「將軍所言極是！寡人之勁敵，非項羽而誰？」心裏不停地罵：你這廝說這些正確的廢話有意思嗎？天下人都知道我的最大敵人是項羽，如果你就這點見識，還用得著你來做大將軍？

韓信當然知道自己說的是正確的廢話，但這只是他一步步引導劉邦進入自己思維世界的必經之路，雖然是廢話，但是該問的還要問。

「臣再斗膽請大王自度，以勇度之，以悍度之，以仁度之，以強度之，大王何如項羽？」韓信問。

這又是一句正確的廢話，雖然是問話，但答案就藏在話裏，無論是勇，還是悍、強，劉邦根本無法和項羽相比。這句話深深刺傷了劉邦的自尊心，韓信話說得很重，不過劉邦卻沒有惱羞成怒，因為韓信說的都是實情，這也是劉邦涵養氣度都遠勝項羽的地方。只是劉邦還沒嚼透韓信說項羽「仁」是什麼意思，項羽仁在哪裏？襄城嗎？新安嗎？抑或是韓生之烹！

不過能承認自己不如人，要比一味嘴硬說自己天下無敵，失敗也不是自己的責任，更值得尊重。劉邦老老實實地回答：「將軍言是！此皆寡人不如項羽處。」劉邦在琢磨韓信到底想說什麼，沒一句有價值的，蕭何什麼眼神，怎麼找來個事兒媽？

就在劉邦胡思亂想的時候，韓信突然從席上跳了起來，站在劉邦面前，深深拜了下去。韓信這個動作把劉邦嚇得一哆嗦，身子往後一仰，一手撐地，直勾勾地看著韓信，暗罵：這貨不僅是個事兒媽，還是個神經病，沒事抽什麼風？

坐在側席的蕭何差點兒笑出聲來。

見劉邦被驚著了，韓信覺得有些好笑，他甚至覺得這麼做，出了劉邦數次拒立自己為大將軍的惡氣。韓信的思維很縝密，他不會輕易做出一個不受他大腦控制的舉動。如果韓信是個輕暴不堪受辱之人，惡少早死在他劍下了，也許就沒有今天的漢國大將軍韓信了。

韓信再拜，並向劉邦道喜：「恭喜大王！」

「何喜之有？」劉邦一頭霧水。

韓信嘴角似乎在笑，繼續說道：「因為大王自知不如項羽，所以有喜。」

蕭何找的這是什麼大將軍？不但廢話連篇，而且出口不遜，動輒辱人，拿人尋開心。劉邦看到樊噲在拼命憋著笑，臉上頓時有不悅之色，樊噲一定在想：讓你吃錯藥拜韓信，找罵了不是？該！

不過劉邦涵養好，喜怒不形於色，他面色平靜地問韓信：「寡人素愚，請將軍明以告寡人。」

韓信之所以有意把項羽抬出來，並不是閒得沒事拿劉邦尋開心，而是有意識地要把劉邦的思維帶入和項羽的全方位對比，「知己知彼，百戰不殆」。這想必也是劉邦迫切想知道的。而韓信之前在項羽帳前做執戟郎，跟了項羽很長時間，對項羽已經非常了解，所以由韓信來解讀項羽，更具權威性。

「臣斗膽言，大王雖與項羽有舊，並不識此人面目，而臣久事項羽，頗識其人。大王安坐，請聽臣細分楚漢王者之優劣。」韓信已經還坐於席。劉邦確實不如韓信了解項羽，他非常想知道韓信眼中的項羽是什麼樣的人。劉邦頷首，說道：「將軍既知之，寡人願聞之。」

韓信神采飛揚，抵掌進言：「項羽其人，所為有長短。其長者，善於鬥力。武功強橫，絕於天下，項羽叱吒一怒，千人喪膽，雖古之惡來，未必如項羽之怒可使人如此。羽力大如牛，可舉鼎步行，縱烏騅而橫戟，當世之將，未有能過項羽者。大王受辱鴻門時，克氣忍讓，不與羽爭鬥，實是明智，否則以卵擊石，能無危乎！」

「此項羽之長，寡人知之，其短者何？」劉邦插話問道。

韓信答：「項羽雖勇冠天下，但常恃一人之力，輕視賢才，不能為之用。有一范增，智廣謀多，足為天下勁敵，然項羽不能用范增之策，行匹夫之志，賤謀略如泥土。羽為人輕脫，好勇鬥狠，不知用智以殺將。雖天下無敵，亦一匹夫之勇耳！大丈夫鬥智不鬥勇，王者尚智不尚力，項羽空有匹夫之勇，不足懼之。」韓信說這些，似乎是在為自己鳴不平，在劉邦面前指責項羽不重用自己，有抬高自己身價之嫌。

劉邦在一定程度上也是了解項羽的，畢竟二人相處過一段時間，韓信說得非常有道理，劉邦不禁點頭。

「項羽勇則勇矣，然則仁哉？」漢王問。

韓信知道說項羽有「仁」，劉邦不愛聽，也不太能理解。其實仁分為兩種，一種是小仁，一種是大仁，韓信所說的項羽之仁，實際上是小仁。韓信給劉邦仔細講解了這兩種仁之間的關係：「項羽非不仁，見人如見師，行止恭恭，言語嘔嘔。人來則長拜設席，人去則執其手而泣。若人之病，羽必親臨其榻，命醫進藥以調之，若人不起，羽揮淚如雨，泣不成聲，是人見之，能不感項王之情乎？此其仁也。」

劉邦「哦」了一聲，項羽確實有這方面的行為特質，平時也有所發現，這一條想必是韓信所說的項羽之一長，那在項羽「仁」的背後，想必也有韓信要說的項羽一短。劉邦沒有說話，而是繼續聽韓信精準地解讀項羽其人。

「項羽並非對人沒有仁愛之心，但臣所說的項羽之仁，不過是小仁小惠而已。據臣觀察，凡是對身邊人濫施小仁小惠的，對外無一例外都殘暴好殺，所過之處雞犬不留。項羽殺人全憑自己好惡，毫不講理。章邯投降後，二十萬秦軍被項羽悉數坑殺，全無人性！戰爭的本質，實際上就是爭取民心，這才是真正的大仁，項羽永遠也做不到這一點。項羽為人心胸狹窄，嫉賢妒能，誰的能力比他強，他就殺誰，比如韓生之死。他的麾下諸將為他冒死殺敵，項羽卻不封不賞，甚至不得已封賞時，項羽還抱著玉印不鬆手，僅僅因為這塊印是上好的玉刻製而成。項羽待人如此刻薄，無怪麾下諸將日思棄楚。仁，有大仁，有小仁，有真仁，有假仁。項羽之仁，小而假，不足成大事。」韓信一氣呵成，將仁與不仁解讀得酣暢淋漓，劉邦聽罷，心裏長歎：不想此人竟有如此見識！幸虧此人歸漢，否則項羽要重用韓信，還有我等的生路嗎？

劉邦應該是事後聽張良說起過，鴻門宴時，劉邦逃走後，項羽還在把玩自己送給他的那對玉璧，不忍釋之。韓信在項羽門下用事，把許多劉邦不知道的細節都捅了出來，不僅讓劉邦大開眼界，而且讓劉邦對項羽的性格有了更深層次的認識，這對後來戰勝項羽起到了非常重要的作用。

除了從韓信口中聽到了他對項羽的了解，劉邦還想知道自己和項羽之間的優劣短長，一來出於好奇，他想知道自己在韓信心中是個什麼樣子；二來知己知彼，百戰不殆。先賢老子常言：「知人者智，自知者明。」

韓信拍劉邦「馬屁」的時間到了，當然劉邦確實有「馬屁」值得韓信去拍，而且韓信只了解項羽是遠遠不夠的，如果他不能深刻剖析劉邦的優劣得失，依然無法得到劉邦的充分信任。或者從另外一個角度講，這是劉邦在間接問韓信一個問題：如何打敗項羽？

韓信對劉邦的這個提問應該是早有準備，在蕭何告訴他漢王已經決定立他為大將軍的時候，他就已經開始備課了，理清自己的思路，說什麼，不說什麼，這都是有講究的。韓信並沒有立刻回答，而是平視劉邦許久，他在和劉邦的眼神交流中讀出了劉邦的自信和大度。

劉邦的信心，遠比韓信的信心更重要，讀懂了這一點，韓信會更加自信。

韓信輕輕咳了一下，進言道：「如臣所言，大王以勇不及項羽，以強不及項羽，而必能勝項羽者何？仁也！」

「將軍方才言項羽有仁，今又言寡人有仁，何以不同？」劉邦問。

韓信已經來了情緒，他其實更急於在劉邦面前證明自己，在項羽麾下這麼久，僅僅做個執戟郎，距離拜將封侯還有十萬八千里。是劉邦願意做他的通天梯，給他證明自己是國士無雙的機會，韓信恨不得現在就率領漢軍殺出秦關，找項羽廝殺一場，讓項羽在慘敗中重新咀嚼韓信這個名字的含金量。

「項羽力非不強也，兵非不廣也，地非不大也，糧非不多也，然則臣謂項羽不足成事者，以其不仁，而大王仁也。仁者，愛天下人如己子，惜其生而傷其死，此項羽所不能為。項羽喜歡殺人，動輒坑埋十萬，雖名為霸王，卻已喪盡天意人心，諸侯並非尊奉項羽為霸王，只是楚國實力強大，諸侯不敢虎頭拔毛而已。諸侯從來就不相信項羽。項羽今日能坑秦，明日就能坑趙齊燕代，人心惶惶，不可終日，這是項羽最大的民意短板。大王欲東還家鄉，就必須先打敗項羽，欲敗項羽，必反其道而行之，可盡收天下英雄人心。何謂反道？項羽施暴，大王施仁；項羽好殺人，大王不殺一個；項羽性急，大王性寬；項羽以天下為掌玩物，天下人孰不恨之？大王當以天下為天下事，天下人孰不愛之？如此，則強弱易勢，項羽雖有強兵百萬，終有一日必為大王所擒！臣請大王行三事，天下談笑可定。其一，任天下武勇之才，盡使其力，何所不能誅！其二，以天下城邑封功臣，人之所求，富貴耳，苟大王不惜財帛子女，割大邑給功臣，誰不樂為大王效死？何所不能服！其三，大王麾下皆關東（函谷關以東）人，無日不思還鄉見父母妻兒，大王以德感之，以行引之，將士必涕泣橫戈以從，何所不能殺！」韓信越說越激動，卻有意識地頓了一下，可能是有些口渴。劉邦知道韓信的話還沒有說完，並沒有插話，而是目視恭聽。

韓信以上說的都是戰略範疇，過於宏觀，政治和戰爭需要有宏觀戰略，但也需要微觀戰術，二者缺一，必不能成功。韓信需要指出項羽具體在哪些方面犯下了戰術錯誤，以便劉邦能對症下藥，一舉殲之。

「項羽自負剛強，不通權達變，此其最短也，臣請言其短。項羽其人，目光短淺，擅專威福而不知進退，他身陷泥潭之中而不知危險將至，還在唱著老掉牙的歌曲。關中，天下形勝之地，進可取天下，退可守三秦，而項羽卻貪戀彭城的繁華。彭城，四戰之地，進有餘而守不足，最不宜為都，而項羽為之，一旦楚敗，項羽將逃無可逃。還有，項羽不識用人之道，一味以一人之好惡而加之於人。項羽為霸王，分封諸侯，對拍自己馬屁的封為大王，對不聽話的封為小王，甚有不封王者，比如陳餘、田榮。如此，誰其心服？項羽最失策之處，是擅廢懷王，強遷於江南，楚人已經非常不滿。大王受懷王厚遇，可以高舉懷王大旗，號召天下能士以己所用，如此，項羽必死！項羽犯了一個致命的錯誤，他為了給楚人報仇，坑殺二十萬秦軍子弟，卻立章邯三人為秦王。要知道秦子弟二十萬，其父老都還健在，新安一坑，秦人血泣，而項羽獨不殺章邯、董翳、司馬欣，使踞關中，秦父老孰不恨此三人？食其肉、嚼其骨亦不能解秦父老之恨！三王踞關中，不得秦人之心。大王從武關入咸陽，秋毫無所犯，老幼無所害，並廢秦暴政，約法三章，厚待秦人，秦人父老每思之，無不泣下，皆欲劉氏為秦王。且大王入關時，秦人皆知懷王曾有約，先入關中者為王，大王先入，應該立為秦王。而項羽自恃兵強，撕毀懷王之約，燒秦宮室，掠秦子女財帛，秦人對項羽早就恨之入骨，而大王寬仁篤厚，而秦人又無不希望大王踞關中。民心向背，項羽棄之，大王取之，天下定也。今日之計，唯在北上，藉秦人痛恨章邯等人之機，揮師北上，秦父老必傾力助漢。使如此，三秦覆掌可定矣！」

終於說完了，韓信長長出了一口氣。

其實說這些話用時並不長，前後不過半個鍾頭，但這對韓信來說卻是他人生中最重要的一次談話，因為這是韓信第一次在如此高級別的人物面前傾囊兜售自己的驚世才學。之前對夏侯嬰、蕭何所說的那些，還是有所保留的。

韓信知道劉邦是迫於蕭何的死纏爛打，才不得不立自己為大將軍，韓信不想一直生活在蕭何的面子陰影裏，他需要找一個合適的機會徹底折服劉邦。如果做了漢國的大將軍而不能得到漢王的尊重和信任，這和做項羽帳前的執戟郎有何區別？

這場在拜將儀式結束後的君臣對，正是韓信打消劉邦對自己充滿疑慮的絕佳機會，有了來自劉邦的支持，韓信可以徹底放開手腳，將自己的所學毫無阻礙地付諸現實，讓項羽吃到足夠的苦頭，越多越好，只有這樣，才能證明韓信的偉大。

聽了韓信一席談，劉邦徹底傻眼了，他真沒有想到，眼前這個面目不甚稀奇的年輕人，胸中竟有錦繡萬卷！想到這，劉邦甚至有些後怕，如果自己再堅持不用韓信的錯誤想法，就將錯過一位不世出的天才，而這位天才，將是自己殺回故土，打敗項羽的最大保證。如果項羽突然哪天開了竅，重用韓信，自己還有活路嗎？真是謝天謝地，項羽不識金鑲玉，把這塊無價之寶免費送給了寡人，天意也！

服了，這次是真的服了！不僅劉邦現在對韓信佩服得五體投地，就是站在韓信身邊，準備看韓信笑話的樊噲也是啞口無言，還能說什麼呢？就憑韓信這樣的見識，樊噲是他的對手嗎？還是老老實實地做君王爪牙，供大將軍役使吧。

劉邦心裏明白，韓信已經把話說到這個份兒上了，自己應該立刻做一件事情，就是充分放權，或者說，要在漢國內部確立韓信在軍事上的絕對權威，不容置疑的絕對權威。劉邦知道樊噲向來比較難纏，輕易不服人，現在韓信基本把樊噲制伏了，樊噲對韓信服服帖帖，酈商以下諸將更不會雞蛋裏挑骨頭了。

劉邦再次從席上站起來，卻沒有拔劍，因為劉邦已經不需要再用自己的漢王身分來強迫諸將聽韓信指揮了，韓信自己已經征服了所有人。劉邦只是語氣平緩地告訴身邊的將軍們：「寡人何其幸也！有大將軍助之，翦滅暴羽，還鄉見父老妻兒，就在明日。大將軍在此，即寡人在此。公等見大將軍如見寡人，禮不可少薄，事不可不從。若有違者，軍法置之。」說完，劉邦還掃了樊噲一眼。

漢王已經發話，樊噲正好順著杆兒往上爬，漢國諸將，自樊噲以下，酈商、紀信等人皆貫甲佩劍，以最短的時間在韓信面前排成行，然後長拜揖手，齊聲答道：「喏！敢不以大將軍命是從！」

韓信在微笑，人生如此美妙！

16 明修棧道，暗渡陳倉

史稱劉邦好酒及色，實際上劉邦的愛好非常廣泛，除了美酒及天下絕色，劉邦還喜歡收集人才，甚至是天才。項羽同樣好酒及色，更喜殺人，但項羽卻不懂得尊重賢士，經常替劉邦挖自己的牆腳，最終楚霸王的不世基業，毀於一旦。

劉邦麾下，人才濟濟，文有蕭、曹，武有樊、酈，但他所得到的天才只有兩個，一個是張良，一個就是韓信。而此時張良並不在劉邦身邊，而且張良也不以軍事見長，劉邦殺出漢中的所有希望，都寄託在韓信身上。

君臣問對已經結束了，劉邦還難以掩飾內心的激動，蒼天造物，鬼斧神工，像韓信這樣百年一遇的天才，被劉邦收攏於袖中，天下可定矣！

在韓信之前的英雄時代裏，能當得起百年一遇軍事家的，是另一位人生軌跡和韓信非常相近的戰神——吳起。吳起何人？天縱偉才，略不世出，劉邦生不逢吳子，常引為恨事。

好在上天厚待沛公，吳起已成傳說，卻把同樣略不世出的韓信送到了劉邦面前。雖然後有劉備三請諸葛亮，前有劉邦三拒韓信，但不論怎麼說，韓信得到了他想要得到的，劉邦得到了他同樣想得到的承諾。

只是劉邦一直有一個問題縈繞心間，卻還沒有來得及諮問大將軍。韓信雄辯滔滔，如風起大河，捲浪成海，指畫天下，令人心折。劉邦也相信，如果在中原和項羽狹路相逢，讓韓信和項羽鬥智，項羽豈有不敗之理？即使加上范增老朽又如何？但讓劉邦糾結的不是日後和項羽的大戰，而是眼前的難題——如何殺回三秦？

如果從關中至漢中的棧道沒有被燒掉的話，漢軍可以很輕鬆地按原路北上，怎麼來就怎麼回去。可當初為了打消項羽對自己的疑慮，並防備章邯三王偷襲漢中，被迫燒掉了棧道。山高嶺峻，懸崖萬丈，讓幾萬人馬如何北上？不知道韓信會怎麼解決這個問題。

為此，劉邦特意在宮裏舉行了漢國最高軍事會議，與會的有大將軍韓信、太僕夏侯嬰，席左；丞相蕭何，將軍曹參，席右；漢王席前。

簡單的寒暄過後，開始進入正題。

劉邦問韓信：「寡人不欲久居此，必欲還東；欲得天下，必先克定關中。只是棧道已焚，關中漢中，隔絕兩途，若非鵬生雙翼，輕易難過。寡人現在不思項羽，不思章邯，只思如何過此天塹。將軍有何計策以教寡人？」

韓信並沒有立刻回答劉邦提出的問題，而是在保持沉默。韓信雙手垂直放在膝前，頭略有上昂，彷彿他身處在空曠郊野，唯有流水輕淌，四周空無一人，他在想什麼？

空氣突然凝固，除了韓信，另外四雙眼睛互相對視著，卻無一人言語，氣氛略顯尷尬。

「漢王。」過了好一會兒，韓信終於開口說話了。

劉邦激動得差點兒沒跳起來，忙接住話茬：「大將軍一語可驚天，請告寡人知。」

「誠如王所言，項羽離漢尚遠，章邯與我為近，思項不如思章。臣有一策，可使章邯三王在毫無防備的情況下，立定三秦。」韓信臉上寫滿了自信。

「請言其詳。」劉邦果然大喜，趨身問韓信。

這次韓信沒有再猶豫，立刻回答了劉邦，只看到從韓信嘴裏語速很慢地迸出了三個字：「修棧道。」

劉邦聽到這三個字，頓時洩了氣，差點兒沒罵出聲來。「修棧道？」要是能修好棧道，何必找你來做大將軍，樊噲就可以做到。不能怪劉邦洩氣，一般人都可以想到這個辦法，棧道燒了，修好就是了。

可問題是，棧道是古秦人用了幾百年的時間，不知付出多少汗水，犧牲多少人命，才在崇山峻嶺打鑿出來的一條生命通道，豈是說修好就能修好的？即使可以沿用舊棧道的鑿洞，直接鋪上支架和木板，這需要多少木材鐵器？需要耗費多少時間？這些困難韓信都沒有考慮過嗎？劉邦年過五旬，人生半百，他已經沒有多少時間了。修這樣的棧道，沒有三五年是別想完工的，難道讓劉邦再等三五年？現在的漢王連三天都等不及了。

看到劉邦又在抓耳撓腮，韓信沒有笑，一是不敬，二是他非常理解劉邦的心情。殺回老家去，劉邦想，韓信又何嘗不想？劉邦急切地想通過打敗項羽來證明自己的偉大，韓信除了想打敗項羽之外，還想站在兩個人的面前，就是曾經拒他蹭食的亭長夫人，還有那個已經牢牢定格在韓信腦海中的惡少。

這三個人，從來沒有承認過韓信存在的價值，甚至都不把韓信當成一個人來看，這是韓信無法容忍的。在恥辱中生存的滋味，是沒有經歷過這類苦難的人所無法想像的。這種刻骨銘心的仇恨，時刻在韓信胸中燃燒，從來沒有熄滅過。

韓信知道漢王著急了，再繞彎子就沒什麼必要了，弄不好還會降低自己在劉邦心中的好感。韓信的思維非常縝密，為了實現自己的目的，他甚至可以把自己心中激盪澎湃的熱血瞬間冷卻到冰點。這一點，甚至劉邦都很難做到。

「臣的計畫是，大王可派出一支軍隊，從棧道南端的起點往北修起，而且一定要大張旗鼓地修，最好讓關中的章邯他們知道我們在修棧道。如此，則臣計可成。」韓信非常自信地看著漢王。

「哦？」劉邦沒明白韓信到底想要說什麼，但他聽出來了韓信話中有話，韓信在主張修棧道的背後，肯定還有其他的想法，聽聽他怎麼說吧。

韓信為漢王解疑釋惑：「漢王南下時，燒絕棧道，以示章邯無東還之心，章邯心中已無漢王矣。三秦軍散居關中，各地皆有重兵，如此反而於我不利。臣建議大修棧道，以示章邯我必東還，章邯懼，必然合三秦之兵力，在舊棧道北端重兵以待我。如此，則三秦腹地必無重兵矣，我可乘其腹背之虛，盡而攻之，何往不利？」

韓信越說越激動，猛地站起身來，把自己面前案上子上的樽盤箸端了起來，小心翼翼地走了兩步，放在劉邦面前的空地上。因為筷子不夠用，韓信就給坐在身側的夏侯嬰深施一禮，把夏侯嬰案上的筷子拿了過來。

韓信要做什麼？劉邦非常好奇，伸著脖子看著韓信。

「大王坐在上面，難以看得真切，臣請大王屈尊來前，看臣以箸為勢，指畫進退。丞相、太僕、將軍亦請來前。」韓信朝坐上幾位拱了拱手，請他們離開坐席下來。

現在的劉邦把人生所有的希望都寄託在韓信身上，他現在就像一隻聽話的猴子，只要主人發號施令，這隻猴子就會乖乖地擺出各種有趣的動作。劉邦起身下席，和蕭何他們一起圍在韓信身邊，半蹲在地上，目不轉睛地盯著韓信手上的那些樽箸。

韓信的天才表演時刻到了，他按照關中和漢中的地理方向，粗略地將手中的杯筷放在特定的位置。一樽在北，比作關中；一盤在南，比作漢中；同時把三根筷子呈南北方向略有傾斜地放在了北樽南盤的中間。

劉邦和蕭何似乎有些看出門道了，但沒有插話，看韓信「排兵布陣」。

韓信也是半蹲著，用手在北樽南盤之間比劃了一下，然後指著東邊的一根筷子說道：「漢王請看，此即我們從關中南下必經的蝕中道，臣請大王修棧道，也是這裏。」劉邦得知這根筷子代表著蝕中後，眼睛很快就盯住了旁邊的另外兩根筷子，看了一眼韓信，意思是你快點說另外兩根筷子代表著哪裏。

韓信知道劉邦的意思，這也是他向漢王陳述的重點部分。韓信把手指向了中間那根筷子，說：「此褒斜道也，北起於郿（今陝西眉縣），南止於褒，綿延五百里。昔司馬錯勸秦惠王取蜀，即走褒斜道。今褒斜谷中，秦舊棧道尚存……」

韓信話沒說完，反應很快的劉邦突然插了句：「寡人明白將軍的意思了，我軍可出褒斜道入秦！」劉邦仔細想想，這個計畫確實非常美妙，先造成修棧道走蝕中的假象，吸引三秦軍的注意力，然後兵出褒斜道，出章邯之不意，可一戰定三秦。

看到劉邦搶話，韓信笑了笑，輕輕搖搖頭，說道：「自古由秦入蜀，莫不走蝕中與褒斜，褒斜道南口通沔水，北口通渭水，我軍大可以將輜重等物以舟載之，行為谷下，更為方便。今我明修蝕中道於南，章邯固然愚鈍，入我轂中，為我所欺，引兵據守蝕中北端，以阻我入秦。但褒斜亦是秦川名道，秦人多知之，何況章邯所在的廢丘距離郿不過百里，章邯豈有不知之理？如果我們走褒斜，倘若有智士提醒章邯，重兵守於郿，則我進退失據，大事去矣。褒斜道不足以成為我們迷惑章邯注意力的手段，章邯生長於秦，未必不識褒斜。既然我軍要出章邯之不意，便不能走褒斜道，這實在太過冒險。走褒斜道與走蝕中道何異？此道不可取。」

聽完韓信如此說，劉邦覺得很有道理，楚人都知道褒斜道，那些土生土長的秦人又怎麼會不知道褒斜道？偷襲戰講究的是意出敵人防禦思維之外，料敵所不能料，如果敵人猜對了我們攻擊的方向，還偷什麼襲，那是送死！這時劉邦盯住了地上最左邊的那根筷子，或許答案就在這根筷子上。

果然，韓信把手指向了這根筷子，告訴劉邦：「我軍若出章邯不意，可走此道。」

「此道為何？」劉邦發問。

韓信朗聲答道：「此陳倉道也！」

陳倉道？劉邦從來沒有聽說過。請將軍言其細。

「臣已探知，此道北起陳倉，南止留鳳關（今陝西鳳縣西南），因中經故道縣，又名故道。陳倉道名為道，卻無木棧可通行，只有山間小路可過。若圖方便行軍，褒斜道最佳，然故道偏遠，秦人亦不多知之。臣請以二道地理言之，由褒斜入秦，有棧道，路且不迂遠。陳倉道艱險難行不說，且跑多迂遠，較之褒斜道，我軍從此北上，要多走四百里的路程。不過《孫武兵法》云：『行千里而不勞者，行於無人之地也。』故道雖遠，必無秦軍駐守，我軍走此道，可不憂秦人之狙。俟過陳倉，平原千里，再無險谷，三秦之軍所恃之地理優勢便已無存。以戰論之，大王何懼章邯之輩！況章邯三人甘為項羽奴僕，忍見二十萬秦子弟之被坑，秦人莫有附之。王師一出陳倉，秦父老孰不來迎之？如此，三秦次第可定。」

「明修棧道，暗渡陳倉。」劉邦仔細咀嚼著韓信這個不可思議的突襲計畫，突然雙掌錯合，仰天大笑。

蕭何果然沒有看錯韓信，謀略如此過人，心思如此縝密。如果換了別人為將，如果不走假設中修復的蝕中道，必然會走現成的褒斜道，但卻可能忽略秦人必知褒斜道這一因素，一旦秦軍在褒斜道中設伏，後果不堪設想。韓信不但在戰略上殊絕於人，在戰術上更加細微周到，許多軍事上的事情根本不用劉邦操閒心，坐收紅利就行。

得此韓信，天助漢也！

17 奇襲陳倉

每次看到洋溢在韓信臉上的無比自信，劉邦深受感染：有將軍在，何懼項羽！

漢初三傑都是略不世出的偉大人物，蕭何主政治後勤、張良主運籌帷幄、韓信主軍事殺伐，都為劉邦所用，從這一點上，項羽就已經輸掉了兩軍決戰時最重要的智力後援支持。

漢初三傑的格局已經形成，雖然張良此時並不在劉邦身邊，但他的功能本身在一定程度上和韓信的功能重疊，所以韓信的介入填補了張良不在時的謀略空白。劉邦和蕭何都不擅長謀略運籌，有韓信在身邊，劉邦得到了最大程度上的戰略安全感。

決定韓信和所有人命運的時刻，終於要到了，時間是漢元年（前二〇六）八月，此時距離劉邦剛到南鄭落腳，不過四個月而已。還沒有飽覽完漢中山區的壯麗景象，漢王劉邦就決定採納大將軍韓信「明修棧道，暗渡陳倉」的奇計，瞞天過海，東出三秦，決戰中原。

劉邦之所以選擇這個時間出兵，一個非常重要的原因是，此時的西楚霸王項羽已經陷入趙、齊大亂的泥潭中拔不出來，田榮、陳餘聯手大戰親附項羽的張耳。項羽所有的注意力都集中在這些反亂的諸侯王身上，他始終認為趙、齊諸國才是楚國的心腹大患，一旦讓田榮等人成了氣候，楚國霸業將受到嚴重威脅。

至於劉邦，項羽已經沒有多少興趣了，兵少將寡，地處偏遠，不足以威脅於楚，再說還有章邯他們守三秦，足以對付劉邦。此時漢王出兵，正可以鑽項羽不遑西顧的空子，楚軍都在東線，即使是章邯告急，以項羽的短淺見識，必不會親自西征，所以漢軍要爭分奪秒地迅速完成東出三秦的作戰計畫。

項羽暫時過不來，對劉邦產生不了致命的威脅，但劉邦的前途依然混沌不明。把自己的命運交給一個自己完全不熟悉的人來掌握，不知道劉邦心裏是什麼感受，但這是劉邦唯一能作出的選擇。從本質上來說，劉邦比項羽更嗜「賭」，拿得起也放得下。現在想萬一失敗了如何，已經沒有意義，即使韓信把劉邦的賭本全賭掉了，人頭落地，也不枉轟轟烈烈來世間走一遭。

韓信也知道自己肩上的擔子有多重，他不是不知道項羽的為人，一旦數萬漢軍戰敗，落在項羽手上，除了被活埋，還能有什麼下場？不過韓信從來沒有想像過失敗，因為他自信地認為，韓信這個名字，代表的是勝利，他不會輸給項羽的，更遑論章邯之徒。

「明修棧道，暗渡陳倉」，這是一個多麼偉大的戰術構想，項羽想不到，章邯更想不到，甚至連韓信都為自己感到不可思議。打著修棧道的假象迷惑章邯，吸引三王的全部注意力，這已經是一個非常完美的作戰計畫，但韓信的智慧還不止於此。在確定所謂修棧道之後，劉邦派出的「工頭」，居然是樊噲。而且劉邦給樊噲下了死命令：限定百日之內完工，否則提頭來見。

接到這個莫名其妙的命令，樊噲差點兒沒當場爆粗口：爺和你們有什麼怨仇，讓爺去送死！

不怪樊噲當場發飆，棧道不是一朝一夕之功可以修建好的，那是前人歷經幾百年才得以完成的浩大工程。劉邦雖然給了樊噲強壯的士兵，在物資上盡力供應，但沒有個三五年是根本完不了工的，三個月？建他姥姥個鬼！

樊噲是武將，他渴望執大戟，縱健馬，馳騁疆場，不負男兒一世雄名，怎麼可以做個工頭，天天和石頭木料打交道，這是誰出的餿主意？但軍人服從命令是天職，不管這是劉邦的主意，還是韓信的意思，作為將軍，樊噲必須嚴格執行命令。

韓信為什麼會選擇由樊噲來執行這個任務，原因並不難猜，樊噲這些年跟著劉邦刀山火海地闖蕩，早已盛名在外，是漢國武將的旗幟性人物。如果韓信來修棧道，章邯知道後，並不在意韓信是誰，而會在意樊噲去了哪裏。這有可能讓章邯猜出漢軍會走奇道襲三秦。派樊噲出面吸引章邯的注意力，會造成漢軍的主攻方向在蝕中道的假象，韓信就是想把樊噲這塊假餌放進水裏，來干擾章邯這條大魚的判斷。

假餌放進了水裏，接下來韓信就要親自下河摸魚了。作為漢國大將軍，他要親自率領漢軍數萬將士翻山越嶺，開始人生中最艱難的一段行程，純地理意義上的。

漢王輿駕隨軍同行，這倒不是劉邦不放心，隨軍監視韓信，沒這個必要。劉邦隨行的意義不在軍事上，有韓信在軍中，萬事不用愁，意義在於政治上。漢軍殺出秦嶺進入關中的最大軍事保證是韓信，但劉邦卻是漢軍在關中立足的最大政治保證。因為劉邦仁賢寬厚的形象已經深深紮根於三秦父老子弟的心中，只有劉邦親自出面，才能以最快的速度穩定關中局面，在關中站穩腳跟。

先軍事，後政治，兩條腿走路穩穩當當。當今最傑出的軍事天才和最傑出的政治天才並肩站在一起，天下之利，無往不勝！從某種意義來講，韓信是這支軍隊的最高指揮員，而劉邦則是這支軍隊的政治委員。

劉邦決定跟著韓信的大部隊擔任「政治委員」的角色，後勤部長的擔子自然就落在了丞相蕭何的肩上。放眼漢國軍政系統內部，再沒有比蕭何更適合做後勤保障的人選了。

蕭何性格沉穩，不易喜、不易怒，心細如髮，擅長處理細微小事，這都是劉邦、韓信所不及的長處。劉邦、韓信在前線浴血奮戰，最需要的就是後方源源不斷供給上來的軍需物資，保障這條生命線的安全暢通，只有蕭何來做，劉邦才會放心。劉邦以漢王的身分給蕭何下了一道命令：收巴川蜀地之租賦，給軍糧食。前線將士有飯吃，有衣穿，弓有利矢，戟能刺骨，即為丞相功。

看著頭上微添白髮的蕭何，韓信心頭一陣溫暖，是蕭何的一己之力，才把自己抬上大將軍的位置。為了蕭何的知遇之恩，韓信也必須成功，否則他將無顏面對蕭何。

韓信和劉邦走在山間小路上，道路崎嶇不平，韓信以劍拄地，艱難地往前行進。天氣已經不甚炎熱，但長時間的山路跋涉，還是讓全軍將士們都汗濕衣衫，但卻沒有一個叫苦。因為他們知道，這條山路再難走，也是通向家鄉的唯一生路。

說是山上有路，其實根本就不算是正式的道路，而是被雜草遮掩的隱蔽小道。韓信派出一支開路隊，專門用刀砍斷前面的雜草，然後用戟將雜草鉤開，以便後面的大部隊通行。

由於是奇襲戰，所以漢軍沒有帶太多的輜重，重型裝備一律不帶，只隨身攜帶輕裝兵器。為了不耽誤行軍速度，韓信下令所有隨軍人員皆備足乾糧和水。餓了，就坐在地上休息，啃幾口已經發涼的乾糧，喝幾口清澈的山澗泉水。行軍累了，直接橫七豎八地睡在地上，枕戈待旦。

朝陽升起，紅霞漫天。韓信用髒兮兮的手輕輕揉著睡意惺忪的雙眼，打了幾個哈欠，站起來伸了伸懶腰，簡單地吃點東西，然後集合軍隊，說了幾點行軍途中要注意的事項。

一切都安排妥當後，這支人員來自東方，卻從南方小城出發的軍隊，在山間艱難地前行。

與設施完善且和關中呈直線距離的褒斜道相比，陳倉道幾乎就是魔鬼走廊，其行走之艱難，和近五百年後的魏大將鄧艾走陰平關差不多，都是在和死神與時間賽跑。鄧艾之所以能偷渡陰平得手，主要原因是蜀漢在這裏沒有軍防，鄧艾走的這條險路只難在地理意義上，在軍事意義上幾乎為零。

千里空蕩，絕壁連重，晝見青天，夜觀星河，不見人煙。韓信現在所處的環境和鄧艾有異曲同工之妙，一路上沒有發現一個秦軍士兵，韓信擔心的最壞結果並沒有出現。

當前線的斥候激動地拜在漢王面前，大聲告訴漢王「天險已行盡，陳倉就在前面不遠」時，劉邦大喜，不禁以手加額，長歎天助漢也。韓信也長長出了一口氣，章邯果然被樊噲的假工程隊騙住了，被樊噲死死釘在了蝕中道口，卻沒有想到漢軍主力已經悄無聲息地殺到了陳倉城下……

陳倉，在秦朝的區劃編制是縣級，倚渭水之南，橫故道之北，距離秦國都咸陽約三百里的路程。雖然規模不大，但陳倉卻是連接河西、關中、巴蜀的軍事重鎮，戰略意義非同尋常，可謂一夫當關，萬夫莫開。

幸運的是，韓信所看到的陳倉在軍事上幾乎是個不設防的城市，除了少量的守城秦軍外，便是手無寸鐵的百姓了。陳倉深處關中腹地，是秦國的重要兵源地，在新安被項羽殘暴坑殺的二十萬秦軍子弟中，有多少來自陳倉？應該不在少數。

這場所謂的攻城戰只是走了一個過場，當率先衝進城內的漢軍士兵向茫然不知所措的秦人子弟講起新安慘劇、講起章邯時，這些秦軍都扔掉了手中的武器，蹲在地上痛哭失聲，淚如雨下。

陳倉，幾乎是不戰而下。

站在陳倉城牆上，韓信心情大好，這是他負劍行走江湖以來最暢快的一天。韓信自負國士無雙，但從來沒有人可以證明這一點，現在韓信自己證明了這一點，他就是國士無雙！

韓信之所以這麼開心，當然不是得到了一座小城，而是佔據了兵法上所云「死生之地」的「生」地。何解？兵聖孫武子在《兵法十三篇》的開頭就講道：「地者，遠近、險易、廣狹、死生也。」遠者易死，反之生；險者易死，反之生；廣者易死，反之生。

從防守角度講，陳倉是軍事地理意義的死地，只要秦人扼守住陳倉，韓信就算有天大的本事也奈何陳倉不得。陳倉正好處在關中盆地通往秦川巴蜀的地緣要道上，現在漢軍已經佔領了陳倉，就徹底打開了進入關中盆地的大門。

從南鄭沿故道北上，放眼望去，峰嶺千里，不見人煙，是謂「天堂」。而站在陳倉城頭放眼東望，千里平原，不見峰嶺，渭水奔波，田渠阡陌，屋舍連從，方是人間。正如之前韓信向劉邦分析的那樣，漢軍不怕章邯，只怕秦嶺地勢，現在秦嶺險關已經順利通過，而且項羽全力東向，無法分身西顧，底定關中，正在此時。

韓信能想像得出，當雍王章邯得到漢軍已搶佔陳倉關的消息後，臉上是什麼樣的表情。

18 定三秦

事實上也確實如此，有人把漢軍的動向告訴了還陷在富貴幻夢中不可自拔的章邯時，章邯臉上一陣錯愕。漢軍已據陳倉？怎麼可能！狗肉販子樊噲不還在蝕中工地上曬太陽嗎？前線的斥候也沒發現任何漢軍行動的跡象。如果漢軍冒險走褒斜道，此道就在章邯眼皮底下，那就更不可能了。

來人回答：「陳倉之南有故道，罕有人跡，漢軍即從此過。」

「明修棧道，暗渡陳倉。」章邯無力地倚在案上，臉色蒼白。

這是漢軍中的哪個高人提出來的軍事欺騙計畫？來人說對此並不知情，但據可靠消息，漢軍新拜了一位大將軍，名叫韓信，原來是西楚霸王帳前的執戟郎。如果沒有猜錯的話，漢軍明修棧道，暗渡陳倉，必是韓信所謀。

雖然章邯多次在項羽的帳前見過那個執戟郎，但並不知道此人叫什麼，來自哪裏。一個執戟郎會有什麼見識，怎麼會想出「明修棧道，暗渡陳倉」的妙計？章邯還在懷疑。

不過再想這些已經毫無意義，章邯現在最需要做的是抵擋住漢軍的進攻。章邯絲毫不敢大意，他知道自己肩上的擔子有多重，他是西楚霸王項羽設計防禦漢王進攻的前沿陣地，只要他守住關中，關東便高枕無憂。而一旦敗於劉邦，讓漢軍衝出函谷關，項羽會饒過自己嗎？

項羽在新安坑殺二十萬秦軍是章邯人生中永遠揮抹不去的陰影，也徹底擊碎了章邯靈魂的最後一個堡壘，現在的章邯早已喪失了勇氣，他不敢得罪項羽。更讓章邯心憂的是，秦人父老子弟因為新安事件而產生的對自己的仇恨與日俱增，萬一他失去了賴以保命的兵權，會被憤怒的秦人撕成碎片。

章邯試圖撫平來自記憶深處的傷痕，心情複雜地率領已經人心惶惶的秦軍殺向陳倉，他要拿出自己其實早已經不存在的勇氣，和士氣如虹、歸心似箭的漢軍決一死戰。

至於塞王司馬欣、翟王董翳，章邯沒有考慮借用他們的軍隊，這兩個前部下雖然與章邯同處三秦，但司馬欣遠在櫟陽（今陝西富平東南），而董翳更遠，翟國的封地在高奴（今陝西延安）。即使章邯想向他們借兵，他們都未必肯幫忙，雖然曾經親如兄弟，但人是會變的，利益可以改變很多東西。

管不了那麼多了，先把那個莫名其妙的漢國大將軍韓信打掉再說吧。不過讓章邯狐疑的是，他從廢丘（今陝西興平）率軍沿著渭河北岸向西進發，從廢丘經行百里到斄縣，從斄縣到郿縣，甚至從郿縣往西再經行百里，到了虢縣（今陝西寶雞縣），幾乎都能看到遠處陳倉小城的城牆了，一路上卻沒有發現一個漢兵。

漢軍既然偷襲陳倉得手，為什麼不沿渭河東進？難道是在陳倉死等，等本王來攻擊他們？自古用兵貴於神速，拿下陳倉之後，就應該馬不停蹄地向東狂奔，以迅雷不及掩耳之勢殺向廢丘，怎麼卻在原地踏步？

章邯沒有想明白的軍事邏輯，恰恰就是韓信用兵的神來之筆。

從時間上來看，陳倉被漢軍攻克，雍軍情報系統要將此事彙報給遠在廢丘的章邯，至少需要數天的時間。韓信完全可以在攻下陳倉後，立刻揮師東下，加快行軍速度，在章邯還沒有反應過來的時候拿下廢丘，一舉定三秦。

但這麼做，恰恰犯了兵家大忌。

在古代交通運輸工具不發達的情況下，行軍最忌諱長途跋涉，是謂疲兵。漢軍一路從南鄭沿山北上，歷盡千苦萬難，士兵們的體力消耗已到極限，如果不能得到及時的體力休整，強行帶領漢軍殺向廢丘，等到了廢丘城下，漢軍將毫無體力儲備，章邯反而可以享受以逸待勞的優勢，一舉將漢軍吃掉。

漢軍的戰鬥力和決心都沒問題，現在最需要做的就是休息，人不是機器，疲勞作戰會累垮的。漢軍在陳倉休整，章邯不甘坐以待斃，必然會率兵來攻，而從章邯得到漢軍襲取陳倉的消息，再到率兵殺到陳倉，一來一回就是雙倍的時間，這個時間足夠漢軍休整的了。

韓信釣過魚，雖然沒有魚上鉤，但他卻從釣魚悟出了一個道理：把魚餌放在水裏，一動不動，自然會有魚兒咬鉤，但一定要有耐心。動輒跳腳大罵，是釣不到魚的，蛤蟆也不會上鉤。所以韓信對付章邯的策略其實就一個字——等，不信章邯這老傢伙不咬鉤。

等雍軍殺到陳倉城下的消息傳到漢軍作戰室時，韓信笑了。劉邦也笑了，忙恭維韓信說，章邯果然如將軍所料。韓信以大將軍的身分下令：諸軍出城，逆擊章邯。

得到出擊的命令後，漢軍士兵們無不歡呼雀躍，大叫：俺們銷魂的大斧早就饑渴難耐了！

當韓信率兵出城列好陣勢後，章邯才看清韓信的真面目，原來這就是漢國的大將軍韓信，他確實見過此人。果然面目不俗！不過現在不是章邯欣賞韓信的時候，先把韓信吃掉再說。不管是生擒還是殺死，總之，韓信必須要成為自己的戰利品。

章邯確實老糊塗了，他忘記了自己一個致命的弱點：他手下的雍軍已經不是始皇帝時代大殺四方的鐵血秦軍。這支雍軍雖由秦人組成，但戰鬥力相當弱，而且軍心不穩，最多算是一支雜牌軍，豈能和韓信麾下紀律嚴明、作戰英勇的漢軍相媲美？

章邯這條大魚經不起香餌的誘惑，自己乖乖地咬住了魚鉤，而使之前雍軍所擁有的以逸待勞的優勢完全喪失。漢軍千里為客，歷盡艱難，但經過一段時間的休息，反而佔據著以逸待勞的優勢。主客易勢，優劣倒轉，等待章邯的只有失敗。

戰事的發展很快就證明了這一點，雍軍之於漢軍的優勢也就是在扼守險要，現在漢軍站在了平原地區，雍軍已經沒有任何優勢。而且雍軍名義上是主場，實際上是遠道而來，漢軍反而更像是主場作戰。

韓信一聲令下，數萬名漢軍士兵吶喊著衝進了雍軍的陣中。

雍軍是一支「三無」軍隊，這些秦人參加章邯的部隊也不過是為了解決吃飯問題，根本就不想和漢軍廝殺。秦人並非不想保衛自己的家園，恰恰相反，只有敗於漢軍，秦人才有機會保住美麗的關中家鄉。可恨的章邯在位一日，秦人就距離幸福遠一步，在這種情況下，雍軍拿什麼和漢軍拼命？

雍軍與漢軍第一次的交戰結果是：雍軍敗，漢軍勝。章邯被漢軍一通暴打，輸得稀里嘩啦，盔歪甲斜地帶著殘兵敗將往東逃去，直逃至好畤縣（今陝西乾縣）城外，回頭看後面沒有漢軍的追兵，才敢停下來喘粗氣。

一舉殲滅章邯殘部，徹底消滅這個隱患。但韓信和劉邦卻做出了一個讓漢軍將士都非常吃驚的決定：放章邯回廢丘，以兵圍之即可，漢軍主力立刻離開好畤，朝著東南方向的秦都咸陽進發。

這個決定應該是由韓信和劉邦共同做出的，韓信負責從軍事層面進行解釋，理由有三：

第一，章邯的雍軍主力基本被漢軍打殘，已經不可能再對漢軍形成強大的威脅，如果漢軍強攻廢丘，而章邯據城死守，若攻堅戰曠日持久，局勢不可預料，而且會增加漢軍的傷亡。

第二，三秦之內，尚有塞王司馬欣和翟王董翳，雖然此二王的實力較弱，但任由他們存在，對漢軍還是存在一定的攪局能力，所以韓信必須通過強大的軍事壓力盡快迫使他們投降。

第三，雖然項羽更關注東線戰事，但不排除項羽突然向西殺來，畢竟項羽身邊的范增不是吃閒飯的。漢軍實力相對楚軍較弱，所以漢軍應該盡快扼守關中險要之地，阻止楚軍西進，以備不虞。

劉邦捨廢丘不攻，轉而去咸陽，他此行的目的以政治攻心戰為主。劉邦在關中的票房號召力高居第一，走到哪，哪裏就會爆發出掌聲和尖叫，政治上征服關中人心，遠比軍事上征服關中軍隊更重要。

韓信就像經紀人一樣，拉著自己旗下最大的明星劉邦四處跑場子賺錢。韓信負責聯絡場地和賣票，劉邦只管在舞臺上賣力地演出就可以了，其他事務一應由新出道的大牌經紀人韓信負責，劉邦只管坐地分成，皆大歡喜。

不僅是劉邦，漢國軍隊系統中的所有成員都是韓信旗下的演員，他們演什麼角色，有多少戲份兒，都是韓信說了算，沒有人可以例外，包括樊噲。這次在好畤大敗雍軍，章邯逃回廢丘閉關自守，被派去圍困廢丘的不是別人，正是樊噲。

樊噲在蝕中修棧道時，就對劉邦讓自己當工頭非常不滿，好容易以大局為重，耐著性子在蝕中曬太陽。漢軍攻下陳倉之後，「明修棧道，暗渡陳倉」的計畫已經成功，再讓樊噲這員虎將當工頭就是大材小用了，所以劉邦急調樊噲北上，與主力部隊會合。

劉邦和韓信各有各的差使要做，劉邦負責政治工作，發動關中父老，批判項羽的殘暴和章邯的背叛，在政治上徹底搞臭他們。韓信負責在軍事上掃清一切反漢的武裝力量，或殲之，或以武力迫降之。

漢國武將自灌嬰、酈商以下，皆貫甲橫劍，束手聽命於大將軍，由韓信一個個地分配任務。

現在的關中形勢對漢軍非常有利，章邯的雍國只剩下一座廢丘城，還被樊噲的弟兄們鐵桶般圍住，即使樊噲攻不下來，章邯也不可能在關中折騰出多大的風浪，韓信的注意力都集中在了關中另外二王——塞王司馬欣、翟王董翳身上，以及據守隴西的章邯之弟章平。

具體的分配任務是：中謁者灌嬰攻櫟陽，目標是司馬欣；將軍曹參、騎都尉靳歙攻隴西，目標是章平。翟王董翳的封地在司馬欣所封塞國的北邊，以董翳孱弱不堪的實力，只要拿下司馬欣，董翳還有什麼膽量敢和鋒芒正銳的漢軍作戰？

和塞、翟二國相比，在陳倉之西的隴西的章平更值得韓信注意，隴西是秦朝設在關西的六大郡之一，自古就是秦國西線邊陲重鎮，處在今陝、甘、川、青四省交界處，扼關中之西，踞漢中之北，地勢非常險要。如果漢軍不及時拿下隴西，會對漢中本部產生不可預知的影響，

各路軍分遣完畢，拎著雞毛箭出了大帳，各自撈取功名富貴去了。漢軍主力部隊在韓信的率領下，浩浩蕩蕩，朝著咸陽的方向挺進，這支軍隊的先鋒是將軍周勃，曾經的職業是吹喪事喇叭。

咸陽雖然在項羽東歸時被放火燒毀，但夕陽暮色中的殘垣斷壁，依然向歷史見證著這座帝都曾經的驕傲。劉邦錦衣佩劍，站在咸陽城外，遙望著這座他心目中曾經錦繡冠天下的天堂帝都。

咸陽雖破敗，地險之勢猶雄霸天下，得此城，關中可定；得關中，天下可定。軍事上的任務交給大將軍韓信來處理，自己主要負責思想政治工作，要大張旗鼓地安撫秦人父老，讓他們都知道：仁慈的漢王回來了！

至於還困守咸陽的雍軍殘部，對劉邦與韓信來說，這並不是一個值得考慮的問題。大將軍韓信一聲令下：諸軍攻城！

將軍周勃和他麾下的沛兵集團，高喊著還鄉口號，揮舞著映日寒光的矛戈，以山呼海嘯之勢，以熱血決絕之姿，不顧一切地衝擊著已經難堪歷史承受之重的咸陽。對項羽懷有刻骨仇恨的守城秦人打著打著就沒有多少動力了，漢軍雖然付出了一定代價，但還是很順利地攻進了咸陽。

當立下奪城首功的周勃將軍來到韓信面前報告戰事的時候，韓信笑了。他一開始就知道這是一場沒有懸念的戰鬥。漢王主政治，大將軍主軍事，雙雄絕配，天下無往而不利！

這場戰役其實並不大，但韓信知道攻克咸陽的政治意義和戰略意義都是不可估量的。局勢的發展也果然如韓信預料的那樣，咸陽被漢軍攻克，對咸陽不遠處還在觀望的塞王司馬欣來說，是致命的打擊。

自得知漢軍襲出陳倉以來，司馬欣唯一能自存的機會，就是祈禱章邯打敗韓信，至少章邯可以將漢軍阻止於陳倉不得東進。可章邯被韓信連番暴打，現在縮在廢丘城中不知死活，司馬欣就直接暴露在漢軍的攻擊力之下。

更何況漢軍已克咸陽，櫟陽就在眼前，灌嬰的漢軍也已經到了櫟陽城下。現在是司馬欣做出選擇的時候了，如果他沒有戰勝漢軍的絕對自信和以死決鬥的勇氣，那麼司馬欣應該知道該如何選擇。司馬欣本就是個兩面三刀的人物，他能背秦降楚，也會背楚降漢，活著才是最重要的，忠誠從來不是他的選項。

秦地三王，章邯是司馬欣的戰略屏障，而司馬欣又是董翳的戰略屏障。漢軍攻下櫟陽後，翟王董翳突然感受到了強大的生存壓力。聰明的董翳也做出了正確的選擇：投降。

董翳很識時務地向遠在咸陽的劉邦表達了自己願意追隨漢王的意思，劉邦雖然知道董翳不過是迫於壓力才向自己投降，但只要司馬欣、董翳這些人不倒向項羽，分化項羽的盟軍實力，就是對劉邦最大的幫助。

19 向東，向東！

韓信和劉邦的目光同時對準了東方。

從咸陽到彭城，直線地理距離是一千公里。兩地之間還有寧秦、函谷關、澠池、河南、大梁這些景象壯麗的驛站，基本上是沿黃河向東蜿蜒，這也是韓信和劉邦共同選擇的進軍路線。其實除了這條道路外，還有一條道路，就是南出武關，經南陽，穿陳郡，過芒碭山，這是劉邦當初從楚國殺向關中的進軍路線。

北線戰場是主戰場，漢軍將和楚軍在黃河一線展開殊死搏殺，但韓信也沒有放棄南線的分戰場，至少劉邦不會放棄。因為劉邦得到了一個非常重要的消息，盤踞在南線重鎮南陽的將軍，是劉邦當年在沛縣認識的一個朋友，他的名字叫王陵。

在風起雲湧的秦末諸雄爭霸格局中，沛人王陵也算是個響噹噹的人物。劉邦現在混得風生水起，但早年在沛縣街面上玩的時候，他還是當地豪強王陵門下的小弟，以兄禮事王陵。

後來劉邦在沛縣起兵，而王陵卻跑到離沛縣千里之外的南陽拉起了一支數千人的隊伍。劉邦曾經派人聯繫過王陵，勸王陵把他的軍隊掛靠在漢軍名下，被性格強直的王陵一口回絕。曾經是劉邦的大哥，現在卻要做劉三的小弟，王陵抹不開這個面子。

不過他們畢竟都是沛人，關係也算不錯，王陵不會因為這點事就和劉邦翻臉。雙方雖然心裏都有小算盤，但該合作的時候還是要合作，劉邦曾派出一支軍隊會合王陵的人馬，準備強行殺到沛縣，接劉邦的家小來關中。

可惜事機不密，被項羽發現了，項羽當然不會讓控制在自己手中做人質的劉邦家小溜掉，一個都別想跑。當這部分漢軍強突到陽夏（今河南太康）時，被一支數量龐大的楚軍當頭攔截，漢軍想突破楚軍的防線？現在還做不到。

當知道「明修棧道，暗渡陳倉」的絕妙戰術是胯下懦夫韓信提出來時，項羽愣了。項羽突然回想起，韓信曾經多次給自己進言，自己一次也沒有採納。項羽似乎有些後悔，早知道韓信是個人才，如果自己不想用，不如殺掉，現在卻成了自己的心腹大患。

不過項羽還是努力說服自己，即使韓信本事通天又如何？就憑劉邦手下那點兵力，豈是霸王麾下江東子弟的對手！項羽從來只相信肌肉，不相信大腦，項羽多次證明力量是可以戰勝謀略的，那又何必在意韓信。

項羽很快就把韓信給忘掉了，但霸王卻牢牢記住了王陵的名字。在項羽看來，王陵為人有膽氣，史稱「為人少文任氣，好直言」，典型的江湖豪俠性格，這一點最投項羽的脾氣，所以項羽會高看王陵一眼，而不是韓信。

在項羽的潛意識中，他認為像王陵這種性格的人才能做成大事，韓信當上漢國大將軍，也是胯下懦夫。項羽永遠不會理解在這個世界上競爭，靠的不是發達的肌肉，而是充滿智慧的大腦，項羽最終的失敗是必然的。

都說劉邦厚黑，其實項羽比劉邦更厚黑，項羽總喜歡強行突破人類最基本的道德底線，來為自己的利益服務。項羽想拉攏王陵，辦法有許多，可項羽選擇最招罵的一個辦法，就是把王陵留在沛縣的母親抓來當人質，逼迫王母給王陵寫信，讓王陵歸順西楚。

項羽可以囚禁王陵母親的人身自由，但卻無法讓她背叛自己對道德的選項，老夫人含淚告訴前來與項羽洽談相關合作事宜的王陵的使者：「漢王仁厚，有大愛於天下，必能為天下主，以愛天下人。請先生轉告王陵，永遠跟著漢王走，不要背叛自己的良知，否則我在九泉之下也不會原諒他。」

老夫人把話說到這個程度，使者已經知道老夫人要做什麼了，但沒等他來得及阻止，老夫人已經拔劍出鞘，橫劍自刎。項羽得知情況後，果然大怒，厲聲咒罵王母不知好歹，死了也不能放過她！面部表情已經嚴重扭曲的項羽一邊憤怒地下令將王陵母親的屍體扔進滾燙的油鍋，一邊詈罵不休。

母親自殺，遺體被烹的噩耗傳到南陽，王陵痛哭流涕。本來王陵對項羽是有一定好感的，他和劉邦刻意保持著距離，就意味著他更接近項羽，可項羽卻以如此殘暴的手段對付自己的老母，讓王陵如何不恨！項羽這個無禮的舉動徹底激怒了王陵，侍母至孝的王陵絕對不可能再投靠項羽，他只能對劉邦一邊倒。

時間已經到了漢二年（前二〇五）的十月，這是一個新紀年的開始。

漢軍最高指揮部得到了一個明確的消息：為了防止漢軍向東突擊，西楚霸王項羽立他在會稽時的好友、吳縣令鄭昌為韓王，掌管舊韓之疆域，率韓兵阻止漢軍東進。而項羽在關中分封時的韓王韓成，早在項羽剛回彭城後不久就被殺掉了。

與韓國有關的軍事情報，立刻勾起了劉邦對一個人的無限懷念，那就是張良。張良已經走了好久，音訊全無，劉邦也不知道子房先生現在怎麼樣了，心中非常牽掛。

自褒中一別，張良飄然回到關東，他的任務是刺探楚國情報，並尋找機會把項羽引向泥潭，以利於劉邦東進。江湖上早就盛傳張良在博浪沙以大椎擊殺秦始皇未果。張良出身於韓國宰相世家，家世豪貴，在江湖上很有威望，所以張良可以利用自己的特殊身分在諸侯間遊走，進行「破壞」活動。

張良知道楚軍之於漢軍的強大壓力，只有令項羽的目光被牢牢吸引在東線戰場，才能最大限度地解除漢軍殺進關東的壓力。此時項羽還在和自封為齊王的田榮鉤心鬥角，張良尋找到了機會。

張良一方面給項羽寫信，給劉邦出兵關中打圓場，說劉邦沒什麼野心，只想得到關中，不會也不敢出關東而爭天下。另一方面，張良收集到了齊王田榮寫給遊弋在山東一帶的彭越的信，田榮勸擁有萬餘武裝的彭越和他一起反楚。張良一定要想辦法讓項羽和田榮打起來，他把田榮給彭越的信交給了項羽，說田榮野心勃勃，欲與常山趙王張耳聯手滅楚，請霸王速滅齊以安天下。

齊王田榮成天在山東折騰，對不遠處項羽所在的彭城造成了巨大的軍事壓力。項羽一直就視生性兇悍的田榮為最大勁敵，必欲滅齊而後快。即使張良不勸，項羽也要找田榮算帳，何況項羽接到了張良的前一封信，說劉邦必不會來關東，讓項羽放心大半，他決定先拿田榮開刀。

項羽行事一向沒有原則，做事從來不經大腦過濾，但他被張良欺騙還不是致命的。如果項羽揮兵西進去找劉邦練攤，東線的田榮會更加不老實，不定能鬧出多大動靜。

項羽最大的弱點在於不懂政治，無法理解政治之於軍事的指導性意義，他又做了一件在政治上足以致命的蠢事。項羽把已經無權無勢，被貶居江南的楚義帝熊心強行接到彭城，卻暗中唆使九江王英布、衡山王吳芮、臨江王共敖等人在江中擊殺熊心，沉於江中。

對項羽來說，當年本就不該立來路不明的熊心，導致自己生吃了許多窩囊氣。項羽做了諸侯上將軍後，視熊心為累贅，迫於壓力，項羽一時沒有動手殺熊心。但熊心的存在，在政治上讓項羽礙手礙腳，不如一狠心殺掉礙事的熊心，以絕後患。

項羽沒有想到一點，熊心是天下公認的繼陳勝之後的反秦領袖，殺了熊心，就將陷自己於不仁不義的泥潭中。熊心被項梁強行封為楚王，為反秦事業做出了很大的貢獻，卻無罪遭害，得到了天下人普遍的同情。熊心被殺，給反項羽的勢力增加了口實，後來劉邦就藉此經常在政治上敲打項羽，弄得項羽好不狼狽。

不過項羽從來不相信政治可以戰勝軍事，殺了熊心又如何，有本事劉邦過來與我大戰三百回合，勝者為王！

張良已經從項羽的種種表現中嗅出了大戰即將到來的味道，而且他已經替劉邦完成了把項羽的注意力引向東線的戰略任務，他不能在東邊待著了，他需要立刻回到劉邦身邊。

張良要歸隊，從地理距離上來說，張良此時身在韓國，距離關中並不遙遠。但在韓國與關中之間還有一個河南國，河南王申陽還掛靠在項羽的旗下，為了安全起見，張良還是小心翼翼地抄小路，晝伏夜出，終於在一個陽光燦爛的日子裏，見到了日思夜想的漢王。

看到子房先生突然歸來，漢王激動的心情可以想像。褒中一別，相思有日矣！劉邦緊緊握住張良的手，上下打量，喃喃道：「小別數月，先生瘦了。」張良也很激動，劉邦知道疼人，不似項羽冷酷無情。

張良一掃劉邦身後，他看到了站在劉邦身後的一位面目含笑的將軍，張良問劉邦，此必是韓大將軍了。劉邦立刻將韓信引薦給張良認識，這是兩個偉大的天才第一次面對面交流，英雄見英雄，頓生惺惺相惜之感。

張良已經聽說了漢王立韓信為大將軍，明修棧道，暗渡陳倉，談笑定三秦的傳奇故事，雖然韓信的職能和自己有很大的重疊，但張良還是非常大度地恭維著韓信的軍事天才。

韓信同樣敬佩張良，這是一部活著的傳奇！當年博浪沙，用一隻一百二十斤重的大鐵椎，差點兒將秦始皇砸成肉餅，非大勇大恨，孰敢如此？而且韓信名垂青史的「明修棧道，暗渡陳倉」之計，是建立在張良勸劉邦火燒蝕中道的基礎上的，一部偉大的作品，張良完成了前半部，韓信完成了後半部。

張良的分量，劉邦早就知道了，現在他的帳下又多了一個具有同等分量的韓信，一個是他的參謀總長，一個是他的三軍總司令，都是百年不世出的天才。後有蕭何為之供軍資，左有張良為之指謀劃，右有韓信為之決軍疑，分工合理，搭配完美，同時為劉邦所用，讓劉邦產生了極大的戰略安全感。

「三駕馬車」正式上路，他們的第一站是三川郡東部（今河南函谷關以東、開封以西、登封以北、黃河以南的狹長區域），駐守三川郡的是項羽分封的河南王申陽。

申陽本是現常山王張耳的近臣，因為項羽在鉅鹿大戰時，申陽先一步攻下三川郡，所以項羽按功分地，封申陽為河南王。雖然申陽的地盤並不大，但因為河南王封地處在秦、楚、趙、齊、晉的接合部，戰略意義非常重要，突破河南國，楚國都彭城就在劉邦眼前！

漢二年（前二〇五）十月，漢王劉邦的大駕沿渭河出函谷關，來到不遠處的陝縣。劉邦把陝縣作為漢軍的前線指揮中心，坐鎮陜縣，指揮各部進退，特別是針對河南國的軍事行動。

河南王申陽知道劉邦給他出了一道選擇題，要麼選楚，要麼歸漢，騎牆觀望是不可能的。申陽其實早就有了答案，他並不是項羽的嫡系，現在項羽準備與齊國的田榮決一雌雄，無暇西顧。河南國受到漢國的進攻，項羽極有可能一毛不拔，在這種情況下，申陽犯得著為項羽當炮灰嗎？

最終讓申陽下定決心歸漢的還有一件事情，就是他曾經的主人——常山王張耳被「刎頸之交」的陳餘聯合田榮的齊兵，夾槍帶棒地趕出了常山國，陳餘復立代王趙歇為趙王，自己出任代王。張耳年少時就認識劉邦，二人交情不錯，在齊人門客甘公的勸說下，張耳倉皇西逃關中，找劉邦要飯吃去了。

申陽在想：張耳這樣的人物都好意思光桿子投奔劉邦，自己有地有兵，投降劉邦又有什麼丟人的？主意打定，不再猶豫，就在劉邦出關鎮守陜縣不久，申陽面無愧色地向漢王遞呈了降書，表示願意以河南之地、之兵、之糧秣，追隨漢王定天下。

漢王大喜。

得到河南對劉邦來說非常重要，這是一塊重要的戰略跳板，可北通趙、齊、代，可東行楚，可南下韓，戰略迴旋餘地非常大。不過要鞏固在河南的統治，劉邦就必須除掉一個人，他就是駐守河南南側的新任韓王鄭昌。鄭昌是項羽的嫡系，他所在的陽城距離河南和關中都非常近，一旦鄭昌偷襲關中，勢必對漢軍的東進戰略造成很大麻煩。

說到韓國，劉邦突然想起，在自己這支漢軍中有許多韓國人。除了張良和韓信，還有一個同樣被劉邦高看一眼的韓信（即韓王信），是時候讓韓王信出馬為自己效力了。

鄭昌雖然成為新韓王，但他在韓國沒有任何人脈關係，而韓王信則是正宗王孫，在韓國的票房號召力非常強大。劉邦立韓王信為韓王是再合適不過的選擇了。張良對這個決定非常贊同，他對韓王信也有一定的了解，有此人鎮守韓國，可以拱衛關中本部的戰略安全。

大將軍韓信對這個與自己同姓同名的同宗王孫則沒什麼感覺，對當韓王更沒有半點興趣。韓王信久居韓國，人脈深厚，而自己從祖父那一代起就生活在楚國，思維、生活和歸屬感早已經楚化，確實還是韓王信去韓國為王更合適。

而一直生活在大將軍韓信偉岸陰影中的韓王信，也希望有一個能證明自己軍事才幹的機會。劉邦相信韓王信不會讓他失望，他撥給韓王信一支軍隊，並拜韓王信為韓國太尉，命令他向著韓國故地進發。劉邦向韓王信許諾：打掉鄭昌，你就是韓王！

許多人都小瞧韓王信的軍事能力，以為他不過是靠「韓襄王之孫」的金字招牌在江湖上跑馬混飯吃的，這讓韓王信憋了一肚子的閒氣，現在終於有機會展示自己的軍事能力了。

鄭昌根本瞧不起這個落魄的韓國王孫，但結果卻讓鄭昌欲哭無淚，他出任韓王所管轄的十幾座城池，沒用多少時間，就全被之前毫不起眼的韓王信劃拉進自己的兜裏了。

聽說韓王信在韓國打得順風順水，劉邦不禁也來趕場湊熱鬧，在安排好陝縣事宜後，漢王大駕竄到了河南郡，給韓王信搖旗吶喊，加油助威。看到韓王信如此瘋狂的表現，鄭昌撐不下去了，這麼一座孤城，項羽一個援兵沒派，就憑這點兒兵力哪裏扛得住漢軍的進攻？算了吧，英雄貴識時務，何必在一棵樹上吊死。

《史記・韓王信傳》：「漢王至河南，韓信急擊韓王昌陽城。昌降。」鄭昌誠惶誠恐地捧著韓王璽綬站在韓王信面前，韓王信大笑。

劉邦沒有忘記自己之前的許諾，漢二年（前二〇五）十一月，劉邦正式立韓太尉韓信為韓王。不過韓王信雖然被封了韓王，但他並不在韓國駐守，而是帶領韓國軍隊跟著漢軍的主力部隊四處轉戰。

這應該是大將軍韓信的意思，韓王信駐守韓國本土，就意味著漢軍將少一支生力軍。漢軍現在的主要戰略任務不是攻城掠地，而是尋找戰機消滅項羽的楚軍，以及站在項羽陣營的諸侯協從軍。

形勢越來越有利於漢軍，楚軍和齊軍的大戰已經黑雲壓城，項羽和田榮像兩隻被激怒的公雞站在鬥雞場上，準備一決雌雄，根本無暇西顧。按常理講，漢軍可以藉這個戰略空檔，北上趙國，吃掉陳餘的軍隊，同時擴大漢國關中本部東北方向的戰略縱深。

在不經意間，漢國的疆域急速擴張，由原來的漢中巴蜀擴大到整個關中、隴西、河南，基本上恢復了秦始皇即位之前的秦國疆域。這意味著劉邦有機會重複秦始皇橫掃關東六國的鯨吞霸舉，漢軍基本沒有了心腹之患，劉邦和韓信可以集秦國之兵、之糧，和項羽百戰爭天下。

劉邦知道和項羽的爭霸戰是長期的，過程是艱苦的，不太可能通過一場大規模的會戰就能結束所有戰爭，劉邦開始刻意把關中經營成為自己的戰略根據地。自己要和韓信長年在前線征戰，關中大後方需要一個善於治理內政的大臣來管理，這個任務自然要交給丞相蕭何。

漢王一道命令傳入南鄭，丞相蕭何在南鄭的任務已經結束，立刻動身前往櫟陽——這個漢國的臨時國都，開始執行新的任務。有了蕭何做管家，繼續向前線提供必備的軍需和穩定，只要關中不亂，漢軍就無後顧之憂，可以全力向東擴張。

20 東渡黃河

韓信和劉邦高度關注來自山東的一切情報，因為西楚霸王項羽和自立為齊王的田榮已經打起來了。

項羽對田榮充滿了憤怒。當初叔父項梁在時，田榮就對叔父非常不敬，史稱「數負項梁」，沒少做對不起叔父的事情。項梁在定陶被章邯襲殺，其中就有田榮拒絕項梁出兵盟楚的「貢獻」。後來自己率楚軍解鉅鹿之圍，田榮又是作壁上觀。田榮居然好意思為自己沒有得到封王而憤怒？

最讓項羽不能容忍的是，田榮在反秦大業中沒有做出一點貢獻，最後卻搞掉了項羽所立的三齊王——齊王田都、膠東王田市、濟北王田安，獨吞三齊。在項羽看來，相比於性格庸弱的劉邦，田榮對自己的威脅更大，任由田榮在齊魯發展，會嚴重威脅到楚國的安全。不除田榮，項羽勢難安枕！

漢二年（前二〇五）正月，項羽終於出兵了，目的地是城陽（今山東菏澤東北），這裏是他和田榮約定的決鬥場，齊楚舊怨，今日一併清算。田榮也萬分期待這個能證明自己的機會，只要能打敗項羽，他才是天下第一的諸侯上將軍，東齊霸王！

田榮還是小瞧了項羽，雖然項羽為人殘暴，但他的單兵作戰能力，公平地講，確實是天下第一，沒有對手。項羽有一種特質是田榮所不及的，就是項羽身上的霸氣四溢。項羽騎烏騅馬，橫大戟，往陣前一站，就足以讓對手心驚膽戰，田榮顯然做不到這一點。

這場城陽之戰也證明了這一點，田榮在戰前鬧出的動靜最大，但勝利是需要真功夫的，而不是嘴上風暴。當齊楚兩軍交戰後，也許田榮會後悔自己的衝動，楚軍的戰鬥力確實不是吹出來的，個個都是不要命的主。

鉅鹿救趙時，楚軍在項羽的號召下，破釜沉舟，以示有進無退，與秦軍在鉅鹿城下血戰，楚軍的意志得到了最大程度的殘酷磨練，這才是一支軍隊無敵的王道。相比之下，齊軍本就散亂，沒有接受過魔鬼戰場的錘煉，無論是鬥志還是實戰能力，都遠遜於楚軍。

城陽之戰，項羽大獲全勝，田榮則徹底失敗，齊軍被楚軍全殲。田榮光棍般地逃往平原避難，不久被人殺掉，人頭自然被送給了楚霸王當球踢。當項羽用腳踩著血泥模糊的田榮人頭時，輕蔑地笑了，就憑你這個爛仔，也配和寡人爭天下？

項羽平素最愛者有三：黑風閃電烏騅馬，長袖婀娜虞美人，所過之處皆屠殺。項羽性情殘暴是天生的，他只尊重自己，從來不尊重別人，他不會也不懂得敬畏生命。劉邦以仁得天下，項羽以殺得天下，不停地殺人，才是他快樂的最大源泉。殘暴不仁，是項羽真正的性格標籤，而不是什麼重情重義。

燒人之屋、殺人之命、搶人之財、淫人之身，這是項羽最喜歡做的事情。破韓如此，破秦如此，破齊亦如此。《史記‧項羽本紀》：「北燒夷齊城郭、室屋，皆阬田榮降卒，係虜其老弱婦女。徇齊至北海，多所殘滅。」

楚軍過後，齊地一片廢墟，屍骨遍野，萬室皆空，無雞鳴，無犬吠，如地獄一般沉寂。

憤怒的齊人開始了悲壯的反抗，他們一隊隊地聚集在一桿桿滅楚復齊的大旗下，一定要替死難的齊人父老向項羽討還公道。特別是被楚軍打散的數萬齊軍士兵，他們擦乾淚水，埋藏了親人屍骨，然後找到了田榮的弟弟田橫，請田橫為齊將，率領他們復仇！

田橫率領齊人開始向楚軍發動攻擊，地點還是在城陽。項羽對田橫的反抗感到不可思議，田榮如此強悍，都亡於我手，田橫哪來的膽量敢向寡人挑戰？楚軍接受了齊人的挑戰，但結果讓項羽出乎意料，齊人作戰特別兇猛，情緒幾乎都不能自持，和楚軍纏鬥不休，項羽陷在齊人復仇的泥潭中不能自拔。

情報在第一時間被送到了櫟陽漢王宮，還在和漢王討論軍事問題的韓信敏銳地意識到，楚軍主力被田橫牢牢釘在城陽，彭城必然空虛，這是漢軍乘虛而入楚國腹地的絕佳時機。

劉邦無時無刻不盼望著能早日回到家鄉，見到自己的親人，讓劉邦憤憤的是，項羽本非彭城所生，有什麼資格霸佔彭城？那是劉邦的家鄉。現在機會來了，劉邦豈能錯過這個千古一時的機會。但讓人意外的是，劉邦決定向東進擊，擴展漢國的戰略生存空間，卻把韓信留在了關中，自己則率領漢軍主力東出函谷關。

劉邦為什麼不讓大將軍韓信出關征戰？對此沒有史料記載，但有兩種可能：

一、劉邦不想讓韓信的威望和勢力日益坐大，便宜都讓韓信佔了，自己算幹什麼的，打醬油的？劉邦不信自己的軍事能力比韓信差多少，他應該給自己證明的機會。

二、劉邦此時的對手還不是項羽，畢竟項羽北在城陽與田橫纏鬥不休，而且劉邦此次東征的目標是攻城掠地，加強與反楚勢力的合作。換句話說，此次東征是以政治為上，外交為用，軍事為輔，所以暫時用不著韓信的軍事天才。殺雞焉用牛刀，韓信這把牛刀不是輕易可以用的，劉邦要好好保存這把牛刀，以後留作殺項羽之用。

從人性的本質來看，第一點最有可能，但從現實的局勢考量來看，第二點最有可能是劉邦的選擇。劉邦征服天下之路才剛剛開始，他不會在這個時候去猜忌韓信，萬一再把韓信逼跑了，劉邦連哭的地方都沒有，韓信的軍事能力天下共知，不愁沒有買家。韓信是劉邦征服天下的最大軍事保證，絕對不會做出自折羽翼的蠢事。

而韓信對劉邦的選擇也應該沒什麼異議，韓信從來就沒瞧上魏豹、趙歇、陳餘這些碌碌小子，殺雞真的不需要牛刀，有漢王出面就可以了。韓信等待的是有機會用自己這把利刃庖解項羽這頭牛，魏豹等人實在不是韓信應該高看的對手。雖然劉邦是漢國的最高統治者，但在軍事上，韓信是正職，劉邦只是韓信的副將。

可能還有一個原因，促使劉邦讓韓信留在關中，就是劉邦對死守廢丘的章邯還是不放心。萬一章邯真的從樊噲的魔爪中掙脫出來，蕭何只是個文官，他不懂軍事，無法對付章邯這個老兵油子。

如果關中大亂，勢必會極大地影響劉邦在關東的軍事行動，到時劉邦進退失據，幾乎就是滅頂之災。有韓信坐鎮關中，十個章邯加上章平也不是韓信的對手，等到關東底定時，再換人守關中，把韓信調到關東，與項羽決一高下。

漢軍的主力部隊緩緩離開了櫟陽，韓信目送劉邦遠去，想到劉邦即將在關東上演一場風捲殘雲入袖中的精彩好戲，韓信心裏未免有些癢癢，但現在還不是他真正展示軍事天才的時機，再等等吧。

韓信留在關中，基本上沒什麼事做，地方上的行政管理以及軍需供應都由丞相蕭何負全責，韓信插不上手，他對這些雞零狗碎的事情也沒興趣。劉邦離開關中之前，也下令讓蕭何做代理漢王，統管一切事宜，韓信也不方便插手。唯一能引起韓信興趣的，也只有流竄到北地繼續和漢軍玩捉迷藏的章平，但章平豈是韓信的對手？

未幾，漢軍攻克北地，生俘章平。至於在廢丘中度日如年的「雍王」章邯，韓信甚至都懶得搭理。章邯的生命雖然還在延續，但早已經成了死人。

漢二年（前二〇五）三月，漢軍的主力部隊來到了河上郡臨晉縣（今陝西大荔東），準備從臨晉所倚臨的洛水南岸上船，東渡黃河。

臨晉這個地名現在已經相當陌生了，但就在臨晉西南的不遠處，有一個著名的地名，就是沙苑。南北朝時期的東西魏爭霸，實力強大的東魏大丞相高歡就是從黃河東岸的蒲阪渡河，強行殺到沙苑，因為太大意，結果被西魏的宇文泰設伏兵燒得大敗，高歡的老命差點兒沒丟掉。

漢軍的水上行軍路線和七百多年後的高歡不一樣，高歡從河東出發，要進入關中必須經過蒲阪渡，而劉邦要從關中走水路進入河東，則不需要經過蒲阪渡。順風順水，直接就可以抵達黃河大拐彎處的風陵渡，漢軍將在這裏上岸。

和上次劉邦走黃河南岸進入河南腹地不同，這次劉邦選擇了走黃河北岸進入河東腹地，因為河南基本為漢軍所控制，而河東還不是劉邦的地盤，劉邦需要拿下河東，擴大關中的戰略縱深，並一點點把刀尖捅到項羽鼻子下面。

劉邦在河東面臨的對手是著名的秦末反王魏豹。

此時的魏豹已經不是魏王了，而是西魏王，這是項羽分封的結果。戰國時魏國的疆域，主體在河南開封一帶，而魏豹作為魏王，他的封地應該是在大梁（即開封）附近，但因為項羽看中了大梁，想把大梁作為彭城的西線軍事堡壘，所以就把魏豹趕到了河東，定都平陽（今山西臨汾），替他看門護院。

魏豹對項羽的這個安排極為不滿，雖然河東是魏國舊都所在，而且盛產鹽鐵，但在當時比起繁華富盛的大梁城，還是略顯荒涼。魏豹恨項羽，但西魏國根本不具備向項羽討說法的軍事實力，他也不敢向項羽挑戰。現在漢王劉邦的突然到來，讓魏豹眼前一亮，能使寡人還大梁者，必漢王也！

魏豹毫不猶豫地把漢王加入了自己的好友名單中，當然條件只有一個：滅楚之後，劉邦要把大梁還給他。面對天上掉下來的大餡餅，劉邦笑得合不攏嘴，拉著魏豹的手，笑語相對：俟事成後，必封老弟為東魏王，主大梁。魏豹也笑了，漢王真是個爽快人，不比項羽那廝嘴甜心黑，這事就說定了。

魏豹找到了優質的合作夥伴，殺回大梁已不是奢望，而劉邦與魏豹合作，等於打開了通向魏國的大門。從地理位置上來看，魏國本部（大梁）距離彭城近在咫尺，如果能和魏國建立攻守同盟，漢國將得到通往彭城的戰略跳板。

項羽分封諸侯國，將魏國舊地分為三個部分，大梁本部被楚國直接控制，魏豹被封在河東，在大樑與河東之間還盤桓著一個殷國，在今河南省的黃河北岸，漢朝時置為河內郡。

漢魏聯軍離開河東，以迅雷不及掩耳之勢殺進殷國境內。

當時的殷王是司馬卬，司馬卬在秦漢之際不算特別著名的人物，但他卻有一個特別著名的玄孫，可以說是盡人皆知——編撰「千秋第一史」《史記》的太史公司馬遷。

也許是出於對項羽當初分封自己為殷王的感激，在選擇歸順劉邦更有利的情況下，司馬卬卻偏偏選擇了以強硬對強硬，與漢軍大打出手。結果是沒有任何懸念的，區區河內軍，哪裏是漢軍的對手？當兵敗的殷王司馬卬被五花大綁地扔在劉邦面前時，漢王笑了，立刻解縛請座，好言安慰。劉邦雖然廢掉殷國，改為河內郡，但司馬卬的殷軍還是保留了下來，作為漢軍的友軍。

河東、河內相繼平定，劉邦接下來就要率軍南渡黃河，走黃河南岸向彭城進發。就在劉邦準備好渡河船隻，即將上船的時候，突然有人來報：「陽武人陳平來投。」劉邦聽說陳平來了，笑得合不攏嘴，立刻請陳先生過來與寡人相見。

陳平，這又是一個韓信式的傳奇天才，在波瀾壯闊、盪氣迴腸的楚漢爭霸中，陳平這個名字和韓信一樣，注定是繞不過去的。

在才華上，陳平不比韓信遜色，只是韓信鑽研的是兵法，而陳平學的是黃老道家之術。陳平的家世和韓信差不多，都是窮得四面不落地，但陳平比韓信幸運的是，陳平有一個疼愛兄弟的哥哥陳伯。陳伯辛勤耕種著家裏僅有的三十畝地，所得收入都供著陳平外出遊學之用，不比韓信連飯都吃不起。

「學得文武藝，貨與帝王家。」陳平學了一肚子的「陰謀詭計」，總要找個平臺來實現抱負。因為陳平是魏人，所以他侍奉的第一位領導就是魏豹的哥哥、魏王魏咎，陳平出任魏國太僕。

廟小容不得大佛，魏咎這樣的草台班子根本不是陳平應該待的地方，陳平向魏咎進計，魏咎不但不聽，反而聽信小人讒言，疏遠陳平。陳平和韓信一樣，此處不留爺，自有留爺處，陳平拍拍屁股，非常瀟灑地炒了魏老闆的魷魚。

陳平的下一個買家就是當時還是諸侯上將軍的項羽。

項羽分封諸王時，殷王司馬卬就對項羽若即若離，項羽懷疑司馬卬要反楚，就派陳平帶著原魏王魏咎的部下去教訓司馬卬，一戰成功。項羽非常喜歡陳平，也許是陳平是出名的大帥哥，不像韓信高大得近乎笨拙，看起來讓人賞心悅目。項羽封陳平為信武君，一躍進入中高層，而韓信還在風裏雨裏站崗放哨。

項羽雖然高看陳平一眼，但對陳平還是懷有戒心的，當項羽還在城陽與田橫的齊軍苦戰時，聽說劉邦已經攻下了殷國，司馬卬降漢，項羽大怒。項羽幼稚地認為司馬卬降漢，肯定是以陳平為首的原魏國官吏沒有完成任務，導致殷國叛楚，項羽準備殺掉這些魏國官吏，以解心中鬱悶之氣。

當陳平得到這個消息後，嚇得魂飛天外，氣得跳腳大罵，他知道自己是時候換老闆了。陳平再次瀟灑地炒了項老闆的魷魚，你自己玩去吧，老爺不陪你了。和韓信棄楚歸漢的選擇一樣，陳平也就近投奔了劉邦。

其實陳平除了劉邦，還能選擇誰呢？像韓信與陳平這樣的不世出天才，去找魏豹、陳餘等人討飯是自取其辱。只有劉邦，最有可能給他們提供一展雄才的舞臺。

陳平的人生經歷和劉邦非常相似，二人一對上話，就特別投脾氣，劉邦很欣賞陳平身上那股瀟灑脫不羈的氣質，這是韓信所不具備的特質。所以在二人初來投劉邦的時候，劉邦更高看陳平一眼。

劉邦開始重用陳平，而沒有重用韓信，這和陳平在江湖上的起點較高有關係。魏國太僕、楚國都尉、信武君，這些身分都是非常有社會認同度的，韓信一個小小的執戟郎，江湖上又有誰認可呢？

劉邦即日拜陳平為都尉，留在身邊重用。漢國的一些重臣將軍眼紅陳平的受寵，常在劉邦耳邊聒噪，劉邦根本不理睬，反而更加信任陳平，讓周勃、灌嬰等人直吐酸水。

21 彭城之戰

底定河南，收納河東、河內，大河上下，中原形勝，已置漢王掌中。

劉邦沒有改變自己的既定目標，那就是向東擴張，並尋找戰機一舉殲滅楚軍主力。由於漢軍新佔領的河內郡在黃河北岸，而楚國又在黃河南岸，所以漢軍需要渡過黃河，沿河南岸向東進發。

劉邦選擇的從河北岸到河南岸的渡口叫平陰渡（今河南孟津北），這裏就是七百多年後，北魏權臣爾朱榮沉殺胡太后和大殺公卿兩千餘人的河陰。黃河在陝縣至平陰這一段河道較窄，但出平陰之後，河道豁然開闊，所以劉邦只能選擇從這裏南渡。

渡河之後，劉邦在雒陽新城（今河南偃師西）得到了一個消息，這是由一位名叫董公的當地三老（三老為官名，掌管地方教化）送來的。董公攔住漢王的車駕，告訴劉邦：「義帝已為項羽所弒！」

據說劉邦聽到這個噩耗後，當場就痛哭失聲。隨後劉邦淚流滿面地下令，各軍中盡行戴孝，遙為義帝熊心發喪。在喪禮上，劉邦還是哭個沒完，下面的將士也多是楚人，哪經得起劉邦這枚催淚彈的襲擊，頃刻間，楚人揮淚成海。

情緒幾近失控的劉邦強忍悲痛，向各地諸侯發了一道嚴厲聲討項羽弒殺義帝的檄文，露布天下，以彰項羽之罪！檄文上說：「天下共立義帝，北面事之。今項羽放殺義帝於江南，大逆無道。

寡人親為發喪，諸侯皆縞素。悉發關內兵，收三河士，南浮江漢以下，願從諸侯王擊楚之殺義帝者！」

在軍事上，劉邦不如項羽，但在政治上，劉邦根本沒有對手。項羽在諸侯合縱與連橫的外交戰線上也一敗塗地。劉邦隨便練了一套外交組合拳，項羽便被劉邦打成了外交光棍，幾乎所有的盟友都背楚附漢，曾經不可一世的西楚霸王則痛苦地品嘗到了被人背叛的滋味。

項羽已經明顯感覺到了來自劉邦強大的軍事壓力，據情報系統報告，漢王劉邦已經糾合五國諸侯兵，彙集在外黃縣（今河南民權西），準備向楚都彭城發起總攻。

這五國諸侯兵加上漢軍的主力部隊，總兵力居然達到了驚人的五十六萬之眾！除此之外，田橫的數萬齊兵在城陽死死拖住項羽的主力軍隊，也算是漢國的盟友，還有朝三暮四的代王陳餘，也派出重兵助漢，這還沒有算「個體戶」彭越麾下的三萬勁卒。

綜合來看，劉邦率領的諸侯盟軍總兵力應該超過六十萬。楚國最盛時的總兵力也不過四十萬，而且其中也以諸侯兵為主，真正屬於項羽的本部兵並不多，應該不到十萬。

當初在鴻門時，楚軍及盟軍四十萬，而漢軍只有十萬，這是劉邦忍氣吞聲在項羽刀尖上跳舞的主要原因，打不過就只能忍。現在強弱易勢，漢軍及盟軍的人數甚至要遠遠超過當初的楚軍及盟軍，正因為這一點，才讓劉邦認為沒有韓信在身邊，他照樣能將項羽打成渣兒。

對劉邦最有利的是齊國田橫率齊人將楚軍主力牢牢拖在城陽的泥潭中，楚都彭城和楚國西部疆域的駐防兵力出現戰略空檔，劉邦一路東來，幾入無人之境。為了安全起見，劉邦改封西魏王魏豹為魏王，並以彭越為魏相國，帶著三萬精兵去掃平大梁附近的小股楚軍，自己快速東進彭城。

此時的彭城幾乎就是個不設防的空城，劉邦非常輕鬆地進入彭城。如此輕易地得到彭城這座戰略重鎮，抄了項羽的後路，劉邦很興奮，但更讓劉邦歡喜異常的是，項羽北征時，只帶精兵，不帶財貨美女。現在劉邦成了彭城新的主人，這些財貨美女自然都成了劉邦的戰利品。

劉邦進城的這段時間都幹了什麼？《史記・項羽本紀》記載：「漢皆已入彭城，收其貨寶美人，日置酒高會。」

劉邦在彭城花天酒地，遠在城陽的項羽已經開始向劉邦發起反擊了。

現在楚弱漢強的形勢，項羽是知道的，但他並沒有劉邦想像中所謂對漢國的畏懼。項羽出道以來，頂天立地，從來就沒有怕過誰。困獸猶鬥，隱隱作痛的傷口會極大地刺激項羽嗜血的本性，這頭受傷的獅子先是聲音低沉地哀吼，然後會奮不顧身地衝向狼群。

從這一點來說，項羽足夠偉大！

生存的本能刺激了項羽在逆境中的堅持，他不會放棄，他要為生存而戰，為尊嚴而戰。

項羽率楚軍最精銳的三萬士兵，連夜離開城陽，朝著彭城的方向火速逼進。至於田橫，項羽此時已經管不著了，將前線戰事交給麾下各位將軍打理，項羽相信田橫不會奈何鍾離昧、龍且。對付無賴劉邦，項羽一個人足夠了。

西楚霸王項羽縱馬橫戟，閃電奔馳，身後三萬銳旅整陣跟進。

項羽南下的路線是：從城陽出發，經魯縣（即薛郡，今天山東曲阜），下胡陵（今山東魚台東），過沛縣。不過楚軍並沒有從留縣直接向南殺到彭城之北，而是繞了一個大圈子，走沛縣西南方向的蕭縣（今安徽蕭縣），殺向彭城之西。

項羽作出這樣的選擇，說明他非常聰明。他知道劉邦一直視自己為最大的對手，劉邦佔領彭城，一定會猜到自己將從城陽南直下彭城北，而在彭城北駐守重兵。項羽偏偏不走彭城北，改走彭城西，殺漢軍一個措手不及。

有韓信的漢軍和沒有韓信的漢軍是完全不一樣的。有韓信在，一方面能有效地壓制楚軍南下，一方面韓信軍紀嚴明，軍隊時刻處在作戰狀態。劉邦自詡為戰無不勝的軍事家，不帶韓信出來玩，並且驕傲輕敵，結果闖下大禍。

駐守蕭縣的漢軍人數應該不算很多，而且他們做夢也不會想到，威震天下的西楚霸王會從這裏發動進攻。以楚軍剽悍的戰鬥力，十萬鬆垮懶散的漢軍都不是楚軍的對手，何況這點人馬？

等天剛濛濛亮，紅霞掛滿東方時，漢軍突然發現有大股楚軍黑鴉鴉地向蕭縣殺過來。

幾乎就是在電光火石的瞬間，項羽一馬直踏敵陣，萬眾橫戈吶喊，殺入漢軍之中。漢軍弟兄們還沉浸在連日來的神仙日子裏沒拔出來，被精銳剽悍的楚軍迎頭痛擊，因為沒有精神和體力的雙重準備，漢軍死傷非常慘重。

十幾萬的漢軍被三萬楚軍殺得已經徹底亂了陣腳，大將軍韓信不在軍中，漢王又在城中，前線沒有大將，漢軍的前線指揮系統根本就不存在。前隊不管後隊死活，拼命往後面潰逃，前隊更像是楚軍的先鋒隊，碾壓著漢軍後隊，在瘋狂潰逃的過程中，漢軍死傷不可勝計。

看到如此美妙的戰爭畫卷，霸王大喜。但這還不夠，他要在這幅血染的畫卷中添上自己濃墨重彩的一筆。三萬楚軍的鬥志已經幾近瘋狂，他們瞪著血紅的雙眼，揮舞著刀戈，肆意發洩著屠殺的快感。

這些潰逃的漢軍本想逃進彭城城中避一避項羽這個瘋子，但楚軍早就夾雜在漢軍中在邊追邊殺，無法分清敵我，再說城門這麼窄，又能擠進多少人？漢軍放棄了進城的念頭，改走彭城郊外的谷水和泗水。其實這是死路一條，面對大河的阻攔，他們能逃到哪裏？身後就是殺紅了眼的楚軍。數不清的漢軍被大股人流裹挾著，風一般的捲進了冰冷刺骨的河水裏。加上被殺和被溺，漢軍在這場亂七八糟的戰役中喪失了十幾萬的兵力。

但這並不是項羽偉大戰爭畫卷的結束，項羽只不過在這幅畫卷中畫了不到二分之一。這是一個讓還在彭城享受人間快樂的漢王劉邦無論如何都沒想到的結果，項羽確實來了，但卻是挾裹著仇恨和憤怒而來，不停地殺人，十幾萬漢軍瞬間報銷，劉邦欲哭無淚。

彭城劉邦無論如何都不能再待下去了，什麼財貨美色，統統還給項羽吧，反正該享受的都享受過了，現在逃命要緊。在蕭縣的漢軍潰逃過來之前，劉邦就已經逃出了彭城，跟隨如潮水一般潰逃的人流向南山逃去。

以徐州為中心的淮海平原上散布著許多連綿丘陵，而彭城之南有許多這樣的丘陵，漢軍所逃向的南山大抵應該是這樣。劉邦想依靠地形之便利，阻擋住已經瘋狂到踩不住閘門的楚軍，項羽已經殺紅眼了，即使他想踩閘，也收不住腳了，跟著人流往前殺吧。

劉邦在南山不敢停留，繼續被浩蕩人流裹挾著向南逃竄，越往南逃，離項羽的楚國本部越近，但劉邦已經管不了這麼多了，無頭蒼蠅似的到處亂撞。漢軍像一群受驚的鴨子，被楚軍用鞭子抽得鬼哭狼嚎，亂哄哄地逃到了東睢水北岸。

當漢軍發現眼前是一條大河時，心徹底涼了，這回完了，怎麼又是大河擋道！

當初項羽在鉅鹿之戰時破釜沉舟獲得成功，是因為楚軍鬥志旺盛，軍紀嚴明，而東睢水北岸的漢軍早就亂成一團，根本沒有陣形，漢王被夾在人潮中根本找不到了，還怎麼背水一戰？那是韓信的專利，這支軍隊中沒有韓信。在和楚軍的對陣中，沒有韓信，就意味著沒有勝利。

楚軍又是一陣快樂的屠殺！

漢軍前有大河，後有追兵，被夾在河北岸的狹長地帶動彈不得，除了北邊的一部分漢軍被楚軍斬首之外，臨近河岸的漢軍已經徹底無路可走，被楚軍擠進了河裏。

《史記・項羽本紀》：「漢軍卻，為楚所擠，多殺，漢卒十餘萬人皆入睢水，睢水為之不流。」東睢水並不是一條河面很寬的河流，十幾萬具屍體足以起到堰塞河壩的作用，遠遠望去，河面上變成了一座座由屍體堆成的屍山，場面觸目驚心。

項羽並不在乎這十幾萬條人命，他更關心的是劉邦現在到底在哪個位置。

項羽知道劉邦就在這股亂七八糟的人流中，但不知道劉邦已死，還是僥倖苟存。絕對不能再讓劉邦從自己的刀尖下溜掉！霸王下令：一定要找到劉邦，生要見人，死要見屍！

就在項羽不停縱馬率隊追查劉邦下落的時候，突然有人來報，已經發現劉邦的蹤跡，他還活著。項羽大喜，他今天一定要見到劉邦，看這個老東西跪在自己面前如何狡辯。但無論劉邦如何口吐蓮花，項羽都不會再給劉邦機會了，正如亞父所言：不除劉邦，後患無窮。

因為十幾萬漢軍已經被擠進東睢水裏淹死，河北岸騰出了大量空地，項羽也已經看到了窘迫至極的劉邦，以及劉邦身邊的幾十個騎兵。

項羽仰天狂笑！

也許是天意，就在項羽的笑聲還沒有完全在空中散去的時候，突然天公不作美，有一股大風自西北方向強勢颳來……

還沒等項羽看清楚風向時，風勢驟然增強，東睢水的北岸，瞬間昏天黑地。此時正是中午時分，本來豔陽高照，卻已經形如黑夜。樹木被連根拔起，河邊房屋轟然倒塌，飛沙走石，場面異常恐怖。像這樣的風力，至少應該在十級以上，這樣的天氣條件下，已經不適宜大兵團作戰了。眼看著劉邦就要被活捉，卻莫名其妙颳來這陣妖風，氣得項羽破口大罵。

楚軍本來已經佔據了絕對上風，劉邦被無數楚軍圍得水洩不通，裏外共有三層，已是插翅難逃。現在來了這陣妖風，楚軍被吹得東倒西歪，眼睛被風沙給迷住了，而且天色黑沉，幾米之內不見人影。

天意！

已經幾近絕望的劉邦仰天長呼，時間不等人，不能有瞬間猶豫，立刻趁楚軍混亂之機，逃出生天。等風勢過去，天色又漸明朗之時，劉邦早已經不見了蹤影。

劉邦的求生欲望異常強烈。藉著這股妖風帶來的暫時黑暗，劉邦和幾十個親衛騎兵成功逃出楚軍的三層包圍圈。幸虧劉邦沒有猜錯方向，他一路向北狂逃，等回首看到後面確實沒有追兵時，劉邦才用手按住胸口，他聽到了心臟劇烈的跳動聲。

在東睢水北岸逃出楚軍的三重圍之後，劉邦打馬的方向還是一直向北，即使是路過彭城，劉邦還是沒有改變方向。他要去哪裏？答案是沛縣，因為劉邦難得回一趟沛縣，他打算利用這個機會，把留在沛縣的家人都接出來，去關中享福。

可惜劉邦來晚了，他的家人為了躲避前來捕拿他們的楚軍，已經提前逃掉了。而且大隊楚軍已經尾隨劉邦到了沛縣，劉邦已經沒有時間再考慮家人的問題，必須立刻逃掉，否則他會被憤怒的項羽吃掉。一旦劉邦被捉，他的家人將毫無存在價值，劉邦一邊向空中祈禱著家人能平安無事，一邊打馬向西狂奔。

劉邦突然發現前邊不遠的路邊草堆上坐著兩個蓬頭垢面的孩子，男孩七八歲，女孩十來歲，互相依偎著。劉邦激動得差點沒哭出來，這不是自己的兒子劉盈和女兒魯元嗎？經過簡單的詢問後，劉邦得知兩個孩子在跟著祖父太公、母親呂雉逃難的過程中，被人潮給沖散了，祖父和母親下落不明。

現在的劉邦實在沒有時間再尋找呂雉了，生死福禍，聽天由命吧，有兒子傳香火足夠了。劉邦不敢少停，立刻把兩個孩子抱上馬車，然後掄起鞭子抽馬，一定要快！

當劉邦發現車後有追兵的時候，這個成天吹噓自己是愛家好男人的傢伙做的最重要的一件事情，居然是咣咣兩腳，將剛上車沒多久的一對兒女踹下馬車。劉邦以為這樣可以減輕車的重量，讓馬車跑得更快一些，卻不知道即使是一輛空的馬車，也絕不可能甩掉不遠處楚軍的快馬。

好在隨隊的夏侯嬰比劉邦有良心，他怎麼忍心讓兩個孩子落在項羽手上！他急忙下馬，抱起兩個孩子又推上車。劉邦薄情寡義的真實面目再一次暴露，又將兩個孩子踢下來，夏侯嬰再次抱起，後來又有了第三次。

劉邦氣得揮劍大罵夏侯嬰：「你是不是項羽的內奸？如此浪費時間，是不是想讓項羽生擒寡人！」夏侯嬰沒工夫搭理這個沒良心的傢伙，盡力保護兩個孩子。你不念骨肉親情，我還要念兩個孩子叫我一聲「夏侯大伯」呢。

好在劉邦之前爭取的時間足夠多，等楚軍追過來時，漢王的馬車早已經捲風揚塵而去。

劉邦向西的第一個落腳點是下邑縣，駐守這裏的是他的大舅哥呂澤，劉邦總算可以在這裏喘幾口粗氣，喝幾口熱水，啃幾口乾糧。此時劉邦已經得到了一個不好的消息：父親太公和老婆呂雉在向西逃亡的過程中不小心被楚軍發現，擒回楚營，被項羽嚴加看管。

劉邦這時欲哭無淚，老爹丟了，老婆也丟了，他擔心項羽會因此提出什麼過分的要求。

22 韓信出關

彭城兵敗對漢軍的影響幾乎是致命的，漢軍二十多萬主力瞬間報銷，那些朝三暮四的諸侯們又重投項羽的懷抱，同時加重了關中兵源輸送的壓力。坐鎮關中的蕭何幾乎徵盡了關中的中老年男子和少年，把他們送到前線，再加上不斷從彭城敗逃回來的殘軍，劉邦這才在一定程度上恢復了元氣。

不過形勢並不樂觀，大股楚軍沿泗水西進，企圖將漢軍殘部聚殲在河南、河內一帶，然後乘勝平定關中。此時劉邦所在的滎陽就成了漢軍阻止楚軍西進的橋頭堡，絕對不能讓楚軍從此蹚過去，否則後果不堪設想。

漢軍的精神和鬥志在彭城之戰中遭到了毀滅性的打擊，好在劉邦善於做思想政治工作，他這個「政委」不是白當的。通過各種方法，比如撫慰將士，開座談會，劉邦鼓勵將士們振作起來，拿出男人的血性來，讓楚軍瞧瞧，咱都是頂天立地的爺兒們！

漢二年（前二〇五）五月，劉邦以中大夫令灌嬰為主將，原秦軍騎士李必和駱甲為左右校尉，率領漢軍重建的騎兵部隊，在滎陽以東地區迎戰趾高氣揚的楚騎兵部隊。

這場騎兵對決的結果有些出人意料，楚軍騎兵居然被漢軍騎兵殺得大敗，雖然不知道這支楚軍有多少人馬，但估計都是有來無回。漢軍用實際行動證明了自己的血性，更證明了彭城那場戰役只是一場意外。

楚軍在這場滎陽騎兵對決中敗下陣來，也標誌著楚軍在彭城之戰後大舉反彈的勢頭得到了有效的遏制。劉邦這次真是玩命了，再不想什麼寶貨美女了，全神貫注地注視著滎陽城外不遠處駐紮的楚軍，無論如何也要守住滎陽。

滎陽的地理位置非常優越，處在河南的中部，是從關中前往關東的必經之路，而且隔河就能進河東、河北。漢軍要守住滎陽，一個必要的條件就是要有足夠的糧食，不然是守不下去的。

在滎陽東北方向有一個小城叫敖倉，這裏蓄積著大量糧食。劉邦意識到，守關中必守滎陽，守滎陽必守敖倉。在劉邦的親自指揮下，漢軍在滎陽與敖倉之間修建了一條長達幾十里的甬道，把運糧通道用高牆隔離起來，保障敖倉的糧道可以安全地運抵滎陽。

自彭城慘敗後，劉邦遇到了空前的軍事、政治、外交、經濟壓力。軍事上被項羽死死壓制，政治上因為死傷二十多萬軍隊導致劉邦的威望急速下降，外交上諸侯幾乎全部背叛劉邦。

經濟上，關中此時正遭受嚴重的自然災害，糧食大幅歉收，米價暴漲，一斛米價居然高達萬錢，導致關中大量百姓餓死，蕭何對此束手無策。劉邦知道人心向背的重要性，他立刻下令允許關中百姓南下巴蜀求食，現在一定要盡可能地保住人口基數。沒有人口就沒有賦稅上繳，就沒有兵源補充。

有一點值得劉邦慶幸，東線漢軍雖然慘敗，但因為有韓信坐鎮關中，困守廢丘的章邯只能沉默地等待死神的召喚，對關中局勢產生不了負面影響。不過韓信對劉邦把他閒置關中有些不滿，因為從漢二年（前二〇五）三月劉邦率軍出兵算起，到現在已經有三個多月了，韓信幾乎無事可做，好在還有蕭何在他身邊。

每次想到蕭何，韓信心裏總是不停地泛起暖流。當初要不是蕭何幾乎和劉邦撕破臉皮，「逼迫」劉邦立自己為大將軍，現在的韓信還不知道坐哪個山溝溝裏哀歎命運的不公呢。韓信在精神上的恩人是漂母（反面是屠家惡少），而在政治上的恩人，是蕭何，而不是劉邦。

蕭何平時比較忙，因為他要管理關中行政，並向前線源源不斷地輸送兵源和糧食，日理萬機，韓信倒成了閒人。沒事時，韓信就坐在丞相公署裏看蕭何腳不著地地四處忙，等蕭何忙完了，二人置酒於堂，近席而坐，小酌幾杯，討論天下大勢，討論人生。

在韓信酒酣耳熱的時候，他會向蕭何講述自己在淮陰時的故事，特別是在自己幾乎餓死時突然出現的那位神祕的漂母。許多年過去了，記憶的顏色已經泛黃，但韓信永遠不會忘記漂母慈祥的笑容，每說到這件事情，韓信情緒都會有些激動。

韓信並不是一個容易忘本的人。

通過一段時間的接觸，韓信發現劉邦為人雖然油滑奸詐，但不失忠厚善良，本質還是好的，否則秦人又怎麼會對劉邦統治關中如此激動？韓信對政治不是特別精通，但也知道人心向背的重要性，項羽只知道一味殘殺，施暴逞強，過剛易折，也許韓信慶幸過當初棄楚歸漢的決定。

韓信投奔漢陣營，是想通過一個良好的平臺來施展自己的錦繡抱負，而不是和章邯這樣的歷史淘汰者浪費時間。對付章邯，劉邦就可以搞定，何必用韓信！劉邦似乎在彭城慘敗後，急於拿章邯撒氣，漢二年（前二〇五）六月，劉邦回到了臨都櫟陽，同行的還有未來的太子劉盈。

劉邦的長子雖然是劉肥，但劉肥的母親曹氏地位低微，而劉盈是嫡子，太子的位置自然是他的。沒過幾天，劉邦就下詔立劉盈為太子，確定了漢國未來的權力繼承關係。

章邯？劉邦冷笑著念著這個已有些陌生的名字，是時候讓章邯下場領盒飯了。《漢書・高帝紀上》：「引水灌廢丘，廢丘降，章邯自殺。雍地定。」章邯自殺，這也許是他人生中所做出的最正確的一個決定。章邯已經失過一次臣節，如果這次再向劉邦跪降，以後章邯還有什麼臉面在江湖上闖蕩？

拿下廢丘，漢國在關中的疆域才算完整，之前因為有章邯的存在，漢國版圖顯得零碎不堪。更為有利的是，漢軍在彭城之戰損失了二十萬兵力，關中兵源非常緊缺，所以不能把有限的軍隊都浪費在無用功上，應該拉到關東前線找項羽復仇。

經過兩個多月的休整，劉邦基本從彭城慘敗的陰影中走了出來，而且漢軍的實力也有所恢復，弟兄們也急於出關報仇，劉邦是時候重返關東前線了。

這次劉邦學乖了，大將軍韓信將隨駕東行，留下丞相蕭何駐守關中，輔弼太子。章邯已死，關中底定，劉邦也沒有任何理由再把韓信放在關中。關中的事情，無論是修建城池，還是恢復農業生產，或是調集兵源糧草，補給前線，有丞相蕭何在，萬事可放心。

不過韓信雖然出關進入東線戰場，但他並沒有跟隨劉邦去滎陽的漢軍前線指揮部，而是另有任務。韓信也沒有走函谷關沿黃河南岸進入河南，而是走黃河北線的蒲阪渡。韓信要從這裏渡過黃河，進入河東境內，替漢王找第二次反水的魏王魏豹討個說法。

此時的魏豹還在平陽城中尋找後悔藥吃呢。

他怪自己一時眼拙，買了劉邦這個垃圾股。劉邦是個大騙子，給自己畫了一張還居大梁為魏王的誘人大餅，結果如何？劉邦差點兒老命都賠進去了，雖然魏豹的軍隊刻意與劉邦保持了一定距離，沒在彭城之戰中受損，但魏豹背楚附漢的行為還是得罪了項羽。

為了洗白自己曾經跟隨劉邦反楚的「罪行」，魏豹在項羽面前表示一定要痛改前非，將功補過，死守住蒲阪渡，不讓一個漢兵過河。項羽最恨別人背叛他，但他現在還需要魏豹的合作，楚國的勢力暫時夠不到河東，所以只要魏豹守住蒲阪渡，就能對漢國的關中本部產生極大的軍事壓力，也能從側面牽制劉邦的再次東進。出於這個考慮，項羽沒有追究魏豹的背叛，繼續讓魏豹駐守河東。

劉邦自然知道河東再次附楚，對關中本部意味著什麼，一旦魏軍或楚軍從蒲阪西渡黃河，關中已經無兵可用了，後果不可想像。劉邦對魏豹還是抱有一定幻想，魏豹難道就不想回到大梁嗎？劉邦相信魏豹的再次附楚只是無奈之舉，只要派一說客，河東可定。

替劉邦出馬當說客的，是高陽酒徒酈食其老先生。

酈食其作為當代名嘴之一，自從與劉邦合作後，他就是劉邦的「外交部長」，專門替劉邦打嘴戰，史稱「酈生常為說客，馳使諸侯」。

劉邦非常重視這次對魏豹的策反，他給酈食其許下重諾：「你說服魏豹歸順，寡人封你為萬戶侯。」重賞之下必有勇夫，萬戶封邑，就意味著有數不清的美酒佳肴，酈老先生流著口水接下了這個活。

不過酈食其還是在魏豹面前碰了一枚大頭釘子。當酈食其陳說完天下大勢後，勸魏豹早日跳離項羽這條破船，免得一起沉到水底。魏豹聽完大笑，這個酈老頭臉皮可真夠厚的，現在明明是劉邦這條破船已經進了水，項羽重新恢復元氣，能得天下者，必項王也！

魏豹不但不再和劉邦合作，甚至當著酈食其的面，大肆批評劉邦的缺點：「先生豈不知漢王為人！漢王待人輕慢，動輒辱人，無論是漢臣還是諸侯，有誰沒被漢王罵過？我們這些諸侯在漢王面前不像是合作者，倒像是他的奴才。和這樣的人合作，我能得到什麼呢？寡人親楚之策不可變，先生請回吧。」

已經感覺到無法完成任務的酈食其還想再作最後一搏，可魏豹已經拂袖而去了。

碰了一鼻子灰的酈食其回到櫟陽，垂頭喪氣地向劉邦彙報了河東之行。劉邦對魏豹的反應也有些意外。河東的戰略地位非常重要，絕不能再讓楚軍的同盟魏豹鎮守，必須拿下，不管他是魏豹還是韓豹，抑或是趙豹晉豹楚豹。既然外交手段解決不了問題，那就用軍事手段來解決問題。

這個任務，劉邦交給了大將軍韓信。

劉邦在戰略上藐視魏豹，但在戰術上還是非常重視西魏國的，他問酈食其：「魏國大將是誰？」酈食其答：「柏直。」劉邦大笑：「寡人聽說過此人，柏直年少無他才能，魏豹用此人，說明魏國無人矣，豈能擋我大將軍韓信！」劉邦得知魏國的騎將是馮敬，步將是項它，便特意調派灌嬰對打馮敬，曹參對打項它。

漢王令下：即日拜大將軍韓信為左丞相，與曹參、灌嬰率漢軍最精銳的主力部隊出櫟陽，走渭水東行，北過臨晉，然後東擊蒲阪渡。

突然當上了文職的左丞相，讓韓信有些啼笑皆非，他壞笑著想，劉邦怎麼不封我為治粟都尉呢？韓信當然理解劉邦的用意，劉邦有意提高韓信的政治威望，增強韓信在軍中的權威，方便韓信用兵。

這個左丞相的職務原來是曹參的，但曹參是此次征魏軍事行動的副將，如果讓曹參以左丞相的身分做韓信的副將，在政治上不太合適，所以劉邦把左丞相的職務交給韓信。曹參胸懷寬闊，行事向來以大局為重，不注重個人之得失，何況他對韓信的軍事天才也非常欽佩，他對劉邦做出的這個決定沒有任何異議。

這次漢國東征魏國的戰略意義非常重大，但劉邦的眼光並沒有局限在河東，而是河北，河東是漢軍進入河北的唯一戰略跳板。

從天下大勢來看，楚據東，漢據西，隔滎陽而對，但滎陽以北還有面積廣大的趙國，這裏是陳餘的地盤。陳餘雖然並不是項羽系的人馬，但也不聽劉邦的指揮。上次彭城兵敗後，陳餘就隱隱約約聽到了劉邦送給他的「張耳」人頭是假的，陳餘大怒，斷絕了與劉邦的合作關係。

趙國是相對獨立的，不服楚也不服漢，但劉邦不能完全排除陳餘與項羽合作的可能性，萬一陳餘附楚，將對黃河南岸的漢軍造成比魏豹更大的軍事壓力，這絕非漢國所能承受之重。

如果漢國能拿下趙國，那將極大地向東擴大漢國的戰略縱深，而且能從北側壓制住楚國，若漢國能再從趙國向東，拿下齊國，整個北線將被漢國牢牢控制，可以進一步縮小對楚國的戰略包圍。

所以這次劉邦決定兵分兩路，自己在南線與楚國進行戰略對峙，不尋求與楚軍決戰，而是在滎陽牢牢拖住項羽的戰略注意力。韓信走北線，攻魏取趙下齊，在北線進行掃蕩，一步步吞食項羽的生存空間。

這是韓信第一次面對魏豹，他對這位西魏王並不太了解，在出發之前，他特意把剛出使河東的酈食其請到關中，仔細詢問有關魏豹的一切情況，包括魏豹的個人生活，韓信第一次聽說魏豹後宮有一個姓薄的美姬，甚得魏豹的寵愛。

韓信更關心的是魏國的軍事實力，他像劉邦一樣，詢問魏軍的人員配置。不過韓信負責軍事，他對魏軍的了解顯然要強過劉邦，劉邦只是問了魏軍大將有誰，說明劉邦並不清楚魏國軍情。而韓信直接問酈食其：「我聞魏國有將名周叔，此人善戰，足為我之勁敵，敢問廣野君，魏豹可用周叔為將？」

酈食其把自己所知道的關於魏國的情報全部說給韓信，不敢有半點私藏。酈食其告訴韓信：「我在魏時，並沒有看到周叔，今日為魏大將者，柏直也！」

韓信大笑。

如果魏國大將是周叔，韓信雖然不至於被周叔嚇破膽，但也不敢過於托大。魏豹用柏直為大將軍，就好像劉邦用自己做治粟都尉一樣荒謬，大將軍面帶微笑地告訴廣野君：「柏直，豎牧小子！魏豹用此人為將，必為我擒！」

看到大將軍如此自信，酈食其撫掌讚歎，順便拍了幾句韓信很受用的馬屁。酈食其當然希望韓信能很順利地攻下魏國，最好是生擒魏豹，只有這樣，才能證明自己之前遊說魏豹的那些話是對的。

當韓信率領高唱軍歌的漢軍來到臨晉時，他站在洛水東岸，長望東方，風捲雲浮，黃波翻浪，頓時雄心萬丈。韓信撫摸著漢王賜他的那柄寶劍，緩緩地抽劍出鞘，以劍拭日，頗有趣味地欣賞著這三尺青鋒寒光露，但他腦子裏想的卻是黃河對岸的魏豹此時正在做什麼。

23 黃河上漂浮的木罌缻

韓信已經得到了最準確的情報：魏豹為了阻止漢軍從蒲阪東渡黃河，已經在蒲阪渡東岸布下重兵，魏豹言之鑿鑿：「絕不放一個漢兵渡過黃河東岸！」這幾乎是魏豹所有的看家本錢，都砸在了蒲阪渡東岸。魏豹這麼做，一是想討好項羽，二是怕劉邦翻舊帳。如果魏豹沒有承受漢軍的攻擊，被生擒至劉邦面前，即使劉邦不殺他，自己這張老臉還能往哪擱？

韓信聽完這個情報後，有些輕蔑地笑了。

當年劉邦被項羽貶封為漢王，趕到漢中時，鎮守三秦的章邯等人不也是言之鑿鑿地說劉邦從此再無生路嗎，結果又如何？魏豹豈能比得了章邯，章邯又豈是韓信的對手。

接下來，韓信開始思考如何抵達黃河東岸。

要強行渡河，必須要有大量的船隻，這一點並不難辦到。關中秦嶺有豐富的木材，再加上蕭何主管軍事後勤，造幾百艘大船不是問題，但這需要時間。而且如果選擇乘坐船隻強渡蒲阪渡，對岸的魏軍會讓漢軍輕鬆舒服地過河嗎？一旦戰事不利，漢軍將在黃河水面上全軍覆沒！韓信剛在江湖上樹立起來的威名將毀於一旦，這是韓信所不能承受之重。

這時，韓信想到了他初出茅廬的第一戰——明修棧道，暗渡陳倉。

從某種角度來說，魏豹重兵守蒲阪渡，其實是效仿章邯重兵守蝕中棧道北口的故技，只不過這次防禦主體由高山變成了大河。從技術上講，強渡黃河的難度要大於強行故道的難度，人在地面上怎麼都可以走，但在河面上，人本身已難左右自己的生死。大風、巨浪都有可能成為魏軍的盟友，直接摧毀韓信的自信。

當初漢軍燒絕棧道，成功地將章邯的注意力吸引到了蝕中道北口，最多再加上褒斜道北口，卻忽略了罕見人煙的陳倉道。結果韓信妙計走陳倉，一舉定三秦，鋪開了一代戰神波瀾壯闊的人生畫卷。

可以如法炮製嗎？韓信認為是可以的，至少這個「瞞天過海」的思路是可以沿用的。

魏豹不是斷定自己必然會強攻蒲阪渡嗎，那就繼續製造漢軍要從蒲阪渡過河的假象，把魏軍主力的注意力牢牢釘在蒲阪渡東岸。如此，則魏國其他黃河防線必然兵力空虛，漢軍可以選擇一個相對安全的地點渡河，出魏豹之不意，強行突進河東。只要漢軍進入河東，魏軍根本不是漢軍的對手，因為漢軍主帥是韓信。

漢軍要暗渡陳倉，先在蝕中假裝修棧道，騙倒了章邯。現在韓信可以把渡河船隻都放在蒲阪渡的西岸，而且要大張旗鼓地動作，魏豹重兵守蒲阪渡，就說明他認定了漢軍不會走其他渡口。韓信現在要做的，就是在黃河西岸尋找一個適合偷渡的渡口。

如果按就近原則，最適合漢軍渡河的是位於蒲阪渡南面不遠的風陵渡，但韓信很快就否定了這個想法。原因有二：

一、風陵渡距離蒲阪實在太近，而且這裏是黃河大拐彎處，波大浪急。即使漢軍從這裏渡過河，風陵渡北岸還有幾座山丘，如果魏軍依山阻擊漢軍，不但漢軍偷襲的計畫徹底失敗，還會被魏軍牢牢釘在河東動彈不得。

二、渡過風陵渡，漢軍將要背抵黃河北岸，北向朝著魏軍，漢處陰，魏處陽。如果魏軍發覺漢軍動向，魏之重兵南移風陵渡，一旦在漢軍渡河之半時發起進攻，漢軍將死無葬身之地。

如果選擇在河南腹地的平陰渡河，一則漢軍要長途跋涉，二則平陰之北山峰密聚，有王屋、中條兩條山脈，不利於偷襲行軍。這個方案也被韓信給否決了，韓信蹲在地上，仔細盯著軍事沙盤。半晌，韓信突然眼前一亮。

夏陽！

夏陽（今陝西韓城）位於漢國新置馮翊郡的東北角，緊臨黃河西岸，這裏河面非常寬闊，而且東岸就是汾河匯入黃河之處的汾陰。一般來說，狹窄的河面，水的流速較快，寬闊的河面相對比較平穩，有利於漢軍渡河。更重要的還有兩點，一是魏軍在這裏沒有人員駐守，二是從夏陽渡過黃河之後，河東岸是平原谷地，有利於漢軍長途奔襲。

就在夏陽渡河，韓信已經決定了。

但如何從夏陽渡河，韓信還有一個考慮，因為偷渡夏陽必須在絕密情況下進行，不能讓魏豹有所察覺。漢軍要渡河，必須乘坐大量船隻，但船隻目標太大，容易被人發現，否則還談何偷襲？

除了船隻之外，是否還有其他渡河工具？不知道是有人提醒，還是韓信靈光一現，他想到了一種奇特的渡河工具——木罌缻。

罌，其實就是口小腹大的陶罐，在戰國秦漢時已經成為民間常用的生活用品，並不難找到，黃河西岸的夏陽縣民間就應該有許多陶罐。陶罐如何能渡得成千上萬人的軍隊？

難道韓信是想把士兵塞進陶罐裏，然後順風東渡嗎？當然不是，陶罐沒有那麼大的容量，再說陶罐被放在浩蕩的黃河河面上，就成了一個非常渺小的漂流瓶，大風一起，誰知道能被風吹到哪裏？士兵又如何從陶罐中爬出來？

韓信想到的是另外一種利用陶罐的渡河方法——打造木罌缻。

木罌缻，顧名思義，就是把陶罐綁在木頭筏子上，利用陶罐本身的浮力，保證木筏不沉入水中。黃河水深不見底，根本無法用竹竿子撐著木筏過河，所以只能藉助於陶罐的浮力渡河。

韓信決定做一次試驗，他立刻讓人找來幾隻陶罐，並用木材打造了一隻木筏子，工匠按韓信的要求，特意在木筏的中間掏了一個小洞，然後把密封的陶罐口朝下塞進木洞裏。

韓信把木罌缻扔在河面上，果然木筏藉助陶罐的浮力，一直漂浮在水面上不下沉。韓信的思路是在木罌缻上坐人，陶罐的浮力是否承受得住幾百斤的壓力？韓信第一個跳上了木罌缻，木罌缻在水面上有些晃動，但依然漂浮著。第二個人、第三個人接連跳上木罌缻，還是沒有沉。

韓信大喜，指著木罌缻告訴諸將：「此物甚佳，足成漢王大事！」曹參和灌嬰也喜形於色，有了這種木罌缻，漢軍就可以在不用大量船隻的情況下悄然渡河，借給魏豹一百個聰明的大腦，他也絕對料不到韓信會出此奇計。

大將軍下令：砍伐樹木，按此實物比例製作木筏，大抵一隻木筏能乘坐三至五人為佳。同時韓信派出一支隊伍，帶上大量錢財，到關中各地不惜代價地去收購陶罐，即使是百姓要高價，也要收購。以韓信軍萬人計算，至少需要一千多個陶罐，這個數量不算少，也不算多。當然韓信也特別囑咐：一定要注意陶罐的品質，絕不能以次充好，否則軍法處置！

明渡蒲阪，暗過夏陽！這是韓信「明修棧道，暗渡陳倉」的黃河版。

渡河方案已經定了下來，在收購陶罐打造木筏的同時，韓信還要爭取時間。在蒲阪渡西岸的漢軍責任同樣重大，他們一定要擺出漢軍必從蒲阪渡過河的架勢，絕不能讓魏豹看出破綻，否則大勢去矣。

不清楚韓信派了哪位將軍去執行這項比較窩囊的任務，上次派樊噲去明修棧道，讓樊噲沒少罵韓信缺德。從性格脾氣上來說，灌嬰幾乎就是小一號的樊噲，讓灌嬰在蒲阪渡西岸迷惑魏豹比較合適。還有一點，《史記・曹相國世家》記載曹參是過了河的，但《灌嬰傳》卻沒有灌嬰過河的記載，說明留在蒲阪渡西岸的應該是灌嬰。

韓信給灌嬰交代了任務，有兩點要把握好：一是要大造聲勢，二是要把握好時間，不要讓魏豹感覺到漢軍會立刻從蒲阪渡河，而是漢軍離渡蒲阪還需要一定時間。只有這樣，才能給偷渡夏陽的漢軍主力留出必要的時間。

有人來報，渡河的木罌缻已經全部打造完畢，數量有一千多隻，韓信立刻率主力沿黃河西岸北上。因為是偷襲，所以漢軍不帶笨拙的軍資器物，備好乾糧，星夜行軍，在黃河西岸的小道上蹄足揚塵狂奔。

新製造的木罌缻已經被整齊地擺放在黃河西岸夏陽的一個隱蔽位置，就等著大將軍來驗收了。韓信蹲在地上，仔細檢查了木筏子上陶罐的封口，絕對不能漏氣，否則後果不堪設想。曹參也跟在韓信身後，檢查木罌缻的品質，不停和身邊的人小聲說著什麼。

經過大規模的抽查，木罌缻品質沒有任何問題，韓信雙眉舒展，嘴角上掛著笑容。韓信突然又想到了一個問題，這些木筏普遍較小，如果單兵作戰，萬一河上起大風，小木筏會被大風捲翻或者吹出作戰區域。這樣不行，韓信臨時決定，把這些小木筏子，以十個為一組，綁在一起，這樣一隻木筏上就能坐好多人，足夠抵禦不可預知的風力。

一切都準備好了，就等著大將軍下命令了，漢軍弟兄們都盡可能地少帶東西，以減輕木罌缻承受的重力。大將軍有令：每五十人乘一隻木罌缻，不要擠在一起，要坐在木罌缻的四個角上，平衡浮力。每隻木罌缻上南北兩側的士兵要備上划槳，在河裏不停地划水，催使木罌缻向黃河東岸靠近。

這是一個陽光明媚的日子，初秋八月，天高雲淡，風平浪靜。黃河西岸，無數隻木罌缻停在岸邊，等待著執行一項光榮的使命。

韓信先帶著幾十名親兵，踩著岸邊的淺水，踏上了繫在河邊的木罌缻，二十多個臂力強勁的士兵分坐於木罌缻南北兩側。曹參坐在另一隻木罌缻上，漢軍士兵陸續踩著淺水踏上木罌缻，坐定之後，大家都望著韓信所在木罌的方向，只等大將軍一聲令下，幾百隻大木罌缻便要浩浩蕩蕩地划進黃河。

韓信站在木罌缻上，望著若隱若現的黃河對岸，舉起佩劍，大喝一聲：「諸軍從吾號令，斬繩推罌缻！」

瞬間，黃河西岸歡呼沸騰。

漢軍士兵們從來沒有坐過這樣的過河工具，當無數隻木筏輕輕地駛進黃河內道時，大家都好奇地看著那幾個起到浮標作用的大陶罐，這個小小的陶罐居然如此神奇，可以承載這麼多人。

韓信蹲在木罌缻上，他沒有用手去扶陶罐，生怕把脆弱的陶罐碰碎。韓信和士兵們緊緊依靠在一起，盡量不要用手去按木筏，以免增加木筏的受重力，要麼坐著，要麼蹲著，如果空間足夠大，還可以趴在木筏上，只要不嫌河水浸身。

黃河西岸，星箭齊發，無數隻木筏像一個個可以移動的小島，漂浮在浩蕩的黃河水道上，驕傲地向黃河東岸漂去。木筏兩側的士兵使出平生的力氣，奮臂划槳，其他士兵則整齊劃一地唱著軍歌，歌聲嘹亮，魚驚鳥飛，場面異常壯觀，撼人心魄。

這中間，就有韓信的歌聲。

韓信越唱越激動，他扶著親兵的肩膀，略顯艱難地站了起來，他要領略一下黃河的偉大，同時，還有自己的偉大。黃河自龍門山以下，水面突然變得寬闊，水流不再湍急，韓信此時的心情也變得安詳起來。

木槳划動水面的聲音特別悅耳，和著士兵們的歌聲，匯成了這天水之間美妙的大合唱，男兒快意，不過如此！那個淮陰市井中被人笑罵的胯下辱夫，正在江湖上所有精英人物的注視下，書寫著屬於他自己的那部偉大傳奇。他的人生成敗，將決定所有人的得失榮辱，還有什麼比這樣的人生更偉大？

韓信想到了惡少，想到了漂母，但都在腦海中一閃而過。他還想到了魏豹、陳餘以及項羽。腳踩黃河水，頭頂碧藍天，雙臂伸張，手握乾坤，吞吐天地，此時的韓信感慨無限。

距離黃河東岸越來越近，這也意味著距離項羽又近了一步，距離韓信在人間封神也近了一步。韓信「聲南擊北」的妙計已經完全騙倒了魏豹，這位西魏王此時還站在蒲阪渡東岸，神情緊張地觀察黃河西岸的漢軍。

魏軍主力被魏豹全部放在蒲阪渡東岸，整條黃河防線，魏軍只佔最南端的一個點，其他河段根本沒有任何佈防。當無數隻木罌缻順風漂浮到黃河東岸時，岸上連個人影也沒有，韓信小心翼翼地擠出人堆，在大家的注視下，第一個跳上岸。第二個、第三個……第一萬個……

黃河岸邊，瞬間黑鴉鴉一片，有無數刀戈在揮舞，有無數個聲音在吶喊。黃河河道上，無數隻木罌缻在水面上漂浮，有的還被風捲翻，有的陶罐已經破裂，無助地徘徊在水天之間。

韓信笑了，他踏到黃河東岸的那一刻，就意味著他將無敵於天下，他最擔心的是魏軍在夏陽駐防重兵，魏軍憑險死守，漢軍將進退無路，必死無疑。但在陸地或平原上，不要說章邯、魏豹，就是項羽、英布站在他面前，他照樣不當個泡踩，因為他是韓信，天下獨一無二的韓信（不包括韓王信）。

24 底定河東

河東腹地，將成為韓信一個人的舞臺。

魏軍主力此時還在蒲阪渡東岸曬太陽呢，魏豹做夢也想不到韓信已經抵達黃河東岸，就在他的腹背之陰。韓信下一步應該怎麼做？直撲蒲阪渡與魏軍主力廝殺嗎？不是，韓信懂得一個道理：釜底抽薪。

何解？很簡單，西魏國境內，國都平陽在北，蒲阪渡在南，而重鎮安邑（今山西夏縣）盤桓其中。如果漢軍拿下平陽，就能在魏豹腹部狠狠插上一刀。同時漢軍可以截斷魏軍的東逃路線，將魏軍擠壓在黃河三角地帶，然後圍而殲之。如果直接撲向蒲阪渡，受驚的魏軍會作鳥獸驚散，反而不利於漢軍聚殲之。

韓信還注意到了一個地方，此地在蒲阪渡以北數十里的黃河東岸，名叫東張，是安邑通往蒲阪渡的重要交通要道。而且東張位於河東運城盆地與孤峰山的接合處，如果魏軍據東張之險北向死守，漢軍將無法南下打通蒲阪渡，所以韓信把過河之後的第一個目標定為攻克東張。

鎮守東張的是魏將孫遬。雖然孫遬在魏國軍界並不知名，但因為東張特殊的地理位置，韓信不敢怠慢，決定親自出馬，與曹參共進共退。韓信打孫遬，難免有以大凌小之嫌，但韓信堅定地認為，牛刀殺雞是最合理的戰略選擇，不要把「殺雞焉用牛刀」的所謂古訓當成金科玉律。對付弱敵，就應該快刀斬亂麻。如果以弱對弱，會影響到主力部隊的軍事部署，夜長必然夢多。

不清楚孫遬手下有多少魏軍，人數應該不會太少，但這對韓信來說，魏軍多與少，不過是數字上的區別。韓信連項羽都不當盤菜，何況孫遬！

漢軍主力應該是最新一期徵召入伍的，因為之前的漢軍主力都在彭城被項羽追殺殆盡。這批漢軍新兵入伍後，是由大將軍韓信親手調教的，備戰時間又足夠充分，戰鬥力可想而知。

漢軍弟兄們對他們這位充滿傳奇色彩的大將軍佩服得五體投地，韓信指東，他們絕不向西，能跟在大將軍麾下，是弟兄們的榮幸。當韓信緩緩抽劍出鞘時，漢軍知道大將軍發起了進攻的命令，如虎狼一般的漢軍瞬間撲進了魏軍的陣中，刀光映日，人頭翻滾，血流成河……

是役，漢軍大破魏軍，孫遬不知生死。韓信已經殺累了，他把劍扔在地上，來不及擦拭臉上的血跡，大口喝著水囊裏的水。漢軍自曹參以下，一溜跪在地上，神情諂媚地稱讚大將軍威武無敵。

攻克東張，切斷了蒲阪渡魏軍與安邑魏軍的直道聯繫，下一步，韓信要拿下安邑，拿下魏豹，拿下河東，繼續在自己人生的錦繡畫卷上添上濃墨重彩的一筆。

值得韓信慶幸的是，漢軍在東張摔盤子砸碗地發起戰役，一百多里之外的安邑毫無動靜，看樣子守安邑的魏將王襄並不知道漢軍已經拿下東張。很好，韓信知道該如何和王襄周旋。

漢軍拿下東張，雖然安邑的魏軍尚不知漢軍過河，但距離東張較近的蒲阪渡的魏軍肯定知道了，必然驚動了魏豹。所以韓信要盡可能在最短時間內拿下安邑，守安邑之險，阻止蒲阪渡的魏軍向東逃竄。大將軍下令，各部短裝輕兵，從吾號令指揮，以迅雷不及掩耳之勢，向安邑方向前進，速度一定要快。

韓信擅長打奇襲戰，經常是在敵人還沒有揉醒惺忪的雙眼時，就已經驕傲地站在了敵人面前，陳倉如此，安邑亦如此。還沒等安邑城中的王襄明白過來，漢軍的突擊隊就已經將王襄死死圍住，幾十支圍在王襄身邊的刀矛在太陽下散映著寒光，王襄無語。

西魏國的疆域像一個不規則的梯形，而安邑正處在這個梯形的中間，漢軍拿下安邑，魏國根本已失，漢軍可以集中兵力打殲滅戰。事實也證明了韓信的這個戰略判斷，失去安邑之後，大量魏軍被擠壓在黃河東岸與北岸的狹長地帶動彈不得。

魏豹在漢軍偷渡夏陽後，就已經得到確切的消息，這個消息讓魏豹驚出一身冷汗。誰？韓信！魏豹癱坐在席上，目光呆滯，他直到現在還沒明白，在沒有大量船隻的情況下，韓信是怎麼渡河的。

當探子說出來，韓信是打造了無數隻木筏，以陶罐扣其中，浮河而東時，魏豹徹底傻了，韓信的大腦裏裝的都是什麼？他怎麼可以想出這個辦法來欺騙寡人！這時魏豹總算明白了，漢軍在蒲阪渡西岸大造戰船，但就是不上船強渡黃河，就是為了拖住自己，給韓信走夏陽過河爭取時間。

現在的魏豹已經沒有捶胸頓足的時間了，據可靠情報，漢軍已經攻下安邑，生擒王襄，截斷了魏軍的逃生路線。怎麼辦？擺在魏豹面前的有三條路：一、跪地投降；二、自殺殉國；三、強行突圍。

第一個選擇最容易做到，跪在地上磕頭就行了，但魏豹還能信得過劉邦嗎？當初他在酈食其面前大罵劉邦，劉邦難道一點都不記恨？以後還有什麼臉面在江湖上混。第二個選擇，魏豹從來就沒有這麼想過，他沒有自殺的勇氣。現在看來，只有第三個選擇可以試一試，如果能衝出漢軍的圍堵，大道朝天，還有一條生路。

漢二年（前二〇五）九月，漢軍和魏軍在某個平陽狹路相逢，當韓信微笑著欣賞完對面不停發抖的魏豹後，強硬地下達了最後的總攻令：今日不虜魏豹，有愧漢王！

韓信將兵，一個最大的特點就是能因地、因人、因時而施宜，用兵不刻板，真正達到了孫武所說的「水無常形」的境界。韓信治兵，行如風、奔如雷，坐如松，軍法嚴厲而不失公明，所以人皆願為大將軍效死。

戰鬥力強大的標準有很多，但有一條最重要也最基礎，那就是凝聚力，沒有凝聚力的軍隊根本談不上有什麼戰鬥力。漢軍在韓信的調教下，雖有萬夫如一人，號進則進，號退則退，無人怯死，無人爭功。

在這樣的軍隊面前，魏豹還有活路嗎？答案顯然是否定的。

時間很快證明了這一點，在韓信下達總攻令之後，漢軍如狂潮擊岸，一奔千里，洋洋灑灑，直取敵魁。魏軍早已經沒有了戰鬥力，柏直手下能調教出來什麼樣的強兵？列陣時就鬆鬆垮垮，好像剛睡醒似的。這樣的軍隊還有戰鬥力嗎？一群肥羊面對一群餓虎的下場，可想而知。

如果一個統帥有強烈的榮譽饑餓感，那麼他麾下的士兵同樣會有榮譽饑餓感，反之亦然。在滅掉項羽之前，韓信的榮譽饑餓感不會消失，雖然魏豹只是一塊小餅，但也足夠韓信塞牙縫的。

漢軍殺進魏軍陣中，有如虎蹚羊群，魏軍被漢軍打得鬼哭狼嚎，除了死在漢軍刀下的，其他的都四散逃去，至於光棍般的魏王豹，有韓信在此，他還能逃到哪裏？

《史記‧淮陰侯列傳》：「信逆虜豹。」韓信輕輕鬆鬆地在自己的功勞簿上又畫上一條粗粗的紅槓。韓信距離一百一十米欄的終點扯起的那根刺眼的紅繩，又近了一步。至於魏豹，在沒有得到漢王指示的情況下，韓信不便對魏豹如何，他和魏豹也沒有私仇，乾脆送個人情給劉邦。

五花大綁的魏豹像粽子一樣，被韓信塞進一輛老馬拉的囚車，然後派人送到了劉邦在滎陽的行宮。與魏豹同行的還有魏王的家眷，其中有一個女人，就是魏豹的愛妃薄姬。

沒過多久，身在滎陽的漢王就收到了他的大將軍送來的這份厚禮。不過劉邦天性仁厚，他並沒有殺掉魏豹，其實不用殺魏豹，只要魏豹跪在自己面前，渾身發抖地乞求自己放他一條生路時，劉邦就已經報了仇。殺掉仇人固然可解一時之快，但還是不如把仇人養起來，讓他每天看著自己風光無限，這是比殺人更高明的報復手段。

從政治上講，劉邦此時殺魏豹，就等於給其他背漢歸楚的諸侯立了一個壞榜樣，以後還有誰敢重投劉邦？以劉邦高超的政治頭腦，他斷然不會做如此蠢事。劉邦大罵了魏豹幾句，然後微笑著解開魏豹臂上的繩索，好言安慰，只要你傾心事漢，漢與魏共富貴，寡人絕不食言。

魏豹感激涕零，伏地無語。

韓信管不著劉邦如何處置魏豹，他現在還在河東打掃戰場，收拾那些不聽話的魏軍殘部。其實魏軍主力已被韓信消滅，那些殘存的魏軍小股部隊哪還有勇氣和韓信決戰，漢軍一到，無不望風順降。

韓信心情輕鬆地在河東來回掃蕩，大將軍佩劍縱馬，長笑奔馳，身後的「韓」字大幡迎風飄蕩，將士們緊隨其後，驕傲地迎接下一個輝煌。大將軍下馬，諸將兩列排起，如眾星拱月。

沒有用太多的時間，西魏國五十二縣，已盡入韓信之手。韓信接下來要做的，就是消滅成安君陳餘實際控制的趙國，打通北線戰略通道。韓信已經派出使者，快馬飛赴滎陽，代表韓信與漢王商議下一步的作戰計畫。

漢王設宴招待大將軍使者，在開懷暢飲之前，使者把原西魏國的戶籍帳冊獻於漢王案上，請漢王過目。劉邦喜笑顏開地翻了翻這些籍冊，這沒什麼好看的，反正他也看不懂。隨後漢王下令，削去西魏國之封，將西魏國的封地改為三郡，即河東、上黨、太原。

西魏國被漢國消滅後，黃河南北河道兩岸皆成漢地，關中的戰略縱深向東推進了數百里，河北近在咫尺，就等著大將軍下令，漢軍虎狼將士如潮東向，克趙、定代、下燕、平齊，最終與項羽決一死戰。

今天韓信的使者來滎陽，就是討論這個事情。隨同使者一起前來滎陽的，還有反王魏豹的母親以及魏豹那位有皇后之相的愛妃薄姬。

韓信這些日子一直在西線活動，他對東線的情況並不太了解，特別是項羽的動向。劉邦向韓信使者詳細介紹了漢軍與楚軍在滎陽的對峙情況，此時的項羽還窩在彭城，沒有太大的軍事動作。

至於北線，整個河北皆被代王陳餘所控制，趙歇雖然名為趙王，但毫無權力。現在的天下形勢，大致上可以分為三塊：劉邦之漢，項羽之楚，陳餘之趙。楚與漢是對立的，而趙國則坐山觀二虎之鬥。陳餘和項羽、劉邦都有不小的過節，項羽分封諸侯，沒有陳餘的份，而劉邦則拿一個假張耳的人頭糊弄他。

表面上來看，陳餘保持中立，不倒向項羽，對劉邦是非常有利的。但反過來講，陳餘不附漢，劉邦就等於少了河北這個戰略重鎮，用一隻臂膀去扛千斤重擔，這是非常不划算的。從這個角度講，陳餘不附漢，在客觀上等於幫助了項羽，這是劉邦所不能容忍的。

漢國的實力在彭城慘敗後剛有所恢復，現在還不是與楚軍決戰的時候，漢國需要進一步縮小對楚國的戰略包圍，趙國是漢國實現這一戰略目標的重要環節，必須拿下。韓信和劉邦都把陳餘當成他們的下一個獵物，還有一點是不能忽視的，就是劉邦身邊那位前常山王張耳的作用。

張耳雖然和陳餘號稱「大梁二君子」，對外吹噓有刎頸之交，但事實早已證明二人不過是一個利益共同體，謀利則合，爭利則去。要不是陳餘對張耳恨之入骨，劉邦也犯不著殺了一個長相酷似張耳的人替張耳頂包，可見二人的仇恨有多深。

當劉邦拿著假張耳的人頭送給陳餘使者的時候，藏在幕後的張耳可想而知有多麼的屈辱，要出這口惡氣，眼下只有劉邦與韓信可以做到。漢軍要進一步擴展戰略縱深，而趙國必然首當其衝，張耳自然極力主張伐趙，他一定要找陳餘討還公道，公私兩便，何樂不為。

看到張耳氣急敗壞地力陳伐趙之利時，劉邦和韓信使者都笑了，他們知道張耳的心思。再說從北線伐魏、趙、齊是之前漢國高層就做出的戰略決定，有沒有張耳，韓信都要伐趙，只不過現在張耳跳出來，正好送給張耳一個順水人情。

伐趙的決定不會改變，下一步需要討論的是，需要出動多少漢軍，才能拿下陳餘。陳餘手下有多少人馬？據《史記·項羽本紀》記載，在章邯圍鉅鹿之時，駐紮在城北的陳餘有「將卒數萬人」，號稱河北軍。這還沒包括原來趙歇、張耳的部隊，再加上收攏來的散兵游勇以及新募兵，陳餘的總兵力不會少於十萬，這還是個保守數字。陳餘的軍隊對外號稱二十萬，不一定具足這個實數，但也不會少到哪裏去。

十萬之國，必有二十萬之眾操戈以伐之，想當初秦滅楚時，李信大言說二十萬足以滅楚，結果被項燕打得灰頭土臉，還是王翦出動秦軍六十萬，才勉強滅楚。劉邦盤算了自己的家底，彭城之敗後，漢軍二十多萬主力死傷殆盡。蕭何和韓信在關中新招募的士兵也不會太多，而且要留下一部分守關中，一部分跟著劉邦守滎陽，能調動伐趙的兵力實在不多。雖然漢國新得河東三郡，但即使現在在河東招兵，還要培訓編籍，時間上已經來不及了。

劉邦覺得有些對不住韓信，他手上沒有多少可調的兵力，巧婦難為無米之炊，如果只給韓信少量兵力，韓信能打敗陳餘嗎？要知道項羽所謂的鉅鹿大捷，不過是以多欺少而已。

劉邦面帶慚笑地看著韓信的使者，囁嚅了半天，才從嘴裏迸出一句話：「大將軍伐趙，欲用兵多少？」劉邦擔心韓信萬一獅子大張口，要十萬兵力，劉邦上哪給韓信湊出十萬人馬？

使者回答漢王：「大將軍有言，三萬足矣。」

韓信是劉邦與項羽爭奪天下的最大軍事保障，劉邦即使是砸鍋賣鐵，也要滿足韓信的要求。別說三萬，韓信真開口要十萬，劉邦臨時拉壯丁，也要湊夠這個數字。

三萬河南漢軍將由誰率領北上與韓信會合？劉邦看了一眼陪在下座的張耳，笑了，再沒有比張耳更合適的人選了。一則張耳深恨陳餘，非常渴望有找陳餘報仇的機會；二則張耳久居趙地，在趙國官場的人脈關係非常深厚。讓張耳北上作戰，可以起到嚮導的作用，畢竟韓信對趙國人生地不熟。

張耳對漢王這個決定深為感激。

自從被陳餘打敗，逃奔漢王後，張耳每天做的事情，除了吃飯就是睡覺。看到別人建功立業，自己吃閒飯，漢王沒閒話，不保證漢王身邊的人心裏沒想法，只有立下大功，張耳在劉邦這裏才能心安理得地吃飯。每次想到陳餘，張耳恨得牙根都癢癢，可惜一直沒有報仇的機會。現在劉邦把機會交給了張耳，張耳非常興奮。

滎陽城外，漢王目送張耳率領三萬將士蹄足揚塵地遠去。

25 天下九塞、太行八陘

韓信並不是第一次見到張耳，他也聽說了張耳與陳餘那些陳芝麻爛穀子的恩怨情仇。劉邦派張耳帶三萬援兵北上，韓信心裏明白，這是劉邦讓自己多給張耳一點表現的機會。

張耳是劉邦的好友，現在又準備和劉邦結為親家，張耳的兒子張敖即將迎娶劉邦的女兒魯元。韓信對人際關係的處理再麻木，他也知道其中的利害，更何況張耳的到來，對幫助自己滅掉陳餘的作用太大了，韓信自然厚待張耳，設宴接風。席間，韓信忍著耳朵的承受度，聽夠了張耳對於陳餘的厲聲訾罵。

等張耳消氣後，韓信便請張耳講了趙國軍事方面的所有情況，包括趙軍的軍力部署、趙國的權力架構，也包括陳餘的為人，韓信必須知道這些。

張耳難得有表現的機會，自然滔滔不絕，真正做到了知無不言，言無不盡。其中，韓信特別注意到了從張耳嘴裏說出的兩個人的名字，一個叫李左車，一個叫夏說（讀「悅」）。

李左車是土生土長的趙人，而且李左車的身世不一般，因為李左車的祖父是趙國頂級名將李牧。李左車身為李牧之孫，江湖地位和身為楚國重將項燕之孫的項羽非常相似，不過項羽從武，李左車則從文。

趙為秦所滅，李左車流落江湖，後來諸侯反秦，趙國復立，激動狂喜的李左車立刻奔回趙國，很受重用，現在的爵位是廣武君，為趙國首謀之士。張耳提醒韓信，一定要小心李左車，雖然李左車力不能縛雞，然謀縱奇才，智足殺將。

韓信點了點頭，記住了「李左車」這個名字。夏說呢？韓信問。

夏說是陳餘的貼身辯士，地位相當於酈食其之於劉邦，深為陳餘所倚重。當初項羽分封不公，被冷落了的陳餘就是派夏說為說客，親往齊國，成功地說服了同樣對項羽極度不滿的田榮，田榮派兵援助陳餘。張耳被陳餘趕出常山國，齊兵是出了大力的，所以張耳同樣記恨夏說這個臭嘴。

夏說為陳餘的江山立下汗馬功勞，陳餘也沒虧待夏說。陳餘打跑張耳，復立趙歇為趙王，自封為代王，但因為陳餘是趙國實際上的最高統治者，無法投身赴代國，所以就任命夏說為代國相，替他坐守代國。

不過此時的夏說並不在代國行使代相的權力，而是率軍鎮守閼與（今山西和順北）。因為陳餘已經知道了韓信即將出兵伐趙，而閼與是趙國與前西魏國的邊境重鎮，守住閼與，就能阻止漢軍進一步東進。

韓信並沒有把名不見經傳的夏說放在心上，章邯如何？魏豹如何？韓信都沒把陳餘當盤菜，更不用說夏說了。讓韓信犯難的並不是夏說這個人，也不是夏說所率領的那支代軍，而是盤桓在河東（山西）與趙國（河北）之間的那座險峻奇峭的山脈，就是著名的太行山。

太行山北起幽燕，南抵黃河，是華北平原與黃土高原的天然地理分界線，南北綿延八百餘里。魏武帝曹操曾有詩《苦寒行》，寫太行山之崎嶇險峻。「北上太行山，艱哉何巍巍！羊腸阪詰屈，車輪為之摧。樹木何蕭瑟，北風聲正悲！熊羆對我蹲，虎豹夾路啼。」

秦嶺蝕中褒斜之難，尚有棧道可供人車馬通過，可欲過太行山，與過秦嶺完全不同。從南鄭去關中，必須從南北走向過秦嶺，可走棧道而北。但欲從河東進入河北，只能從東西走向穿越太行山，根本沒有棧道可以通行。

如果在太行山兩側通行，只能走為數不多的幾座隘口，即著名的「太行八陘」，從北往南依次是：軍都陘、蒲陰陘、飛狐陘、井陘口、滏口陘、白陘、太行陘、軹關陘。也就是說，只要太行山以東的敵軍守住這八個險陘，太行山以西的軍隊休想通過長達八百餘里的太行山。一夫當關，便成絕嶺，鳥可以飛，人不得過。

在古代交通不便的情況下，地形之於戰爭的重要性要遠遠大於現在。韓信雖然善用兵，但面對險峰急流，也是非常頭疼的。一過陳倉，再渡黃河，韓信深深地領教了大自然的鬼斧神工，稍有不慎，不是跌落萬丈懸崖，就是葬身滾滾波濤。

韓信並不是神，他兩次瞞天過海，聲東擊西或聲南擊北，都有很大的賭博成分，他賭定了章邯和魏豹不會出兵守陳倉和汾陰。如果在陳倉和汾陰都有敵軍駐守，韓信必死無疑。

韓信的敵人是章邯、魏豹、陳餘嗎？不是，韓信的敵人是秦嶺、黃河和太行山。韓信成功地翻過了秦嶺，成功地渡過了黃河，可眼前的太行山卻讓韓信愁眉不展，他能猜到陳餘會在太行山東側的幾個陘口布下重兵，一旦趙軍據險死守，韓信固然不似在陳倉或汾陰（假設有秦軍、魏軍據險而守）那樣進退失據，但漢軍將被趙軍阻擋於太行之西，韓信與劉邦制定的北線作戰計畫將徹底泡湯。

雖然趙國在太行山以西只有夏說所在的閼與這一個軍事據點，但陳餘不會笨到捨井陘險隘而不守。閼與之西是河東，閼與之東便是井陘口，過了井陘口，就是一望無際的華北平原。而趙國國都襄國，就在井陘口以東不遠處的平原上。

閼與雖然是個小城，但在這裏發生的歷史足夠輝煌。歷史只記住了紙上談兵的趙括在長平慘敗於秦將白起，卻有意無意忽略了趙括的父親趙奢在閼與是如何暴打秦軍的。趙奢之所以被趙王賜號為馬服君，就是因為這場對秦軍難得的閼與大捷。

閼與處在太行山腹前，漳水源頭，地勢高險，易守難攻，但韓信已經不考慮這些了，他要和時間賽跑，能早一秒拿下夏說，就有可能搶在陳餘增兵之前通過井陘口，否則趙兵一封山，什麼都完了。

夏說的人馬應該不會太多，雖然他所在的代國是陳餘的封國，而陳餘的本部人馬至少有數萬，但陳餘不可能把自己的嫡系部隊都交給夏說，趙國也要留下一部分嫡系。從後來從陳餘拒絕增兵井陘口來看，他連井陘口這樣極端重要的險隘都沒有重視，更不要說太行之西的閼與了。

韓信與張耳並馬前行，數萬漢軍整陣隨後，離開平陽（韓信應該是此地出發），順著東北方向閼與挺進。平陽與閼與的直線距離差不多有五百里，而且這次是急行軍，路上奔波之苦可想而知。

雖然不清楚韓信東討夏說，走的是哪條路線，但以韓信的軍事智慧，他不會選擇走直線。因為如果走直線的話，山高無路，又沒有棧道可走，非常浪費時間。相信韓信會選擇另外一條進軍路線，即北走汾河谷地，經彘縣（今山西霍州），過界休（今山西介休），穿陽邑（今山西太谷東），沿瀟河東進，至清漳水東源，即可輕鬆地殺到閼與城下。

韓信懂得自然時間與軍事地理時間的區別，不顧地理上的阻礙，一味抄直線，其實是在浪費時間。韓信最擅長的就是抄遠線行軍，「以迂為直」的戰術被韓信運用得爐火純青，陳倉如此，汾陰如此，閼與依然如此。

當韓信抵達閼與城下，他看到了城頭上代國丞相夏說那難以置信的表情，韓信笑了。夏說無論如何也沒有想到，韓信會神不知鬼不覺地出現在自己眼前，他是怎麼過來的？

此時的韓信已經不是籍籍無名的楚軍執戟郎韓信了，平定三秦後，韓信早已經名揚天下，夏說自然知道這個名字的分量。但夏說知道了又如何？面對全天下都聞之顫抖的韓信，他還能做什麼呢？

漢軍已經在韓信的率領下，對閼與城發起了猛烈的進攻，韓信極力爭取時間，而夏說依然想在韓信面前證明自己。夏說確實對得起陳餘對他的信任，他沒有向韓信屈膝投降，代軍在夏說的指揮下，進行非常頑強的防守。

夏說很強硬，但沒有實力的強硬，在強者面前最多只能得到尊重，卻不足以讓強者退卻。漢軍很快就衝進了小小的閼與城，城中代軍的人數遠少於進城的漢軍，結果是明擺著的，《史記・淮陰侯列傳》：「後九月，（韓信）破代兵，禽夏說閼與。」

輕鬆拿下閼與，漢軍基本打通了通過井陘口進入河北的戰略通道，現在的韓信又回到了之前對陳餘是否會增兵井陘口的擔心，就像章邯是否會派重兵守故道北口、魏豹是否會派重兵守汾陰一樣。

井陘口對韓信來說有多重要？舉一個簡單的例子，西元前二一〇年，秦始皇帝嬴政在沙丘（即鉅鹿，趙武靈王餓死之地）駕崩，奉著始皇帝遺體的車隊從沙丘出發，西行至井陘口，然後取道蒲阪渡回到關中。如果有一支軍隊扼守井陘口，秦始皇的遺體就無法回到咸陽下葬，沒幾天就會腐爛發臭。

關於太行八陘，上面已經講過了，但井陘口是太行八陘中唯一入選《呂氏春秋》所評的「天下九塞」的，也稱為土門關，而井陘口所在的太行山也是《呂氏春秋》所評的「天下九山」之一，足見井陘口地理位置之重要。

關於井陘口的具體位置，各家史料說法不一，但大抵在今河北石家莊西北幾十里處。井陘以東是華北平原，井陘以西是黃土高原，自古便是由河北入山西的交通要道，戰略地位不言而喻。《讀史方輿紀要》記載：「太行山今山勢自西南而東北，層巒疊嶺，參差環列，方數百里。」在今井陘縣東北五十里處，有一座地勢險要的陘山，「其山四面高平，中下如井，故曰井陘」。

面對這樣的險關要塞，如果從下面往上強攻，只能是死路一條，絕無勝算。

韓信派出許多斥候在井陘附近蹲守，並派探子混進趙國，觀察趙軍動向。

韓信還在緊張地等待來自趙國的軍事動向，但在這個時候，卻發生了一件讓韓信意外的事情。漢王劉邦突然派人從滎陽來到閼與，給大將軍傳了一道命令，讓韓信把他所在軍中最精銳的部隊調往滎陽，以備防楚之用。

……

在勉強擠出笑容，安排好使者休息後，韓信氣得說不出話來。

韓信對劉邦抽調北線兵力南下的決定並不太認同，但他沒有提出不同的意見，劉邦要抽多少就抽多少吧，反正士兵都是他的。韓信隱隱約約感覺到劉邦對他似乎並不是很信任，劉邦在擔心什麼？

劉邦之所以突然下這麼一道命令，只能有一個合理的解釋，就是劉邦要限制韓信在軍中發展自己的嫡系。

《史記・淮陰侯列傳》記載，韓信攻克閼與之後，「漢輒使人收其精兵，詣滎陽以距楚」。這個「精兵」，應該不是劉邦之前交給張耳率領北上的那三萬精兵，而是韓信在關中練兵時帶出來的軍隊。

這支軍隊是韓信親手訓練出來的，而且在韓信的帶領下屢立奇功，士兵們對韓信的崇拜之情可想而知，這種崇拜的心理很容易轉化成對韓信的忠誠，這正是劉邦最擔心的。

劉邦才是漢國的最高領袖，如果軍隊都聽韓信的，那他這個漢王還有什麼用處？國君掌握不了軍權意味著什麼，劉邦不可能不知道。如果劉邦對韓信在軍隊中的威望不加以限制，充分放權，韓信固然可以幫助劉邦消滅項羽，但滅楚之後呢？

劉邦對於韓信在漢國的定位很明確，就是讓韓信做只領工資的「打工仔」，而不是讓韓信做可以分紅的「股東」，劉邦不會讓韓信分走自己的利益。

蕭何、張良可以做「股東」，是因為他們固然有天縱大才，但他們在軍事上對劉邦的威脅幾乎為零。而韓信對項羽的軍事威脅有多大，就對劉邦的軍事威脅有多大。

出於這兩方面的考慮，劉邦才不停地給韓信調換部隊，讓漢軍各個山頭的部隊都在韓信手下有機會立功，一來能平衡各山頭的利益，讓大家都有立功的機會；二來讓韓信無法在軍隊中培養自己的嫡系。

對於劉邦這麼做，韓信一方面很不爽，說明劉邦不信任他；另一方面韓信又非常驕傲，因為這正體現了韓信的價值所在，如果韓信沒有能力，劉邦會忌憚他嗎？不遭人忌是庸才，對一個人來說，別人對自己的忌恨，其實是對自己的一種肯定。被別人輕視，要遠比被別人忌恨更痛苦。

26 李左車獻計

劉邦突然從韓信那裏抽了數萬精銳，可能還考慮到一個因素：陳餘肯定會在井陘口布下重兵，阻止漢軍東進。

如果出現這種局面，韓信將很難進入河北，那麼漢軍的北線戰略就將暫時停下來，轉而從南線東進，讓韓信直接和項羽決鬥。只要漢軍滅掉楚軍，就憑陳餘、田橫等人，根本不是韓信的對手，河北次第可定。劉邦或許開始考慮將韓信從北線調往南線，參加與項羽的大會戰了。

韓信此時卻已經沒有心思考慮劉邦對自己扯馬腿了，他已經得到了一個準確的消息：漢二年（前二〇五）十月，趙國成安君陳餘已經得知漢將韓信、張耳將從井陘口東進擊趙，果然派出重兵守住井陘口，並揚言絕不讓一個漢兵從井陘口通過。

……

韓信在沉思。

韓信能戰勝章邯、魏豹，甚至是天下所有人，但他也是血肉之軀，戰勝不了大自然的鬼斧神工。韓信每天都在向上蒼祈禱：陳餘千萬別出兵守井陘，否則我縱有天大的本事，插翅也難飛過太行山。

怎麼辦？擺在韓信眼前的只有兩個選擇：要麼強行突破井陘口的趙軍防線，要麼南下跟著劉邦守備楚軍隨時可能發動的進攻。

如果韓信南下，就意味著北線戰略無法實施，韓信雖然不怕項羽，但現在就和楚軍決戰，對漢軍是非常不利的。楚軍擅打陣地野戰，而漢軍擅攻城，漢軍與楚軍遭遇的話，必然是打陣地戰，漢軍恐怕凶多吉少。而且漢軍屆時只有滎陽這一個進攻點，也就是說，漢軍所有的前線部隊都將擠在滎陽狹長的地帶，這幾乎是等著被楚軍屠殺。

如果漢軍能拿下河北，進而佔領齊國，在徹底打通北線的同時，還能從北邊嚴重威脅到楚國東部的戰略安全，迫使項羽留守大量楚軍在東線防守，這無形中就等於減弱了楚軍的整體實力，對漢軍非常有利。

對於當年項羽對自己的蔑視，韓信耿耿於懷，不吐不快，但韓信有很強的大局觀，個人恩怨必須讓位於軍國大事，他分得清輕重緩急。趙國的陳餘和自己無冤無仇，但為了漢國的整體利益（包括韓信自己的功名），必須打掉陳餘。

雖然項羽和陳餘向來不和，但沒有永遠的敵人與朋友，只有永遠的利益，誰敢保證楚與趙不會聯手對漢？漢軍在河南與楚軍僵持，萬一趙國附楚，在漢軍的背部狠插一刀，楚軍再趁勢西進，漢軍的前線形勢將極為被動，弄不好會全線崩盤。

如果現在楚軍就對滎陽的漢軍發起進攻，韓信相信劉邦不至於連滎陽都守不住，只要劉邦能守住滎陽，死死頂住楚軍，爭取到更多的時間，韓信完全有拿下陳餘的自信。韓信決定還是繼續執行北線戰略，克趙、平燕、定齊，哪怕駐守在井陘口的趙軍真有二十萬之眾，韓信也要啃下這塊硬骨頭。

韓信站在營外，遙望巍巍太行山，其實他心裏對能否攻克井陘一點兒底也沒有。戰爭雖然不是數字的堆砌，兵眾必能勝兵寡，但作戰時必須充分考慮到地形問題，險地大河，足抵勝兵十萬。謀勝戰者必多慮，韓信開始琢磨用什麼辦法才能突破重兵駐守的井陘口，強攻肯定過不去，那只是韓信的氣話，破趙只能智取。韓信擅長戰前籌劃，他會做大量功課，對敵我雙方的優劣進行內科手術式分析，蹲在軍事沙盤前，不吃不喝，腦海中不停地閃過各種破敵戰術。這個戰術不合適，立刻放棄，那個戰術還可以，再仔細考慮一下。

沒有人敢打擾韓信，大家都知道大將軍現在身處難境，需要安靜，都默默地站在帳外，隨時等候大將軍的召喚。此時的韓信也確實不能被打擾，萬一剛想好一個合適的破敵戰術，卻突然被打斷，誰也負不起這個責任。

但還是有人如風一般闖進了大將軍的大帳中。

此人剛進帳，也來不及給韓信行軍禮，便氣喘吁吁地告訴韓信：「稟大將軍，趙國有最新情報。」一半蹲在地上的韓信正在一堆戰術思考的環繞下如醉如癡，不能自拔，突然被人這麼一打斷，臉上頓時多雲轉陰。但因為此人說有極為重要的軍事情報，韓信還是緩慢地從地上站起來，伸了伸懶腰，問是何事。

從這名偵察人員臉上焦急的表情來看，應該是趙國發生了什麼不利於漢軍的軍事動向，韓信明顯感覺到了一絲寒意，心情開始忐忑起來。來人不敢怠慢，從嘴裏慢慢地迸出了一句話：「據可靠線報，趙廣武君李左車給陳餘出了一條計策，李左車請陳餘扼守井陘，不戰不和，他率一隊人馬抄小路截斷我軍糧道，等我軍糧盡之時，彼軍再內外合攻……」

「什麼！」韓信驚叫出聲，愣在當場。

怎麼會出現這種情況？韓信確信自己沒有聽錯，李左車突然來這麼一手實在太狠，這幾乎要了韓信的命！如果李左車率軍抄了漢軍的後路，在前有阻截、後有騷擾的情況下，不出十日，漢軍就將水盡糧絕，再無鬥志。到時兩路趙軍圍而殲之，還有韓信的活路嗎？

韓信的腦海中迅速浮現出一個場景：

襄國的大殿上，趙王趙歇坐在上席，沉默不語。側席，成安君陳餘坐，廣武君李左車趨前坐，以手抵掌，為成安君談笑畫計：「詐擒魏王，取我閼與，韓信、張耳徒輩挾百勝不殆之威，操映日泛寒之矛，搖迎風撲獵之旗，滾滾東向，漢併趙之心，明矣！今君置重兵二十萬於井陘，確實可以暫時阻止漢軍於太行之西，以保趙之無虞。而且漢軍固然善鬥戰，兵鋒所至，敵皆摧靡，但漢軍欲攻趙，有一個致命的弱點。」

「先生請言其詳，漢軍弱點為何？」陳餘問。

李左車表情略顯興奮地答道：「軍糧供應！」

「河東本非漢地，漢軍起於關中，過大河，穿山險，欲入於趙，是為遠征。遠征之師，必重糧草後勤，而關中之糧輸於漢軍，則備道千里。即使漢軍因糧於魏，取河東之糧，也有數百里。井陘之道，窄而險，無法並行雙軌，漢軍的戰車和騎兵不能並行通過，只能一車一馬一人緩慢地通過井陘。而漢軍的糧草最近也在河東，從河東運糧至井陘前，需要大量時間。所以臣據此判斷，漢軍的糧隊並不在井陘，而在去井陘的路上，韓信軍只能隨身攜帶乾糧充饑。」遠在數百里之外的韓信，可以想像得到，此時的李左車越說越興奮。

陳餘問：「是也！先生何以破之？」

「臣趙人，不忍坐視趙亡，欲為趙破漢。足下兵多，可撥三萬人與臣，臣率此軍，間行他陘，抄入河東，截斷漢軍糧道，臣利用漢軍的糧食就此而食，將漢軍死死圍在井陘與河東之間，韓信欲進，前有足下二十萬重兵，深溝高壘不與之戰；韓信欲退，後有臣三萬奇絕之士，以輕兵騷其陣。韓信進退失據，只能坐守道中，而井陘之道狹長，田無粟、樹無果、澗無水，漢軍憑所帶乾糧，堅持不了幾天。等漢軍食盡，其眾必亂，韓信縱有鬼設神施之才，也將束手無策以對。特別是張耳，足下恨其入骨，若從臣計，不出十日，張耳之真頭必置於足下案上。張耳與劉邦素善，張耳死，劉邦必奪氣，漢必不敢再圖趙。如此，則趙可安，天下三分，其一在趙矣。」說完，李左車伏身長拜。

韓信已經不敢再想下去了，他發現自己渾身大汗淋漓，濕透了衣衫。

在韓信準備強攻井陘的時候，他也許並沒有意識到漢軍遠征的這一弱點，陳餘能派出重兵守井陘，已經是韓信眼中最大的軍事威脅，卻沒有料到李左車還有這麼一招毒計。「當局者迷，旁觀者清」，韓信看不到漢軍身上潛伏極深的致命弱點，卻被李左車一眼看破，如何不讓韓信心驚肉跳！

韓信每天都夢想成為項羽的剋星，他希望能早日親手斷送項羽的西楚霸業，能親眼看到西楚霸王的倒掉。可現在，李左車即將成為自己的剋星，即將斷送自己的不朽偉業，親眼看到一代戰神韓信的倒掉，韓信心中泛起一陣悲涼。

現在還有沒有補救的辦法？撤軍，已經來不及了。漢軍數萬人即將抵達井陘口，且不說掉頭回撤會引發軍心惶恐，韓信的一世英名也將一敗塗地，劉邦將不再視他為救世主，項羽和各路諸侯會在江湖上笑談韓信的胯下之辱，這是驕傲的韓信無論如何也承受不起的。

怎麼辦？韓信也不知道該怎麼辦了。

看到大將軍驚魂失色，汗流浹背，手不停地哆嗦，嘴角囁嚅著，彷彿末日即將到來，進帳彙報軍情的漢軍斥候茫然不解，但他很快就看出了李左車的這條毒計對大將軍造成了極為嚴重的心理壓力，原來戰無不勝的大將軍也有怕的時候。斥候心中暗笑，自己的軍情彙報還沒有說完，就被大將軍打斷了，是時候把他得到情報的下半部分告訴大將軍了，不然大將軍一定會瘋掉。

「大將軍，臣的話還沒有說完。」斥候小心翼翼地說道。

心情極度緊張的韓信聽斥候一說，愣了：「什麼？」

「李左車之計，並沒有被陳餘採納，所以大將軍不必擔心。」斥候的回答依舊小心翼翼，生怕觸碰到了大將軍的尊嚴底線。

……

陳餘沒用李左車之計？韓信氣得差點兒爆粗口，罵這個斥候為何不把話說完，害得自己驚魂落魄，在下屬面前盡現醜態，卻忘記了是自己打斷了斥候的彙報。「陳餘為什麼要拒絕李左車的計策？」緊張的心緒一掃而盡，韓信面色輕鬆地問斥候。

「稟大將軍，陳餘少好儒術，常以儒者自居，動輒談仁與義，常謂兵家向行詭詐之術，不足為儒者取。另外還有一點，我軍寡而遠來，趙軍眾而以逸待勞。陳餘認為如果派李左車率三萬人抄斷我軍後路，會使諸侯認為陳餘在以強淩弱，從而產生對趙國的輕視，進而舉兵伐趙。而且陳餘不知道從哪得到的消息，認為伐趙的漢軍只有數千人，遠道襲趙，奔馳千里，至趙之日，已是筋疲力盡，何能再戰？漢寡趙眾，所以陳餘產生了輕敵情緒，認為漢軍不足懼。」

韓信聽完斥候的彙報，簡直不敢相信自己的耳朵，世界上怎麼會有像陳餘這樣泥古不化的書呆子？如果是因為其他原因，陳餘拒絕李左車之計，韓信一點也不意外。但因為自詡仁義的化身，便放棄了這次對陳餘來說消滅漢軍的最佳機會，韓信無法理解。

仁義與戰爭？這是兩個截然對立的詞語，至少韓信是這麼看的。仁義是政治範疇，戰爭講的就是爾虞我詐，宋襄公所謂「不鼓不成列，不傷二毛」的仁義戰爭法則早就淪為歷史的笑柄，自宋襄公以降，幾乎沒有人傻到在戰場上講什麼仁義。上了戰場，就要想盡一切辦法破壞敵人的進攻或防守，一切以本軍利益至上。仁義、俠義、正義，都不是軍人在戰場上對敵人的選項。

韓信對陳餘不了解，他看了一眼站在一邊許久沒有說話的張耳。張耳知道韓信的意思，也笑了。要說世界上最了解陳餘的人，除了張耳，再無他人，他們彼此太了解了。

聽完斥候的彙報，張耳在第一時間就相信了陳餘肯定會這麼做，陳餘一向自稱儒者，成天打著仁義的旗號招搖撞騙，最害怕說他不仁不義。陳餘經常給自己挖道德陷阱，說什麼贏要贏得光明正大，輸要輸得轟轟烈烈，張耳的耳朵都聽出繭子來了。韓信聽完張耳對陳餘性格特點的介紹後，點了點頭，現在基本可以確定陳餘不會採納李左車的毒計，韓信終於鬆了一口氣。

相對陳餘的仁義說，韓信還相信一點，是因為漢軍人數和趙軍嚴重不成比例，讓陳餘產生了輕敵情緒。可韓信始終沒想明白的是，自己手上數萬軍隊，怎麼到了陳餘那裏，就變成了幾千人？陳餘是怎麼搞情報工作的？韓信並沒有對外聲稱漢軍只有幾千人，何況光天化日之下，趙軍的探子不可能看不出漢軍有數萬人，韓信覺得很奇怪。

27 破趙之策

蒼天有眼，李左車這招毒計沒有得到陳餘的認可，韓信還有活下來證明自己的機會，但這也是韓信最擔心的：萬一陳餘的榆木腦袋突然開了竅，派李左車間路來襲，韓信可就笑不出來了。

韓信立刻命令前來彙報軍情的這名斥候，帶上幾十個精細斥候，趁夜翻到井陘口附近的山上，仔細觀察除了井陘口的中心通道之外，有沒有其他趙軍自東向西翻山挺進。

韓信很快就得到了讓他釋懷的好消息，過了一兩天，斥候們都回來了，各自上報偵察結果：除井陘之東駐有數不清的趙軍之外，其他各個山隘險道，均沒有發現趙軍西進的跡象，至少眼下沒有發現趙軍。

當聽完最後一名斥候的彙報後，韓信幾乎激動得失態，史稱韓信聞之「大喜」。陳餘如果用李左車之計，對於漢軍的威脅，從韓信的表情就可以看得出來，當聽說沒有趙軍間道襲漢時，帳中所有的漢軍將領都面帶喜色，大聲嘲笑著陳餘的迂腐，只有張耳含笑不語。

韓信也笑了，這是如釋重負的笑。謝天謝地謝陳餘，陳餘打著仁義的旗號作繭自縛，那就不要怪韓信不講「仁義」了。戰場上從來沒有仁義道德可講，勝利對一支軍隊來說，就是最大的仁義道德。

漢軍前線指揮部最終確信：趙軍的全部主力都聚集在井陘口以東，阻止漢軍進入河北，除井陘之外，太行山各隘口均沒有趙軍出動。

陳餘拒絕了李左車間道襲漢之計，韓信也派出斥候觀察了趙軍確實沒有偷襲的計畫，但韓信依然不敢保證陳餘的榆木腦袋何時開竅。所以，時間將是韓信成為傳奇還是成為笑柄的最關鍵因素，一定要快，片刻也不能耽擱。

從韓信的角度講，雖然趙軍重兵守井陘，人數較少的漢軍要進入河北腹地，勢必要付出更大代價，但總比李左車率軍襲擾漢軍後方更為有利，至少韓信現在還有看到勝利的可能。

是時候迎接下一輪艱苦而精彩的挑戰了，韓信要繼續證明自己的偉大。

漢三年（前二〇四）的冬十月，一個新紀年的開始。

在出發之前，韓信已經給漢軍將士上了好幾節思想課，要弟兄們做足打大戰苦戰，甚至是死戰的準備。現在形勢對漢軍非常不利，趙軍佔據有利地形，且兵力數倍於我。我們要想取得勝利，一定要號令統一，聽吾指揮，從容進退，違者必斬！

將士們激動地望著韓信，在他們的心中，韓信幾乎是神！雖然這支漢軍是從滎陽前線調往河東作戰的，但多數也是韓信在關中時的舊部，對韓信的軍事天才，弟兄們佩服得五體投地。跟著大將軍，就意味著將看到一個接一個的偉大勝利，軍人為了什麼活著？勝利！而跟著漢王，難免被項羽打圍殲。

劉邦是漢國最高領袖，但這只是政治上的。在軍事上，韓信能甩出劉邦幾條街，大家對這一點都心知肚明。韓信在漢軍中的威望漸漸超過了劉邦，沒有人敢質疑韓信的威望，大將軍說什麼，那就是什麼。

大將軍貫甲上馬，右手執鞭，東向令下：各部保持隊形，朝著閼與東北方向的井陘口快速移動。瞬間，萬眾歡呼。將士們高舉矛戟，唱著嘹亮的軍歌，在各部將軍的率領下，整齊劃一地向東北方向挺進。

蹄足揚塵，旗幟漫天，只留下幾個路邊老農輕輕地議論：這是韓信的軍隊。

從閼與至井陘，直線距離二百多里，但兩地之間並沒有現成的道路可走。如果要走最近的路線，應該是從閼與出發，過漳水東源，這裏地勢稍低，利於行軍。然後走過數十里，來到冶河南源（現山西流入河北的松溪河，河北段稱為甘陶河），順著冶河南源的谷地先走東北方向。到了昔陽再順著河谷往東走，走數十里，再折向東北，再走百餘里，就到了井陘口。

從韓信後來背水一戰的位置選擇上來看，漢軍走的應該是這條路線，然後在冶河南源與綿蔓水的匯合處（今河北井陘縣南）停止前進的腳步。韓信下馬，諸將下馬，將士豎矛以待。

韓信拿出軍事地圖，鋪在地上，蹲下來仔細觀看。韓信用手在地圖上簡單丈量，發現漢軍現在所在的位置距離傳說中的井陘口只有不到三十里。韓信點了點頭。

韓信下令，各部就地休整，按演義小說的情節來說，就是在此「安營紮寨，埋鍋造飯」。

這裏將成為漢軍臨時前線指揮部。

諸將不解，問韓信為什麼不一鼓作氣殺進井陘，與趙軍決一死戰。我軍雖寡，但鬥志旺盛，趙軍雖眾，幾同烏合，何懼羊如虎？韓信微笑著搖搖頭，你們說的不對，我軍遠道來襲數百里，體力消耗太大，必須有喘口氣的時間。趙軍雖然烏合，但他們憑險而守，居高臨下，我軍固然勇猛，但面對不利地形，如果選擇強攻，那就是以下擊上，以勞擊逸，以寡擊眾，必死無疑。

漢軍來到井陘，就是要與趙軍決戰的，但韓信之所以選擇距離井陘三十里處安營，是想給漢軍一個前衝的戰略空間。譬如跳遠，立定跳遠顯然沒有跑步跳遠跳得更遠。如果漢軍在井陘口下安營，根本無法抵擋趙軍從山上殺下來的衝力。在此地安營，相當於給漢軍安上一道防火牆，趙軍即使從山上猛衝下來，再多跑三十里，衝力也就沒有了。

在閼與還沒有出發的時候，韓信就已經絞盡腦汁，在思考破趙之策了，根據漢、趙兩軍的特點和優劣之勢，許多方案被韓信提出來，然後又一一被否定。韓信上次的思考，已經隱隱約約有了破趙之策的雛形，卻被斥候粗暴地打斷了。

上次想到哪了？韓信仔細回憶，但始終想不起來，氣得韓信甚至要把這名斥候找來大罵一頓才能解氣。斥候其實沒有做錯，他進帳是向大將軍彙報最新軍情，而且對韓信來說異常重要，韓信當然不會對屬下亂發脾氣。

韓信雙眉緊鎖，看著軍事沙盤沉吟不語，到底該如何破趙呢？韓信突然想到了《管子．形勢解》中有這麼一段話：「虎豹，獸之猛者也，居深林廣澤之中則人畏其威而載之。人主，天下之有勢者也，深居則人畏其勢。故虎豹去其幽而近於人，則人得之而易其威。」韓信眼前突然一亮，《管子》中的這句話，正是韓信苦苦思考而不能得的破趙良策。

如果漢軍直接衝擊趙軍營壘，即使沒有李左車間道襲漢，井陘之趙軍依然可以憑高壘深溝，和漢軍拼時間、拼耐心。漢軍固然可以憑河東之糧，堅持作戰，但河東至井陘，路遠山多，運糧不易，這一點也決定了漢軍必然要打速決戰。

一旦漢軍進攻不利，軍心散亂，不用李左車之計，趙軍依然可以佔據心理優勢和地形優勢，輕鬆地下山消滅這支漢軍，而且，即使趙軍只守不攻，韓信承受得起這種消耗戰的代價嗎？

無論後方有糧沒糧，漢軍前線缺糧的劣勢都注定了韓信對井陘之趙軍只能打速決戰，他沒有浪費時間的本錢。所以，綜合考慮，韓信必須想辦法稀釋趙軍的地形優勢與體力優勢，將趙軍主力調出來。漢軍牽著趙軍的鼻子滿山跑，消耗掉趙軍的體力優勢，然後尋找機會破趙，這也是韓信現在所能想到的最有可能破敵的辦法。

破趙戰術的大方向定了下來，韓信頓覺心頭一陣輕鬆，接下來具體的戰術布置相對就容易多了。

28 韓信的魚餌

天色漸漸黑了下來，夕陽早已經不知去向。

韓信身邊的執戟郎準備按慣例點燃火把照明，卻被韓信厲聲阻止：「是夜皆不許見明火，違者斬！」執戟郎不明所以然，欲問，韓信看出了他的疑惑，指著東方羞雲半掩的明月，笑答：「有此明月，可照人間，何用火燭。」說完，自回大帳。剛撩起帳簾，韓信突然想到什麼事情，轉過身告訴眾將：「沒有我的命令，所有人都不得解甲，不能睡覺。」

眾人面面相覷，大將軍這是怎麼了，抽什麼風？

有人心裏非常不痛快，暗罵韓信無恥，你自己跑回帳中睡大覺，卻不讓我們休息，連火把都不讓點，黑咕隆咚的，萬一撞見鬼，誰負責？可大將軍的威嚴又沒人敢觸犯，只好嘟嘟囔囔地各自散去。

今晚的月亮真圓啊，月光有些慵懶地灑向人間，山影重重，水流潺潺。此時的韓信已經不在帳中，而是鑽進了夥頭營，在臨時廚房中督導廚師們趕製大量乾糧簡餐。韓信有些餓了，信手拿起一塊乾糧塞進嘴裏輕輕地嚼著，他似乎想起了淮陰河邊柳樹下那個幾近餓死的落魄王孫。

吃了個半飽，韓信拍了拍不再用聲音抗議的肚子，孩子氣地對著月亮傻笑一陣，然後溜回大帳。時值寒冬十月，夜半時分，北風如刀，寒氣四起，因為帳中沒有生起爐火，帳內冷如冰窖，張耳還在帳中小走，以保持體溫。有調皮的士兵挑開簾子，伸著脖子想看看大將軍做什麼，一陣冷風襲來，韓信和張耳猛地打了個寒戰，張耳破口大罵，那人竊笑著放下簾子退出。

時間一分一秒地過去，韓信還窩在帳中避寒。

韓信覺得時間差不多了，挑開簾子看了一下懸在半空中的皎皎明月，亮如銀盤，盤中隱約可見山嶺峰巒。韓信現在沒心思賞月，他是通過月亮來核對一下時間，現在應該是下半夜了。

韓信藉著灑進帳中的絲縷月光，從案上抄起那柄漢王賜予他的象徵大將軍威嚴的劍，一腳踢開厚重的簾子，快步走到帳前的空地上。韓信揮揮手，把正在周圍執行警戒任務的執戟郎召了過來，告訴他們，立刻傳喚裨將以上將官速來帳前，吾有號令。

很快，昏昏欲睡的將軍們被執戟郎像趕鴨子似的從各自帳中轟了出來，嘴裏嘰嘰歪歪，還不時打著惱人的哈欠。韓信看著這幫懶貨，無奈地搖搖頭，其實韓信能理解弟兄們，這一路急行軍，確實很辛苦。可大戰在即，今晚又必須執行對漢軍來說極為重要的軍事任務，所以韓信在心裏很是抱歉，等完成任務，一定讓弟兄們美美睡個好覺。

韓信藉著月光見將軍們都到齊了，輕咳一聲，讓眾人安靜，不要再詆毀大將軍，小心屁股挨板子。眾人見韓信偷聽到他們的罵聲，好不尷尬，低頭蹭足，好像是犯了錯被家長發現的小孩子。

將士們雖然不知道韓信這大半夜的折騰他們做什麼，但肯定與戰事有關，忙整盔拭甲，束手聽令。有人實在忍不住，便問：「大將軍深夜如此，臣等敢問何之為？」

「破趙！」韓信下意識地抬頭看了一下月亮，然後回答。

大家都明白了韓信的意思，漢軍要在半夜趁趙軍不備，實行偷襲。弟兄們臉上立刻泛起歡喜的顏色，長途行軍數百里，累得跟狗熊似的，就等著這一天破趙了。

韓信下令：「著選精銳輕騎兩千人，每人手中各執一面赤色旗幟，趁此夜色，抄小道埋伏在此前不遠的萆山（今河北鹿泉抱犢山），居高臨下，以望趙軍之壁。注意，一定要保持安靜，人不得喊，馬不得嘶，千萬別讓趙人發現。敢壞吾令者，斬！」

眾將沒明白韓信要做什麼，為何不率主力部隊強衝井陘口，卻讓騎兵藏進山裏，還拿著紅旗？大家看著韓信，希望韓信進一步解釋這個作戰命令。

「我已經探查明白，萆山是太行井陘一帶的最高峰，山頂平坦開闊，足能容納數千人馬。而趙軍大營就在萆山下。這支軍隊上萆山，要仔細觀察趙軍的動靜，我有大用於此軍。」

韓信頓了一下，繼續說道：「接下來，我軍主力出動，在趙營面前示威求戰。如果趙人懼冷或懼我而不出戰，大家就狠狠地罵，什麼難聽罵什麼，一定要把趙人罵出營。但大家一定要記住，趙軍如果出營，我軍必不能與之纏鬥不息，打一會兒要大幅後退，而且要擺出一副懼戰潰逃的樣子，讓趙軍覺得有利可圖，奮起追我。如此，則趙營必空空無人，萆山上之我軍等趙軍出營遠去後，立刻下山，佔據趙營，易趙幟為漢幟，當我看到趙營赤旗漫天，便是大功。」

韓信說得非常通俗，大家都聽懂了大將軍的作戰意圖，即調虎離山，俟虎下山，就可以直搗虎穴。將軍們無不拍手讚歎，大將軍果然好計策！但問題來了，趙軍沒有二十萬，至少也有十萬，是我軍的三倍，即使趙軍全部出營，我軍佔領趙營，那趙軍主力如何消滅？

有的將軍已經搞清楚了這裏的地形大勢，前有井陘，後有綿蔓水，如果漢軍引誘趙軍出營，只能順著綿蔓水西逃。我軍沒有在綿蔓水附近設下伏兵，難道大將軍的意圖是把趙軍引到關中聚殲嗎？這豈非開天大的玩笑！

看出大家的疑惑，韓信滿意地笑了，智商上的優勢感讓韓信很受用。擁有普通戰爭智慧的人都可以看出，兩千騎兵即使順利佔領趙營，也根本不可能抵抗得住近十萬趙軍的回攻，韓信要是只有這點智慧，那就不要當什麼大將軍了。

兩千名士兵確實不多，但許多人都忽略了韓信要這兩千名士兵多帶赤旗。為什麼要讓士兵們多帶赤旗？就是要掩蓋入趙營的漢軍只有兩千人的真相！漢軍至少要帶上十萬軍隊才會擁有的旗幟數量，製造十萬漢軍佔領趙軍大營的假象，等趙軍回營時發現有「這麼多」的漢軍，在士氣上會遭到沉重的打擊，更有利於漢軍主力部隊的追殺。

韓信已經懶得再向弟兄們解釋得這麼詳細了，他是大將軍，令旗所指，萬夫所向，執行命令就行了。

韓信考慮天亮之時，漢軍將和趙軍進行一場惡戰，沒有時間吃早飯，所以就把早飯提前到凌晨來吃。韓信立刻命令所有將士就地不動，放下手中的武器，然後夥頭軍一隊隊地從側營走來，手上端著簡單的乾糧。夥頭軍每走到一名士兵面前，這名士兵就拿起乾糧，韓信也領到了他的那份簡餐。韓信下令：所有人都必須將手中的簡餐吃光，不吃者，斬！

韓信剛才沒有吃飽，現在趁機會多吃一點。見大將軍狼吞虎嚥，麾下弟兄們肚子裏的饞蟲開始作怪，大家整齊劃一地舉起手中的簡餐，在月光的揮灑下，一排排的士兵開始了也許是他們人生中的最後一頓飯，沒人知道明天這個時候，自己是在天堂，還是在地獄。

等大家吃完後，韓信略帶歉意地笑了：「因為大戰將至，所以只能讓大家簡單吃點東西填飽肚子。等破趙之後，我將在襄國城中大擺慶賀宴，弟兄們想吃什麼就能吃到什麼。」

「吹牛！」有人在隊伍中輕輕罵了句，趙軍是這麼輕易能戰勝的嗎？

韓信不再搭理這幫見識短淺的傢伙，他把眼光放在了遠處黑幽幽的萆山。萆山上埋伏兩千漢軍，俟後佔趙營，易漢幟，這個計畫固然很完美，但有一點，趙軍一定會出營追擊在趙營前挑戰的漢軍嗎？

趙軍中並非沒有善識之士，萬一有人看穿漢軍的挑戰就是想把趙軍引出大營，韓信的襲營計畫就將遭到完美的失敗。那麼，有什麼辦法能讓趙軍必須出營？韓信考慮過這個問題，也許只有一個人能調動趙軍的立功欲望，這個人就是大將軍韓信本人。

經過幾場漂亮的奇襲戰，韓信在江湖上已經聲名鵲起，各路諸侯都知道了漢王劉邦手下有一個戰無不勝的大將軍韓信，韓信的重要性在某種程度上已經超過了漢王劉邦。特別是對趙人來說，漢欲併趙，最大的勝利保障就是韓信，也就是說，一旦趙軍能活捉或殺死韓信，劉邦必然喪膽，從而撤兵出趙，趙無憂矣。

韓信知道自己的含金量。韓信用自己做誘餌，這也許是能將趙軍引出大營的唯一辦法。但緊接著又出現一個問題，就是前面有些將士提出來的疑問，漢軍將趙軍引出營之後，難道就這麼一路向西逃竄？總要選個戰場決鬥吧。

其實井陘附近並不適宜大規模戰役，這裏山巒疊伏，谷地狹小，如果幾萬漢軍擠在狹小的谷地裏，豈不是坐待趙軍屠殺？劉邦在彭城如何慘敗，韓信是知道的，前有泗水，後有楚軍，二十多萬漢軍擠進狹長的空間裏動彈不得，被楚軍快樂地屠殺。

韓信不是劉邦，在他的調理下，漢軍雖有萬夫，猶如一人，同進同退，劉邦麾下的二十萬漢軍簡直就是一堆無頭蒼蠅。有韓信坐鎮，漢軍的戰鬥力不是問題，但現在的問題是，如何才能讓漢軍激發出更強的鬥志？

韓信想到了兩件事情，一是之前讀過《孫子兵法・九地篇》中的一句話：「投之亡地然後存，陷之死地然後生。夫眾陷於害，然後能為勝敗。」二是當初他跟隨項羽北上救趙，項羽過漳河之後，即破釜沉舟，以絕將士幸生之心，一鼓而鬥，大破秦軍於鉅鹿。

這兩件事其實共同說明了一個道理：斷絕自己的一條生路，其實是給自己開啟了另一條生路。如果一個人還有一點生存的希望，那麼他很容易受到外界誘惑而動搖，放棄自己的堅持，一支隊伍同樣如此。

趨利避害、趨生避死是人的天性，越是在危險的環境中，人的求生欲望就會越強烈。《吳子兵法・治兵篇》也有這樣的觀點：「凡兵戰之場，立屍之地。必死則生，幸生則死。」

漢軍人數不如趙軍多，在正常的作戰情況下，漢軍必然會產生怯敵的情緒。如果不主動卸掉這個心理包袱，漢軍會越打越沒脾氣，最終鬥志崩潰，韓信也將成為歷史的笑柄。

如何卸掉怯戰的心理包袱，想來想去，韓信就只有打掉所有將士的幸生之心，把他們放在一個絕對軍事意義上的死地，逼迫他們為了生存玩命殺敵，只有這樣，韓信才能看到希望。

韓信想到了井陘口西面偏北的綿蔓水，這條河距離井陘口東西約長五十里的空地非常寬闊，地勢沒有太大的起伏，比較適合大規模軍團作戰。將漢軍置於綿蔓水以東，斷絕弟兄們的退路，強迫他們拿出必死之心，為大將軍的作戰計畫畫上一個完美的句號。

不過漢軍背水一戰與之前項羽的破釜沉舟還略有不同，楚軍救趙是遠道而來，過了漳河距離鉅鹿還有一段路，所以楚軍必須長途急行軍，中途沒有時間休息。而漢軍在井陘口下已經休息得差不多了，體力恢復到了作戰時的狀態。

在這種情況下，如果漢軍主力到趙營前挑戰，把趙軍引出來後，再急行軍五十里，等到綿蔓水東岸，也已經筋疲力盡，甚至漢軍還沒有在河岸邊調轉回頭，順勢而下的趙軍就已經殺進漢軍陣中，等待漢軍的就只有被屠殺。

要解決這個問題其實並不難，提前在綿蔓水河邊布下一支隊伍就可以了，一部漢軍去趙營中釣趙軍出營，一來一去，這段時間足夠綿蔓水河邊的漢軍恢復體力了。漢軍的戰鬥力絕對要強於趙軍，而當誘餌的這支漢軍在體力上與追擊出營的趙軍相當，再加上守在綿蔓水的背水漢軍，勝利的天平已經開始向韓信這邊傾斜。

29 背水一戰

「背水一戰」，韓信的計畫堪稱完美。

由一萬人組成的一支漢軍部隊立刻離開漢營，朝著西北方向的綿蔓水東岸開拔。韓信命令他們從趙營面前大搖大擺地經過，然後再到達作戰地點，布好戰陣，不允許做消耗體力的動作，好好休息。

為什麼要讓趙軍知道漢軍的行動路線？難道不怕趙軍出營襲擊嗎？

韓信讓趙軍看出這支漢軍將駐守綿蔓水東岸，就是要打掉趙軍對漢軍的戒備心理，正常人誰會這麼用兵？背水一戰，自尋死路，這是韓信給趙軍弟兄們灌下的一碗美味迷魂湯。

這支漢軍遵照大將軍的命令，嬉皮笑臉地從趙軍營前大搖大擺地路過，有的漢軍士兵還衝趙軍士兵扮鬼臉，趙軍無不大笑。瘋了，這是一群自尋死路的瘋子，趙軍大將下令不必理會，活捉韓信與張耳比吃這支瘋子漢軍更重要。

就在這支漢軍在趙營門外耍寶的時候，另外一支由兩千名輕騎兵組成的部隊也準備完畢，每人背負許多赤色旗幟，在韓信的注視下，從另外一個方向駛出，蹄聲陣陣，漸漸遠去。

韓信的兩大殺招都已經布置完畢，接下來就是要韓信和張耳這兩大魚餌出場了。韓信自不必說，漢國大將軍，位高權重，天下第一人。張耳是必須要當魚餌的，因為他是趙國最高統治者陳餘的死敵，陳餘對張耳恨之入骨。從這個層面上，韓信在趙人心中的分量遠不如張耳，張耳出面，大事可成。

張耳自然沒有意見，韓信都去當魚餌了，自己能置身事外嗎？自歸漢之後，張耳還沒立下功勞，劉邦的軟飯可不是白吃的。現在有這麼一個重大的立功機會，張耳豈肯放過，韓信想吃獨食，張耳還不答應呢。

一切準備就緒，就等著天色放亮，韓信將迎來他人生中第三場偉大的戰役。等待的時間很漫長，韓信坐在地上，與張耳聊起了家常。弟兄們圍坐在二位將軍的周圍，聽著大將軍講他小時候的故事。韓信當年落魄時，在淮陰鑽惡少胯下的故事，江湖上盡人皆知。韓信為人坦蕩，他從來沒有在別人面前避諱這件事情。

在項羽眼中，韓信是個沒有男人骨氣的胯下懦夫，實際上韓信根本沒有把這當成什麼難以啟齒的恥辱，特別是他成名之後，更把這件事情當成炫耀的資本，四處傳播，唯恐天下人不知。

和韓信沒什麼私交的張耳難得有機會和韓信坐在一起談人生，談曾經的青澀故事。韓信第一次聽說了張耳在年少時做過魏信陵君魏無忌的門客，他驚訝地合不上嘴。魏無忌是戰國四大風流公子之一，一直生活在傳說中，韓信讓張耳講講魏無忌的一些趣事，特別是著名的竊符救趙的故事。

韓信還聽說了張耳年輕時娶了一個富人家的女兒，韓信羨慕不已，說自己命不好，當年窮得四面光棍，別說有人嫁女兒了，就是連一碗飯都不捨得給自己吃。說到這兒，韓信放聲大笑，張耳也附和著笑。時值半夜，天氣非常寒冷，但大家依偎在一起，能聽到彼此的心跳，反而覺得溫暖。

時間在不知不覺中流淌。

天色漸亮，鮮紅的太陽在東方的地平線上緩緩升起，朝霞漫天。韓信之前和張耳聊天也累了，倚靠在張耳的背上微閉著眼假睡了一會兒。張耳將睡意漸濃的韓信搖醒，指了指天邊的紅霞，意思是說等活捉了陳餘再睡吧，該我們動手了。

韓信站起身，伸了個懶腰，大大地打了個哈欠。這位年輕的統帥輕輕拍打著自己髒兮兮的臉頰，狠狠地眨眨眼，將睡神無情地趕走，他需要以最飽滿的精神狀態投入這場決定他生死榮辱的大決戰。

韓信命屬下將漢國大將軍的旗鼓拿出來，他要大擺漢國大將軍的儀仗去釣趙軍這條大魚。為什麼要這麼做？很簡單，趙人並不認識韓信，但一定認識作為大將軍象徵的旗鼓，只要漢國旗鼓在，就說明大將軍韓信在。還有一點，旗鼓相當於現在的軍旗番號，一旦被敵所奪，在理論上就意味著漢國軍隊不復存在，能沉重打擊敵軍的士氣。

有韓信在，有漢國大將軍的旗鼓在，有陳餘最恨的張耳在，三條香餌沉入水中，不信趙軍這條大魚不咬鉤。

旗是漢國大將軍韓信專用的幢幡，鼓是軍隊中專用來激勵將士前進廝殺的鼓車，以馬拉之，車上站著士兵，以槌擊鼓。旗與鼓都有專人負責，也就相當於軍中的儀仗隊，韓信讓儀仗隊走在漢軍的最前面，使勁舉幡，拼命擂鼓，一定要把趙軍的注意力吸引過來。

韓信雖然經常騎馬前行，但如果遇到特別重要的場合，比如像今天這場決戰，他就應該站在大將軍專用的戰車上。前有馬夫馭馬，韓信站在車上，一手扶車檻，一手舉令旗，令旗所指，萬夫所向。

韓信手上的令旗是什麼顏色的？有五種顏色的令旗，一為赤旗，為南向之旗；二是白旗，為西向之旗；三是黑旗，為北向之旗；四是青旗（後改為綠色），為東向之旗；五是黃旗，為中央之旗。大將軍在車上指揮全軍向前進時，一般手執黃旗，等到需要轉向時，便舉起相應的方向旗，全軍看大將軍所舉之方向旗前進。

大將軍出營與敵軍作戰，排場非常大。首先，大將軍的戰車離開本方軍營時，軍中儀仗隊要豎起長矛大戟，護旗隊要舉起旗幟、幢幡，鼓車要鳴起大鼓，以壯大將軍聲威。出營三里時，儀仗隊放下矛戟，旗隊放下旗幟，鼓車停止擊鼓。等到快到敵營時，再次豎矛戟，舉旗幡、鳴鼓。到了敵營前，再次歇矛、放旗、止鼓。

漢軍大營的轅門被幾個強壯的士兵吱吱呀呀地緩緩推開，大將軍韓信專屬戰車的馬夫一抖手上長鞭，抽打著馬背，駿馬仰天長嘶，奮蹄馳奔，煙塵隨風輕捲。在韓信戰車駛出大營的那一刻，推開轅門的士兵向大將軍行注目禮，韓信微微一笑。韓信之後，儀仗隊、旗隊、鼓車依次出營，隨後是張耳以及諸將官，漢軍主力魚貫而出，個個精神昂揚，手上所持的矛戟映日泛寒光。

轅門緩緩關閉，守營的士兵目視著主力部隊遠去，鼓聲陣陣，旌旗如畫，塵土飛揚。

漢軍一路鼓吹前行，韓信來回掃視，觀察周邊動靜，但腦海中卻不斷穿越著那幾個已經發黃的鏡頭。漂母現在怎麼樣了，她還健在嗎？她還在河邊漂衣嗎？她能想像得到她救助的那個饑餓少年，此刻正在意氣風發地書寫傳奇人生嗎？

隨著第二遍鼓聲戛然而止，韓信看到了戰車不遠處的趙軍連營，他的思緒立刻回到了現場。終於到了，韓信輕輕歎了口氣，他不知道又有多少條鮮活的生命將被自己終結，又有多少父母妻兒倚門長泣親人不歸。但，這就是人生。

韓信在車上大聲叫喊著，讓一隊人馬前去趙營前罵陣，告訴趙人：漢軍大將軍韓信在此，請速出戰，一決雌雄。實際不用漢軍罵什麼難聽的話，只要說韓信在此，趙軍豈能放過這條大魚？何況有幢幡和鼓車為證。

趙軍在上半夜就已經知道漢軍將在清晨向自己發出挑戰，早就做好了迎戰的準備，特別是韓信與張耳的誘惑，讓趙軍弟兄們聞到了榮華富貴的味道。只要能活捉韓信與張耳中的任何一人，就能立刻擁有無數財富和美女，這樣的誘惑，沒有人能抵抗得住。

趙軍主將下令：推開轅門，與漢軍決一死戰。

對面戰車上的韓信面無表情地看著一隊隊的趙軍走出轅門，他當然不會讓趙軍順利地在營前布陣，戰爭是沒有道德可講的。因為漢軍是面東背西，所以韓信突然舉起了手中的青色令旗，示意漢軍將士向還沒有完全走出大營的趙軍發起進攻。

霎時，鼓聲大作，廝殺聲陣陣，漢軍雖然人數不如趙軍多，但勝在陣形嚴整。大將軍令下，孰敢不從！趙軍前隊還沒有站穩，就被如潮一般的漢軍衝得亂七八糟，趙軍大罵漢軍不講江湖規矩。

已經分不清兩支軍隊了，數萬人馬擁擠在井陘口前的一片空地上，沒頭沒腦地亂砍。韓信的戰車在人群的後面，他並沒有直接參加這場戰鬥，倒不是他怯戰怕死，而是他另有任務。韓信示意旁邊的鼓車手拼命擂鼓，有多大勁就使出多大勁，以壯我軍威。

韓信不是要引出趙軍去綿蔓水東岸嗎，為什麼要在井陘與趙軍大打出手？萬一漢軍被殲，他的誘敵計畫豈不是要泡湯？這正是韓信精通兵法之處，假如漢軍剛到趙營前就往回撤，趙軍難道不會發現其中有詐？而如果漢軍和趙軍打上一陣，然後再裝出戰敗逃竄的假象，就能打消趙軍的疑慮，奮而追之。還有一點，通過這場廝殺，會在最大程度上消耗趙軍體力並減員，以減輕綿蔓水東岸漢軍的壓力。

漢軍打得越狠，戲就演得越像，不戰就跑，傻子都能看出來這是韓信下的魚餌。不要小看魚的智商，有些狡猾成精的魚不會吃偽裝不到位的魚餌，當魚餌看不出來是魚餌時，這條大魚離咬鉤也就不遠了。

韓信是一個心思縝密的導演，也是一個演技精湛的好演員。

已經打了很久，時間估摸著應該到了現在的九十點鍾，史稱「大戰良久」，漢軍的這場戲演得差不多了，該進入下一個鏡頭的拍攝了。果然，趙軍看到漢軍漸漸體力不支，有的漢軍士兵開始抱頭鼠竄，韓信氣得大罵這些飯桶出工不出力，漢王的軍餉是白給的嗎？張耳也在一邊跳腳，看出來張耳害怕了。趙軍大喜：韓信、張耳已經撐不住了，弟兄們再堅持一下，活捉韓信、張耳，立不世奇功。

韓信見狀不妙，心中暗笑，卻讓士兵拼命地鳴擊鉦器，示意戰場上的漢軍火速回撤。

士兵的力氣很大，鉦器被他敲打得來回晃蕩，噹噹噹的聲音異常清脆，縈繞在井陘上空，讓人心驚膽戰。韓信是大將軍，衝鋒陷陣不一定在前面，但撤腿逃命一定要身先士卒，以作表率。

因為戰車奔馳速度太慢，而且大將軍戰車是要扔給趙人當魚餌的，所以韓信立刻跳下戰車，換乘他最心愛的那匹戰馬——無碼馬，以鞭擊之，揚塵遠去。張耳隨之，萬夫隨之，還沒等趙軍明白過來，漢軍已如潮水般退去。至於漢軍的旗鼓車，孤零零地停在空地上，只有車前馬匹在孤獨地仰天嘶鳴。

韓信和張耳跑了，又能怎樣？你們能逃到哪裏！漢軍的旗鼓車我們要，韓信和張耳的人頭，我們也要。趙軍主將一面制止士兵哄搶漢軍旗鼓車的行為，四處亂抽鞭子，一面命本軍行令兵擊鼓為號。趙軍聞鼓則動，興奮地揮舞著手中的矛戟，在大將的指揮下，如潮水般向綿蔓水東岸殺去。

風捲旌旗，黃塵滾滾。

駐守井陘的趙軍沒有二十萬，至少也有十萬，也許是韓信和張耳的誘惑力太大，趙軍居然悉數出營追擊漢軍。偌大趙營，不一會兒的工夫，空空如也。這一切，都被不遠處埋伏在萆山的兩千漢軍看得清清楚楚，而趙軍根本沒發現萆山上有人！

螳螂捕蟬，黃雀在後。

蟬在快樂地狂奔，螳螂在快樂地追擊，而黃雀，則快樂地跟在螳螂背後。韓信在佯裝敗逃的過程中，不時回頭看趙軍的動靜。發現趙軍沒頭沒腦地追了上來，韓信大笑，謂張耳曰：「好大一條魚！今日可飽餐矣。」張耳也大笑。

韓信已經看到綿蔓水東岸密密麻麻的陣營，有一桿高若數丈的大幡迎風搖擺，上面寫著一個斗大的「韓」字。韓信又笑了，他開始無限佩服自己的絕妙天才，除了他自己，還有誰可以編出這麼完美的劇本？韓信已經確信趙軍必將入其彀中，他將迎接軍旅生涯中又一場美妙的勝利。

這支「潰逃」而來的漢軍來到了水上軍的陣營前，大將軍在此，東岸的漢軍立刻閃出一條通道，大將軍縱馬直入，常山王策馬隨後，諸軍捲旗倒戈以從。漢軍主力剛與趙軍大打出手，體力消耗太大，而水上軍則在綿蔓水東側等待了好久，體力充沛。所以，將由他們接棒，繼續和已經體力大耗的趙軍玩遊戲。

韓信調轉馬頭，背朝大河面朝東，揮鞭指揮水上軍做好迎戰準備，趙軍馬上就要抵達作戰區域。已經完成第一輪作戰任務的將士們趁此機會休息一下，養精蓄銳，恢復體力，然後替補水上軍繼續作戰。

韓信用的這個戰術是車輪戰，將自己的軍隊一分為二或更多，然後纏著同一支敵軍打來打去，前軍打完用後軍，後軍打累了再上前軍。趙軍主將一定是個庸才，他忘記了凌晨從趙軍營前走過的那支漢軍並不是韓信率領的這支漢軍，卻一口氣連續作戰，他要不失敗，天理也難容。

趙軍這條大魚緊緊咬住了魚鉤，任憑韓信這個漁翁將手上的魚竿甩來甩去，就是不鬆口，韓信已經笑得合不攏嘴了。

看到趙軍步步進逼，漢國的水上軍興奮不已，他們已經苦苦等了一個上午，手上那柄銷魂的大斧也早已經饑渴難耐了。軍人，活著就是為了青史留名，死去就是為了馬革裹屍，男人，是不應該懼怕在戰場上死亡的。

因為象徵漢軍的鼓車被韓信有意扔在了趙營前，所以水上軍是沒有鼓車的，但此時也已經用不上什麼鼓車了，趙軍站在水上軍的面前，這就是最好的進攻命令。

矛戟的撞擊聲，士兵的吶喊聲，戰馬的嘶鳴聲。各種聲音交織著，匯成人世間最壯美的一首交響樂，震動天地，所有人已經聽不清不遠處綿蔓水潺潺的流水聲了。

秦漢時期的綿蔓水河面非常寬闊，站在河東望河西，很難看清對岸。韓信把決戰的地點選在這裏，就是破除將士心中最後一絲僥倖心理，往前一步未必生，往後一步必定死。

漢軍的弟兄們也知道大將軍的用意，項羽當初能破釜沉舟破秦，今日我們就能背水一戰破趙，楚軍能做到的，我們同樣可以做到。回到家鄉，必須先克服一個接一個的困難，成功是要付出代價的。

漢軍的鬥志很強悍，雖然趙軍人數遠多於他們，但沒有一個漢軍士兵投降，男人的尊嚴不允許他們這麼做。逃跑？同樣沒有一個漢軍士兵選擇，再說能逃到哪裏，前面是刀戈森森，後面是流水浩蕩。

拼了吧！橫豎是個死，大將軍都不怕死，已經揮舞大戟，在陣中與趙人浴血搏殺，何況我們。許多士兵都看到了人群中頂盔貫甲的韓信，他的臉上濺滿了鮮血，震耳欲聾的喊殺聲讓韓信徹底激發了隱藏在骨子裏的嗜血本性。韓信用盡平生的力氣，用大戟去刺趙軍的士兵，能殺一個是一個。韓信和趙人素不相識，無怨無恨，但為了自己的千秋將名，任何擋在韓信前面的人，都必須死。

趙人同樣不甘示弱，他們不管站在自己面前的是韓信還是李信，只要敢對趙國有一絲不敬，他們都要消滅掉。站在趙人的角度看，漢軍是侵略者，趙人守衛自己的家園，戰鬥力可想而知。何況趙人佔據數量上的絕對優勢，雖然他們被漢軍調出大營，跑了幾十里地，但整體上還是趙軍稍佔優勢。

韓信和漢軍明顯感覺到了壓力，趙人越殺越多，殺死一隊趙軍，又會有一隊趙軍頂到前面來。在綿蔓水東岸的漢軍，人數最多不會超過三萬，而趙軍傾營出動，沒有頑強的毅力和成熟的陣法，是很難堅持下去的。

好在率領這支漢軍決戰的是韓信，而不是其他人。

韓信選擇背水一戰的難度，實際上要遠遠小於暗渡陳倉與汾陰，那兩次偷襲戰受地形的影響太大，韓信是在賭博。這次不同，綿蔓水雖然就在漢軍身後，無法後退，但漢軍卻是在陸地上與趙軍作戰。打陣地戰，漢軍並不害怕趙軍。而且此次作戰，趙軍主攻，漢軍主守，優勢在漢軍這邊。

還有特別重要的一點，漢軍背水臨陣，表面上是自陷死地，實際上選擇在河邊布陣，也限制了趙軍的圍殲戰術，趙軍人多的優勢在狹長地帶根本發揮不出來。如果在空闊地帶作戰，趙軍完全可以憑藉人數上的優勢將漢軍團團圍住，進而殲之。

韓信意識到了這一點，寬闊的綿蔓河水在客觀上也幫助了漢軍，成為漢軍阻止趙軍完成圍殲戰術的友軍。韓信背水一戰，並不只是讓漢軍死中求生，更重要的還是綿蔓水可以有力地稀釋趙軍的優勢。

背水絕陣，只是韓信這個不可思議的對趙作戰計畫的第二步，第一步是韓信以身為餌，成功誘趙軍出營，消耗掉趙軍的體力優勢。不要忘記了，還有第三步，萆山上的兩千漢軍騎兵一直在山上關注著山下趙營的一舉一動。

韓信給這支騎兵布置的作戰任務是俟趙營出，立刻衝下山佔領趙營，廣布漢幟，製造漢軍已經成功偷襲趙國本部的假象，藉此打擊趙軍的士氣。看到大將軍在營前瀟灑地砍人，山上的漢軍饞得直流口水，許多人騎在馬上，興奮地叫喊著，大將軍快點撤，該咱們弟兄大顯神威了！

當最後一名趙軍士兵豎執大戟，從山上漢軍的視線中消失時，漢軍主將大喜，大叫著弟兄們發財的時候到了！兩千漢軍騎兵早已經準備好了，紅旗綁在身上、馬匹上，遠遠望處，萆山在熊熊燃燒。

漢軍主將一聲令下，兩千匹戰馬在主人的大聲鞭笞下，順著山間小路，揚蹄蕩塵，排成一字長蛇陣，有序地下山。葦山位於井陘趙營的西側，距離趙營不過十幾里地，不要說戰馬了，就是人用雙腿跑，也用不了多少時間。但為了保持從山上下來時的衝力，下山之後，漢軍還是選擇了快馬前進。這個道理譬如射箭，弓弦拉得越緊，箭矢就射得越遠。

兩千匹狂躁的戰馬，呼嘯著衝進了趙軍的大營。

號稱二十萬的趙國軍隊是不是全都出營，一個不剩？應該還有一小部分守營的兵力，但人數不會太多，因為趙軍主將被韓信騙倒，認為漢軍主力都集中在綿蔓水東岸，並不知道葦山上還有兩千漢軍騎兵。

這些小股趙軍受人數所限，根本不是漢軍的對手。特別是漢軍是騎馬衝進來的，如風捲殘雲一般，如果有不識趣的趙軍士兵上前攔截，不被瘋狂的馬群撞飛，也會被踩死。

很快，漢軍已經完全控制了趙軍大營。雖然趙軍主力還在綿蔓水邊與漢軍大戰，但這支漢軍並不知道那場河邊的戰鬥會何時結束，一定要爭取時間，盡快完成大將軍布置的戰術任務。漢軍主將命令弟兄們立刻拔掉趙國的旗幟，扔在地上，把漢軍旗幟拿出來，按原位置插上。

遠遠望去，赤旗迎風招展，大營一片火紅。這是趙營？不，這是漢營，從裏到外都是。

漢軍完全控制趙營後，旗也插遍了大小柵欄，接下來要做的最重要的事情，就是去趙營的夥房中飽餐一頓。凌晨吃的那點兒東西根本不夠填飽肚子的，大將軍所說的破趙後再吃慶功宴，管不著那麼遠了。一會兒趙軍回來，還有場惡戰，不吃飯是不行的。漢軍弟兄們大笑著搜出趙軍準備好還沒吃的早餐，狼吞虎嚥，吃相非常難看。

不敢多吃，撐得走不動路就麻煩了，吃得大半飽時，漢軍緊急集合，嚴陣以待。作為漢軍前線的最後一支生力軍，他們的鬥志與體力將決定著這場漢趙決戰的成敗。

有人驚呼：「趙人回來了！」

果然，前方風捲煙塵，一陣喝罵聲由遠而近，黑鴉鴉的趙軍蜂擁而來。

趙軍怎麼回來了？難道是殲滅了綿蔓水東岸的漢軍？當然不是，有韓信在，趙人是沒有任何勝算的。趙軍受綿蔓水的限制，面對人數較少的漢軍，根本伸展不開手腳，趙軍主將氣得大罵韓信狡猾。

在與漢軍的戰鬥中，雖然趙軍並沒有落在下風，但面對牛皮筋似的漢軍，趙軍越打越沒脾氣。加之趙軍之前被漢軍牽著鼻子滿山溝地轉，體力上消耗太大，再這樣打下去純粹是浪費時間。趙軍主將決定全軍後撤回營，今天打不贏你，我先回營休息一夜，明天再和「無賴」韓信決出勝負。

回營，營在哪裏？

看到前不久自己剛走出去的大營，趙軍將士全都傻眼了，怎麼跑到漢軍大營前了？可能是慌不擇路，走錯地方了。可再仔細一想，不對，這裏就是趙軍的大營！把大營燒成灰，趙人都能認出來。

趙軍主將看著營裏無數面漢軍的紅旗迎風飄揚，聽到營裏殺聲陣陣，嚇得渾身冒冷汗。他現在思考的問題是：漢軍除了韓信的那支軍隊，到底還有多少人馬？

古代軍制，五十名士兵編為一隊，每隊執一旗。而趙營中的漢旗，據趙軍目測，有兩千面左右。一面旗有五十人，兩千面旗，十萬人！

整個趙軍陣中一片譁然，十萬漢軍，再加上後面即將追趕上來的韓信所部漢軍，兩隊相加，至少有十二三萬人。即使趙軍再多，也經不起綿蔓水東岸漢軍的強力反擊，已經死傷慘重，所餘雖有數萬人，但面對十多萬漢軍，而且是兩面夾擊，這仗還怎麼打？

趙軍士兵的鬥志嚴重動搖，不是趙軍怕死，而是他們看到了一場即將發生的、不可能取勝的戰役，徒死何益，又為誰死？為陳餘嗎？陳餘不是趙人！真正的趙王趙歇被陳餘嚴密控制，形同木偶，趙人又憑什麼為魏人陳餘賣命？憑什麼！

韓信的追兵越來越近，盤踞在趙營中的漢軍已經打開轅門，吶喊著殺出來，趙軍頓時亂作一團。現在為誰而戰？現在不為誰而戰，逃命要緊。一陣陣的尖叫，然後聽到矛戟扔在地上的咣噹聲，再後來，成隊成隊的趙軍蜂擁向東逃去……

形勢對漢軍非常有利，韓信立刻督軍殺進趙軍的麻團陣中，而趙營中的漢軍也已經從東面殺了過來，對陣形已經徹底崩亂的趙軍發起總攻。當東側的趙軍士兵發現從營中出來的漢軍滿打滿算不過兩千人時，臉色煞白。早知道營中漢軍只有兩千人，趙軍完全可以收復營寨，憑險抵擋漢軍主力。後悔？已經晚了。

趙營中的漢軍雖然只有兩千人，但他們的體力完好，由他們在前面對趙軍進行堵殺，韓信的主力則從後面追殺。一堵一追，後果可想而知，再加上趙軍鬥志全無，只想逃跑，任由漢軍兩頭進行圍殺。

韓信不是項羽。項羽不管敵軍是戰是降，統統殺光。韓信只是想摧毀趙軍的抵抗力，軍事意義上的「全殲」不是指消滅敵人的肉體，而是消滅他們的抵抗力。再說將趙軍收編，還能為漢軍所用，漢軍需要大量擴編。

項羽不明白這個道理，以為秦人必為楚之死敵，可他忘記了劉邦同樣是楚人，秦人又是如何支持劉邦的。項羽對秦人的濫殺，和國仇一點關係也沒有，他有的，只是狹隘的家恨。而韓信和趙人無仇無恨，他只是為事業而戰，趙軍既然已經沒有抵抗力，那就以仁為上。

活下來的趙軍士兵已經停止了反抗，站在原地，雙手高舉，地上扔滿了矛戟，以及戰死的趙軍屍體。韓信好言安慰投降或被俘虜的趙軍士兵，讓他們放寬心：漢軍從來不殺降！項羽出於私仇坑秦人於新安，漢國與趙何仇？所以必不為此暴虐之行。

「漢王萬歲！」趙人的歡呼聲震動四野，韓信站在一旁笑了。

歷史上著名的背水一戰，以韓信取得完勝而結束，韓信又在功勞簿上給自己畫了一條粗粗的紅槓。距離戰神，韓信又近了一步。

30 大將軍問廣武君

精彩的故事總會有續集，趙軍雖然全軍覆沒，但趙國的最高首腦陳餘還在，韓信在趙國的任務遠沒有結束，他還有許多事情要做。

對於陳餘來說，號稱二十萬的趙軍是他闖蕩江湖的全部本錢，結果全打了水漂，心中的絕望可想而知。為了不成為韓信的座上客，陳餘帶著一小隊親信人馬，悄悄地打馬出城，朝著南向逃去。

陳餘在韓信眼中，本就是一具行屍走肉，並沒有多大的價值，但張耳卻對陳餘恨之入骨。現在陳餘落荒而逃，張耳豈能放過追殺仇人的絕好機會？「斬成安君泜水（今河北泜河）上」，追殺陳餘的一定是張耳，韓信不會做這等沒多大意思的事情。

至於趙王趙歇，他被陳餘裹挾著南逃。陳餘被殺後，趙歇被張耳五花大綁帶回了井陘口，扔在韓信腳下，聽候發落。趙歇無一長技，對漢國沒什麼威脅，韓信也沒有為難趙歇，好好養起來。

陳餘死了，趙歇被捉了，但有一個人下落不明，卻讓韓信牽腸掛肚。不得此人，韓信食不甘味，睡不安枕。此人是誰？李左車。

要不是陳餘迂腐，搞什麼仁兵不以詐勝，不聽從李左車的間襲之計，現在五花大綁跪在地上的，可能就是他韓信。韓信任大將軍以來，攻必克，戰必取，從來沒有這樣膽戰心驚的經歷。韓信一定要活捉李左車，親眼看看李左車到底是何方神聖。

大將軍下令：各部追殺趙軍殘餘時，一定不能傷害廣武君李左車，否則軍法處置，我要活人，不要死屍。不過趙國現在已經大亂，人多如海，漢軍不一定能找到李左車。韓信現在有錢了，他知道重賞之下，必有勇夫的道理，向弟兄們許諾：生得李左車見我者，重賞千金！

為了得到李左車，韓信已經不計成本，要知道後來劉邦懸賞項羽的人頭也不過一千金。一千金能值多少錢？一斤黃金約為萬錢，一千萬錢，這是讓所有人都無法拒絕的數字。有了這筆錢，足以成為大財主，坐享後半生的富貴。

漢軍弟兄們流著口水四處捕拿趙人李左車。

韓信一方面在等待捕拿李左車的消息，一方面還要打掃戰場，給麾下的將軍們記功，接受將軍們的獻俘。此役大勝，漢軍生俘了哪些趙國高級官員，誰立的功，都要一一登記在冊。

這些事情都辦完了，韓信席地而坐，置劍於前，他也打累了，需要休息一下。諸將立於身側，集體向大將軍拜賀：背水一戰，震驚天下，何其神也！韓信微微笑著，他享受著麾下將軍們對他的崇拜，他認為自己有資格享受這一切。

當韓信在漢中封壇拜將的時候，他得到了除蕭何、夏侯嬰之外所有人的質疑。不會有人因為韓信坐上大將軍的位置，就對韓信俯首貼耳。韓信要想得到別人發自肺腑的尊重，就需要拿出實實在在的戰功，而不是花花綠綠的作戰計畫，能想像得出趙人會尊重大將軍趙括嗎？

拜將之初，武將們沒一個服韓信的，這些功勳名將憑什麼服一個胯下懦夫？但隨著襲陳倉、平三秦、渡黃河、破西魏、背水定趙，一個接一個讓人眩暈的戰績擺在漢國將軍們面前，所有人都沉默不語。在漢國軍界中還有人對韓信不服嗎？誰敢不服！就是樊噲，也照樣心悅誠服地拜倒在韓信面前。

此時背水定趙，許多將軍都沒理解韓信的用兵之道，懷疑韓信是不是吃錯藥了，接連下昏招。但事實證明，真正吃錯藥的，是他們自己。

直到戰場即將打掃完畢，有人還是沒想通一點，韓信憑什麼認定背水一戰必能破趙？兵法上可不是這麼說的。有將軍拜問韓信：「按兵法所云，我軍應該列陣於右，背對於山，前陣與左陣臨水而列，以便迎敵。孫武子說過：『無附於水而迎客。』背水迎敵，是謂大忌，將軍何敢以反向而用之，臣等不明，是以問。」

他們當然不會明白韓信的用兵之道，否則人人都可以做大將軍了。韓信選擇背水陣，用意非常幽深，三言兩語也說不清楚，只是簡單地給將軍們上一小節軍事心理課。

韓信笑了：「你們看兵法，常得其一，不得其二。你們只看到背水臨陣的危險，卻沒有想到我軍自陷死地，卻打破了將士們的幸生之念，為了活下來，他們就必須死戰。你們也知道，我軍士兵新招不久，皆非善戰必死之徒，而且貪生怕死也是人之本能。如果留給他們活路，他們面臨數倍於我的趙軍時，早就撒丫子逃命去了。所以兵法說『陷之死地而後生，置之亡地而後存』。」

韓信只是從心理戰的角度來解讀自己為何背水一戰，但就是這些，已經讓諸將聽得目瞪口呆，他們真沒有想到過這一點。大將軍對於人性的弱點看得非常透徹，大家想想也後怕，如果漢軍在平地上與趙軍決戰，當看到數倍於己的趙軍，漢軍一哄而散，自己的人頭也許早就被趙人摘下來當球踢了。

看著坐在席上氣定神閒的大將軍，諸將實在無法克制心中對韓信的強烈崇拜，怪不得他能做大將軍，不服不行！諸將再次下拜，心悅誠服地拍著大將軍的馬屁：「大將軍所謀者善，非臣等愚昧所能及之。」

韓信以衣袖拭劍，笑而不語。隨後韓信笑得更燦爛了，因為他看到幾個士兵大聲叫嚷著，從遠處走來。韓信看到他們前面還綁著一個人，被推搡著，踉踉蹌蹌地艱難前行，此人正是李左車。

韓信大喜，立刻站起身來，準備迎接廣武君。

押解李左車的幾名漢軍士兵臉上還洋溢著幸福的笑容，活捉李左車，意味著千金到手，富貴無憂。他們也許已經知道了當初李左車給陳餘獻計，幾乎置漢軍於死地，大家對李左車更加憤怒，不時踢打著，嘴裏罵罵咧咧的，甚至有人已經提刀在手，等大將軍令下時，一刀砍下李左車的人頭。

韓信厲聲呵斥著這些被千金沖昏頭腦的士兵，不得對廣武君無禮，退下，自有千金予汝等。韓信仔細打量著李左車，布衣芒鞋，長髯飄飄，一派仙風道骨，和他想像中的李左車有一定距離，他還以為李左車是個面目嚴厲之人。

李左車也是個心高氣傲的人，何況他是李牧之孫，他寧可死在韓信手上，也絕不會屈膝投降，辱沒先人之名。李左車倨傲地站在韓信面前，斜視蒼天，等待韓信動手。

韓信從來就沒有考慮過要殺掉李左車。一個能提出「間道襲漢」的謀士，他的價值不止千金，此人將對韓信的事業起到難以估量的作用。韓信用千金之諾得到李左車，絕對不會殺之洩憤，韓信不會做這樣的賠本買賣。還有一點，韓信雖然智謀絕世，但他的主業不是謀士，所以他身邊急需一個夠分量的謀士，而李左車是再合適不過的人選。

破趙之後，天下形勢又在迅速變化著。淮河以北的廣闊土地上，現在只剩下兩個大諸侯，即漢

常言說，「伸手不打笑臉人」。韓信對李左車盡周禮數，做人不能不識抬舉，李左車如果再不合作，那就有些過於矯情了。李左車無奈，他沒想到韓信除了用兵如神，還有這手死纏爛打的賴皮功夫。

韓信的態度非常誠懇，李左車看出了韓信的誠意，他懸著的心也放下了。李左車此時也已經做好了與韓信合作的心理準備。他調整了一下情緒，短暫地沉默一會兒，他要思考一下韓信提出來的那個戰略問題。

李左軍頓了一下，說道：「大將軍如此待亡國之虜，臣涕零不知所云，敢不以拙智效力於馬前！臣聞智者千慮，必有一失；愚者千慮，必有一得。臣愚狂者，所言不當，大將軍且當浮雲視之。」

「大將軍入漢以來，過大河，虜魏豹，擒夏說，東下井陘，只用了一個上午就全殲趙軍二十萬，陳餘授首，舉趙為漢。諸侯聞之，莫不悚然；海內天下，孰不敢仰視大將軍！然我聞人言：強弩之末，勢不能穿魯縞，今漢雖強，然百姓輸於帛粟，戰士死於山野，百戰之餘，力已不能支。大將軍問僕以伐燕，僕以為不可。」李左車停了下來，看著韓信。

韓信見李左車反對他伐燕，他似乎聽出了李左車這一番話的弦外之音，並沒有說話，而是示意李左車繼續講下去。

「漢軍疲憊已極，現在最需要做的就是休息，養精蓄銳，恢復體力。大將軍舉百戰疲兵強行北上伐燕，燕必恃堅城多粟拒漢軍於城下。漢軍進不得戰，又不得退，時間一久，則將士怨聲四達，人不思戰，且乏糧秣。若漢軍借趙地之糧以食之，則趙人必怨，後方動搖，前線必危。漢不能滅燕，則齊必效燕計以拒漢，齊又不得下。齊不得下，楚何由滅之？將軍所長者，善於得人死力，所短者，燕齊堅壁死守也，以將軍之智，用己之短擊人之長，豈有勝算？」李左車說得非常精彩，韓信不禁鼓掌。

韓信很認同李左車的觀點，他已經考慮到這個問題，之前的陳倉之戰，他就是坐守陳倉，恢復體力，同時調章邯軍西進，以逸擊勞，所以勝。

漢軍屯兵燕國城下，如李左車所說，進退失據，將嚴重影響漢國北線戰略的實行，從而會對南線的劉邦產生極大的戰略壓力，反倒便宜了項羽。韓信不會做這樣的傻事，但難道就因為燕國城堅糧多，就放棄燕國？

要知道燕王臧荼可是項羽的鐵桿盟友，如果北線漢軍不攻趙不攻齊，轉道南線直接與項羽開戰，沒有人敢保證臧荼不會乘其虛攻趙，萬一趙國得而復失，漢軍將被燕楚聯軍擠壓在黃河一線的狹長地帶，後果不堪設想。

韓信問李左車：「先生所言甚是，然則信將何以處燕？」

李左車答：「漢軍平魏克代下趙，體力已到極限，但不要忽視趙國百姓同樣為這場戰爭付出沉重代價。趙國雖富饒，但久經戰火，民生困敝。若漢不體恤趙民之苦，用趙之資以攻燕，趙人怨怒至極，必生大亂。以僕愚見，將軍莫若順趙民休養之意，體將士蓄勇之情，按甲休兵，安撫黎庶，恢復耕種，鼓勵桑織，一如漢王之撫秦中也，人心大悅，何事不成？至於燕國，將軍可使漢軍做北向之備，對外宣稱即將舉趙之力伐燕。同時，將軍可派善辯之士，持書赴燕，喻臧荼以漢之強，請荼自比燕與漢孰強。燕於諸侯中最弱，其兵不足漢之十一，臧荼雖是項羽盟友，然燕與楚，地隔數百里，楚必不能越過齊國而救燕，臧荼懼漢之強，必俯首歸漢。燕平，則將軍可無後顧之憂，督兵以下齊，便姜太公復生，亦不能救齊於水火。平齊之後，天下三分，漢有其二，雖楚暴且強，何足畏之。」

韓信聽得如醉如癡，李左車果然真國士！攻燕則燕必守堅城，不攻燕則燕必附楚擊漢，李左車提出以兵威臨之燕，使燕不戰而降，一舉解決了趙人與漢軍疲勞的問題。臧荼真的會投降嗎？韓信相信他一定會的。臧荼只是項羽的親密盟友，面對自身的生死抉擇，臧荼沒有任何理由替項羽賣命。當然，燕國附漢，並不是出讓政權，而只是保證不和項羽聯盟，但這一點正是漢國此時最需要的。

韓信對著李左車鼓掌大笑，曰：「善！即從先生計。」

一隊快馬捲著塵土離開了井陘，朝著東北方向疾馳而去，這是韓信派出威嚇臧荼的使者。燕國的國都在薊（今北京西南），這也是春秋戰國時燕國的故都，燕王臧荼在薊都的宮殿裏接見了漢國大將軍韓信派來的特使。

寒暄過後，漢使傳達了漢大將軍韓信對燕國的態度：我軍井陘一戰克趙，威震天下，欲乘風北上以伐燕。生死兩途，由燕國自擇。從漢，則燕安；不從漢，則燕亡。

臧荼本是前燕王韓廣的部將，後來跟著項羽殺入關中，深受項羽賞識，得封燕地，一躍成為日享千鍾的諸侯，家族子孫長享富貴。為了報答項羽，就要讓臧荼付出夷三族的代價嗎？換了誰也不會這麼做。

臧荼很快做出了正確的選擇，漢使微笑著打馬南返，向韓信陳說了臧荼的態度，韓信與李左車互視而笑。

臧荼的識時務，為韓信解決了一個很大的問題，韓信不再有後顧之憂，可以全力攻齊。為了有一個穩固的大後方，韓信向身在滎陽的劉邦提議，立張耳為趙王，鎮趙之地，為漢後援。劉邦和張耳的私交極好，也是兒女親家，政治上絕對可靠，所以劉邦很痛快地答應了。

不過劉邦只是答應了立張耳為趙王，並沒有立即舉行封王儀式。現在趙國初定，局勢尚不穩定，劉邦並不急於立張耳。而且劉邦已經得到了一個足以讓他驚出一身冷汗的情報：楚國已經派出數支奇兵，間道赴趙，準備與韓信爭奪對趙國的控制權，項羽是不會讓韓信輕鬆封神的。

31 反擊項羽

項羽出兵奪趙，這是《史記・淮陰侯列傳》的記載，但也只有短短一句話：「楚數使奇兵渡河擊趙，趙王耳、韓信往來救趙，因行定趙城邑，發兵詣漢。」但在《史記》相關人物的傳記中，卻找不到任何與此事相關的記載。再結合項羽發兵進攻背楚附漢的九江王英布諸史料，此次楚軍奇兵擊趙，應該是小股部隊，而不是楚軍主力。

英布突然背叛項羽，是劉邦在對楚外交戰線上取得的重大勝利。

項羽殘暴無仁，坑秦屠齊，沉殺義帝，已經使楚國聯盟內部產生了巨大的裂痕，弄得人人自危。項羽攻打齊國的田榮，派人去九江調兵，英布勉勉強強地派出幾千老弱兵應付差事，後來項羽在彭城大敗劉邦，英布也沒有參加。

項羽大怒，派人痛罵英布做人不地道，並要召英布去彭城議事。英布哪敢去項羽的地盤送死？推辭不去。要不是漢、齊二國在北線給項羽製造了太大的軍事壓力，項羽早就發兵南下找英布討說法了。

二人關係幾近破裂，卻讓劉邦發現了一座大金礦，如果劉邦能將英布爭取過來，就可以在南線牽制楚軍，從而減輕漢軍的壓力。劉邦派謁者隨何帶著二十個隨從南下壽春，遊說英布背楚歸漢。

隨何從英布與項羽的關係破裂入手，勸英布早點跳離項羽這條破船，跟著漢王另謀富貴。隨何甚至還刺激英布：「大王與楚王同為諸侯，奈何以臣禮事之，受楚喚為奴僕，為天下笑。」

隨何是秦漢之際橫空出世的新一代名嘴，他的口才對付笨嘴拙舌的英布綽綽有餘。隨何繼續忽悠英布：「大王不肯背楚歸漢，是憚楚強而以為漢弱也。楚雖強，然在滎陽，進不能與漢鬥，退又恐失根本，患得患失。漢王收諸侯，守河南，西連秦蜀，北連魏趙，已再現秦昭襄虎吞天下之勢。得天下進，必漢也。漢王素以仁義稱，若大王歸漢，則漢王必以裂土封大王，共用富貴。」

英布差不多被隨何說動了，但還是有些猶豫。隨何做事夠狠，他當著楚國徵兵使的面大罵項羽，說九江王已歸漢。英布被隨何逼到了牆角，無奈之下，只好殺了楚使，舉旗反楚。

英布的背叛，令項羽怒火中燒。他立刻派嫡系虎將龍且與項聲發大軍南下，一定要讓英布為他的錯誤行為付出代價！

楚軍的戰略重心一直在西、北兩面，現在憑空多出一個南線戰場，楚軍被迫多線應戰，這應該是劉邦預料之中的局面。楚軍總數是有限的，項羽沒那麼大的家底折騰，所以楚軍派出北上襲趙的只是小股部隊，對韓信所在的趙國戰場並沒有起到多大的威脅。韓信很快就平定了這幾票散兵游勇，趙國很快安定了下來。

按照韓信原來制定的發展計畫，滅趙之後，燕國也已經歸順，韓信就要對齊國發起進攻。但身在滎陽的劉邦卻一紙調令，命令韓信把漢軍在趙國的精銳部隊火速調往滎陽前線，因為項羽的戟尖已經捅到了劉邦的鼻子下面，劉邦急需韓信的軍隊救命。至於韓信的伐齊計畫，劉邦已經管不著了。

韓信很鬱悶，漢王總是這樣，每次他訓練出一隊精兵，都要被劉邦以各種藉口調走。不過韓信倒沒有想太多，現在的劉邦絕對不敢對韓信有什麼歹意，只不過劉邦喜歡吃現成飯，韓信調教出來的士兵，當然可堪大用。

劉邦本來以為英布的反楚，會吸引楚軍主力南下，雙方纏鬥不休，如果英布命硬的話，還能將項羽拖下泥潭。結果卻讓劉邦大失所望，在楚軍凌厲的攻擊面前，英布的軍隊根本不堪一擊。只用了幾個月的時間，九江軍全軍覆沒，九江國被楚軍完全佔領。在英布背楚附漢的情況下，項羽所在的彭城與他的戰略根據地江東被九江國攔腰截斷，這是項羽無法接受的結果。所以，即使暫時放棄西線與北線，項羽也要奪回彭城與江東之間的戰略通道。

英布雖然被打成了光棍，但他畢竟是當世猛將，還有一點，英布雖然被龍且打敗，但英布的舊部還有許多，劉邦兵力也有限，不能給英布太多的兵力。

劉邦派人去九江國，聯絡英布舊部，不多時，歸漢者數千人。劉邦在這個數字的基礎上，又增加了一些人馬，調英布守成皋（今鄭州上街區），因為項羽即將對滎陽發起進攻。

彭城慘敗的陰影在劉邦心中揮之不去，這次楚軍準備大舉西進，劉邦明顯感受到了生存的壓力。劉邦知道自己在軍事上根本不是項羽的對手，只有韓信能扛住張牙舞爪的項羽，但劉邦並沒有否定韓信東進伐齊的計畫，所以無法調韓信本人南下，只能抽調韓信的精兵。

劉邦這次調趙兵南下非常及時，趙兵剛到滎陽不久，劉邦就已經得到準確的軍情：大股楚軍向西移動，目標就是滎陽！項羽在打掉英布的九江國之後，迅速轉移戰略重心，繼續對滎陽的劉邦保持軍事高壓。

劉邦在西線不斷增兵，同樣使項羽感覺到了生存壓力。項羽終於意識到與楚奪天下者，只有劉邦，楚霸王對鴻門宴濫施仁義放跑了劉邦的決定後悔不迭，早聽亞父之計，殺掉劉邦，哪有今日！

世界上沒有賣後悔藥的，現在項羽能做的，就是集中精力與漢一戰，爭取消滅劉邦，至少不能讓劉邦越過滎陽東進，否則楚大勢去矣。項羽在軍事上事必躬親，每逢大戰，必是親自出馬。這一次，項羽又出現在滎陽東面的楚軍大營中，同來的還有亞父范增。

當初的彭城大捷，讓項羽在與劉邦的對抗中佔據著絕對的心理優勢，項羽相信劉邦這次在劫難逃，他不會再給劉邦任何翻盤的機會。英勇的霸王來到前線，楚軍士氣大振，將士們高呼霸王萬歲，項羽含笑示意。對面不遠處，劉邦已經看到了這一切，面沉似水。

楚軍並沒有立刻對漢軍發起總攻，而是派出幾支精銳部隊抄到滎陽城北，對滎陽與敖倉之間的漢軍運糧甬道發起攻擊。這應該是范增的計策，「計毒莫過絕糧」，只要能切斷漢軍的糧食通道，就能擾亂漢軍軍心，逼迫劉邦出城打速決戰。以楚軍擅長打陣地戰的優勢，只要漢軍敢出城，劉邦必死。

楚軍並不缺食，他們的作戰任務不是搶食，而是讓漢軍吃不到糧食。這招實在太狠，十幾里長的運糧甬道雖然沒有被楚軍完全破壞，但楚軍經常神出鬼沒地打游擊，敖倉的糧食已經無法順利運到滎陽，漢軍頓時陷入了可怕的糧食危機。

劉邦在營中跳腳大罵范增，沒有糧食，軍心還能支撐多久？一旦兵潰，老子還有活路嗎？漢國「外交部長」酈食其給漢王出了個主意。酈老先生不知道是不是喝醉了，居然建議劉邦分封六國王室之後，說此舉可以讓六國親漢，百姓愛大王仁義，願為漢死戰西楚。

此時的漢國已經得秦、魏、趙、燕、韓之地，只有楚與齊自立，酈食其的意思是讓這些諸侯從漢國控制中獨立出來，通過他們來制衡楚國。現在火燒眉毛了，酈食其的這個分封之策對解決眼前的被楚之圍沒有任何實質性的幫助，全是虛話。劉邦居然相信了酈食其的鬼話，準備刻六國之印，讓酈食其出使諸國，約為漢盟。

好在張良的及時出現，制止了酈食其荒唐的外交戰略。張良提出了七條反對的理由，其中第七條理由一句話點醒夢中人，張良告訴劉邦：「陛下立六國宗室，必然要歸六國之士，使其各效力於舊主。如此，則漢用何人？再者，陛下又如何敢斷定這些六國之後就一定歸附於漢？萬一他們降楚怎麼辦？難道陛下忘記了魏豹反覆無常的教訓？」

劉邦聽完，驚出一身冷汗，幸虧張良此說，不然大事去矣。劉邦憤怒地罵著酈食其：「這個酸腐書生，幾壞吾大事！」劉邦急令毀掉已經刻好的六國之印，徹底否決了酈食其的這條自毀之計。

酈食其鬱悶地喝酒去了，但擺在劉邦面前還是一副無法收拾的爛攤子。楚軍的攻勢越來越凌厲，漢軍缺少糧食，軍心不穩。劉邦急得團團轉。

在劉邦身邊沉默許久的護軍中尉陳平突然站在劉邦面前，笑著說只要大王信得過我，我有計策可使項羽自除鍾離昧、龍且等楚國忠臣。劉邦大喜，急忙抓住陳平的衣袖，問：「先生有奇計破楚，寡人願從之。」

陳平的計策並沒有太複雜的戰術，兩個字即可高度概括：「反間！」

陳平曾經在項羽身邊做事，對項羽的人性弱點瞭若指掌，他根據項羽的弱點，制定了一套周密的反間計劃。首先，項羽為人心胸狹窄，對所有人都不信任，包括范增等人，陳平請劉邦撥給他四萬斤黃金，臣自有計破楚。

劉邦果然豁達，在知道陳平有貪財毛病的情況下，依然痛痛快快地拿出四萬斤黃金，供陳平使用。四萬斤黃金不是小數目，萬一陳平全都貪為己有，劉邦豈不是成了冤大頭？劉邦相信陳平，用人不疑，疑人不用，把金子撥給陳平後，全不過問陳平如何出帳，想怎麼用就怎麼用，寡人只要楚軍內亂。

陳平確實貪財好色，面對四萬斤黃金的巨額財富，陳平從中拿點回扣的事情想必是有的，但陳平知道輕重，他不會拿自己的政治生命開玩笑。陳平出重金，收買了許多間諜，然後派這些間諜潛入楚軍內部，四處嚼舌頭。陳平讓他們在楚軍中替鍾離昧等名將「鳴不平」，說鍾離昧等人為霸王出生入死，百戰幾死，卻不得裂土封王，誰其心服！

項羽現在聽說鍾離昧等人為沒有封王而不平，果然大怒，寡人不曾虧待你們，你們就敢威脅寡人。項羽為人吝嗇，本性刻薄，他最恨別人問他要這要那，鍾離昧伸手要封王，項羽對他們的態度也冷了下來。

劉邦的四萬斤黃金花得值！鍾離昧、龍且等人是項羽的貼身心腹，離間了這群最讓劉邦發怵的猛將群，以後對付項羽就容易多了。但相對鍾離昧、龍且，謀士范增對劉邦的威脅更大，不除老范增，漢王食不甘味。

漢三年（前二〇四）的夏四月，楚軍圍攻滎陽甚急，由於漢軍賴以生存的滎陽至敖倉的糧道被楚軍破壞殆盡，漢軍乏糧，士兵們幾乎是餓著肚子堅持著。劉邦已經打不下去了，他急需一段時間恢復元氣，劉邦試探著向項羽發出了求和信號，條件是漢割滎陽以東予楚，從此兩方罷兵，楚為東帝，漢為西帝。

范增一眼就看破了劉邦的緩兵之計，漢割滎陽以東？滎陽以東本就在楚國控制之下！現在楚軍攻勢甚厲，劉邦明顯已經支持不住了，只要楚軍再堅持一下，劉邦就將授首，談什麼和！范增勸項羽不要中了劉邦的圈套，盡精銳攻之，一夕可下滎陽。

項羽總是在關鍵的時刻犯婦人之仁的毛病，他有些同情劉邦，也厭倦了戰爭，派使者去漢營與劉邦商談議和。劉邦聽說范增勸項羽急攻漢，氣得跳腳大罵范增：「老而不死是為賊！」陳平覺得自己立功的機會又來了，他在劉邦耳邊嘀咕半天，劉邦聽完，指著陳平放聲大笑！

陳平的計策其實很簡單：楚國使者來到滎陽時，劉邦要請楚使吃飯，漢國以大牢具待之，這是接待使者最隆重的禮節。不過楚使剛舉起筷子夾起一塊肥肉準備下嘴時，陳平突然讓人撤掉了大牢具，楚使嘴邊的肥肉也被奪了去，換上了惡草具（即最便宜的飯菜），楚使眼看著被撤掉的肥肉，大怒。

陳平不陰不陽地笑：「不好意思，哥弄錯了，原來你不是亞父的使者，漢國自有規矩，楚王使食下食，亞父使食上食，所以只好委屈你了。」說完，陳平出帳。楚使受辱，拂袖而去。

回到楚營，見范增不在，楚使添油加醋地彙報了出使漢國的情況，並請項羽小心亞父，這個老傢伙很有可能是劉邦派到楚王身邊潛伏的臥底。項羽本就多疑，他早就對范增屢次反對自己的意見不滿，雖然項羽還不至於對范增下重手，但面上已經不冷不熱了。

沒多久，范增再次請項羽發兵急攻漢營，漢已無食，此戰必勝，卻被項羽冷冷地拒絕了，他已經不相信范增了。范增讓自己發兵攻漢，極有可能是劉邦提前布下了埋伏，讓自己往口袋裏面鑽。

范增本以為項羽是固執己見，但他隱隱約約聽說項羽懷疑自己是漢軍的臥底，頓時氣得老淚縱橫，渾身顫抖。他為項氏叔侄嘔心瀝血，結果就落得這般下場，范增的心涼透了。既然項羽已經不信任自己了，那還留在這裏做什麼！

范增一怒之下，辭別項羽：「霸王以為劉邦可下，自可下之，吾老矣，不堪事君王，願霸王念吾之忠耿，賜還我這把老骨頭，以埋黃土。」還沒等項羽假意挽留，范增已經痛哭而去。

一輛牛車吱吱呀呀地奔駛在黃塵古道上，一位花白老翁倚在欄邊，一杯濁酒，淚眼婆娑，古老的楚國歌謠在空曠的山間迴盪。因為范增背上起了一個毒瘤，沒有及時醫治，再加上這次被項羽無端懷疑，心情沉痛，未至彭城，「疽發背而死」。

范增的死訊傳到滎陽，項羽沉默無語，劉邦撫掌大笑。

32 漢王竊兵符

劉邦笑得太早了。

范增雖然被陳平的離間計弄死，楚國上層內部已經出現裂痕，但「百足之蟲，死而不僵」，楚軍的實力並沒有因此受到損害，反而加大了對滎陽的攻勢。楚軍的吶喊聲震動天地，滎陽城中的漢王如坐針氈。現在打又打不過，逃又逃不掉，劉邦笑完之後，垂頭喪氣，不知所措。

按劉邦的本意，肯定是想先逃出滎陽，再圖打算，可城外楚軍重圍三道，如果選擇強行突圍，是根本不可能成功的。難道讓劉邦向項羽屈膝投降？投降了還有活路嗎？

就在劉邦痛苦抉擇的時候，突然有一個聲音傳來：「陛下，為今之計，欲存漢國，只有投降項羽。」劉邦定睛看時，是將軍紀信。劉邦吐了紀信一臉唾沫，指著紀信大罵：「楚賊，欲賣我乎！」

紀信笑了：「臣的計策是陛下赦臣不敬之罪，由臣假扮陛下，乘陛下鑾輿出東門，把楚軍吸引過來，然後陛下乘其虛出城。」劉邦仔細看著紀信，發現紀信的長相確實與自己有幾分相似，劉邦大喜，好計！

謀士陳平在紀信之計的基礎上，又添了一筆奇招，放出城中婦女兩千人。面對如此多的美色，楚軍中的光棍們哪個不眼饞，都流著口水，黑鴉鴉地圍聚在滎陽東門搶美女。同時，紀信乘坐漢王輿駕，大搖大擺地出了東門，對楚軍宣稱漢王投降。楚軍聽說劉邦出東門降，立刻蜂擁擠到東門，誰不知道劉邦的價值？

楚軍被成功地調離西門，劉邦見狀，也不顧漢王威儀，帶著幾十個親信騎兵出西門落荒而逃。等項羽發現他抓獲的劉邦居然是個冒牌貨時，大怒，詰問紀信：「漢王何在？」紀信大笑：「你這個蠢貨被俺騙了，漢王已出城矣！」項羽牙咬得咯咯作響，幾乎是歇斯底里地指著紀信怒罵：「燒死他！」

劉邦向西逃到函谷關，聽說紀信被項羽燒死，劉邦悲憤交加，他立志要為紀信報仇，準備大發關中兵馬，東出與項羽決戰。有一位謀士轅生及時制止了劉邦的魯莽躁動，他告訴劉邦：「楚軍士氣正盛，現在尋楚決戰，是以卵擊石。臣有一計，可使項羽分兵南向，以解河南之圍。」漢王喜而聞之。

按照轅生提出來的調虎離山之計，劉邦率軍南下宛城，在南陽附近遊弋。因為項羽必置劉邦於死地，聽說劉邦在南陽，項羽不假思索地率楚軍主力南下宛城，欲取劉邦人頭。劉邦擅守城，堅城不與戰，消耗楚軍的體力與鬥志。同時，楚軍南下，也減輕了北線韓信的戰略壓力，讓在趙國的漢軍得以休息，養精蓄銳，以戰強齊。

劉邦的運氣總是好得驚人，就在劉邦以身做餌，引誘項羽時，劉邦在東線的戰略盟友彭越突然發威，攻克楚都彭城附近的睢陽與外黃等十七座城池。如果不及時打掉彭越，一旦彭城丟失，項羽將無家可歸。項羽立刻揮師東下，找彭越討說法去了。

楚軍撤離南陽，一來減輕了劉邦的壓力，二來實現了轅生提出的「疲楚」的目的。劉邦是時候北上了，他絕對承擔不起楚軍切斷他與韓信之間聯繫通道的代價。因為守在成皋的並不是楚軍主力，所以劉邦輕而易舉地拿下成皋，頂在滎陽之背，有效地阻斷了楚軍西進關中的可能。

滎陽依然在漢軍控制之下，劉邦西逃時，留將軍韓王信、周苛、魏豹、樅公死守滎陽。不過就在紀信出城之際，周苛以降王不可信的理由，擅殺了前西魏王魏豹。

劉邦的戰略意圖是讓韓王信等人守住第一道防線滎陽，自己守住第二道防線成皋，滎陽多守一日，漢軍主力就能多休息一日。韓王信和周苛的軍事能力並不是很差，可惜他們的對手是項羽。

漢三年（前二〇四）六月，項羽已經將彭越打跑，收復十七城，穩定了彭城腹地的安全。對項羽來說，彭越只是小蝦米，劉邦才是大魚，精力旺盛的霸王立刻揮師西進，殺到滎陽城下。劉邦都不是項羽的對手，何況韓王信、周苛等人。幾乎是不費什麼力氣，項羽輕鬆地拿下滎陽。周苛、樅公被殺，韓王信被俘。

項羽做事很麻利，第一天攻克滎陽，第二天，楚軍就殺到了成皋。

等明白過來項羽就在成皋城外時，劉邦慘叫一聲，拉著夏侯嬰撒丫子就跑。二人擠在一輛小車上，搖搖晃晃地出了成皋北門，狼狽渡過黃河後，朝著小修武（今河南獲嘉東郊）的方向逃去。

劉邦為什麼不向西逃回關中，而向北出逃呢？答案其實很簡單：因為大將軍韓信率領的漢軍就駐紮在小修武附近，只有在大將軍韓信身邊，劉邦才能獲得更多的安全感。

從劉邦兩次出逃（滎陽、成皋各一次）來看，他每次出逃，都甩掉了大部隊。那些軍隊要麼被楚軍打散，要麼投降，劉邦幾乎光棍般地逃出來。讓人氣憤的是，劉邦自己不善於治兵，卻三番兩次抽調韓信的部隊，每次都把韓信辛苦調教出來的精兵敗了個精光。

劉邦的賊眉鼠眼再一次盯住了韓信剛訓練出來的精銳部隊，但劉邦也考慮到，屢次抽調精兵，韓信難免會產生強烈的抵觸情緒，萬一韓信公然拒絕寡人調兵，寡人豈不是無家可歸？怎麼辦？劉邦打仗打得一塌糊塗，但玩弄權術卻是一流高手，對付韓信這樣的單純男生，劉邦有的是辦法。

當天夜晚，劉邦連滾帶爬闖進了小修武的驛館裏，蹬掉鞋子，躺在榻上呼呼大睡，他需要休息。第二天一大早，劉邦簡單吃了點食物，然後換上普通裝扮，駕著馬車，長鞭一揮，駿馬奔騰，直撲大修武附近的漢軍大營。

大營外，執勤士兵盤問劉邦：「哪裏來的？」

「軍爺辛苦，我是漢王派來的使者，有要事要見大將軍。」劉邦賠著笑回答。

士兵指了指韓信的寢帳，說大將軍晚睡未起，你最好不要驚動大將軍，讓他多睡一會兒。劉邦其實知道韓信的辛苦，這麼多天來大戰連連，難得休息，睡個好覺很正常。劉邦點了點頭，然後略顯霸氣地逕直朝寢帳走去。

劉邦剛到大帳前，果然聽到裏面如雷的鼾聲，而且是兩個人的，另一個肯定是張耳。劉邦暗笑，躡手躡腳地挑簾進帳，發現帳裏兩張錦榻，中間用屏風隔開，韓信和張耳各睡一榻。

劉邦在帳裏掃了一眼，發現了在韓信榻邊不遠的地方，擺著一張案子，上面放著只有韓信才可以使用的大將軍印璽兵符，劉邦大喜，他要的就是這個。拿到印璽兵符，韓信的數萬大軍就將據為己有，劉邦伸出雙手，流著口水，縮著脖子，老鼠般地移步過去。

劉邦屏住呼吸來到案前，回頭看了看，韓信還在大睡。劉邦異常小心地舉起印璽兵符，轉身朝著帳門走去，剛出大帳，劉邦發現自己大汗淋漓。

拿到了印璽兵符，劉邦的目的就達到了嗎？還差一步，就是在軍中公布自己的身分，徹底掌握軍權。這一點問題不大，大將軍再厲害，也是漢王的臣子，沒有人敢和漢王開玩笑。劉邦大步走向中軍帳，端起印符，對著執戟郎大喝：「漢王在此，速下拜！」軍中諸將有很多人見過劉邦，一看是漢王本人，大家立刻解劍屈膝，伏拜如儀。

韓信已經醒了，見張耳還在呼呼大睡，上前一把搖醒了還在做趙王夢的張耳，看著張耳睡眼惺忪的樣子，韓信笑了。韓信伸了伸懶腰，在榻前的空地上簡單練了幾招拳式，可舒筋活骨，強身健體。

韓信掃了一眼案子，空空如也，印璽兵符哪裏去了？韓信急叫人入帳盤問，執戟郎說被漢王拿走了，此時漢王在大帳辱罵諸位將軍呢。漢王來了？韓信大驚失色，劉邦怎麼來了，他不是在滎陽嗎？他又是怎麼進帳偷走印符的。韓信來不及多想，拉著張耳旋風般地往中軍大帳跑去。

果然是漢王。

劉邦也看到了韓信，見韓信愣在當場，笑著打招呼：「大將軍見寡人，為何不拜？」韓信這才「啊」的一聲，忙緩緩下拜，行臣禮。韓信一邊跪下一邊在想劉邦肯定是打了敗仗，找自己要兵了，不然偷走印符做什麼？韓信有些不高興，他訓練新兵，然後讓劉邦糟蹋，反反覆覆，讓韓信煩不勝煩。

劉邦不管韓信怎麼想，漢國的軍隊，他作為漢國最高統治者，自然有權力調用。劉邦坐在上席，讓人擺了兩張席子在下面，請大將軍和趙王入席，本王有重要的戰略安排。韓信嘴裏輕輕嘟囔著「你就吹吧」，朝前走幾步，沒好氣地一屁股 在了席上，劉邦笑了。

漢國高層制定的南北線並行的發展戰略並沒有因為劉邦在南線屢敗而改變，劉邦此次奪修武之兵，還是要回南線繼續牽制項羽，韓信還留在北線。這次在修武召開的御前會議，依然沿用這個思路。

劉邦給張耳和韓信安排了新的任務：張耳作為趙王，留在趙國，安撫趙人；韓信率兵東進，消滅齊國，完成對楚國北線的戰略合圍，劉邦本人依然回河南。

任務分配完畢，張耳留守趙國，韓信在準備伐齊事宜，由於韓信手上的精兵又被劉邦騙走了，所以韓信需要盡快拉起一支隊伍，這需要一定時間。劉邦帶著韓信訓練的精銳部隊，準備渡過黃河南下，繼續在南線牽制楚軍，時間是漢三年（前二〇四）八月，正是秋高氣爽河蟹肥的時候。

河南戰場的局勢對漢軍越來越不利，楚軍已經攻破成皋，項羽準備乘勝西進，直搗關中，好在漢軍在鞏縣倚仗雒水進行死守，楚軍被阻止在雒水以西，保障了漢國本部的戰略安全。

項羽想直搗虎穴，劉邦同樣想到了這一點。楚軍主力都在滎陽一線，其本部彭城附近兵力相對薄弱。劉邦接受了郎中鄭忠的建議，派侄子劉賈和髮小盧綰率兵兩萬人，騎兵數百，渡白馬津（今河南滑縣東黃河渡口）進入楚國腹地。劉賈和盧綰的任務是與留在楚國的彭越軍配合，專燒楚國的糧草，打擊楚軍的鬥志，以減輕河南漢軍面臨的壓力。

漢軍的任務是燒楚軍糧草，彭越的任務是攻城拔寨，不停地給項羽製造壓力，項羽果然撐不住了。項羽一邊罵著劉邦做人不地道，一邊緊急撤軍東還，捕拿劉賈、彭越。

項羽帶走了楚軍主力，他擔心漢軍會趁此反撲，所以臨行前，特別叮囑守成皋的大司馬曹咎：

「無論劉邦如何下套挑戰，你都不要出城，死守成皋，我十五天後就能滅掉彭越，返回成皋。」

其實不用項羽交代，曹咎手上沒有雄兵，也不會出城和漢軍決鬥，只要守住成皋，使漢軍不得東，就能緩解楚國本部面臨的軍事壓力。項羽別說十五天回來，就是十五個月回不來，相信曹咎也是能守住成皋的。

成皋的戰略地位非常重要，是漢軍通往敖倉糧庫的必經之地，而且讓楚軍佔據成皋，漢國本部將承擔很大的戰略壓力。讓人意外的是，劉邦差點兒就放棄了收復成皋。劉邦的意圖是將戰略防線往西撤至鞏縣、雒陽一帶，與其強兵攻楚，不如巧兵守城，畢竟劉邦手上抗衡項羽的本錢確實不多了。

如果劉邦放棄成皋、滎陽一線，將付出什麼樣的代價，劉邦並沒有完全看到。楚軍佔據成皋，不僅得到敖倉糧庫，還打通了河南與河東的戰略通道，同時有效阻止了趙國與漢國本部的聯繫。一旦楚軍從成皋過黃河進入河東，再從河東渡蒲阪渡，劉邦到時就哭不出來了。

好在劉邦身邊的那個大號醉鬼酈食其看出來了漢軍放棄成皋的戰略危害，及時跳出來勸止劉邦不要老糊塗。酈食其不僅擅長外交嘴戰，他的戰略大局觀也非常突出。酈食其一針見血地指出，我們有困難，但也要看到項羽的困難不比我們小，楚國內部雞飛狗跳，項羽四處分心，正是我們徐圖滅楚的好機會，豈能錯過？成皋地勢險要，北連晉、趙，西通秦漢，東抵齊楚，南達宛、葉，若陛下有征服天下之心，成皋這道檻必須跳過，沒有捷徑可走。

經過酈食其的指點，劉邦恍然大悟：先生所言極是。劉邦放棄了退守鞏、洛的戰略構想，強打精神，對成皋發起猛攻，進而收復敖倉。

33 被出賣的酈食其

得到了漢王的賞識，酈食其非常開心，又醉得一場糊塗。

謀劃天下，運籌帷幄，並不是酈食其的職責所在，但最近酈食其總是伸手過界，搶張良和韓信的飯碗。原因出在哪裏？其實很好理解，此時的酈食其已經年過六旬，人生即將走入黃昏。如果只做辯士，供人驅使，他的功勞將遠遠不如張良、韓信，特別是韓信。

酈食其骨子裏非常驕傲，看到韓信不斷立功，「羨慕妒忌恨」，讓酈食其非常不服。特別是韓信井陘破趙，威震天下，即將整兵東征齊國，更是對酈食其的莫大刺激。

酈食其要想在謀略場上立下奇功，打破韓信對功勞的壟斷，就只有一條路可走：搶在韓信之前，說降齊國。劉邦對酈食其的計畫大加讚歎，鼓掌稱好，他沒想到這個老酒鬼還有如此錦繡韜略。酈食其的說齊之策被漢王採納，接下來就是要派辯士入齊，遊說齊國。這個口吐蓮花的任務，當然由酈食其本人完成最合適，也算劉邦對酈食其多年跟隨自己的褒獎。

從史料的記載來看，留在趙國的大將軍韓信對酈食其遊說齊國並不知情，他還在傻頭傻腦地練兵，準備與強硬的田橫決一死戰。而從河南赴齊都臨淄，必須要路過趙國，酈食其對韓信的保密工作做到如此地步，只能說明他刻意與韓信爭功，他擔心韓信知道他使齊後，搶在他的前面攻下齊國。

來到臨淄後，酈食其以漢國使者的身分，拜會了齊王田廣和齊國丞相田橫。田廣是前齊王田榮的兒子，田橫之侄，他是被田橫擁立為齊王的。田廣名義上是齊王，但齊國的軍政大權皆掌握在田橫手上，史稱「專國政，政無巨細皆斷於相」，田橫類似陳餘在趙國的地位。

寒暄完畢，下面進入正題，酈食其開始往漢王劉邦的那張老臉上塗脂抹粉。在酈食其的嘴裏，出陳倉、定三秦、渡黃河、平河東、下井陘破趙的赫赫戰功都成了劉邦的功勞，韓信被直接無視，而劉邦彭城慘敗，出逃成皋的「光榮歷史」也被酈食其遮罩了。

酈食其的說齊之策，總結起來有兩點：

一、從政治入手，說明漢王深得天下人心，而項羽負先入關中者為王的約定，又沉殺義帝，到處燒殺搶掠，天下人孰不恨項羽？項羽為人自私刻薄，楚軍諸將立功無數，卻不得封賞，用人以親不以賢，絕天下賢士展才之途。還有一點，項羽喜記人過，不喜記人之功，齊國田氏兄弟與項羽纏鬥不休，以項羽狹窄的心胸，他肯定不會忘記齊國對他曾經的不敬，一有機會，項羽會放過齊國嗎？

二、從軍事入手，誇大劉邦的軍事能力，同時指出漢國在與楚國的戰爭中已經佔據地理上的優勢。漢國據敖倉之粟，塞成皋之險，守白馬之津，杜太行之阪，距蜚狐之口，進可圖江淮，退可守關中。楚據平原四戰之地，楚能守之，漢亦能攻之。

酈食其的分析果然條理清晰，雙管齊下，對楚漢之爭的形勢看得也非常透徹，讓田橫無話可說。其實還有一點，雖然酈食其的談話中沒有提到韓信，但韓信在趙國準備東下的事情，田橫是知道的。韓信的威名，在無形中增加了酈食其的底氣，如果沒有韓信，憑劉邦臭不可聞的軍事能力，田橫根本不會把酈食其當盤菜。

以現在的形勢來看，漢、楚勢均力敵，但漢在地緣上佔有優勢。天下非楚即漢，在齊不可能與楚聯合的情況下，田橫只能選擇站在劉邦這一邊，他已經沒有選擇的餘地。齊與漢雖然交往不多，但向來無冤無仇，這一點也奠定了齊與漢合作的基礎。

再者，還有韓信的因素。田橫已經在軍事上做好了迎戰韓信的準備，布重兵於歷下（今山東濟南），使大將華無傷、田解據涕水南岸死守。田橫知道韓信是如何在魏國重兵聚於蒲阪的情況下飛渡黃河的，他甚至無法預測漢軍將從哪裏渡河，對於戰勝韓信，田橫一點底氣也沒有。

在田橫的授意下，齊王田廣接受了漢說客酈食其的說辭，表示願意成為漢國的戰略盟友，共討暴楚。同樣是派人遊說，燕王臧荼歸順漢國，而齊國則是漢國的盟友，在地位上是平等的，這是漢國對齊國的尊重，讓田橫非常受用。

既然漢、齊成為盟友，田橫要做出一點姿態來表達自己的誠意。這位性格剛硬的齊國丞相下令，讓駐防歷下的齊軍停止對漢軍的防備。漢齊邊境，將無兵無火。齊國使者從臨淄出發，前往河南，與漢王劉邦達成了合作協議。

至於漢使酈食其，田橫並沒有立刻讓他回國覆命，而是每天與這位酒鬼縱酒為樂。田橫其實多留了一個心眼，雖然與漢國達成了書面協定，但時局動盪，難免生變，把酈食其留下變相扣為人質，再觀察一下漢國的動靜。

酈食其並沒有想到這一點，他看到的只是齊國侍人端出來的金樽美酒。酈老先生一手摟著美麗的侍女，一手執樽，開懷大笑。能理解酈食其的興奮，齊國七十二城，瞬間就變成了漢國的間接屬地，這份功勞是他酈食其一個人的，韓信都得靠邊站。

由於酈食其出使齊國是背著韓信去的，所以韓信並不知情，不然他不會把新訓練出來的漢軍帶到平原（今山東平原），距離歷下不過二百里。直到這時，韓信才得到了這個情報。韓信愣了，酈食其使齊這件與自己緊密相關的大事怎麼沒人告訴我？難道漢王喝醉了，或者有人刻意對自己隱瞞什麼？

韓信對自己受到冷落感覺到一絲不快，但他還是為使齊成功的酈食其感到高興。酈食其說下齊國對韓信有一個最大的好處，就是韓信不用與齊軍苦戰，一則能保證隊伍的完整，保持旺盛的體力；二則漢軍可以順利地通過齊國轄境，直插楚國腹地，在戰略意義上完成了對楚國的北線包圍。

韓信興奮地搓著手，他立刻命令軍隊就地待命，稍事修整。韓信準備派人去臨淄，與田橫交涉關於漢軍過齊國境的事情。畢竟齊國還是主權國家，異國軍隊不打招呼就穿境而過，容易引起外交糾紛，甚至戰爭。

韓信剛要傳使者入廳，接受去臨淄的任務，突然聽到背後有人喊了一聲：「大將軍，且慢。」韓信回頭一看，是謀士蒯徹。

蒯徹，范陽人，也是江湖上鼎鼎有名的辯士。蒯徹曾經替范陽令徐公做說客，成功地說服了陳勝時代的趙王武臣，讓殺氣騰騰的武臣低三下四地派出車百乘，以侯印迎徐公。徐公歸順武臣，對周邊諸侯起到了非常好的帶頭作用，燕國和趙國投降武臣的有三十多座城池，蒯徹的嘴上風暴可見一斑。

蒯徹問韓信：「大將軍不欲立功於天下乎，為何罷平原之兵？」

「你不知道廣野君（即酈食其）已經說下田橫了嗎？齊與漢和，我欲用兵於何處？」韓信不解。

「漢王命大將軍發兵擊齊，卻暗中派酈老頭兒賊一般地出使齊國，有意避開大將軍，難道大將軍沒有感到一絲寒意？甚至酈食其說下齊國，可有詔書命大將軍罷進齊之兵？」蒯徹再問。

韓信茫然：「沒有。」

蒯徹用手捋著老鼠鬚子，不陰不陽地笑了：「既然漢無詔書止將軍擊齊，那大將軍就沒有必要因酈食其說齊而罷兵。臣所聞，齊已罷歷下兵，歷下空虛，河渡無人，大將軍何不乘其虛而直取其實？令旗所指，萬夫東下，一戰可定臨淄。臣善意提醒大將軍，如果不想功居酈食其之下，必以兵臨齊，否則酈食其便是平齊首功，大將軍顏面何存？大將軍破趙時，將數萬之眾，背水絕生，歷盡艱苦才攻下趙國五十城。酈食其不過是個耍嘴皮子的，仗著有口吐蓮花的功夫，便說下齊城七十二，此功足撼天地。大將軍之功與酈食其相比，豈不黯然失色？且田橫之歸漢，並非酈食其之功，而是田橫懼大將軍威名所致。平齊之功，大將軍本當居其首，卻讓酈食其獨得其功。此後天下皆知高陽酈食其，又有誰知道無雙國士、淮陰韓信！」

蒯徹的最後一句話實在夠狠！直接讓韓信之前的興奮都變成了沉默。

得到酈食其說下齊國的消息後，韓信只顧著為酈食其高興了，卻完全沒有想到蒯徹所說的這一層。酈食其確實風光無限，可韓信卻將被人遺忘，至少在這件事上，韓信可悲地淪為配角，雖然他的功勞並不亞於主角酈食其。

一位堂堂的大將軍，橫空出世以來，戰無不勝，攻無不克，定秦平魏破趙說燕，震驚天下。可在這無限風光的背後，又有誰知道韓信為此付出了多少心血和汗水？更不要說在做漢國大將軍之前那段不堪回首的苦難人生。酈食其僅憑一張嘴，就足以使擁有無數光環的韓信瞬間黯淡下去。

這是驕傲的韓信無法容忍的。

不要說韓信嫉賢妒能，嫉酈食其之功，在此次事件中，劉邦做得非常不靠譜，酈食其也難逃搶功的嫌疑。劉邦在派酈食其出使齊國時，應該提前通知韓信，而不是讓韓信帶兵長途拉練。

酈食其明明知道韓信軍即將與齊國大戰，卻不提醒劉邦應該通知韓信，而且從他與田橫的對話中，絕口不提韓信之功，已經說明了問題。從酈食其獻說齊之策到說齊成功，韓信居然完全被蒙在鼓裏，再加上劉邦對韓信三番兩次地掣肘，讓韓信如何能嚥下這口氣！

韓信越想越惱火，不是因為他貪功，而是劉邦和酈食其對自己欠缺一份尊重。韓信雖然不屬於劉邦最親信的沛人集團，但漢國能發展到今天，韓信功居第一。得到一份最起碼的尊重，這很難做到嗎？

蒯徹說得沒錯，韓信可以裝作對酈食其使齊毫不知情，在齊軍已經撤去歷下守兵的情況下突襲齊國，雖然會置酈食其於死地，但在軍事上卻是一個最佳選擇。

韓信還多了一層軍事戰略上的考慮，齊國雖然和漢國成為盟友，但是相對獨立，並不受漢國管轄，隨時有反水叛漢的可能。如果韓信偷襲成功，漢國將徹底控制齊國，真正完成對楚國的戰略合圍。而且漢不攻齊，楚一旦得齊，韓信千辛萬苦才在北線建立的防禦體系將在瞬間崩潰。

韓信決定聽從蒯徹的計策。他是漢國大將軍，必須從大局考慮，而不是個人恩怨。至於酈食其的生死榮辱，聽天由命吧。大將軍下令：各部立刻整裝，操起矛戟，以最快的速度從平原狂奔到歷下的涕水北岸，準備渡河入齊。

漢四年（前二〇三）十月，新的一年開始了，韓信相信自己將迎接又一個勝利。

由於齊軍主力都在涕水以東的齊國本土，涕水以西沒有駐防齊軍，所以韓信從平原出發，一路急行軍暢通無阻，很快就殺到了涕水西岸。田橫與漢聯合後，就撤掉了歷下守兵，韓信站在西岸往對岸眺望，果然沒有發現一個齊兵，韓信大喜。

在韓信的率領下，漢軍異常輕鬆地渡過了涕水。

齊國雖然在歷下駐有重兵，但也不會比秦、魏、趙的重兵強多少，而且全都處於休閒無備的狀態，韓信能輕鬆拿下章邯、魏豹、陳餘，田橫在韓信面前又能有多少勝率？

從史料記載來看，齊軍重兵雖然還駐在歷下，但應該不在涕水南岸，因為歷下距離涕水也有十幾里的距離。漢軍渡河之後，稍事休整，韓信已經提前派出斥候前往歷下觀察齊軍的動靜，他在等消息。

斥候的回答果然和韓信希望的一樣，華無傷和田解每天也在喝酒取樂，齊軍完全不在作戰狀態，大營也形同虛設。看上去，這支部隊更像是一個龐大的旅遊度假團。

很好，韓信立刻命令軍隊以最快的速度向歷下方向挺進，他要利用這股衝勁，闖進齊軍的大營，猛虎下山，勢不可當，就是這個道理。由於距離實在太近，漢軍挾裹著風速，一鼓作氣，在齊軍毫無防備的驚叫聲中，衝進了齊軍大營。

韓信已經下達了指令，務必將這支齊軍全殲，因為這是田橫闖蕩江湖的所有本錢，滅此齊軍，齊國將唾手可得。在韓信的北線戰略中，魏是頭，趙是腰，齊是尾，而這個尾部正好對接著楚國的頭部，所以戰略意義非常重大。控制齊國後，漢軍就可直插楚都彭城，韓信絕對不容此戰有失。

韓信帶的都是新兵，也許技戰術上不是很熟練，但初生牛犢不怕虎，鬥志更加旺盛，不像老兵油子那般油滑。齊軍人數上可能更多，但狀態太過懶散，他們絕對不會想到在齊與漢聯合的情況下，還會有漢軍無恥地偷襲，所以等他們想恢復作戰狀態時，已經來不及了。

這是一場毫無懸念的戰鬥，齊軍或死或降，僅有幾條漏網之魚僥倖逃脫，華無傷、田解生死不詳。

輕鬆攻克歷下，齊都臨淄的西大門已經被韓信緩緩推開，臨淄以西，再沒有韓信過不去的堅城。歷下與臨淄正處在魯中南山地丘陵地帶的最北部，這裏平原縱橫，兩地之間距離不到三百里，利於急行軍。

韓信意識到了一點，必須盡快拿下臨淄，否則就會驚動田橫。為了生存，田橫極有可能與楚聯合，一旦楚軍北上救齊，漢軍突襲行動的效果就要大打折扣，所以韓信必須在田橫沒有反應過來的時候就佔領臨淄形勝之地。

韓信縱馬馳奔，漢軍整陣前進，十萬旌旗如畫。

漢軍的速度非常快，距離臨淄越來越近。

臨淄城中的齊國丞相田横已經驚愕得說不出話來了。他略微顫抖著，厲聲質問酈食其：「漢誠欺我，奈何韓信兵來！」酈食其的臉上同樣寫滿了驚愕，他也沒有想到韓信會不請自來，破壞了自己的這桌好菜。

酈食其不知道如何回答田横，齊國聽信了他的說辭，解歷下之兵，結果韓信乘虛而入。不管韓信是有意進兵搶功還是確實不知情，從道義上講，酈食其確實對不住齊國，他也確實看到了田橫的臉在不斷變換顏色，扭曲得可怕。

歷下兵頃刻間煙消雲散，這可是齊國唯一的重兵軍團，沒有了歷下兵，田橫拿什麼對抗韓信？田橫又把眼光盯在了酈食其的身上，對，就拿這個老頭兒做人質，逼迫韓信撤軍，然後火速請楚軍北上救援，齊國還有一絲生機。酈食其還沒有反應過來，他已經被田橫的手下武士五花大綁。一鼎沸騰著的油鍋在柴火的燒烤下，散發著讓人窒息的死亡味道。

田橫也不和酈食其稱兄道弟了，他獰笑著，問酈食其一個問題：「今日之事，漢有負於齊，不是你花言巧語，我的歷下兵怎麼會被韓信襲滅！我不想為難你，只要你答應去漢軍中說退韓信之兵，保我齊國，我就放你回去。」

田橫又在犯傻，他怎麼知道一旦放酈食其回漢營，酈食其會勸說韓信撤兵？但酈食其冒的傻氣比田橫還要多，他居然沒有想到這是一個絕對的逃生之計，而是氣定神閒地拒絕了田橫：「韓信入齊，雖置我於死地，但於漢大有益，他做得沒錯，換了我也會如此。我勸你不要不識時務，我死不死，齊國都是要亡的。」

田橫被酈食其「騙」得家破人亡，他牙咬得咯咯作響，突然爆出一陣讓人毛骨悚然的大笑。我是打不過韓信的，但在我死之前，也要你提前下地獄探路！田橫喝令武士把酈食其投下油鍋，立刻傳來一陣慘叫。

酈食其死得非常可惜，而且他的死，韓信要負一半的責任。為了自己的功名，韓信不惜讓酈食其充當死間，慘死於油鼎之烹，在良心上韓信有愧。但更應該譴責的是蒯徹，不是他多嘴，酈食其也不至於如此。

酈食其的大度，讓人讚歎，以他的閱歷，應該猜得出來韓信是有意進兵，但他還是站在漢國的立場上為韓信辯解。因為酈食其知道，韓信進兵，在軍事上對漢國是有利無弊的。劉邦待酈食其不薄，他無以為報，做了一回死間，也算是報答了劉邦的知遇之恩。

韓信已經殺到了臨淄城下，酈食其的慘死嚴重刺激了韓信，他真沒想到田橫下手會這麼狠，讓韓信處在一個非常尷尬的位置，他將背負賣友求榮的罵名。現在酈食其為韓信而死，那韓信就應該為酈食其報仇，打不死田橫，也要徹底征服齊國。

田橫在這件事情上做得實在不夠聰明，他完全可以繼續綁架酈食其做人質，這樣反而不利於韓信進軍。酈食其的死，對田橫來說已經失去了最後一個可以有效制衡韓信的手段，等待他的結局，不說自明。

田橫還算有些自知之明，他知道自己和韓信不是一個檔次的，一旦與漢軍開戰，必是飛蛾撲火。田橫現在只能有一個選擇：逃離臨淄，據險死守，等待楚軍的救援。

在漢軍即將殺到臨淄城下時，田橫拉著侄子田廣，如驚弓之鳥般逃出了臨淄。他不知道此去一別，還能否有機會回到臨淄——這個田氏祖祖輩輩統治的國都。不過田橫為了防止被韓信一鍋端，他讓田廣逃往高密，自己逃往博縣（今山東泰安）。

臨淄很快就落在了韓信手上。

34 成皋拉鋸戰

在韓信輝煌的勝利史上，還沒有哪一場戰役像平齊之戰帶有這麼大的爭議，因為這是一場帶「血」的勝利。酈食其實在不該死，無論他搶在韓信之前出使齊國帶有多少私心，韓信也將因為出賣了酈食其，在靈魂上受到痛苦的拷問。

同樣在靈魂上受到拷問的，還有漢王劉邦。因為劉邦和酈食其的私交甚好，二人是最佳酒友，所以酈食其的死訊傳來，可以想像出劉邦痛苦的表情。劉邦該罵韓信嗎？酈食其之死，韓信有冤在前，有錯在後，劉邦才是真正的「主謀」。劉邦讓酈食其和韓信搶功，結果只能是二虎相爭，必有一傷。

拋開主觀感情，只講客觀形勢，對劉邦來說萬幸的是，死的是酈食其，不是韓信。在漢軍陣營中，與酈食其同樣口吐蓮花的辯士還有很多，比如隨何、陸賈，但能左右天下生死的，只有一個韓信。

如果沒有韓信的橫空出世，此時的劉邦甚至都沒有機會站在成皋城下，繼續挑戰項羽的軍隊。好在此時的項羽也不在成皋，留守成皋的是楚大司馬曹咎。項羽臨回彭城時曾經囑咐曹咎死守成皋，輕易不要出城，以免中了埋伏。

剛開始的時候，曹咎死守不出，氣得劉邦直搖頭。不過劉邦很快就發現了曹咎的性格特點，就是易暴怒，劉邦派人去城下辱罵曹咎，祖宗八輩都罵上了，結果果然把曹咎引了出來。

劉邦打不過項羽，但對付一個曹咎對劉邦來說不算很難。劉邦應該讀過《孫子兵法・行軍第九》：「客絕水而來，勿迎之於水內，令半渡而擊之利。」等曹咎率軍怒氣沖天地橫渡汜水即將過半時，劉邦突然下達了攻擊令，數萬漢軍吶喊著殺進楚軍陣中。

楚軍有一半在岸上，有一半還在船上，被漢軍強力衝擊，頓時潰不成軍，被漢軍幾乎全殲。曹咎不愧是項羽的部下，寧死不降，刎頸而死。和曹咎一起自殺的，還有曾經的塞王司馬欣。

漢軍很順利地收復了成皋，重新佔據兵家形勝之地。不過成皋距離敖倉糧庫有些遠，需要構建運糧甬道，太過麻煩，不如直接就敖倉為食。漢軍乘勝渡過並不寬闊的汜水，一路向西，駐軍距離敖倉僅一箭之步的廣武甬道。

與此同時，在楚國腹地的項羽已經將彭越打得鼻青臉腫，不足為患。項羽得知漢軍據廣武的消息，不敢大意，立刻回軍西向，找劉邦要個說法。這回劉邦學精明了，和項羽硬頂幾乎是找死，漢軍據險死守，學曹咎那樣，和楚軍耗糧食。

項羽帶的是急兵，軍糧不多，勉強和劉邦對耗了幾個月，楚軍即將斷炊。項羽想與劉邦決戰，劉邦就是不上當，每天在營柵後面欣賞項羽的氣急敗壞。

項羽實在被逼急了，他又想出一個招人罵的昏招。項羽把隨軍當人質的劉邦父親太公拎到漢軍大營外，架起油鍋。項羽站在鼎旁威脅劉邦：「拿點男人氣概出來，今日與我鬥個死活，不然，我就烹了你的老爹！」

如果換了別人，這個下三濫的招數也許還有效果，但劉邦久經江湖，哪吃項羽這一套？劉邦知道一點，他自己只要還活著，太公就不會死，因為項羽還要拿太公當人質。一旦自己敗於項羽，自己人頭落地不說，太公還有活路嗎？

劉邦大笑：「我們曾經約為兄弟，我父即汝父，你要烹炸你的父親，作為兄長，我很想嘗嘗烹炸的人肉是什麼滋味。」劉邦堅決不咬鉤，項羽一點辦法也沒有，只好暫時放過太公。正如項伯對他說的：殺了太公，我們手上就沒有制衡劉邦的牌面了。

面對劉邦的強硬拒戰，項羽心有不甘，還在想辦法激怒劉邦。項羽不停地罵劉邦做事不像個男人，有種的話，出來與我大戰三百回合，決出一個勝者，以解天下生民之困。讓劉邦縱馬執戟與項羽決鬥？劉邦哪有那麼傻，以己之短擊項羽之長。任憑項羽口乾舌燥地咒罵，劉邦紋絲不動。

項羽想打嘴戰，可哪裏是劉邦的對手？劉邦的嘴功也是天下一流，對付項羽再輕鬆不過。劉邦當眾指責項羽犯下的十條大罪，包括殺宋義、坑殺秦軍二十萬、燒掠關中、擅弒義帝，每一條都在道德上完勝項羽，讓項羽無話可說。

項羽臉皮薄，哪經得起劉邦這番揭短，臉上頓時掛不住了。陽謀不得逞，那就玩陰的，項羽玩陰招也是一流高手，他讓弓弩手趁劉邦不注意，射了劉邦一箭，結果箭中劉邦胸口，差點兒沒把劉邦疼死。但在兩軍陣前，一旦劉邦表現出痛苦，會導致漢軍士氣崩潰，後果不可收拾。

劉邦天生是一個好演員，明明箭中其胸，他卻一狠心拔掉箭矢，蹲在地上捂住腳趾，大罵項羽：「這個小人做事不地道，有話不好好說，幹嗎射寡人的腳？」因為劉邦演技好，所有漢軍將士都沒有看出破綻，在最大程度上穩定了軍心。

由於劉邦有傷在身，不宜在前線受驚喝涼風，在張良的建議下，劉邦後撤至成皋休養。至於項羽的無聊咒罵，劉邦眼不見心不煩，最後弄得項羽也覺得無趣，回營發愁去了。

楚軍的糧食實在經不起劉邦這般消耗，讓項羽惱火的還不只是劉邦，他得到了最新情報：漢大將軍韓信已經攻陷齊國，韓信人已經到了臨淄，即將整兵南下，攻楚之腹地。

項羽一直以劉邦為最大的威脅，卻沒有意識到韓信已經悄悄地給自己編織了一條密不透風的漁網，隨時捕捉自己這條大魚。之前魏、趙、齊三國存在，無論三國對楚態度如何，至少他們不附漢，項羽可以保障北線的安全。現在魏、趙、齊全部被韓信攻克，楚國腹地直接暴露在韓信劍鋒之下。項羽在成皋與劉邦對峙，彭城空虛，一旦韓信偷襲彭城，項羽將無家可歸，並被劉邦和韓信擠成夾心餅乾。

韓信能發展到今天這個地步，確實是項羽沒有想到的，但項羽還是沒有因此高看韓信一眼，在項羽的潛意識裏，一個胯下懦夫，能成什麼大事。秦、魏、趙、齊之破，那是因為他們太無能，而不是韓信英才蓋世。

在劉邦和韓信之間，項羽認為劉邦對他的威脅最大，韓信對他產生了威脅，卻不是最致命的。項羽堅持在河南作戰，應該還有一個戰略目的：一旦擊破劉邦軍，楚軍就能直搗關中腹地，並過河收復河東，切斷韓信的後援。如果能活捉或殺死劉邦，韓信師出何名？

項羽沒有親征韓信的打算，不代表項羽不重視韓信，田橫的使者已經到了他的大帳裏，向霸王哭訴劉邦和韓信的無恥，請求霸王救齊。項羽當然知道齊國落在韓信手上，對楚國來說意味著什麼，救齊就是救楚，項羽答應了田橫的請求。

替項羽北上收復齊國的，是楚國名將龍且，不過《漢書‧項籍傳》卻說楚軍大將是項羽的侄子項它，龍且只是副將。面對救齊破漢這樣的重大軍事行動，勇猛善戰的龍且更有資格成為楚軍主將。項羽派項它為大將，只能有一個目的，就是監視龍且！陳平曾經用了四萬金成功離間了項羽和龍且之間的關係，項羽信不過龍且，但項羽此時又不得不用龍且，所以抬出項它就順理成章了。

楚軍的兵源非常豐富，在楚軍主力都在河南的情況下，項羽還能拿出「二十萬」人馬給龍且。楚軍雖然號稱有二十萬眾，實際上沒這麼多，但至少也應該有十萬人左右，依然遠遠多於韓信的漢軍。項羽相信以龍且之力，對付一個胯下懦夫綽綽有餘。

35 濰水囊沙破龍且

龍且的性格和項羽非常相似，都是暴力美學的忠實信徒，可以把龍且看成迷你版的項羽。龍且為人粗豪，打起仗來不要命，特別重視男人的氣節，他最瞧不起韓信這樣的鑽襠之輩，毫無骨氣可言。

當龍且得到由他實際領銜出征的消息，心裏非常高興。都說韓信國士無雙，他偏要打掉韓信頭上的光環，讓天下人看清這個胯下懦夫的真實面目，而且龍且被項羽疏遠，心裏憋著氣，正好拿韓信發洩。

在龍且的授意下，項它督令「二十萬」楚軍各部火速向北開拔，至高密與齊王田廣會合。田廣對龍且的到來表示十二分的歡迎，雖然他的父親田榮就是死在項羽手上。

世界上沒有永恆的朋友與敵人，有的只是永恆的利益，齊楚聯合對雙方都有利，這也奠定了齊楚合作的基礎。田廣聲淚俱下地乞求龍且一定要幫助他奪回齊國，龍且含笑點頭。

龍且站在高密城外不遠處的濰水東岸，欣賞著滾滾波濤，聽風觀瀾，很是愜意。龍且已經發現了河對岸的漢軍大營。他看到了漢軍營中高高掛著的那桿寫著「韓」字的大幡，輕蔑地笑了。

楚軍中已經有人看出了龍且的驕傲輕敵，這位謀士勸龍且不要貿然與韓信作戰，而是深溝高壘，不與之戰，消耗韓信的耐心和後勤。同時與齊王田廣取得聯絡，以田廣的旗號號召已經附漢的齊人歸齊，壓縮韓信在齊國的生存空間。等韓信堅持不住的時候，楚軍一戰可擒韓信。

這位謀士提出的建議，和之前李左車勸陳餘之策非常相似，就是要避敵鋒銳，擊其惰處。如果龍且能聽進此言，韓信在齊國的軍事行動將受到很大的阻力，勝負實未可知。可龍且卻大笑著告訴他：「如果是別人，我自當小心，可難道你不知道對方是韓信嗎？此人貪生怕死，不敢刺死污辱他的屠家少年，可見此人膽識，我何懼韓信！」

龍且如此狂妄，謀士搖搖頭走開，不過龍且卻不認為他會輸給韓信。龍且知道韓信善於借用地勢破敵，可此時齊楚聯軍在河東岸嚴陣以待，韓信根本沒有機會偷渡過河。只要楚國大軍渡過濰水，韓信就將授首於麾下。

漢三年（前二〇四）十一月，位於山東腹地與膠東半島接合部的膠萊平原上，寒風呼嘯，光禿禿的樹幹還在唱著悲傷的哀歌，落葉早已不知去向，陽光雖暖，照著濰河水，白光粼粼，更映徹著難言的寒意，天地一片肅殺。

濰水西岸，漢軍大營，韓信坐在上席，聽著斥候的報告：「楚國二十萬人馬已與田廣合兵，大將是項它，但軍中主事的是龍且。」

韓信低著頭，用手輕輕擦拭著他的那柄寶劍，默默地聽著，沒有說話。

龍且？韓信知道這個人，是項羽的髮小，在他還是楚軍執戟郎時，就多次見過龍且。如果項羽敢稱單兵天下第一，龍且就敢稱天下第二，是楚軍中最擅長單兵作戰的虎將。項羽敢在河南形勢並不樂觀的情況下，盡出楚軍精銳，並派龍且前來，說明項羽對此戰是志在必得。

韓信確實感覺到了壓力，他知道楚軍最擅長打陣地野戰，天下無出其右。韓信率領的這支軍隊多由趙人組成，趙人擅城戰不擅野戰，而且多是新兵，與楚軍打陣地戰勝率實在太低。

這仗該怎麼打？韓信還在考慮，陣地戰已經被韓信排除了。過河偷襲如何？韓信隨即又否定了這個作戰計畫。楚軍十多萬人馬，加上田廣的部隊也不在少數，漢軍人數為劣，過了河就將成為楚軍的活靶子，而且渡河時萬一被楚軍發現，楚軍趁漢軍半渡而擊之，漢軍將全軍覆沒。

韓信越想越亂，一時找不著頭緒，乾脆離席出帳，到帳外透透新鮮的空氣。漢軍大營緊臨濰水西岸，韓信站在河邊，看著對岸連營無數，旌旗撲獵，韓信深深吸了口氣，然後輕輕吐了出來。

夕陽下，韓信蹲在河邊，看著泛著寒氣的濰河水，突然眼前一亮，漢軍打不過楚軍，但這條濰水足可以置驕傲的龍且於死地。韓信越想越激動，他立刻站起身來，以最快的速度跑回大營，召集諸將進帳，他要布置作戰任務。聽說要和楚軍最精銳的龍且兵團決一死戰，灌嬰等將軍非常興奮，摩拳擦掌，紛紛上前請令出戰龍且。

韓信搖搖頭，笑了，韓信坐直了身子，命令各部火速準備一萬多隻大囊袋，在河邊挖出沙土，填滿囊袋。眾將愣了，大將軍這是要做什麼？韓信接著布置任務：「囊袋河沙，壅濰水上流，吾要以水擊殺龍且！」

韓信的意圖很簡單：挖出沙土填滿囊袋，將袋子扔在濰水的上游，作為臨時攔水壩。囊袋攔住滾滾濰河水，積蓄水勢，然後把楚軍引到河邊，掘開囊袋，以水勢沖潰楚軍，漢軍俟機殺其水上軍。

龍且自信滿滿地認為膠東平原上沒有韓信可資借用的地勢，可最終還是讓韓信發現了地勢之利。河水的源頭是不斷水的，一直朝著下游流去，韓信人為地截斷河水，上游的河水會不斷提高水位，同時衝力越來越大，一旦放開「水壩」，結果可想而知。

濰水發源於山東東南部莒縣的箕屋山下，一路流經向北，在昌邑市北注入萊州灣，全長二百四十多公里，是山東東部的重要河流。濰水在諸城境內多處在丘陵地帶，水勢較高，自諸城以下，便是一馬平川的膠萊平原，而楚漢作戰所在的高密市正好在這兩者的接合部，韓信要求攔水的地方恰好就是這裏。

因為地勢不同，濰水的寬度在不同的流段有寬有窄，但韓信要攔水成壩，肯定會選擇河面寬闊的流段，以增加水勢的衝力。不清楚漢軍的專用囊袋有多大寬度，容積多少，但既然要這麼做，肯定會備足夠用的囊袋。

天色漸漸暗了下來，漢軍士兵萬餘人沿著濰水西岸，悄悄向南開去，避開對岸楚軍的偵察範圍。漢軍萬餘人分成若干個小組，每組分配若干囊袋，士兵們輪換著用鐵鏟挖沙，然後裝進袋子裏。今晚的月色不是很好，而為了保密又不能點燃火燭，漢軍只能映著河水泛出的粼光照明，進度受到一定影響，但一萬人填一萬隻沙袋用不了多少時間。很快，沙袋都被填滿了。

按照大將軍提出的計畫，士兵們四人一組，各拎起沙袋的一角，緩步抬到河邊，扔在了濰河裏，水花四濺。然後是第二隻、第三隻，從河西岸不斷朝著河東岸鋪去，濰河的水不是很深，一萬多隻滿滿的沙袋很快就將濰河水攔腰截斷。

完成了攔水任務，大多數漢軍立刻原路返回，只留一部分士兵留守沙壩，隨時聽口令掘壩放水，讓驕傲的龍且嘗嘗龍王爺的厲害。韓信得到了沙壩建成的消息，興奮地搓著手。

黎明時刻，韓信精神抖擻地站在了轅門內側，命令衛兵打開轅門，由他親自率領萬餘漢軍去引

楚軍在龍且的指揮下，也紛紛跳進濰水的河道裏，去追擊他們眼中的獵物。龍且一邊蹚水，一邊大罵韓信：「是個爺兒們，你別跑，與我在此決一死戰！」楚軍速度很快，在龍且的帶領下，有一部分楚軍已經爬上了岸。龍且又在微笑，他相信在陸地上，韓信不可能是他的對手。

漢軍此時正蹲在西岸的大片空地上喘著粗氣，汗水、河水，已經浸透衣衫。韓信已經看到了正黑鴉鴉向河西岸湧來的楚軍，而他的老朋友龍且已經上了岸，有千餘楚軍，韓信同樣在微笑，龍且已入彀中，任他有橫衝萬夫之勇，今日也在劫難逃。韓信然後把目光對準了濰水上游，那個他精心設計的臨時沙壩。

沙壩建成後，漢軍主力回到大營，韓信就已經交代了留守沙壩的士兵：「見楚人渡河之半，即掘開沙壩放水。」這支漢軍特別分隊人數並不少，因為要掘開一萬多隻裝滿泥沙的袋子，需要大量人力。漢軍站在壩上的最東側，手上拿著刀戟，準備用來掘壩。

濰水的上游地勢較高，而且沙壩又增加了觀察的高度，所以壩上的漢軍能清楚地看到下游的動向。韓信率眾蹚河，在河邊與楚軍大打出手，然後又蹚河回來，楚軍跳進河道，準備追殺漢軍，這一切都被壩上軍盡收眼底。

開始執行大將軍布置的作戰任務，速度一定要快，不然讓楚軍爬上西岸，這個攔水壩就白築了。漢軍掘壩的速度非常快，因為沙袋是吸水的，所以最東側的一隊士兵用刀戟狠狠地砍破沙袋，然後用力將破損的沙袋推進河裏，放水過壩。

剛開始掘開的口子很小，一股細流緩緩流過，漢軍一邊砍袋推沙下河，一邊向西後退，退一步，挖一個。隨著口子越掘越大，濰河水的脾氣也越來越大，翻滾著波浪，嘩嘩地向北流去。

等到最後一個沙袋被砍破，袋中的泥沙被推到河裏，河水已是白茫茫一片。從半夜攔水到現在，上游流來的水被攔在壩前，越積越多，所以掘開沙壩之後，濰河的水量在瞬間形成了強大的衝力。

波濤洶湧，如萬馬奔騰，一瀉千里，勢不可當。

還在岸上與漢軍英勇作戰的龍且絲毫沒有注意到正在向楚軍撲來的那隻張著血盆大口的兇猛水怪。當其他楚軍驚呼大水來了，龍且回頭看時，眼前一陣眩暈，哪來的這許多水？

等龍且明白過來這是韓信故意挖陷阱引他往坑裏跳的時候，已經來不及了，在楚軍驚慌失措的尖叫聲中，撲天巨浪碾過了楚軍所在的河道……

被攔腰截斷的濰河水已經壓抑了太久，一旦蛟龍出籠，會盡可能地釋放這種壓抑，憤怒地訴說著對韓信的不滿，只是這可怕的後果卻要由楚人來承受。龍且和楚軍猝不及防，瞬間被河水沖亂，隨著水面的不斷上升，大多數楚軍被洪流無情捲走，剩下的楚軍在水面痛苦地掙扎。

楚軍都身穿重甲，如此重量是不可能漂浮在水面上的，即使他們會游泳。慢慢地，水面漸趨平靜，恢復了往常靜謐如畫的狀態，不久前還在水面痛苦揮舞著的無數隻手，已經看不到了。

在河東對陣時，楚軍是漢軍的數倍，而在河西，漢軍卻對上岸的楚軍形成了人數上的絕對優勢，數萬人對千餘人。龍且是當代虎將，單兵作戰能力僅亞於項羽，但無奈韓信對他耍起了車輪戰術，一隊漢軍被打退，另一隊繼續纏著龍且廝打，這支楚軍體力漸漸不支，紛紛倒下。一代名將龍且，異常不甘地死於漢將灌嬰的部卒之手。

當漢軍士兵把龍且的人頭割下來獻給大將軍時，殺得滿臉是血的韓信卻笑不出來，發出了一聲長長的歎息。韓信很同情龍且嗎？有一點兒，但韓信更希望龍且能活著，即使他不願為韓信做馬前卒，韓信也希望能讓龍且繼續見證自己的偉大。

龍且帶著各種不服離開了世界，他不會理解韓信的，韓信也不屑於他的理解。韓信需要一個接一個偉大的勝利，在自己輝煌的人生篇章上寫滿華麗的注腳。龍且死了，下一個死的，一定是項羽。

楚軍主力已經被濰水沖滅，留在濰水東岸的楚軍已經不多了，而且被這場突如其來的人造洪流嚴重驚嚇到了，洪水退去，他們依然驚魂未定。水東的楚軍已經得到了龍且被殺的噩耗，知道大勢已經不可挽回，痛哭流涕，如風捲雲散，不知所終。

勝負已定，即使水東楚軍欲與韓信決戰，也絲毫不會影響戰爭的走向。楚軍雖然徹底垮掉了，但齊國境內的形勢依然沒有達到韓信的預期，田氏宗室在齊國還擁有強大的影響力，如果不及時消滅他們，會後患無窮。

韓信立刻率軍東渡濰水，收拾殘局。

龍且軍團的倒掉，對齊人的復國計畫是致命的打擊，齊王田廣、田光很快就被韓信生擒。田橫雖然隨後自立為齊王，但立刻被韓信打成了光棍。不過田橫腿長，趁亂跑到大梁，找彭越要飯吃去了。漢軍越打越興奮，灌嬰北進千乘，殺齊將田吸；曹參進軍膠東，殺齊將田既。這幾支齊軍主力的被殲滅，標誌著韓信掃平齊國的局面已經不可逆轉。

36 大丈夫定諸侯，奈何做假王！

漢大將軍韓信的北線圍楚戰略，在田吸、田既等人的人頭扔在韓信腳下的那一刻，正式宣告完成。韓信以幾乎不可能的概率，在中國的北半部畫了一個漂亮的半弧形。從漢中到陳倉，從陳倉到咸陽，從咸陽到平陽，從平陽到襄國，從襄國到臨淄，這些在青銅祭器上鑄寫著數百年輝煌的城市，都要為韓信的到來而改變它們原有的顏色。

韓信用兵，已經達到了出神入化的程度，肉麻地歌頌韓信是一代戰爭藝術宗師，並不為過。戰爭就一定是雙方的英俊主將縱快馬、舞大戟，決死三百回合分勝負嗎？那只是街頭小孩子的打鬧遊戲。真正的戰爭大師是最善於借力打力的，以天地為兵，以山河為馬，縱橫八荒，包並四海，而不是昏頭漲腦地拎刀上陣對砍。

正如明人茅坤對韓信的評價：「破魏以木罌，破趙以立漢赤幟，破齊以囊沙，彼皆從天而下，而未嘗與敵人血戰者。」韓信發動的這些戰役，基本沒有大規模陣地戰，用的全是巧兵、智兵、天地之兵，這才是用兵的最高境界。

東漢初人田邑在《報鮑永書》中對韓信的軍事天才推崇備至：「昔者韓信將兵，無敵天下，功不世出，略不再見。」南宋人陳亮激動地大喊：「韓信之用兵，古今一人而已！」這些歷史上著名的史評家對韓信崇拜得幾乎五體投地，足以說明韓信的偉大。

韓信從舉目無親的淮陰小城倉皇逃出，去追尋一個在別人看來幾乎是笑柄的夢想——做大將軍，橫掃天下！即使是用人不疑者如劉邦，開始時也沒有認可韓信的價值。歷史應該感謝蕭何，如果不是蕭何逼劉邦立韓信為大將，江湖上將不會留下韓信的傳奇足跡。

老話說，是金子總會發光的。無論這塊金子埋在地下有多久，總有破土見光的那一天。即使曾經有那麼不堪的苦難經歷，韓信還在咬牙堅持，一刻也沒有放棄過。韓信在得到施展抱負的平臺後，把一個接一個的勝利扔在質疑過他的那些人的臉上，比如劉邦、項羽、龍且。

韓信出任漢國大將軍前，天下形勢一片混亂，諸侯數十，其中西楚實力最強。現在呢？秦、魏、趙、代、燕、齊都被韓信踩在腳下，漢國已經是當之無愧的天下第一大國。更讓韓信興奮的是，項羽手上最後一支精銳部隊「二十萬」在龍且的率領下，被韓信成功殲滅。

項羽在北線的盟友全部被韓信消滅，嚴重擠壓了楚國的戰略生存空間，楚國內部又有彭越不停地搗亂，漢軍即將在北線與東線對項羽實行合圍，項羽的末日就要到了！

不過韓信做事很謹慎，即使現在齊國基本被他征服，在齊國境內還是有一些小股力量企圖復興齊國，這是韓信無法容忍的。如何才能在最短時間內穩定齊國，進而對項羽完成最後一擊？不知道是韓信自己的苦思冥想，還是蒯徹等人的暗中攛掇，韓信給遠在成皋養病的漢王劉邦寫了一封信，信中提到了穩定齊國的好辦法——立韓信為假（代理）齊王。

對於韓信突然提出這個要求，歷來有兩種解釋，一是韓信確實是出於穩定齊國大局考慮，二是韓信有了裂土分封的私心。對於齊國內部的那些小股反抗勢力，以韓信的軍事天才，並不是什麼大的問題。唯一合理的解釋，只能是第二點。

客觀來說，韓信的人生畫卷寫到現在已經足夠成功，但有一件事情始終讓韓信感覺到一絲不快，就是他的爵位問題。雖然韓信戰功卓著，威震天下，但除了大將軍的軍方職務外，韓信居然無爵位無封邑，在漢國高層大多數人都有爵位的大背景下，這幾乎是不可置信的。

雖然劉邦拜自己為大將軍，但韓信和劉邦並沒有什麼私人交情，全是公事公辦。即使是公事公辦，劉邦也應該給韓信封爵，韓信也有個人功名利祿的追求。劉邦卻把韓信當成一個志願者，一毛不拔，佔盡便宜。

看看樊噲，每立一功，便得一爵，破宛陵時因斬殺八個敵軍，樊噲就被封為賢成君。韓信連破秦、魏、代、趙、齊，功蓋天下，卻一無所得。樊噲確實立過功勞，但有些人戰功明顯不如樊噲，卻封得肥爵，比如盧綰就封為長安侯，只因為他是劉邦的髮小。

剛被拜為大將軍的時候，韓信還能一心破敵，但隨著功勞的不斷加大，韓信的心態也不可避免地出現變化。當然，韓信的要求其實並不過分，以張耳之功，猶能封為趙王，韓信之功遠在張耳之上，封王又有什麼不可以的，何況韓信並沒有獅子大張口，他要求得到的只是一個代理齊王而已。

韓信還在焦急地等待著劉邦的回覆。

劉邦的胸傷已經基本痊癒了，他特意回關中一趟，視察蕭何的後勤工作。因為前線戰事太緊，劉邦只在櫟陽待了四天，就立刻返回河南前線。雖然劉邦沒有接受項羽的單挑請求，但楚軍攻勢依然猛烈，劉邦的軍事能力本就不如項羽，在楚軍大密度的進攻下，劉邦已經明顯感覺到壓力。

要想讓討厭的項羽撤軍，劉邦現在只能期待韓信的釜底抽薪，從齊國南下進攻彭城。韓信平定齊國的消息，劉邦已經知道了，大喜之餘，漢王每天都在等待韓信軍南下攻楚的消息。

隨著韓信特使飛馳入營，呈上大將軍的雞毛信，劉邦臉上寫滿了喜悅。韓信肯定已經出兵南下了，用不了多久，項羽就會罵罵咧咧地滾蛋了。劉邦打開錦囊，抽出帛信，掃了一眼，頓時臉色大變，當場就爆了粗口：「你大爺的，韓信！」

韓信的雞毛信是這樣寫的：「尊敬的陛下，臣已經基本平定齊國，即將南下擊楚，但因為齊國處事向來反覆無常，今日能附漢，明日就能附楚，不可深信。方今之計，唯有陛下立臣為代理齊王，藉陛下之威以馭齊。此致敬禮！」

劉邦苦苦等待韓信在外圍攻楚以救河南之危，結果竟盼來了韓信的威脅信，讓劉邦如何不惱火。劉邦一邊把信交給旁邊的張良和陳平傳閱，一邊摳著腳丫子破口大罵：「寡人在河南獨自承受項羽的攻擊，已經危在旦夕，就盼著他來救寡人，哪知他便欲自立王。」

劉邦如此憤怒，自然有他的邏輯。

韓信要求立為假齊王的舉動，實際上在漢國內部開了一個很惡劣的先例：但凡有功，即可要脅劉邦討賞。韓信有功，其他將領難道就沒有功勞嗎？如果所有人都像韓信那樣伸手要這要那，劉邦還談何漢王的威嚴？

按道理說，韓信功高蓋天下，封他為王並不為過，但劉邦卻懂得一個道理：待韓信如養鷹，狐兔未息，不敢先飽，饑則為用，飽則颺去。為了滅楚大業，劉邦必須讓韓信時刻保持著對榮譽的饑餓感，如果過早地封韓信為大國之王，韓信的戰意還有多少就值得懷疑了。

隨著戰事順利推進，韓信的地位越來越舉足輕重，更讓劉邦難以放心。韓信今日能滅楚，明日就有可能滅漢。劉邦看信之後大罵韓信，是長久以來對韓信猜疑的必然結果。

張良和陳平已經看完了韓信的來信，再抬頭看著劉邦過激的反應，他們立刻意識到，決定漢國前途命運的時刻已經提前到來。韓信功高蓋世，天下聞之色變，並手握重兵，韓信的態度將決定劉邦和項羽的命運，同時也將決定張良和陳平等人的命運。如果劉邦倒了，還有他們的存在價值嗎？

劉邦還在大發雷霆之怒，可見韓信此舉對劉邦的感情傷害有多大。張良和陳平對視一眼，立刻看出了對方心裏的想法：必須阻止劉邦繼續激怒韓信，否則天下形勢將會出現不利於漢國的大變。

因為二人就站在劉邦的身邊，所以陳平利用案子的遮擋，狠狠踩了劉邦一腳，劉邦當即叫出聲來。劉邦剛要大罵陳平的無禮，張良立刻貼近劉邦，附耳輕聲給劉邦講解此中利害：「我軍被項羽擠在河南，不得東出入楚，大王自問，以我們現有的實力，能禁止韓信自立為王嗎？韓信今日派人來求為王，說明他心中還有漢王。漢王不可錯失良機，為今之計，當封韓信為齊王，先穩住他，使之滅楚。否則激怒韓信，他要是與項羽合兵，還有我們的活路嗎？」

聽完張良一席耳語，劉邦已是冷汗浸背，他剛才只顧著過嘴癮，卻沒有想到這一層。韓信不是沒有可能在劉邦拒絕他封假王的情況下自立門戶，與楚漢三足鼎立，或者乾脆與項羽聯合滅漢。一個項羽已經讓劉邦筋疲力盡，如果再跳出一個用兵如神的韓信，對劉邦來說，篤定是滅頂之災。

即使劉邦對韓信有一肚子的不滿，現在也不是和韓信算帳的時候，在張良和陳平的提醒下，劉邦逐漸冷靜下來，他已經意識到危機的到來。劉邦對剛才大罵韓信有些後悔，畢竟韓信的使者就在不遠處，相信他聽到了劉邦的聲音。

如果此人如實回覆韓信，韓信不反，估計也會被劉邦給逼反了。怎麼辦？劉邦確實夠聰明，夠機變，他幾乎是下意識地想到了一個應對辦法。劉邦又張口大罵韓信，而且分貝特別大，唯恐齊使聽不見。

「大丈夫者，縱橫天下，萬夫授首！大將軍定三秦、擒魏豹、斬陳餘、降臧荼、定東齊，威震天下，功高也，孰以之比！此真大丈夫也。沒有大將軍，寡人何以有今日，大將軍定齊，當為真齊王，以酬不世之功，做什麼假齊王，何其小氣！」劉邦幾乎是怒吼著說出來。

張良和陳平在旁邊欣賞著劉邦的精湛演技，心情很複雜。

穩定住了韓信，就是穩定了大漢天下，否則一切都是未知數。雖然劉邦對韓信的臨陣要脅極為厭惡，從此埋下了殺韓信的種子，但表面上，劉邦依然春風和氣。劉邦皮厚心黑，項羽和韓信都是心黑皮薄，要玩權術，他們哪裏是劉邦的對手？

漢四年（前二〇三）春二月，劉邦極不情願地派出張良帶著新刻的齊王大印赴臨淄，冊封韓信為齊王。

這是一個韓信沒有想到的結果，他向劉邦求立假齊王已經忐忑不安，他不知道劉邦是否因此而猜疑自己，沒想到漢王這麼大度，居然封自己為貨真價實的齊王。聽張良陳說著漢王對自己的欣賞，韓信感激涕零，面對張良，伏拜如儀，略有些惶恐地接過了齊王大印。

當然，劉邦立韓信為齊王是有條件的，就是韓信在封王之後，要率兵南下擊楚。韓信還沉浸在對劉邦的感恩戴德中不可自拔，士為知己者死，漢王如此待我，我必有以報之。

「發兵擊楚！」齊王韓信抽劍下令。

站在韓信身後的張良掃了韓信一眼，沉默不語。

37 武涉說齊王

韓信受封齊王，在漢國軍政兩界沒有引發任何不滿，所有人都知道，韓信配得起這樣的榮譽。而對韓信封齊王最為震驚的，是韓信曾經的主人與現在的敵人——西楚霸王項羽。

項羽向來崇尚簡單的暴力美學，鄙夷韓信這樣的「陰謀製造者」，他一直在尋找機會證明「陰謀詭計」應該遭到可恥的失敗。可項羽始終想不明白，上天為什麼要垂青韓信這樣的小人，任由他一路向東平推，幾乎毀掉了自己的霸主事業。

沒有韓信，項羽吃定了劉邦，楚國將毫無爭議地成為天下第一大國。而現在，韓信的北線戰略順利實現，對楚國完成了戰略合圍，不要再想什麼征服天下了，能保住楚國的地盤就已經萬幸了。

最讓項羽痛心的是，龍且的「二十萬」大軍頃刻間灰飛煙滅，實力遠不如前的楚國幾乎傾家蕩產，項羽手上已經沒有多少兵力。漢兵則越招越多，已經在數量上對自己形成了壓倒性優勢。

韓信滅齊之後，用不了多久，就會率漢軍重兵南下，與劉邦聯手消滅自己。項羽並不懼死，但他卻不甘心失敗，在他的潛意識中，他才是天下第一，韓信又算個什麼東西。

可眼前的一切卻讓項羽無比痛苦，他所鄙夷的韓信生生把自己逼上了絕境，項羽悲涼地發現，他的命運已經不完全掌握在自己手上了，而是在很大程度上掌握在韓信的手上。由別人掌握自己的命運，而自己需要向這個人搖尾乞憐，以獲得活下來的機會，這樣的人生是徹頭徹尾的失敗。

現在怎麼辦？除了向韓信乞求生存的機會，項羽已經沒有其他選擇了。

項羽從來沒有想到他光明磊落的人生中還會經歷如此奇恥大辱，讓堂堂的西楚霸王向曾經在自己門前風吹雨淋的執戟郎乞求生路，這比讓項羽自殺更痛苦。項羽似乎還在猶豫，可殘酷的現實敲醒了還在夢中的項羽——向韓信低頭，忍受著韓信在自己精神世界裏的肆意凌辱。

即使驕傲如項羽，也要向現實低頭。

楚國使者武涉背負西楚霸王的殷切希望，打馬向北疾馳，穿越初春二月的柳青水綠，去尋找另一個歷史的方向。項羽站在營外，看黃塵捲盡，蹄聲漸輕，臉上寫滿疲倦的霸王悵然若失。

盱台人武涉在史料記載中來無影去無蹤，他的人生履歷不詳，但項羽能派他出面遊說韓信，說明武涉應該是個辯士。韓信曾經在楚軍做過執戟郎，在楚軍內部應該有一定的人脈，武涉很有可能認識韓信，項羽希望武涉能通過三寸不爛之舌，加上私人交情來勸說韓信不要對自己斬盡殺絕。

臨淄，巍峨的宮殿內，齊王韓信高坐殿上。殿下，武士執戟立於殿門；殿外，天高雲淡。楚使武涉由遠而近，出現在韓信的視線之內，韓信臉色平靜。按禮節，武涉給齊王行了禮，然後坐在韓信命人鋪好的一側席子上，距離殿上很近，韓信可以清楚地看到武涉臉上的表情。

當初韓信屢次進言項羽，項羽一句也沒有聽進去，因為項羽從來就沒有承認過自己存在的價值。項羽現在走投無路，才勉強派出武涉遊說自己叛漢歸楚，但這更能激發韓信對項羽的報復快感：堂堂西楚霸王，也有今日求我的時候。

雖然韓信早已經知道了自己內心深處那個從來沒有改過的答案，但韓信還是很有禮貌地請武涉先生上坐，問先生此來者何。

武涉知道自己肩上的擔子很重，韓信不會輕易改變自己的立場，要說服韓信與楚聯合攻漢，必須尋找到韓信與劉邦之間的利益衝突點，然後從中切入，站在韓信的立場上替韓信指點迷津。

不過武涉最先講到的還不是韓信與劉邦的關係，而是從道義上先否定劉邦起兵攻楚的合法性：「暴秦無道，天下鼎沸，英雄四起，協力推翻暴秦。然後割地分封，諸侯各治其國，卿、大夫、士、黎庶各安其業，此聖人之道。而推翻暴秦出力最大者，首推項王，漢王無功無德，卻背天下大義，興不義之兵，奪三秦之地。即得三秦，漢王又出關東，企圖亡我楚國，天下人已經看清漢王的野心。天下者，人人之天下，非一人之天下，漢王壞天道以肥其私，是謂不仁。鴻門時，漢王性命早已在項王掌中，項王要殺漢王，易如反掌。然項王天性仁厚，不忍其死，乃赦之，可以說項王是漢王的再生父母，可漢王又是如何報恩的？東出三秦，欲亡楚國。漢王負叛項王，反覆無常，便是小人。小人之心，深不可測，與此人交，合則如兄弟，不合則如仇敵。」武涉說到這裏，有意識地頓了一下，掃了韓信一眼，韓信依然面無表情地聽著。

武涉罵夠了劉邦，接下來就要替韓信謀劃出路：「我知道足下受漢王重用，拜為大將，縱橫天下，英雄得志，不會忘記漢王對足下的知遇之恩。可漢王豈真待足下為國士乎？如果不是蕭何拼了老命力諫，足下能有今日？足下的恩人，不是漢王而是蕭何。足下出身貧賤，又不是漢王親信，功蓋天下，卻沒有得到任何封爵，還不如樊、酈等人，可見漢王從來也沒有信任過足下。漢王拜足下為大將，不過是借足下之力推翻項王。狗擊兔逐鷹，所得皆入於主人，狗能為一飽已足矣。狗之智見愚矣！兔鷹在，狗尚有用於主人；兔鷹俱死，狗必當烹！為狗的未來著想，不如放兔鷹一條生路，有兔鷹在，狗還有利用價值，主人必不敢輕易殺狗。漢王今日不殺足下，因項王還在，所以漢王還不敢對足下動手。漢王，主人也；項王，狡兔也；足下，獵物之狗也。項王是漢王之勁敵，項王死則天下必歸於漢，漢定天下，足下復有何用？足下為了自保，不做被烹的走狗，只有一策可以圖全。」

聽到武涉把他和劉邦的關係比作狗與獵人，韓信不禁笑了，這個比喻很有趣。見武涉說有一策可圖全，韓信好奇，問：「先生直言之。」

「天下三分：楚、漢與齊也。楚漢互相咬了好幾年，都已經是強弩之末，而足下坐鎮齊國，和當年齊湣王在齊稱東帝的形勢非常相似，足下難道就沒有為自己考慮過嗎？今日形勢不用我說，足下想必也非常清楚，齊強於楚、漢，若足下與漢和，則楚必亡；若足下與楚和，則漢必亡。足下一念之差，就能左右天下人生死，不可不慎察之。漢王為一己之私，推崇郡縣制，每滅一國，便將此國平為郡縣。如果足下跟著漢王，等楚亡後，足下還有機會割據稱王嗎？足下欲求富貴，只有一條路可走，就是與楚聯合，共同對付漢王。足下以前就在楚軍中謀事，與項王有舊交，項王的政策，足下是清楚的，向來對有功之臣分茅裂土，有福大家一起享受。如果足下與楚合，項王必保足下封於大國，萬世立基，子孫長享福澤，豈不善哉！臣知足下是個聰明的智者，知道應該怎麼給自己選擇一條光明的道路。」

武涉說得眉飛色舞，唾沫橫飛。該說的他都說完了，現在就看韓信的選擇了，武涉表面平靜地看著韓信，他希望韓信能給他一個滿意的答案。

韓信是個聰明人，得到武涉要來臨淄的消息時，韓信就知道項羽撐不住了，派武涉向自己求情。只是韓信沒想到武涉居然把話說得這麼狠，在武涉嘴裏，自己是一條狗，劉邦是個小人，項羽倒成了仁義君子。

在武涉的說話過程中，韓信有幾次差點兒沒笑出聲來，他對項羽再了解不過了，武涉讚美項羽的那些說辭有很多都是向壁虛造。項羽仁義，奈何坑秦齊，弒義帝？項羽背懷王之約在前，卻被武涉說成有情有義，辯士之風，果然如此。

最讓韓信深思的，還是武涉所說的有關劉邦的那些事兒。看來武涉對劉邦還是很了解的，劉邦有時做事太不地道，坑蒙拐騙，無所不用其極。特別是在夏侯嬰和蕭何的屢次建議下，劉邦堅決不用自己為大將，讓韓信感受到了莫大的恥辱。

還有就是數次抽調韓信的軍隊，不停地給韓信製造麻煩，讓韓信非常不滿。而且韓信和劉邦並沒有私人交情，韓信不是傻子，他能感覺出來劉邦對自己還是不太放心。

不過話說回來，韓信對劉邦所有的不滿，都屬於「人民內部矛盾」，而不是「敵我矛盾」。劉邦固然有無賴習性，但客觀來說，劉邦能最終接受蕭何的建議，拜韓信為將，說明劉邦還是很大度的。要知道在拜將之前，韓信沒有任何軍功，至少劉邦給了韓信證明自己的機會。

可項羽呢？這位英勇的霸王一直活在自己的世界中，自認老子天下第一，從來沒有承認韓信的價值。韓信經常慶幸自己做出了背楚歸漢的正確決定，否則現在的韓信還在楚軍做執戟郎，永無出頭之日。

韓信如果背漢歸楚，固然能讓項羽尊重自己，甚至在一定程度上，項羽還要低三下四地巴結韓信，但武涉此來，就說明項羽已經向韓信低頭認錯了，那又何必再背上忘恩負義的罵名？韓信為人非常重視名節，輕易不會選擇背叛，要不是項羽當初不重用自己，他是絕不會叛變入漢的。

看著武涉的臉上已露出焦急的神色，韓信知道這代表著項羽此時的心情，千里之外的項羽希望韓信能給自己一個彌補當年錯誤的機會。如果韓信拒絕項羽，會傷害到項羽脆弱的存在，但要背叛劉邦，不也會傷害到劉邦的感情嗎？

韓信已經拿定了主意，他選擇了留下來，只有這樣，韓信的良心才不會受到譴責，他不想生活在每日無休止的道德譴責中。

韓信輕輕咳了一聲，然後面帶慚色地看著武涉，他知道此次注定要讓武涉失望了。韓信公布了他的答案：「先生為我出此奇謀，我當然會感激先生厚愛。我本淮陰一寒士，無親無故，入項王帳下執戟，卻久不得升遷，官不過郎中，位不過執戟，項王何曾待我為國士？我嘗為項王劃計數策，然項王無一用之。自入漢以來，漢王待我如子，漢王穿什麼，我穿什麼；漢王吃什麼，我吃什麼；漢王授我以印璽兵符，授我以精兵。我能橫行天下，要不是漢王之用人不疑，我豈有今日？滴水之恩當以湧泉報之。漢王以國士待我，我若背漢，天下人必視我為忘恩負義之徒，人之在世，當重節與名，豈可以一私之利而忘之。」

韓信越說越激動，這些年來對項羽的不滿一股腦兒都倒了出來，反而覺得心中輕鬆了許多，雖然他知道自己的選擇對項羽來說意味著什麼。韓信最後說道：「先生此來不易，欲以美辭說動寡人，然則寡人必不能為此。請先生回，並代我向項王謝罪，言韓信之不能背漢歸楚。」

說完，韓信站起來，對著武涉深施一禮。

……

一段略顯尷尬的沉默過後，武涉輕輕地發出一聲歎息，這次沒有完成任務，他不知道回去後該如何面對項羽沮喪的眼神。其實從韓信剛才的眼神中，武涉就已經讀出韓信的心理活動，韓信的回答並不讓武涉過於意外。

韓信始終跳不出給自己挖的感情陷阱，讓武涉替韓信有些惋惜，武涉堅信自己的眼光是不會錯的，韓信早晚要為自己所謂的道德付出慘重的代價。但韓信已經拒絕了自己，再說什麼已經沒有任何意義了，回去覆命吧。

武涉長拜轉身，淒然而去。

韓信望著武涉的背影，長坐無語。

38 蒯徹說齊王

在韓信與武涉的對話過程中，坐在武涉對面的齊國謀士蒯徹一直保持著沉默。

劉邦身邊有兩大謀士，張良主「陽謀」，所獻之計多磊落；陳平主「陰謀」，所獻之計多功利。其實韓信身邊同樣是這樣的格局，李左車主「陽謀」，蒯徹主「陰謀」。上次韓信採納了蒯徹的襲齊計畫得逞後，蒯徹在韓信心中的地位直線上升，甚至可以稱為韓信身邊的第一謀士，因為李左車已經不見於史籍了。

要論江湖資歷，蒯徹出道很早，並不比張良、陳平遜色。蒯徹對原趙王武臣獻的重封范陽令徐公以平燕趙之地的戰略，和張良後來勸劉邦重封雍齒以安群臣之心的戰略在邏輯上是一致的，足見蒯徹之才。由於韓信是漢王劉邦的屬下，所以張良、陳平是「帝國級」謀士，而蒯徹只能屈居其下，做「諸侯級」謀士，地位相差太大。

蒯徹不服張良、陳平，可他卻沒有通達天庭之路，眼睜睜看著張良、陳平翻雲覆雨，蒯徹的臉上寫滿了不服。如果蒯徹也想做「帝國級」謀士，眼下只有一條路可以走：勸說韓信獨立於漢，自立門戶。

蒯徹決定蹚一蹚韓信這塘渾水，不為什麼天下大義，以及韓信的未來，而是為了實現自己做「帝王級」謀士的夢想。武涉對韓信的遊說，實際上是符合蒯徹利益的，但沒想到傻頭傻腦的韓信居然拒絕了，讓蒯徹心中大失所望。現在武涉沒有「替」自己完成目標，蒯徹決定親自上陣給韓信上課。就在韓信和武涉糾纏的時候，蒯徹已經打好了腹稿。

楚使武涉已經遠去，韓信正欲起身離去，蒯徹在座中突然舉手制止韓信：「殿下且慢，臣有話說。」

韓信之前的注意力一直放在武涉身上，確實忽略了蒯徹的存在，聽到蒯徹在和他說話，他下意識地「啊」了一聲，然後又坐了下來。韓信因為之前拒絕了武涉的勸說，在道德上自以為贏得了勝利，所以心情很好，他微笑著問：「先生欲為何說？寡人洗耳恭聽。」

「臣曾經學過相面術。」蒯徹回答得驢唇不對馬嘴。

韓信一愣，相面術？從來沒聽說蒯徹會什麼相面術，他也沒有接觸過。韓信非常好奇，反正今天也有時間，就讓蒯徹講講相面術吧。韓信問：「先生相人之術水準如何？」

蒯徹笑了，王婆賣瓜，當然會誇自家的瓜甜。蒯徹告訴韓信：「臣以相術測人無數，皆中。」韓信頓時來了興趣，他想讓蒯徹給自己相相面，看自己未來的星途如何。「先生為寡人免費測一測。」

蒯徹要的就是韓信這句話，不然他一肚子的「陰謀」就無法施展。不過他即將說的這些話，絕對不能讓閒雜人等聽到，萬一傳到劉邦耳朵裏，那就是謀反的死罪。蒯徹請韓信屏去左右，韓信啞然失笑：「請先生顧左右，只你我二人。」

做賊心虛的蒯徹並非沒有看到殿上已無人，他擔心的是隔簾有耳。蒯徹仔細觀察了一下殿中，發現確實已經無人，這才以手抹拭著額上沁出的汗珠。蒯徹站起身來，來到韓信的面前，圍著韓信開始施展他的所謂「相人術」。

「蒯半仙」裝模作樣打量了韓信一會兒，然後賊頭鼠腦地歎道：「大王之相可謂兩難！臣觀大王之面，常人而已，位不過封侯，食不過千戶，且將來必有白鐵之災。而臣測大王之背，則貴不可言，已非臣所能逆料。」

在古代的政治語境中，「貴不可言」，男指做帝王，女指做后妃，韓信見蒯徹稱自己有帝王之相，心中一驚。韓信似乎聽懂了蒯徹的弦外之音，蒯徹好像不是給他算命卜卦的，應該有什麼不太方便的話要對自己說。韓信問：「此間無外人，先生直言無妨。」

見韓信戳破了自己的謊言，蒯徹也不再兜圈子了，有話就直說。蒯徹終於說出了他心裏最真實的想法：「楚漢爭鬥數載，天下暴骨如莽，大王天性仁厚，豈能坐視百姓塗血四野？楚與漢，皆非上天所授，大王何不止其鬥以安天下？武涉之勸大王言，並非無理，天下三分，齊最強，齊附楚則楚勝，附漢則漢勝，然則涉之計利為楚王，非為大王。臣受大王厚恩，無以為報，今日請披肝瀝膽以報之。大王若能聽臣一言，天下抵掌可定矣。大王雄才蓋天下，奈何臣漢為功狗，不若自立，鼎足三分，以建萬世之業。」蒯徹看了一眼韓信，發現韓信已經不如剛才聽武涉說話時那麼有耐心了。

對韓信來說，他剛送走一個武涉，又跳出一個持相同觀點，甚至更為激進的蒯徹，讓韓信有些煩不勝煩。難道蒯徹沒有聽到他和武涉的對話？韓信已經把話說得非常明白了，他不忍背叛劉邦，要是韓信有這個心思，早就被武涉說動了，根本用不著蒯徹再重複武涉的原話。

韓信幾乎複製了剛才拒絕武涉的那套說辭：「漢王待我恩遇甚厚，以車載我，以衣衣我，以食食我，先生豈不知之？我得漢王重用，即當為漢王分憂。人固有一己之私，然君子懷義，千金不易。我若自立於齊，便負漢王，不忠不義之輩，此後還有何面目行走於天下。先生此策，豈不誤我？」

蒯徹已經預料到了韓信會這麼說，這個傻小子一直沉浸在劉邦製造的「國士無雙」的假象中不能自拔，其實韓信不過是武涉所說的功狗。蒯徹現在要做的，就是打破韓信對劉邦所謂「感恩戴德」的愚忠，讓韓信認清江湖險惡。

蒯徹的眼神死死盯住韓信，一字一句地從嘴裏迸出來，像一塊塊憤怒的石頭砸在韓信臉上：「大王常自比與漢王私交，互為患難之友，實在大謬大誤！大王與漢王之交，比張耳陳餘之交如何？二人年少時便結為刎頸交，今陳餘何在！刎頸之義，不抵千金之惑，為天下笑。張陳之交，何以至此？臣以為人性本貪，得一望二，所以張陳初為刎頸後為仇敵。臣觀漢王，古之越王勾踐也，勾踐與文種、范蠡可共患難，不可共富貴，吳亡，文種死而范蠡逃。大王自度論私交何如張陳？論忠義何如種蠡？大王天縱將才，略不世出，自出三秦，連殺魏、代、趙、齊，戰無不勝，攻無不取，威震天下，人中之龍！將相功高蓋主，此取禍之道，天下人只知大王，不知漢王，漢王能忍之乎？大王能助漢王滅楚，漢王豈能不疑大王復滅漢？漢王今不殺大王，並非仁善，因項羽尚在之故。狡兔死，走狗烹，臣請大王三思，勿蹈文種之禍。」

韓信被蒯徹可以殺人的眼神看得發毛，又被蒯徹把這番讓他難以接受的狠話強行塞進耳朵裏，表情很不自在。

在武涉和蒯徹的連番勸說下，韓信的堅持明顯出現了一定的動搖，雖然這種動搖在韓信腦海中只是一閃而過。韓信也不是沒有考慮過給自己留條後路，他不忍負劉邦，劉邦未必感念他這份人情。如果現在選擇造反，雖然在道德上陷韓信於不義，但在現實中對韓信是利大於弊的。人性畏威不畏德，項羽殺人無數，但天下依然跪倒在項羽的霸權之下。

一個二選一的選擇題，卻讓韓信飽受感情和道德的雙重煎熬。

韓信一時也沒了主意，看著蒯徹還在盯著自己，韓信心緒已碎亂不堪，他想單獨思考一下。韓信一揮手：「今天且言至此，待寡人細思之。」

蒯徹知道韓信還在道德的泥潭中掙扎，也許韓信需要一點時間來說服自己，他默然退下。

蒯徹退下，韓信陷入了沉思。

是背叛，還是忠誠，韓信一直在痛苦地思考。

韓信並非沒有私心，雖然他做大將軍並不是為了千金富貴，他也不屬於劉邦的親信集團，但打工還要給工錢呢。韓信立下驚世奇功，天下三分漢有其二，韓信功為第一，裂土封王是韓信理所應當得到的。

正如宋人蘇洵在《御將》中所說：「韓信之立於齊，蒯通、武涉之說未去也。當此之時而奪之王，漢其殆哉。夫人豈不欲三分天下而自立者？而彼則曰：『漢王不奪我齊也。』」

韓信要是有謀反之心，不用武涉和蒯徹勸他，他早就在臨淄城頭上豎起了反旗。韓信所希望得到的，只是想憑藉自己的能力謀得富貴，平定天下後，做一個快樂的諸侯王，安享後半生，他對稱帝並沒有什麼興趣。

在「家天下」時代，天下首惡之罪便是謀反，韓信選擇繼續給劉邦打工，他只不過想提高自己的工資待遇，從無謀反之意，他相信劉邦不會對自己有什麼卑鄙的想法。

韓信為人磊落坦蕩，他的思想行為更接近於「俠」，滿腦子都是俠義古訓。自古俠之大者，懂得感恩圖報，豫讓為報智伯厚遇之恩，漆身吞炭行刺趙襄子。韓信受劉邦、蕭何厚遇，無以為報，唯有征服天下方能報此恩。

韓信是個念舊情的人，在韓信幾乎要餓死的情況下，是善良的漂母救活了他，從此韓信對漂母感恩戴德，沒齒不忘。劉邦同樣在韓信人生最迷茫的時候接納了他，是劉邦讓他擁有了現在的這一切，如果選擇背叛，天下人將如何看待他？這比惡少逼著他從胯下爬過更讓他難以接受。

韓信沒有忘記漂母，同樣也不會忘記劉邦。

如果韓信選擇在這個關鍵時刻背叛漢國，意味著韓信是個以怨報德的小人，不用天下人罵他，韓信自己將陷在道德的泥潭裏不能自拔。韓信不會忘記在漢水之濱的那個月圓之夜，年近知天命的蕭何站在自己的面前老淚縱橫。此事像一把溫柔的刀插在韓信胸口，每次念及，都會讓韓信感到溫暖的疼痛。

每次看到蕭何忙碌的背影，韓信總會不自覺地在發黃的記憶中尋找著久已模糊的父親的背影。從某種意義上講，父母雙亡後，韓信飽受市井欺侮，是漂母給了韓信母愛般的溫暖，是蕭何給了韓信父愛般的關懷。讓韓信恩將仇報，他如何下得了手？

歷經千苦萬難，疆場廝殺，韓信對人生的看法日漸冰冷，但在他的內心深處依然保存著一塊柔軟的空間。這塊存儲溫暖的空間，是專門留給漂母和蕭何的，劉邦也有幸在其中佔有一席之地。每次想到他們，韓信心中都會泛起一股醉人的暖流，韓信都有想哭的衝動。

道德可以殺人，也可以束縛一個人的思想，韓信被沉重的道德大山壓得喘不過氣來，而這座道德大山卻是他自己選擇背上去的。之前韓信已經對不起酈食其了，他不想再對不起劉邦和蕭何，韓信經常夢到酈食其在鼎沸的油鍋裏慘叫。韓信每次從噩夢中驚醒，都心如刀絞，汗如雨下。

在韓信的潛意識中，他需要用對劉邦、蕭何的忠誠來彌補對酈食其犯下的錯誤，不然韓信一輩子都難求心安。在痛苦地猶豫了幾天之後，韓信還是做出了與拒絕武涉一樣的決定——堅決站在劉邦的陣營裏。

得到了韓信最終的答覆，蒯徹失望的心情可想而知。

蒯徹還是不死心，他還要做最後一搏。

蒯徹警告韓信：「智者之言，不聽必為害！丈夫行事，以國為大，大王自比漢王親信，作繭自縛，豈非愚哉！今楚漢皆疲，唯齊為大，千古一時之機，失之抱恨終身。今日不自立，他日便為人俎上魚肉，奈何！奈何！」

蒯徹的面部表情已經嚴重扭曲，他的聲音中已經帶著明顯的哭腔。蒯徹對韓信恨鐵不成鋼，眼睜睜看著千載難逢的好機會就這麼溜走，他心中實在不甘。說完這些話，蒯徹急切地看著韓信，他希望韓信能聽進他的話。

韓信已經決定了的事情，不會有任何改變，他最終拒絕了蒯徹的反漢之策。先生的好意，寡人心領了。漢王不像武涉和先生說的那樣。漢王待我如國士，我必以國士報之。此事到此為止，以後就不要再說了。

蒯徹仰天長歎，欲哭無淚，他恨自己眼拙，怎麼跟了這個傻子！劉邦為人如蛇蠍，只記人惡，不記人善，等他統一天下後，第一個收拾的必是韓信！蒯徹對人情世故的精通到了非常可怕的程度，他知道韓信倒臺後，自己作為勸反未遂者，劉邦不會放過自己。

韓信這裏已經不能再待下去了，什麼「帝王級」謀士，都見鬼去吧，現在保命要緊！

大殿上，蒯徹爆發出令人毛骨悚然的大笑，笑聲在樑柱之間淒然迴盪。蒯徹披散著頭髮，雙手高高舉起，似乎想抓住空中的什麼東西，然後踉踉蹌蹌地向著殿門走去。嘴裏大聲說著韓信聽不懂的怪話，好像和神仙鬼怪有關。

蒯徹的背影逐漸模糊，韓信無語長坐良久。韓信沒想到他的拒絕，會讓蒯徹受到這麼大的刺激，韓信心裏突然受到了某種觸動，他想把蒯徹找回來，再深談一次，也許會有不一樣的收穫。

等韓信派人去找蒯徹時，已經找不到他了。

39 鴻溝，中分天下？

韓信做出了在他短暫人生中最為艱難的決定。

韓信拒絕了武涉和蒯徹的反漢之策，不過他們說的那些露骨的話，卻在韓信的心中留下難以抹去的印記。特別是蒯徹，劉邦身上的劣根性被蒯徹分析得幾乎「一絲不掛」，讓韓信看到了與他看到的所不一樣的劉邦。

客觀來講，蒯徹勸韓信造反自立，實際上是在賭博，韓信未必就能戰勝劉邦。別的不說，僅韓信身邊的那些功勳大將，比如曹參、灌嬰、傅寬都是劉邦的嫡系，韓信根本不可能指揮動他們造劉邦的反。

還有一點，韓信剛平定齊國，人生地不熟，他還沒有在齊國建立自己的威信以及親信集團，齊人也未必服他。如果在這種情況下貿然獨立，憑劉邦高超的政治手腕，韓信能在多大程度上號召齊人為他死戰都是個問題。

當然，韓信選擇繼續留在漢陣營中，同樣是在賭博。韓信賭的是劉邦念其功大，不會對自己下手。韓信曾經猶豫過，但他還是不忍背漢，主要原因就在這裏。在韓信看來，叛漢所要承擔的風險要遠大於劉邦對韓信下黑手的風險，兩害相權從其輕，所以韓信還是選擇了危害可能性相對較小的選項。

現在的形勢對漢國非常有利，韓信成功殲滅楚軍最後一支主力部隊，在河南的楚軍已經是強弩之末，項羽沒有幾天活頭了。韓信的軍隊即將南下與漢軍主力會合，和項羽打一場大會戰，徹底了斷與項羽的恩怨。

項羽的盟友魏、趙、燕、齊等國被韓信悉數拿下，英布也叛變了，范增和龍且都死了，現在的項羽徹底成了孤家寡人。舉目無親，項羽的心中無限淒涼。劉邦和韓信則不斷勒緊套在自己脖頸上的繩索，項羽已經明顯感覺到呼吸越來越困難。

楚漢強弱再次易勢，擺在項羽面前的只有一條路——和談。

好在項羽還控制著劉邦的父親太公和妻子呂雉，不怕劉邦不服軟。劉邦也派出使者來到楚營，請項羽歸還太公和呂雉。吃午餐是要付出代價的，劉邦知道不對項羽放點血，老爹是回不來的。

經過艱苦的談判，楚漢兩國最終達成了停火協議，並以鴻溝為界，東屬楚，西屬漢，中分天下。

鴻溝，是連接黃河與淮河的一條重要的人工河流，起於黃河南岸的廣武，呈輕微的西北—東南方向，到了大梁（今開封），基本上呈南北走向，在項縣（今河南沈丘）匯入淮河的重要支流——潁河，鴻溝即是唐宋間著名河流蔡水的前身。

所謂楚漢中分天下，實際上漢國至少佔了天下的七成，楚國的疆域大幅縮水，北不過城陽，西不過滎陽，控制今江蘇、安徽、浙江一帶，被漢國擠壓在東南一角，形勢不容樂觀。

項羽急於求和，其實是想以退為進，先進行戰略收縮，通過一定時間的休養生息，待恢復元氣後再找劉邦、韓信算總帳。劉邦同樣不會放過項羽，但和項羽在河南對峙數年，非常枯燥乏味，劉邦已經感覺到了厭倦，他需要休息。

漢四年（前二〇三）九月，楚漢兩國正式締結和平條約，項羽也遵守諾言，將羈押很久的劉太公和呂雉放回漢營。當乘載太公和呂后的小車緩緩駛進漢營轅門的時候，漢軍中爆發出震動天地的「萬歲」聲，久之不絕。

看到年邁蒼蒼的父親顫巍巍地下了車，已經等候多時的劉邦再也控制不住激動的情緒，長拜哭倒於地，場面非常感人。只有呂雉還在用好奇的眼光打量著這個陌生的地方，她更關心的是她的兒子劉盈現在在哪裏。聽說劉盈並不在營中，而是在關中，呂雉臉上寫滿了失望。

做劉邦的親人並不是一件很輕鬆的事情，就像做劉備的老婆要隨時英勇就義一樣。太公和呂雉這些年就沒過上安穩日子，不是為劉邦擔驚受怕，就是被項羽扣為人質，太公還差點被項羽扔到油鍋裏。以項羽的好色本性，呂雉在楚營中保持完璧的可能性有多大？

劉邦並沒有想到這些，他現在還在為父親和妻子的歸來而欣喜萬分。現在家人團聚了，項羽已經撤軍東歸了，劉邦準備帶著家人回到關中享福。就在劉邦下令西撤的時候，張良和陳平突然跳了出來，反對劉邦西撤，並勸劉邦乘項羽東歸不備之際，大舉東進，一舉拿下項羽，此千古一時之機！

張良、陳平攻楚的理由是：天下三分，漢有其二，諸侯皆附漢，且楚軍無糧，人心渙散。漢軍士氣旺盛，足食足兵，一鼓而西，必能致項羽之首於麾下。項羽，豺虎也，今日縱入山，明日必為我患，不若早除之。

以劉邦的戰略遠見，他應該也想到了這條奇襲之計，但他還是選擇了罷兵休和，他不想負約，以免予人口實。戰國時代，俠風盛行，人皆欲為君子，以留萬世清名，劉邦自然也會受到這種社會風氣的影響。做人要學季子掛劍，君子一諾重於千金，劉邦已經答應項羽的求和，卻在項羽不備之時發動突襲，劉邦將要為此背負「負約」的千古罵名。

要名還是要利，劉邦在痛苦地思考。劉邦和項羽不同，項羽經常被所謂道德的力量所束縛，劉邦就相對輕鬆許多，他義利兼顧，有時利大於義。二人說得對，這是千古一時之機，錯過這個村就沒這個店了，等項羽緩過氣來後，必然會反咬劉邦一口。

斬草不除根，必留後患！

在背負千古罵名和留下千古遺恨之間，劉邦很猶豫地選擇了前者。劉邦相信一點，如果不是楚軍實力受損太大，項羽同樣會撕掉墨跡未乾的鴻溝條約，在他背上狠插一刀。

雖然做出了追擊項羽的戰略決定，但劉邦有向項羽單挑的勇氣嗎？估計沒有，即使現在的項羽已經虎落平陽。彭城慘敗最大的副作用不是損失了二十萬兵力，而是讓劉邦從此畏項羽如虎，這是發自內心的恐懼。

僅憑劉邦的軍隊從河南一線向東挺進，很難置項羽於死地，現在的劉邦最需要韓信和彭越在軍事上的支持，同時也有心理上最大的安慰：有韓信在，劉邦足以對付項羽。

不知道是韓信的練兵能力太強，還是史料記載有誤，此時的韓信手上有多少軍隊？《史記・高祖本紀》說韓信有兵三十萬！這是一個非常龐大的數字。

而項羽可調用的兵力只有十萬，僅韓信就對項羽保持兵力三比一的優勢，再加上劉邦和彭越的軍隊，項羽已經在劫難逃！

但讓劉邦憤怒的是，當他正式和項羽撕破臉皮之後，韓信和彭越的軍隊卻一直沒有出現，把劉邦尷尬地晾在了憤怒的項羽面前。

雖然楚漢以鴻溝為界，但鴻溝以東的魏國被劉邦的盟友彭越控制，所以項羽回彭城必須繞過魏國，在即將經過固陵（今河南太康南）的時候，項羽意外地發現，他的身後跟著劉邦的軍隊。項羽知道劉邦為人無賴，但沒想到劉邦如此言而無信，項羽大怒，帶著同樣憤怒的楚兵在固陵將劉邦打得鼻青臉腫……

劉邦坐在大營中，破口大罵韓信和彭越，這兩個騙子當著漢使的面言之鑿鑿地說一定出兵助漢滅楚，結果一個都沒來。

彭越一開始就不是劉邦的嫡系，雖然二人合作多年，但彭越是獨立派系。韓信呢？他可是劉邦親自拜封的漢國大將軍，受漢王之恩，用漢王之兵，才有他今日橫衝天下。就在劉邦最需要韓信幫助的時候，韓信卻一再提高自己的身價，有落井下石之嫌，讓劉邦對韓信的好感急劇下降。

韓信在已經接到劉邦要求他發兵南下命令的情況下依然按兵不動，原因出在哪裏？正如張良給劉邦分析的那樣，韓信雖然做了齊王，也拿到了齊王印璽，但在理論上，韓信還沒有自己的封地，他對劉邦能否在戰後實現封齊的諾言心存疑慮。

彭越也是這樣的情況，彭越為漢國立下汗馬功勞，而彭越卻沒有爵位，最高職務也不過是魏國丞相。在張耳無甚奇功卻得封趙王的背景下，讓彭越如何做到心理平衡？

韓信和彭越是漢國將項羽幾乎逼進死胡同的兩大功臣，韓信在正面戰場，彭越在敵後戰場，百戰殺敵，在劉邦有意拖欠工錢的情況下，他們有足夠的理由討還屬於自己的那份工錢。不能指責韓信和彭越貪婪，滅秦之後，劉邦不也為自己立奇功而封偏遠之漢而大怒嗎？他自己做不到的事情，又憑什麼要求韓信和彭越做到？

張良給劉邦出的主意是：魏國自魏豹死後，國中無王，可封彭越為魏王；韓信家在淮陰，可割淮河以北之地，盡益韓信之分封。張良很早就看透了韓信，這位年輕的大將軍一直對曾經在淮陰受盡恥笑而耿耿於懷，衣錦還鄉是韓信闖蕩天下的兩大動力之一（另一為青史留名）。

張良和韓信的人生交集並不多，但張良一直非常欣賞韓信，他曾經說過漢王陣中，只有韓信可定大事。張良的能力和韓信嚴重重疊，如果不是張良體弱多病，也許劉邦早就把大將軍的印璽交給張良了。張良很遺憾自己沒有機會施展將才，而韓信的出現彌補了他的這個遺憾。張良為人大度，他不會因此忌恨韓信，這不是張良的風格。

劉邦沒張良心胸那麼開闊，但他也知道不給韓信和彭越點實惠，這兩位實力強勁的諸侯是不捨得拔下他們身上的那幾根雞毛的。劉邦接受了張良的建議，封韓信、彭越為大國。韓信果然大喜，他很高興漢王能懂得他的心思。韓信心情愉快地告訴漢使者：「先生請速回告訴漢王，我馬上就起兵攻楚。」

韓信只是一個頑皮的孩子，他看中了自己想要的玩具，家長不給他買，他就哭鬧不止，直至玩具到手為止，雖然劉邦從來沒有把韓信當成自己的孩子。

淮陰，就是韓信想要得到的那個「玩具」。

韓信「要脅」劉邦給他封以大國，其實更像一個愚人節的善意玩笑。如果韓信真對劉邦不敬的話，早就聽武涉和蒯徹的話造反了，又何必津津樂道於劉邦屬下的一個爵位？

韓信不是志願者，他有權利要求得到他應該得到的勞動報酬，在劉邦答應了他的薪金條件後，韓信會以非常職業的心態完成他的分內工作。

齊軍三十萬，人威馬壯，旌旗獵獵，煙塵滾滾。韓信駿馬一騎奔馳在南下的官道上，眾將皆貫甲佩劍，縱馬以隨，這支龐大軍隊的目的地是垓下（今安徽省靈璧縣東南至安徽省固鎮縣東北）。

韓信已經得到情報，新封魏王彭越率軍離開大梁，朝著垓下的方向疾馳而來。

韓信大喜。

40 重圍垓下

韓信自出任漢國大將軍以來，平秦、克魏、定趙、降燕、下齊、破楚銳卒，功蓋天下，四海側目，但這些偉大的戰役因為沒有項羽本人的參加，而略顯得成色不足，至少在韓信看來是這樣的。這場預料中的垓下之戰，是韓信第一次真正意義上面對項羽，韓信也希望這是最後一次。韓信苦苦等待的這一天，終於來了，這位年輕的大將軍顯得非常激動。

從形勢上看，韓信完全有殲滅項羽的自信，此時的楚漢局勢已經明顯朝著有利於漢國的方向發展。

北線：韓信的三十萬齊軍士氣高昂，一路向南挺進。因為楚軍主力都在前線，所以彭城已成為一座空城，韓信不費吹灰之力便拿下彭城，然後繼續向南，極大地壓縮了項羽的生存空間。

西線北：彭越軍像一把利劍，呈西北—東南方向，從大梁直插垓下。

西線南：劉邦的十萬軍隊在固陵高壘深溝，劉邦不善攻，但善守，有劉邦坐鎮固陵，項羽基本沒有可能向西突圍。

南線：漢五年（前二〇二）十一月，淮南王英布和將軍劉賈南渡淮河，迫降楚大司馬周殷，收淮南以為漢封疆。英布回到他闊別已久的九江國，徵召舊部，然後北上滅楚。

曾經威風八面的楚霸王項羽的勢力被擠壓在北不過彭城、西不過固陵、南不過淮河、東不過垓下的狹長區域內，已經是窮途末路。漢軍各部已經得到準確情報：楚軍向東急撤至垓下，項羽的下一步戰略選擇不明。

項羽其實是懂兵法的，他知道「千里一向，并敵殺將」的道理。簡單地說，就是楚軍兵力只有十萬，如果分散在各地與人數佔優的漢軍各部作戰，會極大地削弱楚軍的反抗能力。與其被漢軍各部各個擊破，不如將所有主力收縮在一處，然後與漢軍打一場大會戰，反而有死中求生的可能性。置之死地而後生，韓信可以背水一戰破趙，項羽為什麼不可以背水一戰破韓信？

項羽之所以把戰場選在垓下，有兩個很重要的原因：

一、楚軍擅長陣地戰，如果楚軍背抵淮河北岸與漢軍作戰，根本無法發揮楚軍這個特長。而垓下雖然地近淮河北岸，但距離北岸還有百餘里，這麼大的區域足夠打一場大規模的陣地戰。

二、一旦垓下之戰失利，項羽可以從垓下就近渡過淮河南下，突圍至江東，再圖後發。項羽後來兵敗後拒絕渡河，說什麼無顏再見江東父老，實際上項羽是有渡江打算的，不然他為何逃到長江北岸？完全可以在垓下死戰，何必突圍？

垓下，本來是一個面積並不算大的淮北曠地，因為極富傳奇色彩的兩方三人——項羽、劉邦和韓信將在這裏決定他們各自的前途命運，為天下所矚目。

這場垓下之戰的勝負，將決定天下是將繼續推行郡縣制，還是保留分封制。

從這個角度講，項羽和韓信甚至可以被看成一個陣營的，因為他們都崇尚分封制，而劉邦則是推行郡縣制的強力人物。不過在此時此刻，劉邦和韓信還是堅定地站在了一起，無論他們之間有多麼大的恩怨矛盾，當他們面對同一個敵人項羽時，所有恩怨都將暫時擱置一邊。

劉邦要復仇，韓信也要復仇。

在韓信的軍隊中，並沒有大將曹參和灌嬰的身影。韓信南下時，曹參留守齊國，防止親田齊的勢力趁機興風作浪。而灌嬰早在韓信南下之前就已經離開齊國，南下開路去了。灌嬰的任務是打通齊漢之間的戰略通道，同時助劉邦掃清楚軍西線的殘餘勢力。

項羽抵達垓下的時間是漢五年（前二〇二）十二月。

此時的天氣異常寒冷，雨雪交加，楚軍已經在垓下的大片空地紮下了營寨。項羽騎著烏騅，手提大戟，任憑寒風如刀裹著雪粒打著冰冷的臉頰，望著混沌不堪的蒼天。項羽把軍隊陷於死地，只求能在精神上反弱為強，賭上最後一把，至於成敗利鈍，聽天命盡人事而已。

受傷的獅子被困在山谷中，無數隻餓狼瞪著猩紅的眼睛，號叫著，挾重重殺氣，慢慢地彙集在山谷之側。

項羽已經嗅出了濃烈的死亡氣息，他看到了一隊隊的漢軍從四面八方進圍垓下，即將完成對自己的完全包圍。項羽試圖從這個嚴密的包圍圈中打出一個戰略缺口，就在漢軍在垓下立足未穩之際，項羽突然帶領饑餓的軍隊衝進漢軍的陣中。

史料上並沒有說明項羽攻擊的是漢軍哪支部隊，甚至連攻擊方向都不清楚。但從項羽把垓下當成渡江南撤的跳板來看，楚軍的攻擊方向應該是南方，對手應該是劉賈或英布的軍隊。

這場戰鬥以項羽的失敗而告終，他沒有達到突出重圍的目的。

在漢軍重圍楚軍的四個方向中，其實南向的位置最為重要，一旦讓項羽從南向破圍而出，漢軍各部精心準備的大合圍戰略將徹底失敗。這也是劉邦為什麼突然派劉賈、英布提前抄襲淮南的重要原因，就是要截斷項羽的南逃路線，為漢軍的大合圍戰略爭取到極為寶貴的時間。

面對項羽幾近瘋狂和絕望的攻擊，南線的漢軍就像一道銅牆鐵壁，將項羽死死頂在淮河北岸。項羽沒有突圍成功，只好絕望地回到大營，利用深溝高壘，和漢軍頑抗到底。困獸猶鬥，項羽還要在高達百分之九十九的死亡率中尋找那百分之一的翻盤機會。

漢軍是不會給項羽任何喘息之機的，各部漢軍已經抵達各自的作戰區域，劉邦、韓信、彭越、劉賈等漢軍主力部隊從各個方向將楚營圍得水洩不通。漢軍倚仗人數上的優勢，對楚軍實現了至少三層包圍，史稱「漢軍及諸侯兵圍（楚）之數重」。

在四面漢軍中，韓信的三十萬齊軍無疑是此次殲滅楚軍殘餘的王牌主力，劉邦對於這一點看得很清楚。如果韓信不來，很難相信劉邦有膽量向項羽發起戰略總攻，最多只是戰略僵持，零敲碎打地消耗項羽實力。

不能說其他漢軍是來「打醬油」的，他們的作戰任務也非常繁重——務必將項羽死死拖在垓下。但他們完成這個任務之後，就要閃出一條金光大道，讓大將軍韓信一戰封神。

現在的漢國軍界，已經沒有人敢對韓信不服氣了，他們甚至都成了韓信忠實的崇拜者。漢國能以弱小之勢對強大的楚國實現漂亮的大翻盤，韓信居功至偉。天下幾乎是韓信打下來的，由韓信來完成對項羽的最後一擊，是再合理不過的了。

在戰神項羽面前，劉邦是沒有任何自信心的，從這次垓下之圍的布兵情況就可以看出這一點。

韓信的軍隊從齊國向南而來，應該駐紮在垓下之北面，也延及東、西兩面，呈扇形之勢包圍楚軍。齊軍三十萬處在圍楚的第一線，韓信居中陣，蓼侯孔熙居左陣，費侯陳賀居右陣。劉邦處在第二線，藏在韓信的身後，周勃和柴武處在第三線，是謂三重之圍。

漢軍對楚軍的三重之圍是大有講究的，並非是處在二、三線的漢軍對楚軍有多少的畏懼心理。韓信新訓練出來的三十萬齊軍在漢軍各部中戰鬥力最為強悍，由齊軍出頭打饑餓渙散之楚軍，勝算較大。一旦戰局僵持不下，二、三線之漢軍立刻補上，對楚軍實行車輪戰術，打不死項羽，也要耗死他。

劉邦居中陣，既不是劉邦畏懼項羽，也不是韓信不想讓劉邦立功，而是對劉邦的有效保護。擒賊先擒王，劉邦是漢軍的主心骨，項羽肯定在打劉邦的主意，一旦劉邦有個三長兩短，漢軍將不戰自潰。

漢軍兵多糧多，鬥志高昂，僅韓信親自指揮的就有三十萬軍隊，還不包括他的兩位部下孔熙和陳賀各自率領的數萬眾。有韓信在前，項羽基本沒有可能靠近劉邦，即使韓信頂不住項羽，第三線的周勃、柴武的數萬漢軍會立刻衝到前陣，保護劉邦。

垓下之圍，韓信所部吸引了近乎所有人的目光，但卻忽視了韓信身邊兩支不太起眼的軍隊——孔熙、陳賀所部。二人都是韓信的部將，按常理講，韓信應該把他們的軍隊調為己用，集中優勢兵力圍殲楚軍，以四圍一，如何不勝？韓信並沒有這麼做，而是有意分孔熙、陳賀於兩側。

表面上看，韓信這麼用兵，是弱化了自己對項羽的兵力優勢，實際上這正是韓信用兵的奧妙所在。韓信在垓下之戰的戰術思路，綜合來說，是秉承了《孫子兵法・勢第五》中「以正合，以奇勝」的作戰理論。韓信用重兵做餌，引項羽出洞，楚軍必成一字長蛇陣追擊韓信，如此，孔、陳兩部漢軍從兩側截楚軍之腰，使楚軍首尾不能相顧，韓信再旋師反擊，一戰殺楚。

韓信太了解項羽了，越是面臨險境，越能激發項羽心中強大的小宇宙。他知道漢軍的重重包圍，勢必會讓項羽再次破釜沉舟，與漢軍決一死戰。韓信並不畏懼項羽，雖然他知道論單兵作戰能力，項羽是當之無愧的天下第一，韓信並不擅長疆場決殺。

項羽尚力不尚智，韓信尚智不尚力。是力強者為王，還是智多者為王，歷史即將給出一個明確的答案。

41 垓下決戰

自灞上從楚營中逃出，韓信已經四年多沒有見到項羽了，雖然每天他都能從斥候那裏聽到有關項羽的消息。再見到項羽時，楚霸王依然是那麼俊朗，豪氣干雲，縱烏騅，橫大戟，但項羽的眼神中已經掩飾不住那份被歲月無情沖洗的落寞。

曾經意氣風發的諸侯上將軍落魄到今天這個地步，韓信心裏無限感慨。也許項羽只想自己封神，卻拒絕別人封神，這是韓信無法接受的，所以他選擇了離開。

風雲變幻，歲月如白駒過隙，項王無恙否？

曾經被項羽肆意辱罵的小小執戟郎，現在以敵國最高軍事統帥的身分，驕傲地站在自己的面前，是對項羽最大的否定和諷刺。項羽緊緊盯著已經四年多沒有見到的韓信，他從韓信的臉上，已經看不到當年的那份慎微和謙卑了。

韓信一馬當前，背後眾將如眾星捧月，旌旗十萬迎風獵獵，數十萬漢軍士兵被堅甲，執矛戟，整陣而立。這樣的場面，是當年項羽才有資格擁有的，萬人景仰的諸侯上將軍，鉅鹿城下的封神儀式，直到現在還定格在項羽的腦海中，雖然顏色已經有些發黃。

項羽絕對沒有想到，當年在鉅鹿封神時，站在自己身後的那個執戟郎會是自己偉大人生的終結者，項羽既慚愧又憤怒。慚愧於當年沒有重用韓信，以至於今日！憤怒於上天的不公，既生項羽，又何必出韓信！

項羽知道自己現在的處境已經極度危險，稍有不慎，就將死無葬身之地。但項羽的偉大之處就在於他從來不會向命運低頭，即使死神就站在他面前露出恐怖的微笑。

沒有虛情假意的寒暄，項羽緩緩地舉起大戟，他要向命運發起最後的挑戰，他一定要取得最終勝利。不為什麼萬世將名，也不為一雪前恥，只為了在楚營中急切等待勝利消息的虞姬——他最心愛的女人。

十萬楚軍幾乎傾巢出動，憤怒的楚人揮舞著手中的矛戟，跟在項羽身後，踏著歷史悲壯的脈搏，整陣向前，他們要在楚人韓信面前證明楚人的血性。

項羽的楚國意識非常強烈，遠強於寄居於楚的劉邦、韓信等人，而這一點也限制了項羽的天下主義思維，這是他失敗的重要原因之一。在項羽集團中，將相士兵皆以楚人為主，其他國人很難躋身項羽集團。項羽待楚人如弟子，楚人重義，又尊項羽為父兄，所以楚軍可以時刻保持高昂的鬥志。在楚軍士兵看來，能為項王戰死，是一種莫大的榮幸。

千古皆慨歎戰神韓信，實際上項羽同樣可以稱為戰神，而且是真正意義上的戰神。韓信並非武將，他側重於戰略謀劃，陣前決死並不是他的強項。戰略謀劃是項羽的短板，但項羽的單兵作戰能力卻是天下第一，漢軍雖然人多勢眾，但面對已經紅了眼的楚軍，未必就能佔得上風。

戰局果然朝著有利於楚軍的方向發展，楚軍人數上不佔優勢，但求生欲望過於強烈，一如背綿蔓水而死戰的漢軍。從某種角度上講，楚人是以為楚國的生存而戰，而韓信麾下多是齊人，更接近於「雇傭兵」，他們並不知道到底是為誰而戰。

韓信治軍嚴整，天下聞名，但架不住楚軍死中求生的強烈欲望，越打越沒脾氣，《史記・高祖本紀》稱「淮陰先合，不利」。

不能因為這場失利就認為韓信不如項羽，綜合來看，在這場參戰人數多達四十萬的戰役中，韓信並沒有盡全力出戰，雖然他無限渴望戰勝項羽。項羽和韓信用兵的最大區別就在於，項羽重在先發制人，以江河決堤之勢摧毀敵人；韓信重在後發制人，消耗敵人的鬥志和體力，然後乘其疲敝殲之。

韓信早就為這場必定會震驚天下的垓下之戰提前埋下了伏筆，就是孔熙和陳賀的左、右兩軍。在韓信和項羽的交手過程中，孔、陳兩軍坐鎮不動，等待著楚軍體力的消耗。韓信應該知道「田忌賽馬」這個著名典故，至少他在垓下之戰中的用兵原理和「田忌賽馬」的求勝思路非常接近。

馬有三等：上、中、下，楚軍野戰實力天下第一，可稱為上駟，齊軍實力弱於楚軍，可稱為中駟。韓信以中駟之一部對楚軍之上駟，結果楚上駟贏，但已經氣喘吁吁的楚上駟還要繼續和齊軍中駟之另一部繼續比賽，而且還是偷襲，結果可想而知。

楚軍分為騎、步兩軍，騎兵在前衝鋒，蹚出一條路，步兵跟進追殺敵軍。因為垓下周圍都是曠野，齊軍回轉的空間非常大，韓信選擇快速佯敗後退，吸引楚軍騎兵追擊，從而使楚軍騎、步兩軍之間逐漸拉開了空檔。

韓信在與楚軍作戰之前，就給孔熙、陳賀交代了作戰任務：俟楚人出，縱其腰而擊之。

孔熙和陳賀的生平不詳，但韓信能捨重將曹參和灌嬰而不用，以這二人為左、右翼，說明二人都是善戰之將，韓信信得過他們。韓信用他們可能還有一個考慮，二將皆非名將，渴望一戰成名，所以求戰欲望更勝，即所謂「初生牛犢不怕虎」之意。

齊軍呈扇形陣排開，韓信居中，孔熙、陳賀兩軍押在扇形陣之兩角，而且距離主陣相對較遠，沒有被項羽發現，否則項羽未必上這個當。等韓信主力成功將楚軍吸引出來並消耗楚軍體力後，孔熙和陳賀表演的時候到了。

兩翼齊軍人數不詳，但各有數萬，兩相疊加也近十萬，甚至更多。楚軍只有十萬，且已成為疲兵，勝利的天平已經明顯朝著韓信預定的方向傾斜。孔熙和陳賀看到楚軍果如大將軍預料的那樣，欣喜萬分，知道自己揚名的機會來了，各自拔劍，下達了總攻令。

就在項羽滿懷希望追擊韓信的時候，他並不知道，已經有兩支人數眾多的漢軍側翼軍快速朝著自己的陣中強插過來。等楚軍發現自己被兩支漢軍攔腰截斷時，再想掉頭回撤，已經來不及了。

楚軍現在已經被分成兩大塊，騎兵在前，步兵在後，已呈頭重腳輕之勢。孔熙軍從東北方向約呈六十度角，朝西南方向狂飆疾進，直插進楚騎、步兩軍之空地，強行截斷楚軍兩部。孔熙的任務是頂住前方的楚軍回撤，給大將軍韓信的主力回轉殺楚爭取時間。陳賀軍從西北方向，約呈四十五度角，直插楚步兵陣，以迅雷不及掩耳之勢，大殺楚軍。

漢軍成功地將楚軍分割包圍，韓信的作戰計畫得到了完美的實現。作為楚人，韓信深知楚軍大集團作戰的優勢，所以必須對楚軍零敲碎打，不能給楚軍提供大集團作戰的空間。

韓信三十萬軍隊雖然在之前的大戰中損失很多，但依然保持著對項羽軍的絕對人數優勢，楚軍在和韓信軍的作戰中也損失了一部分兵力，而且體力消耗很大。韓信看到孔熙軍截楚之腰，知道他反撲的時候到了，二十多萬漢軍後隊變前隊，蜂擁向南，挾裹著讓人窒息的死亡氣息，向被孔熙軍牢牢釘住的楚軍發起反擊。

淮河北岸的平原上，數十萬熱血男兒為了各自的生存，展開了殘酷決戰。廝殺聲震耳欲聾，天地為之變色！

項羽還在為自己的命運做最後一搏，而且他已經看到亂軍陣中不遠處飄揚的那桿漢大將軍的旗幟，如果能踏馬擒斬韓信，項羽就將華麗地翻盤。韓信知道項羽喜歡搞奔襲，根本就不會給項羽偷襲的機會，韓信才是偷襲戰的行家。

在一個相對狹小的空間裏，幾十萬人擠在一起，活動範圍非常有限，而且不斷有人被殺死，倒在地上，累屍成山，極大地影響了戰馬奔襲的速度。項羽不但沒有機會接近韓信，反而身邊的楚軍越戰越少，漢軍已經層層進逼，項羽已經聽到了死神猙獰的笑聲。

楚人雖然剽悍，殺死漢軍極眾，但在這場慘烈殘酷的決戰中，楚軍自身傷亡也非常大，優勢還在漢軍這一邊。漢軍的絕對基數太大，漢軍在垓下的總兵力當在六十萬左右，是楚軍的六倍。即使楚軍只損失三萬，漢軍死五成，楚軍只剩七萬人，而漢軍還有三十萬人，何況劉邦還可以從周邊繼續調兵。

項羽已經堅持不下去了，他意識到一點，與楚軍作戰的韓信軍加孔、陳二軍只不過是垓下漢軍的一半，即使楚軍能殺死四十萬漢軍，也已是強弩之末，周邊的劉邦軍隨時可以下山摘桃子。

項羽率領的這支楚軍是他打天下僅存的本錢，如果拼光了，項羽還有什麼繼續與劉邦挑戰的資格？所以保住這支軍隊是項羽現在最應該考慮的問題，留得青山在，不怕沒柴燒。

韓信是不會讓項羽這條大魚從漁網中逃走的，一旦讓項羽逃脫，韓信在人間封神的計畫將無限期拖延，這是韓信不能接受的。即使此戰不能擒殺項羽，也要拼光項羽手上所有的本錢，然後再伺機擒殺之。

楚軍雖然越打越少，但他們對項羽的忠誠度非常高，只有戰死，沒有投降，為項羽的突出重圍爭取到了時間。加上楚軍歷經百戰，戰鬥經驗非常豐富，戰局越艱苦，對他們反而越有利。齊軍主要是新兵，且不擅野戰，最終還是讓項羽成功地突圍了出去，雖然在項羽的身後，躺著無數具楚軍的屍體。

項羽率一部分兵力逃回大營，深溝高壘，死守不戰。韓信平靜地看著項羽遠去的背影，他也打累了，需要休息。這次沒有擒殺項羽，但好在項羽依然處在漢軍的絕對優勢包圍內，他還有機會欣賞項羽的屍體。

這場震驚天下的垓下之戰，暫時沒有勝利者。項羽還活著，對韓信來說就不是一場成功的戰役。接下來，韓信就要準備籌拍《垓下之戰》的續集，他急需一個他希望看到的完美大結局。

兩軍決戰勝於「勢」，即掌握主動權，不論楚軍傷亡多少，主動權都已經不在項羽手上了。漢軍越聚越多，雖然楚軍還有一定戰鬥力，但楚軍有一個致命傷：楚營無糧。大後方的糧草源源不斷被運往垓下供漢軍兵馬食用，漢軍可以和楚軍拼時間，這意味著戰局多僵持一天，項羽離地獄越近。

雖然賭局還沒有結束，但所有人都知道，劉邦和韓信將笑到最後，西楚霸王的一世英名，注定將成為絕唱。

42 項羽之死

淮河北岸的十二月，氣溫最冷時可達零下十幾度，楚軍食無糧，衣無衣，睡無衾，舉目不見親人，士氣已經跌落至冰點。

漢軍的作戰思路非常清晰：圍而不打，然後乘其敝殲之，反正劉邦有的是糧食，項羽已經撐不了幾天了。

這時有人給劉邦出了一個主意。此人附漢王之耳，小聲嘀咕了幾句，劉邦拍手大笑：「四面楚歌，項羽宜其死也！」

四面楚歌——歷史上的著名典故，經典的攻心戰術，具體是誰提出來的，於史無載。最有可能提出這個計策的，有三個人：張良、韓信，甚至是劉邦本人，其中以張良的可能性最大。

張良雖然不是楚人，但他曾經在楚地下邳生活了十年，對楚人的風俗瞭若指掌，完全可以把張良看成楚人。楚歌，顧名思義，是楚地的歌謠，但根據後人整理的垓下楚歌，卻具有明顯的楚辭風格，這是半文盲劉邦不可能創作出來的，韓信也不擅此道，只有張良可為之。

……

夜已經很深了，項羽卻完全沒有睡意，在這種彈盡糧絕的情況下，他哪還有心思睡覺。項羽無力地踞坐席前，喝酒解愁，他最心愛的寵妃虞姬沒有說話，默默地為她的男人斟酒。

項羽輕輕歎著，舉樽，一飲而盡。

帳外似乎有人在唱歌，而且聲音越來越大。項羽仔細一聽，是用楚音唱的歌曲。自他過江伐秦以來，無數楚人填身溝壑，能活下來的不多了。在重圍之下，難免懷念故鄉舊土，所以項羽很能理解將士們的思家之情。

項羽決定出帳和將士們一起唱歌，鼓舞大家的鬥志，讓大家相信他可以率領楚軍突圍，回到家鄉和親人團聚。可等項羽挑簾出帳後，卻傻眼了，營中的弟兄們沒有一個在唱歌，而是在嗚嗚咽咽，揮淚成海。

歌聲是從營外傳進來的。

明月如雪，風冷如刀，一曲淒涼悲惋的楚音塤聲穿透了空寂的曠野，如泣如訴，讓人難忍淚下。營外漢軍跟著塤聲吟唱。

楚人思家心切，望月流涕，喉頭哽咽著，聽著這首讓他們心碎的楚歌。

楚軍的士氣本來就非常低落，營中瀰漫著強烈的厭戰思鄉情緒，根本經不起漢軍這招毒辣至極的攻心計的打擊。雖然他們並沒有離開楚營，向漢軍投降，但已經沒有多少人再願意繼續打這場沒有任何勝算的戰爭了，他們渴望著戰爭早日結束，能讓他們回到家鄉和親人團聚。

四面楚歌，對項羽的自信心的打擊是毀滅性的。

項羽陰沉著臉，回到寢帳，看到虞姬還坐在席側等著他，表情哀婉，項羽的強硬外殼突然被擊碎，觸動了他內心深處最柔弱的那根感情之弦。項羽縱然鐵骨錚錚，但他也是個有血有肉的男人，他會笑，也會哭。

項羽突然淚如泉湧，他情緒激動地走到案前，舉起案上未冷的殘酒，一飲而盡，然後慷慨賦歌：

力拔山兮氣蓋世。
時不利兮騅不逝。
騅不逝兮可奈何，
虞兮虞兮奈若何！

這首歷史上著名的《垓下歌》唱盡了項羽心中的苦楚與悽惶。遙想當年，氣吞萬里如虎，如今卻身陷死地，進退不得。當年灞上的四十萬諸侯軍何在？龍且何在？范增何在？項羽思念故人，淚如雨下。

項羽已經隱隱感覺到他的人生終點就在眼前。

項羽向來信奉暴力美學，縱觀項羽參加的那些戰役，很少有以智取勝的，多是在優勢兵力下對敵軍實施大規模圍殲。項羽更像是溫室裏的花朵，他沒有經歷過室外的狂風驟雨，對人生的理解遠不如歷經苦難的韓信透徹，缺乏在逆境中生存的經歷，這也影響到了項羽的臨陣決策。

垓下之戰，項羽並沒有明顯的戰術失誤，但兩軍決戰之「勢」已不在他手上，韓信已經將項羽所有的生路全都堵死，項羽只能在泥潭中痛苦地掙扎，而且越掙扎陷得越深。

對項羽來說，最好的選擇是避免與漢軍主力決戰，以大跳躍的方式向南直插過江，固長江天塹以守之。項羽沉迷於漳水大捷、彭城之戰的勝利中不能自拔，他希望複製當年的輝煌，可惜他遇到了韓信。

項羽的失敗原因有很多，有一點很重要，即項羽不擅長戰略全局的謀劃，他更擅長戰術，而韓信在戰略和戰術領域皆是天才。韓信的北線圍楚戰略非常高明，從北線不斷壓縮項羽的生存空間，導致項羽最終變成了孤家寡人。

局勢發展到這一步，曾經信心爆棚的項羽還有多少自信？項羽是不怕死的，他手下的弟兄們也不怕死，可沒有糧食，不被打死，也會被餓死。擺在項羽面前的只有一條路：率小股精銳強行突圍，不能再留在這裏等死了，必須在糧食完全吃光之前突圍出去，至於能不能突圍成功，聽天由命吧。

項羽還在悲傷地唱著《垓下歌》，他的女人卻已經泣不成聲，哭倒在地。自從在江東嫁給了英武一世的項羽，虞姬就一直生活在浪漫的童話世界裏。項羽闖蕩天下，虞姬經常為她的男人擔驚受怕，但每次項羽都能高歌凱旋，所有的等待都成為甜蜜的幸福。

可這一次，當前楚軍執戟郎韓信指揮數十萬大軍將楚軍死死圍在垓下時，虞姬就已經有了不祥的預感。

看到項羽英俊的面龐上寫滿了憔悴和絕望，虞姬心如刀割，卻無能為力。她唯一能做的，就是陪伴著她的男人走完人生最後一段路，不負項羽之情。虞姬梨花帶雨、情緒激動地用楚語唱著她獻給她男人的最後一首心靈獨白：「漢兵已略地，四方楚歌聲。大王意氣盡，賤妾何聊生。」

這是一枚無人可以阻攔的催淚彈，項羽殺人無數，心冷如鐵，卻很容易被女人柔軟的存在感動，更何況在這個對項羽來說充滿死亡氣息的地方。聽著虞姬絕望而淒美的歌聲，霸王已是淚流滿面。

流淚的不止有項羽，還有帳中他的侍從們。楚王左右聽著這兩首時代的哀歌，無不哭倒於地，伏在地上嗚嗚咽咽。一時間，帳內哭聲不絕，讓人不忍卒聽。

楚營中聲震天地的哭聲，其實是對項羽這些年來一系列戰略的否定，項羽也已經意識到了這一點。但此時再進行自我批評沒有任何意義，項羽現在最需要的是逃出漢軍的包圍圈，重新開始新的人生。

突圍的概率有多大，項羽心裏也沒有底，但總要強於坐死此地。只是周邊漢軍數十萬，如果帶著幾萬殘兵突圍，目標太大，很容易成為漢軍的靶子。要想突圍，就必須放棄大部隊，帶著少數人強突。至於楚軍將士們，項羽拋下他們，其實是救了他們，因為漢軍沒有屠殺戰俘的習慣。

不能再拖了，現在就必須動身。項羽整裝上馬，八百親衛騎兵緊隨霸王身後，馬頭對著南方。項羽回首看了一眼已經空無一人的寢帳，輕輕歎著，下令出發。

夜色茫茫，見證著項羽最後的熱血。遠處，楚歌漫漫，聽者神傷。

歷史上有一個著名的愛情故事，就是虞姬歌後拔劍自刎為項羽殉情，而史書並沒有記載虞姬的下落。在項羽有可能突圍成功的情況下，虞姬不太可能自殺，最大的可能是虞姬跟著項羽突圍，在途中被漢軍俘虜或死於亂陣之中。

南線漢軍沒有料到項羽會採用自殺式突圍方式，並沒有做防止項羽突圍的準備，而且騎兵向前衝的速度非常快，幾乎就在電光火石之間，八百騎兵強行超速，踩過漢軍的鹿寨，向周邊猛衝過去。

不過漢軍人多勢眾，而且漢營重重，八百騎闖過了漢軍第一道營防，後面還有好幾道營防，等漢軍做好軍事準備時，騎兵的速度優勢減弱下來。在強突的過程中，不斷有楚軍騎兵落馬，虞姬也已不知去向，項羽的身邊，僅剩下一百多個騎兵。

幸運的是，項羽還活著，他已經衝出了漢軍的包圍圈。烏騅馬閃電狂奔，身邊百餘騎兵急速跟進，風捲黃塵，在朝霞漫天的襯托下，顯得格外悲壯。

劉邦絕對不會讓項羽從自己的手掌上溜掉，否則後患無窮。劉邦立刻派大將灌嬰率五千騎兵出營追擊項羽，活要見人，死要見屍！

由於情報得到得太晚，等灌嬰率軍追殺時，項羽已經爭取到了最大的時間差，將漢軍五千騎兵遠遠甩在身後。即使是渡河這樣比較麻煩的事情，項羽也有足夠的時間尋船渡河，或者直接馭馬浮河南下，而成千上萬的漢軍欲渡淮河，需要消耗更多的時間。時間一加一減，項羽的身後已經沒有追兵了。

淮河南岸是楚國舊地，漢軍在淮南基本沒有群眾基礎，項羽不用擔心叛徒的出賣，這也是項羽的一大優勢。但讓項羽萬萬沒有想到的是，偏偏就出了一個「叛徒」，給項羽提供虛假信息，導致項羽之前拼命爭取到的時間全部化為烏有。

這是一個不知名的農夫，正在地裏幹活，突然看到一百多匹戰馬捲塵而至，為首的大將問他這裏是什麼所在，去江東怎麼走。

項羽雖然是楚人，但他從小生活在江東，對淮南的地理情況並不熟悉。擺在他面前的有兩條路，一左一右，項羽不知道該走哪一條路，正好看到這個農夫，便問。旁邊已經有騎兵喝令他：此是項王，爾胡不拜！

原來這就是天下聞名的西楚霸王！農夫抑制著心中的狂喜，他舉起左手，指著眼前的一條路說：「往左，可通江東。」他的話音剛落，項羽就已經打馬遠去，一百餘騎消失在霧靄茫茫的田野之中。

項羽很快就發現了這是一場騙局，因為他的面前出現了一片盈溢著死亡氣息的大沼澤，遠遠望不到盡頭。項羽大罵那個農夫無恥地欺騙了他，卻沒有思考農夫為什麼會欺騙他，答案只有兩個字：民心。

項羽調轉馬頭，折回到問路的地點，這個歷史上最神祕的農夫早已經不知去向。項羽狠狠地朝地上吐了口唾沫，下令向右路疾進，一去一回，項羽浪費了太多的時間。等項羽狼狽逃到東城（今安徽定遠東南）時，他已經聽到背後由遠而近的馬蹄聲，這是劉邦派來的追兵。而項羽的身邊，只剩下二十八人了。

死神獰笑著，張開魔爪，逼近了已經走投無路的項羽，這反而激發了項羽骨子裏壓抑很久的血性。項羽對著二十八個兄弟，慷慨激昂地發表了他人生中最後一次演講，甚至從某種角度來看，這是項羽對自己人生的蓋棺論定。《史記・項羽本紀》：「吾起兵至今八歲矣，身七十餘戰，所當者破，所擊者服，未嘗敗北，遂霸有天下。然今卒困於此，此天之亡我，非戰之罪也。今日固決死，願為諸君快戰，必三勝之，為諸君潰圍，斬將，刈旗，令諸君知天亡我，非戰之罪也！」

項羽的個人英雄主義達到了極致，但他始終沒有明白自己為何會淪落到今天這一步，還把失敗的責任推給別人，甚至是天意。上天為什麼不亡劉邦，偏偏要亡項羽？項羽在坑殺秦齊軍民的時候，怎麼就沒想到自己這麼做是逆天行事？

劉邦是軍事、政治兩條腿並行，外加謀略大腦。而項羽迷信暴力哲學，一味施暴好殺，喪盡人心。項羽「卒困於此」，是「上天」對他非正義行為的否定，如果真有天意的話。

如果不站在天下英雄主義，而是站在個人英雄主義的立場上來評價項羽，會得出相反的結論：項羽確實英雄蓋世無雙！

漢軍已經把「楚軍」重重包圍，而且不斷壓縮空間，項羽卻把二十八騎分成四隊，各衝著一個方向強突，並約定一旦衝出去，就在九頭山下（安徽全椒西）會合。不必責怪項羽自分兵勢，二十八人VS五千人，分不分開都已經無足輕重了。只要項羽能突圍出去，對這二十八位楚軍騎兵來說，戰死也是值得的，至少他們對得起項羽對他們的承諾。

項羽怒吼著，釋放出積鬱在心中的所有憤怒，縱馬揮戟，以迅雷不及掩耳之勢直衝漢之騎陣。天下皆知項羽的單騎衝殺能力無人可比，漢軍雖眾，但他們是沒有勇氣和項羽單挑的。漢軍倒戈披靡，後退數里。項羽縱馬前馳，連斬漢軍數將，一道黑色閃電炸開了陰雲，直向九頭山下衝去。項羽在山腳下等了一會兒，陸續來了二十六名騎兵，只有兩名騎兵陣亡。

不過漢軍畢竟人多勢眾，很快就又把項羽團團包圍在一個狹小的空間裏。關於項羽第二次被漢軍圍困的地點，歷史上有很大的爭議，一是烏江（安徽和縣附近的長江）西岸說，一是東城說。司馬遷在《史記・項羽本紀》中雖然提到了烏江，但卻是項羽「欲」渡烏江，並不能說明項羽此時就在烏江西岸，在同一篇史料中，司馬遷明確交代了項羽的死亡地點——東城。

項羽遇到的烏江亭長，也並非在烏江西岸駁船等項羽，而是在東城勸項羽渡江。從項羽和亭長的談話中，看出來他們之前就認識，亭長完全有可能聽到項羽兵敗垓下的消息，北上迎接項羽，並在東城與項羽巧遇。

烏江亭長說江東雖小，但地方千里，還有眾數十萬，足以和劉邦隔江對峙，但項羽還是拒絕了亭長的好意。他告訴亭長：「我率八千江東子弟渡江西上滅秦，如今子弟盡亡，唯我獨存，即使江東父老支持與漢鬥戰，我又有何面目見他們？即使他們不說我什麼，我心中豈能無愧？」

項羽為什麼會拒絕渡江？從項羽垓下突圍以來，一直向南逃竄來推斷，項羽是想渡江的，如果他自知有愧於江東父老，就應該在垓下戰死。

如果《史記》中沒有遺漏或後人抄寫錯誤的話，只能有一種合理的解釋。項羽在面臨漢軍重圍時，骨子裏的驕傲感再次爆發，他開始鄙視自己的逃跑路線，因為這並不符合項羽的性格。項羽一怒之下，命令二十六人全部下馬，操短兵與漢軍血戰到底，項羽已經不考慮生與死的問題了。

面對數千漢兵，項羽狂笑不止，他此時真正體會到了孤膽英雄的悲壯和慘烈，這不是項羽的追求，但此時的項羽卻非常享受這種獨屬於英雄的快感。什麼江山美人，統統拋在腦後，項羽只想在一群男人面前證明他的偉大和獨一無二，哪怕這是他人生中的最後一次。

項羽力能扛鼎，武力殊絕天下，漢軍根本不是項羽的對手，沒多久，幾百具屍體倒在項羽的面前，但項羽付出的代價是身中十餘處刀傷。項羽的體力是有限的，當他再無力舉起劍時，漢軍數千之眾依然長執矛戟，緊緊圍著項羽，只是沒有人敢上前去殺死已經奄奄一息的西楚霸王。

夕陽下，北風呼嘯，渾身是血的項羽以劍為柱，站在地上喘著粗氣，他身邊的二十六個兄弟已經戰死。項羽已經意識到他絕無可能再衝出重圍了，他的偉大人生即將畫上淒美的句號，但他從來沒有後悔過，在項羽的潛意識裏，男人就應該像他這麼死去。

項羽盯著就在他面前不遠處的漢軍騎司馬呂馬童，這是他的故人。項羽強作笑容，問候呂馬童，可呂馬童卻低著頭，不敢正視項羽，他害怕被項羽絕望而從容的眼神殺死。

項羽擠出了他人生中最後一次笑容，告訴漢軍：「知漢王已出千金萬戶購我之頭，我今日成全你們，我死後，可取我頭獻給漢王，以致富貴。」

項羽忍著身上的刀傷，緩慢地舉起了手中的劍，置於頸上，仰望蒼天，晚霞如魅。他似乎看到了一些熟悉的面容在他的眼前閃過：叔父項梁、熊心、宋義、范增、龍且，還有他最心愛的女人虞姬。

手起劍落，鮮血如注，一個偉岸的身影轟然倒下，一段讓人熱血沸騰的江湖傳奇就此結束。

項羽時年三十一歲。

項羽死後，漢軍蜂擁而上，爭搶項羽的屍體，或者說他們爭搶的只是一塊塊冰冷的金子。為了功名利祿，漢軍士兵和將官們殺成一團，死者數十人，最終只有五個人幸運地得到了項羽的一部分屍首，他們是騎司馬呂馬童、郎中騎楊喜、王翳，郎中呂勝、楊武。

這五個幸運兒興高采烈地回到垓下漢營，向劉邦展示了他們獲得的戰利品。當項羽的屍體被拼接完整後，劉邦撫案長歎、無語，有人看到漢王眼中已噙著淚水，站在漢王身後的大將軍韓信同樣感覺到一股強烈的孤獨感向他襲來。

英雄不怕死，卻怕孤獨。

43 韓信失兵權，劉邦做皇帝

劉邦對於韓信的心態是非常矛盾的。

雖然項羽的人頭是呂馬童等人送到他案子上的，但劉邦心裏清楚，桃樹是韓信種下的，呂馬童等人只是個摘桃子的，然後把桃子交給地主劉邦。沒有韓信在劉邦最困難的時候挺身而出種桃樹，劉邦就吃不上桃子。

劉邦的用人藝術爐火純青，他當然知道人都是無利不起早的，韓信為自己種了桃樹，他比任何人都有資格享用桃子。呂馬童等五人因為搶割了項羽的屍首，被劉邦封為列侯，韓信又應該封什麼呢？

早在垓下圍楚之前，劉邦已經在韓信的變相脅迫下封韓信為齊王，這讓劉邦對韓信之前並不多的好感幾乎驟降為零。人都是痛恨雪中搶炭的，韓信不成熟的江湖閱歷使自己在劉邦心中的形象日益惡劣。不過劉邦此時應該沒有殺韓信的心思，他要做的，只是給韓信調動「工作崗位」，絕對不能再讓韓信做齊王了。

這還是劉邦對韓信的一貫思路——限制韓信在軍中發展自己的嫡系勢力。雖然韓信在齊國停留的時間也不是很長，但他在極短的時間內就訓練出近四十萬精兵讓劉邦感覺到脊背發涼。如果任由韓信在齊國發展，用不了多久，韓信將牢牢控制齊國，齊軍將比楚軍更能威脅到劉邦的統治。

給韓信挪個窩吧。

韓信最好的去處，自然是淮陰，這是韓信終生都無法忘卻的地方。韓信胯下之辱的故事天下皆知，讓韓信衣錦還鄉，也算是劉邦送給韓信的一份大禮。至於爵位，當然還是王爵，只不過由齊王變成了楚王。

劉邦現在還不清楚韓信是否願意回淮陰做楚王，論富庶程度，楚不如齊，韓信是否會貪戀齊之繁華而拒絕赴楚？劉邦站在自己的立場上考慮，不管韓信願不願入楚，齊軍的指揮權都不能繼續放在韓信的手上，否則劉邦是睡不安穩的。

先奪回齊軍的指揮權，光棍韓信將沒有和自己討價還價的本錢，自然會聽話的。劉邦改封韓信為楚王，可能還有一層深意：項羽之前也是楚王！項羽的下場，韓信是知道的，如果韓信能猜透劉邦這層深意。

這次劉邦北上屠魯，韓信雖然也隨軍北上，但他並沒有到魯縣，而是駐紮在定陶休養，這裏是當年武信君項梁被秦軍擊殺的地方。韓信駐紮在定陶，應該是劉邦的意思。韓信出道以來，戰功無數，而劉邦卻成了一個不起眼的配角，讓劉邦如何不「羨慕妒忌恨」？

隨著天下的逐漸平定，以後戰事會越來越少，劉邦難得有機會立次像樣的戰功，所以踢開韓信自己伐魯。而以韓信的智商，他也應該能夠看出劉邦的這層意思，如果戰功都讓韓信得了，劉邦會在群臣面前沒面子的，韓信自然順水推舟，成全劉邦。

定陶距離魯縣有三百多里，遠離了劉邦，反而讓韓信感受到自由的珍貴。劉邦文不成，武不就，但他身上的那股雄圖霸氣還是讓韓信感覺到了壓力，這是項羽所不具備的氣場。

劉邦不在身邊的這些日子裏，韓信每天也基本無事可做。項羽已經死了，天下大勢初定，韓信以後的用武之地越來越少，韓信總會不由得產生一種孤獨感，甚至是恐懼感。韓信不知道如果自己不帶兵打仗，他還會做什麼。

也許韓信已經把目光投到了北方遼闊的大漠草原，那裏縱橫著一支讓中原人心驚膽戰的匈奴騎兵。匈奴連年擾邊，是中原的心腹大患。韓信打敗了中原的敵人，他一定非常渴望去和匈奴王冒頓進行鐵血較量，但他不知道劉邦會不會給自己這樣的機會。

韓信的擔心很快就成為了現實，還沒有等韓信反應過來，劉邦就以迅雷不及掩耳之勢跑進定陶大營。一陣旋風颳過，然後雞毛亂飛，韓信案上的印璽被劉邦摟在懷裏。

……

韓信目瞪口呆地看著劉邦，劉邦抱著印璽，皮笑肉不笑地看著韓信。

任由劉邦蒼白而無力的辯解，韓信明白了，劉邦從來沒有把自己當成朋友，他對劉邦的無限忠誠換來的只有劉邦對自己的極力壓制。韓信並非不能交出齊軍的指揮權，劉邦好言相與，他會很痛快地挪窩，但他已經很難再忍受劉邦用這種偷雞摸狗的方式。

《史記·淮陰侯傳》記載「高祖襲奪齊王軍」，而且這並不是劉邦第一次偷韓信的兵符。劉邦三番兩次偷兵符，說明他完全信不過韓信，如果走公開管道，韓信未必肯交出軍權。

韓信辛苦訓練出來的數十萬齊軍，又被劉邦嬉皮笑臉地偷走了。自項羽死後，韓信無可爭議地成為劉邦最危險的敵人，在劉邦看來，只有無兵無權的韓信，才是劉邦可以容忍的韓信。如果老虎不被拔掉尖牙，剪掉利爪，誰敢和老虎同處一室？

韓信的憤怒刻在心裏，臉上卻平淡如水，他已經習慣了劉邦的這套王八拳路數。至少韓信問心無愧，他從來沒有背叛劉邦的想法，而且他是漢國大將軍，漢王調動兵權也是他的權力，韓信也不好說什麼。

史料上並沒有記載劉邦奪兵權後對韓信都說了什麼，但肯定涉及韓信改封楚王的事情，齊國你不能再待下去了。你為漢國立下汗馬奇功，刀山火海中為朕取天下，卻沒有享受到榮華富貴，如今天下初定，富貴不歸故鄉，如錦衣夜行。你是楚人，就做楚王吧，順便回淮陰耀武揚威。

韓信對此沒有表示任何異議。

韓信已經很多年沒有回淮陰了，每到夜深人靜時，韓信都會想到他在淮陰生活的點點滴滴，亭長夫人、漂母、惡少的身影經常在韓信的腦海中穿越，是時候回去了。

衣錦還鄉的，不僅有韓信，還有英布以及彭越等人。

英布的家鄉在六安（今安徽六安），而他又被劉邦封為淮南王，也算是衣錦還鄉。實際上早在項羽時期，英布就被封為九江王，管轄六地。不過英布後來背叛項羽，被打成了光棍，自歸漢以來，英布也立下不少奇功，所以這次算是第二次衣錦還鄉。

彭越是齊國昌邑人，他不屬於劉邦最親信的沛人集團，也不屬於項羽的楚人集團，但彭越在漢滅楚的戰爭中立下的功勞僅次於韓信。從艱苦程度上來說，彭越的處境要比韓信更為險惡，畢竟韓信之前的對手實力都相對較弱，而彭越一支孤軍在楚國腹地打游擊，和項羽直接刀兵相見。

如果說劉邦在河南與項羽的對峙客觀上幫助了韓信的北線戰略，那麼彭越在楚國腹地打游擊，「以少擊眾」，削弱楚軍實力，客觀上也幫助了劉邦。因為彭越長期在魏地作戰，並擔任魏丞相，所以劉邦封彭越為梁王，管轄魏國疆域，彭越受之無愧。

出於對異姓王的限制，彭越所封的梁國國都並不在重鎮大梁，而是在定陶。基於同樣的原則，韓信也沒能從劉邦那裏得到幾顆好果子，韓信雖然受封楚王，但楚國國都也不在重鎮彭城，而在彭城東南一百餘里的下邳（今江蘇睢寧古邳鎮）。

劉邦大搞異姓王分封，並非出於他的本意，從劉邦出三秦以來不斷夷諸國為郡縣上就可以看出來，劉邦堅定地執行秦始皇的天下主義路線。只是從地方主義過渡到天下主義，要有一個緩衝階段，這個階段就是封異姓王，至於以後怎麼做，劉邦心裏已經打好了草稿。

同時受封的異姓王還有韓王信被封為韓王，定都陽翟，這是之前就定好的。韓王信加上韓信、英布、彭越，是漢初四大異姓王，特別是後三個，和劉邦都沒什麼私人交情，這三位也是劉邦重點防備的對象。

至於其他異姓王，比如原衡山王吳芮封長沙王，定都臨湘。吳芮的封國過於偏遠，影響不到中原大局。燕王臧荼實力弱小，無足輕重，還有就是江東的閩越國、嶺南的南越國，都不會引起劉邦的猜疑。

棘手的異姓王問題初步得到解決，劉邦接下來要做的就是登基稱帝。項羽只稱霸王，說明他走的還是諸侯分治路線，而劉邦稱帝擺明了要夷諸侯為郡縣，只是以韓信為首的異姓王們並沒有從中嗅出血腥的殺氣，他們還沉浸在衣錦還鄉的喜悅中。

韓信等人此時還沒有回到封地，而是以諸侯王的名義聯名上疏，請漢王劉邦即皇帝位。《漢書・高帝紀》記載這道勸進疏如下：「先時秦為亡道，天下誅之。大王先得秦王，定關中，於天下功最多。存亡定危，救敗繼絕，以安萬民，功盛德厚。又加惠於諸侯王有功者，使得立社稷。地分已定，而位號比儗，亡上下之分，大王功德之著，於後世不宣。昧死再拜上皇帝尊號。」

劉邦夠虛偽的，明明他想做皇帝，卻偏偏假意辭讓，無非說什麼「寡人無才無德，請擇賢而尊之」的假話。韓信等人知道劉邦假模假樣慣了，自然要給漢王面子，再三勸進。劉邦「被逼」無奈，才「不得不勉為其難」，愉快地接受了諸侯的勸進。

漢五年（前二〇二）春二月初三，天地回暖，柳綠花紅，身著袞冕的漢王劉邦在侍人的攙扶下，意氣風發地登上了設在汜水之陽（一說為河南滎陽，一說為山東定陶）的登基臺上，接受諸侯王及群臣的拜賀。

詔下：漢從火德，服色尚赤，定都洛陽。尊王后呂雉為皇后，王太子劉盈為皇太子，追尊亡母為昭靈夫人。至於老父劉太公，劉邦還沒有想好如何給父親一個合適的名分，所以劉太公的身分還是臣下，見了劉邦都要行君臣大禮，當然劉邦不敢接受。

對一個剛建立的政權來說，最重要的事情，除了寬刑減賦、安撫萬民之外，就是分封功臣。劉邦的功臣簿上有三種類型的功臣：

一、外臣，如韓信、彭越、英布這些為漢朝建立立下大功的異姓諸侯王。

二、內臣，多是沛人集團骨幹，如蕭何、曹參、樊噲，張良雖然不是沛人，但也是劉邦的私交好友。

三、遠臣，即閩越國、南越王這些半獨立的割據政權。

劉邦首先要把這些和自己沒什麼私交的外臣打發掉，之前已經確定了諸侯王的封國，現在全都把他們趕走，回到各自的地盤上稱王稱霸去了。遠臣們和劉邦也沒什麼交情，都各守封疆，不要和朝廷作對，否則沒好果子吃。

至於沛人集團，劉邦暫時還沒有對他們進行分封，這並不代表劉邦無視沛人集團的貢獻，恰恰相反，這更說明了劉邦對沛人集團的重視。常理都是這樣，先封外人，後封自己人。

而且內部分功問題遠比處理外臣問題更為複雜。疏遠的關係可以直接使用暴力解決問題，但親信集團卻不能這麼做，只能用文明的方式來解決問題，可沛人集團的內部關係錯綜複雜，剪不斷，理還亂，讓劉邦頭疼不已。

直到兩年後，也就是漢六年（前二〇一）十二月，劉邦才開始論內臣之功。旨意一下，群臣們就開始爭功，互相撕咬，氣得劉邦破口大罵。武將們對劉邦定蕭何為功首大為不滿，他們找劉邦要說法：我們身經百戰，身上傷痕累累，而蕭何文墨吏而已，有何戰功，可居功首？

劉邦為了擺平這夥鬧事的武夫，拋出了著名的「功狗論」：「你們雖然勇猛善戰，但就像是獵狗一樣，受主人的指令追殺野兔，是為功狗。而蕭何則是發指令的主人，是為功人。」在劉邦的強壓之下，武夫們才不敢繼續鬧下去。連韓信、曹參這樣的功勳大將都對蕭何居功首沒有異議，他們又有什麼資格對蕭何指手畫腳？

蕭何鎮國家，撫百姓，供糧草，功勞確實很大，但要居功首，似乎欠妥。劉邦堅持定蕭何為功首，實際上是對外發出明顯的政治信號——天下已定，以後要以文治國。再聯繫到劉邦所提出的「功狗論」，說明劉邦要有意「廢掉」這群囂張跋扈的武夫，對韓信這樣，對樊噲、酈商等人也是如此。張良和陳平看出了劉邦的深意，他們都不想蹚這塘渾水，陳平大隱隱於朝，而張良則大隱隱於市，居家一年多，不問世事。

隨著天下初定，統治者實行「揚文抑武」的政策是不可避免的，但這些功臣多和劉邦有故舊，劉邦不可能對他們痛下殺手，只能想辦法限制功臣們的權勢。謀士劉敬勸劉邦放棄定都洛陽的決定，遷都關中，而功臣大將因為多是關東人，離洛陽較近，都不想去相對偏遠的關中，紛紛反對。張良則支持劉敬的建議，認為關中四塞之國，易守難攻，且可內仰巴蜀之糧，外仰胡馬之利，足為萬世立基。劉邦對張良言聽計從，覺得張良所言甚有理，立刻西遷關中，定都長安。劉邦決定遷都，也是有意切斷關中籍功臣們和關中的人脈聯繫，把他們控制在關中，相對更安全一些。

至於以韓信為首的異姓諸侯王，劉邦暫時沒有動他們，他需要時間來穩定朝局，他知道他應該怎麼對付韓信們。

44 衣錦還鄉

韓信現在在哪裏？他正在衣錦還鄉回淮陰的路上。

對韓信來說，雖然被封在下邳，這裏卻不是他人生的終點。在韓信的潛意識中，淮陰才是他魂牽夢縈的地方，從哪裏走出來，就要回到哪裏。這裏有曾經拒絕他蹭飯吃的亭長夫人，有在他即將餓死時捨飯相贈的漂母，還有那個囂張跋扈的惡少。他們都還健在嗎？

韓信一定要見到他們，至少要見到漂母，因為他曾經給漂母許下重諾：兒富貴後，必致母千金！韓信是個信人君子，他一定要實現自己當初的承諾。在下邳稍事休整後，楚王下令車駕南行，去淮陰。下邳距離淮陰非常近，如果走水路，一天的工夫就可以抵達。

……

楚王韓信衣錦還鄉，轟動了整個淮陰。

這是當初看著韓信鑽惡少胯下放聲大笑的所有人都不敢想像、但又不得不承認的事實，那個成為全淮陰笑柄的胯下懦夫如今耀武揚威地回來了！

在一個陽光燦爛的日子裏，楚王車駕浩浩蕩蕩地駛進了淮陰城。士兵數百人執鹵楯外行，另有士兵舉五兵之器——矛、戟、弓、劍、戈內行，揚幡而過。各部將軍、國相、各級楚國屬官朝裝而行。

韓信作為諸侯王，可以享受四馬拉車的待遇。四匹駿馬蹄聲陣陣，由遠而近。韓信端坐在車上，戴冠服袞，置劍膝前，目不轉睛地盯著前方，這是禮儀官訓練多次的結果。大王現在是諸侯王，言行舉止要有王者風範，不要坐在車上像個猴兒似的抓耳撓腮，讓人笑話。

人都是有虛榮心的，即使韓信用兵如神，知恩圖報，他還是很樂意讓一行人放慢行進速度，讓家鄉父老仔細觀瞻，看看當初那個窮小子現在的威風八面。這麼多年過去了，街道兩旁依然沒有太大的變化，韓信還能準確地叫出這些店鋪的名字，年輕的楚王心潮澎湃。當年走在夕陽下的街道上，看著炊煙嫋嫋，一個年輕人淚流滿面的場景，永遠刻在韓信的腦海中。

雖然史書上只記載了韓信回到淮陰後做了三件事情，但從人情的角度來看，韓信回鄉，不可能不去淮陰城外那處不知名的荒郊曠野，因為那裏埋葬著他的亡母。楚王車駕穿淮陰而過，將伏拜街道兩旁的男女老少遠遠甩在身後，韓信突然發覺他似乎從人群中看到那個屠家惡少的身影。

離亡母的墳墓越來越近，韓信的心情已經無法平靜，他永遠不會忘記母親與他訣別時的淚水，不會忘記在他決定參軍時來到墳前伏地痛哭的場面。母親亡故後，韓信雖然身無分文，他還是把母親的遺體拉到這塊地勢較高的曠野埋下，理由是此地空曠，將來可置萬戶人家守塚。韓信的決定在當時沒少惹人嘲笑，一個連飯都吃不起的人居然敢幻想將來萬戶守塚，何其荒謬！但事實卻狠狠地抽了這些人的嘴巴，韓信居然做到了。

韓信在淮陰應該沒有什麼親人，自韓信負劍從軍以來，無人清掃塋墓，墳頭已經長滿了荒草。偶爾有亂鴉飛過，呱呱叫著，讓人倍感凄涼。韓信讓隨從們遠遠站在後面，他一個人上前，流著淚拔掉幾根荒草，並輕輕向墳中的母親訴說著這些年來的辛酸與榮耀。

動情時，韓信淚水橫流，嗚咽無語。

韓信默默地站在墳前，腦海中不斷穿越著小時候和母親在一起時已經發黃的記憶片段，母愛的溫暖就像黑暗中的一盞明燈，照亮著在痛苦中艱難前行的韓信。說到母愛，韓信很自然地想到了曾經在河邊柳樹下贈他飯團的漂母，如果沒有漂母，韓信早已經餓死樹下，哪還有今日的風光無限？

這時已經有人來到韓信身邊，說漂母已經找到了。韓信長出一口氣，他一直擔心漂母不在人世，他就無法兌現當初的千金之諾。韓信拜祭完母親，登車回到城中。淮陰在秦朝時的編制是縣級單位，城中最氣派的建築也就是縣衙了，韓信沒地方可去，只好屈尊來到縣衙等待。

當一位華髮滿頭的老婦人被楚王侍官攙扶著走進縣衙的時候，韓信再也忍不住感情的宣洩，上前一把扶住老婦，一語未出，卻淚如泉湧。

韓信永遠不會忘記這個女人，她不僅在韓信幾乎就要餓死的情況下救了韓信，更重要的是她在冰冷的人間給予韓信最博大最溫暖的母愛，並點燃了一個少年追求勝利的夢想之路。

漂母的出現，幾乎改變了韓信對人生的看法和為人處世的原則。可以想像，如果沒有漂母的出現，韓信繼續活在別人的恥笑聲中，他將對人生產生更消極的看法。即使他成功了，也會變得敏感而刻薄，因為他已經不相信人間還有真情在。

漂母像對待自己的孩子一樣救助韓信，不僅讓韓信對她感恩戴德，更讓韓信看到人間美好的一面，寧願相信像亭長夫人和屠家惡少那樣的人只是少數。後來武涉和蒯徹反覆勸韓信背漢自立，韓信都堅定地拒絕，原因就在於他相信劉邦重情重義，一如他相信漂母是真心地希望他能好好活下去一樣。

在韓信的潛意識中，漂母已經由一個具體的人轉化成一種道德的尺規。韓信用漂母的善良來衡量這個邪惡的世界，他得到的答案自然是這個世界也是善良的，雖然他的答案後來被證明並不正確；甚至從某種角度說，漂母的出現，對秦漢之際的歷史走向產生了重大的影響。

漂母也發現眼前這位氣勢威嚴的楚王似乎很眼熟，這不就是那個當年她施捨飯團的落魄王孫嗎？她還記得最後一次贈飯的場面，落魄王孫向她辭別，說要去參軍，不負男兒七尺之軀。

漂母上下打量著這位尊貴的楚王，臉上寫滿了欣慰，她似乎也非常激動，眼角泛著晶瑩的光。她已經記起了當初韓信要報答千金時，她罵韓信的那些話：「大丈夫不能自食，吾哀王孫而進食，豈望報乎！」

此時的漂母內心一定非常感慨，自從韓信離開淮陰後，歲月如白駒過隙，她漸漸遺忘了這個落魄王孫。當韓信以楚王的身分真真切切地站在她面前時，她感覺就像在做夢，所有的回憶像潮水一般湧進她的腦海。

她記得她曾經給予韓信母愛般的溫暖，而韓信則很需要、很享受這份沒有血緣關係的母愛，他就是像個多年流浪在外的遊子，撲在母親懷抱裏痛哭，盡情發洩著對母親的思念，卻早已經忘記他尊貴的身分。

此時已經有屬官端著千金走了過來，韓信立刻上前端起托盤，恭恭敬敬地站在漂母的面前。韓信動情地告訴漂母：「當年我曾經許下諾言，俟成功後，必重金以報母恩。現在我衣錦歸來，是我實現諾言的時候了，請母納此千金，以成全我報恩之心。」

漂母的生活和以前沒有什麼變化，還在為有錢人家漂洗衣物，千金對漂母來說是一筆巨大的財富，而且她是楚王韓信最感激的救命恩人，有了這層關係，以後漂母可以富貴終身。

漂母沒有拒絕韓信的報恩之舉，也不應該拒絕，千金之諾並不是韓信僅僅為了償還她當年的贈飯相救，而是兒子對母親的孝敬。冷冰冰的黃金，卻浸透著韓信熾熱的感情。

韓信又說了許多感激的話，他命令屬官將漂母送歸，並告訴漂母，有空他還會把漂母接到下邳享受榮華富貴。當漂母的背影消失在庭院的拐角時，韓信臉上的淚痕猶未乾。

送走漂母之後，韓信接下來要接見他的一個故人，就是韓信曾經蹭飯數月的南昌亭長。史書上並沒有記載亭長的夫人是否也來到現場，也許是亭長夫人已經病逝，或者不在淮陰，否則韓信是不可能不把她揪過來的。

南昌亭長被人帶到韓信面前，行了大禮後，不敢抬頭。亭長尷尬地跪在地上，他不知道韓信會把他怎麼樣。

韓信盯著亭長，半天沒有說話。他又想起了當年他在亭長那裏沒有吃上飯，大怒拂袖而去的場景，歷歷在目，往事並不如煙。雖然拒絕他蹭飯吃的是亭長夫人，但如果沒有亭長的默許，夫人也許不至於對韓信那樣。父債子還，妻債夫償，在韓信看來天經地義。

韓信讓人拿過來一百個大錢，扔在亭長面前，冷笑著說：「當年我在你家吃飯數月，你也算有恩於我。我本應厚贈你千金，但你不應該縱容汝妻那般對我，做好事要有始有終，你卻有始無終，讓人不齒。不過像你這種小人……」

韓信罵亭長是小人，明顯過分了。從表現上看，不管怎麼說，亭長都曾經救助過韓信，不能因為亭長沒有堅持對韓信的救助，就否定亭長對韓信的恩情。不過韓信並不這麼看，他鄙薄亭長有他的理由。

亭長和漂母同樣捨飯與韓信，不過吃亭長家的飯要付出尊嚴的代價，而漂母則是以母性的善良幫助韓信，並給予韓信在精神上最大的慰藉。雖然是亭長夫人設計拒絕韓信蹭飯，但沒有亭長的默許，亭長夫人也不會那樣對待韓信。從這個角度講，韓信鄙薄記恨亭長是有道理的。

為了活著，一無所有的韓信需要吃飯，但精神上的鼓勵對韓信來說更重要，漂母給了，亭長沒有給，這是亭長與漂母待遇天上地下的主要原因。其實韓信在這件事情上還算厚道，換成記仇不記恩的項羽，亭長都不知道死多少回了。韓信侮辱性地賞亭長百錢，實際上也肯定了亭長曾經救過他，只不過亭長「為德不卒」，讓韓信氣憤而已。

亭長滿面通紅地退下，韓信依然冷笑著。淮陰的青少年時代，與韓信人生交集的三個人中，韓信最感激的是漂母，還有惡少，最記恨的是亭長。惡少雖然沒有像亭長那樣曾經捨飯與韓信，但在韓信的人生道路上，惡少的出現，讓韓信看到了站在漂母對面的人生另一面，而亭長顯然沒有做到這一點。

可以想像得到，當聽說胯下辱夫韓信衣錦還鄉的消息後，惡少臉上呈現出什麼樣的表情。許多當年看他羞辱韓信的看客都用異樣的眼光注視著自己，眼神中有惋惜，也有幸災樂禍。曾經，韓信是淮陰的笑柄；現在，這個也許已經娶妻生子的惡少則是所有人眼中的笑柄，不會有人相信韓信會放過他。

可悲的是，他自己也是這麼認為的。在惡少的潛意識中，除了恐懼之外，他或許有一絲釋然，他知道他欠韓信的一場羞辱，橫豎是躲不過韓信了。終於有一天，許多士兵強行闖進他的宅院，不顧他妻與子的哭喊，將他摁倒在地，五花大綁，然後押到縣衙，聽候楚王發落。

縣衙門前擠滿了看熱鬧的人。堂上，士兵執戟雄立兩旁，韓信坐在上席，膝前置劍；惡少被人踢著，踉蹌跪地。

韓信永遠都不會忘記這張熟悉的面孔，他的耳邊還在盈盪著當年他在夕陽下離開時，惡少們肆意的大笑聲。從那次以後，韓信再也沒有見過惡少，天涯各自，他們的人生很難再有交集。現在韓信回來了，該報恩的報恩，該報仇的報仇。

其實韓信的仇已經報過了，就是侮辱性地扔給亭長一百個錢，看著亭長捧著一百錢尷尬地離去，韓信心裏非常痛快。至於惡少，韓信也許並沒有把他當成自己的仇人。惡少和漂母一樣，都是韓信人生道路上的指路人，只不過惡少站在了與漂母相反的方向。

不過要說韓信對惡少沒有一點痛恨，那是不可能的。韓信起席，操劍來到惡少身邊，沒有說話，只是默默地站著，惡少同樣沒有求饒，只求痛快一死。一個驕傲地站著，一個哆嗦地跪著，二人的形象形成了鮮明的對比，這是對他們各自不同人生的、自然也是對當年胯下事件的否定。

韓信胯下受辱的事情，天下皆知，當惡少被押上來時，楚國軍官皆憤憤上前，請楚王下令殺掉這個小人，一解大王之恨。韓信笑了，他死死盯住惡少，半天沒有說話，大堂之上鴉雀無聲，靜得有些可怕。對一個人來說，最痛苦的不是死亡，而是死前的那段煎熬，惡少還在痛苦地猜想韓信會以什麼樣的方式處死他。

韓信突然站了起來，在眾人的驚呼聲中抄劍逕直走向惡少，楚王終於要手刃仇人了！惡少幾乎癱倒在地，被人強行扶正，然後渾身哆嗦地等待楚王復仇的那一劍。韓信緩緩地抽劍出鞘，悅耳的劍鞘摩擦聲迴盪在大堂上，就在有些膽小的圍觀者已經閉上眼睛不敢看到血腥的一幕時，韓信已經用劍鋒挑斷了綁在惡少身上的繩索。

這是一個所有人都沒有想到的結果，韓信要做什麼？許多人都在交頭接耳地輕聲議論。

韓信掃了一眼堂上，眼神依然犀利，卻已經找不到之前對亭長那樣的冷漠刻薄。韓信在惡少身邊來回踱步，就像參觀動物園裏的猴子一樣，似乎在思考著什麼。又過了一會兒，韓信終於開口說話了。

……

韓信語速比較慢，但聲音卻非常洪亮，他要在場所有人都聽清楚自己的意思：「很多年前，就在此不遠處，寡人從此屠胯下伏行而過。天下人都以為寡人怯弱，非英雄也，龍且即如此說。夫英雄者，大直若屈。大巧若拙，大辯若訥，豈是凡人所能看得到？自寡人成國後，天下人又皆以此屠為小人，亦非也。在寡人看來，此屠敢在寡人橫劍之時強使寡人伏行胯下，其在彼時並不知寡人是否能抽劍斬之，果真壯士也！寡人有劍，何不殺之，以正寡人之名？」

韓信給自己提了一個問題，然後回答這個問題：「寡人之劍，寒光獵獵，何人殺不得！何人不可殺！此屠當眾欺辱寡人，而寡人寧胯下伏行，不殺此屠，並非懼他，而是因為殺其無名。寡人豈不知當街殺人，以命抵死？若殺此屠，一劍揮影而已，可寡人再無機會橫平天下。君子善忍，不以一時之怒拔劍自毀，所以寡人不殺此屠，才有今日之榮歸。現在此屠已在寡人掌上，寡人即滅其族，又有何難？寡人寧不知以怨報怨，君子所為耶！寡人素以此屠為壯士，害賢不祥，即日起，此屠可為楚中尉。」

惡少幾乎不敢相信自己的耳朵，韓信非但沒有羞辱他，反而封他做楚國中尉，這可是負責國都警衛安全的兩千石大官！惡少也許已經意識到了這是韓信對他進行的另一種層面上的報復，但他還是心情複雜地給韓信叩頭，感謝楚王的不殺之恩云云。

韓信微笑著請惡少起身，有關方面會告訴他如何做一個合格的中尉，回家準備一下，然後跟楚王輿駕回下邳就職。惡少不敢再和韓信有任何眼神上的交流，他怕被韓信笑中帶刀的眼神殺死，滿面慚愧地退下。一齣讓看客期待很久的復仇大戲，居然以這種讓所有人意外的方式收場，看客們覺得無甚趣味，各自散去。

韓信看著人潮退去，輕輕地微笑著。

關於韓信不殺惡少，反重用為中尉，最常見的一種解釋是韓信沒有把惡少當成仇人，這樣也就洗刷了自己的胯下之辱：他自己都沒把這件事情當成恥辱，別人對他的恥笑自然也就不成立。

這種觀點並非沒有道理，但從韓信的原話中帶有「辱」和「忍」字來看，惡少當年逼韓信從他胯下鑽過去對韓信的感情造成了很大的傷害。現在韓信衣錦榮歸，卻對惡少以德報怨，其實還是一種虛榮心在作怪。

韓信如果殺了惡少，固然可以解心頭之恨，可堂堂楚王和一個小人記恨，未必給人留下心胸狹窄、睚眥必報的負面形象。韓信為人不好財貨不好色，但卻非常好名，這也是許多社會頂層精英共有的特點。所謂「名利」，名在前，利在後；人活著，多是為名所累，韓信也不例外。

不殺惡少，並不等於韓信忘記惡少曾經帶給他的巨大侮辱，恰恰相反，韓信厚待惡少，是更高明的復仇手段。殺惡少不過一刀之快，然後呢？等韓信再次被胯下之辱的傷痛刺傷時，他又能拿死去的惡少怎麼出氣呢？所以，留下惡少，韓信可以隨時隨地用更文明的方式羞辱惡少。其實當惡少被五花大綁地跪在韓信面前時，韓信的仇就已經報了。

還有一點，韓信在處理惡少的問題上要了一點兒小聰明，他稱惡少為壯士，實際上是在抬高自己的身價。一個壯士當街辱人，而被辱之人卻愛惜壯士不值得殺，不正說明韓信心胸寬廣、愛才心切嗎？

45 削藩

韓信本就是個聰明絕頂的人物，再加上這些年在江湖上的闖蕩，讓韓信變得有些油滑，懂得如何在人生遊戲的規則之內來為自己謀取更大的利益。雖然在有些事情上，韓信做得並不完美，比如兩次逼劉邦封他為王並加實地，導致劉邦對韓信的好感度大幅下降。

其實韓信並非不知道乘人之危而要脅是非常不明智的行為，但韓信兩次這麼做，只能有一個解釋：他完全把劉邦當成自己的親人，就像在父親面前撒嬌耍賴的兒子一樣。

不過韓信對劉邦的信任，在滅楚之後，劉邦跑到定陶大營強奪韓信兵權時，基本上煙消雲散了。在這個時候，韓信已經基本摸清了劉邦對他的態度，在劉邦眼中，他不過是個高級打工仔，論私交是沒有的。

韓信不是傻子，他早就從劉邦屢奪其兵權上看出劉邦對他的防範心理，只是韓信太重感情，依然相信劉邦還把他當成自己人，「韓信猶豫不忍背漢，又自以為功多」。結果剛滅掉項羽，劉邦就耍了兩個手腕，一奪其軍，二改齊為楚，削弱了韓信的實力。

劉邦分封韓信居楚，表面上的理由是韓信作為楚人，深諳楚國風俗，利於統治楚國。可這個理由實際上並不充分，韓信是楚人就居楚，劉邦也是楚人，他卻把國都定在河南，後來遷居關中。

齊國是天下大國，物饒民富，兼有鹽海之利，而楚國雖然博大，但韓信的楚國只有蘇北一帶，而且還不包括彭城。韓信的楚國，南有吳、北有齊、西有彭城，一旦有變，漢軍將對楚國三面合圍，韓信將插翅難逃。

劉邦嫉賢妒能的嘴臉，韓信看得越來越清楚，為了大漢天下的千秋萬代，劉邦是什麼事情都可以做出來的。想必韓信已經聽說了這麼一件事，項羽的部將丁公曾經在彭城之戰中放劉邦一馬，否則劉邦必死在項羽戟下。天下初定，丁公看到自己的兄長英布降漢後受到劉邦重用，便出山要求劉邦報恩，結果被劉邦以丁公不忠於項羽之名當場斬殺。

丁公挾功自居，固然讓人鄙薄，但絕對罪不至死。劉邦之所以敢背忘恩負義的惡名殺丁公，是在向自居功高的異姓諸侯王們發出警告，或者是向天下發出開始剷除異姓諸侯王的信號。雖然丁公的戰功無法和韓信、英布們相提並論，但就憑他私放劉邦，完全有資格享受萬鍾之封，結果卻被劉邦殺掉了，那麼韓信、英布們還有活路嗎？

在丁公出事之前，前齊國統治者田橫已經在稱臣於漢，赴洛陽途中自殺身亡，其從者五百餘人皆自殺殉主，劉邦聞之流涕。表面上看，田橫是因為當初烹殺酈食其而自愧有罪，沒有臉面與酈商共事，憤而自殺，實際上田橫今天不死，明天也會死在劉邦手上。

田橫心裏清楚劉邦召他赴洛陽見駕，不過是想滿足一下好奇心，並非對他有什麼好感。以田橫的能力和為人，如果封田橫為齊王，除非再次重用韓信，否則劉邦等於自動放棄齊國，甚至還可能引發連鎖反應，影響到劉邦削平異姓諸侯王的大局。

劉邦對異姓諸侯王從一開始就非常防範，從他聽從謀士婁敬的建議，從洛陽西遷關中一事上就可以看得很清楚。

婁敬建議遷都關中是出於河南乃四戰之地，且大戰之後百姓疲敝，不若關中天府之國，可資帝業。不過婁敬也考慮到了異姓諸侯王的問題。他是這麼說的：「陛下入關而都之，山東雖亂，秦之故地可全而有也。夫與人鬥，不搤其亢，拊其背，未能全其勝也。」

異姓諸侯王們都封在山東（太行山以東），婁敬雖然沒有明言，但劉邦當然聽得出來，婁敬所說的山東就是指韓信、英布等人。如果定都河南，四戰之地，北有趙、燕、齊，西有梁、楚、淮南，一旦諸侯反叛，特別是韓信從東線向西平推過來，用不了幾天，劉邦就將在洛陽城頭上見到與他為敵（假設中）的韓信。

劉邦對西遷還有些猶豫，而地處漢朝高層的沛人集團多數反對入關定都，因為這樣會割斷他們與本土的聯繫。還是在張良的勸說下，劉邦才同意遷都關中。張良同樣考慮到了異姓諸侯王反叛的問題，遷都關中，四面高野，東有潼關之險，上扼蒲阪渡，中扼風陵渡，下扼藍田關，資巴蜀之糧，進可兼併天下，退可自成一國，遠比留在河南更安全。

除了那夥只知道分功奪利的粗豪武夫，漢朝的參謀高層已經明顯意識到了一點：項羽雖滅，天下未定！在不遠的將來，異姓諸侯王一定會和朝廷爆發大規模武裝衝突，現在就刀槍入庫、馬放南山過早了點。

而異姓諸侯王同樣聞到了從朝廷飄過來的血腥味，他們都能看得出來，劉邦西遷關中就是防備他們，更何況丁公之死也明白無誤地透露了劉邦對待異姓諸侯王的底線，換了誰心裏沒有想法？

天下者，漢皇帝一人之天下，臥虎之側，誰睡其酣！今日不削藩，明日也要削藩。

讓所有人都沒想到的是，第一個跳出來和劉邦撕破臉皮的是並非出現在漢國權力系統內部的燕王臧荼，時間是漢五年（前二〇二）的秋天，具體月份，各史記載不一。

劉邦決定親征臧荼，一是因為臧荼實力太弱，劉邦很容易就能取勝，從而增加在群臣諸將中的威信；二是劉邦要通過親征臧荼嚴正警告心懷叵測的諸侯王們。事實也很快證明了第一點，臧荼哪裏是劉邦的對手？要知道劉邦的精兵可都是韓信訓練出來的，對付燕國雜牌軍並沒有費太多的力氣。

根據《前漢紀・卷三》的記載，是年八月，臧荼反於燕，隨後劉邦親征。九月，臧荼就被劉邦拿下，《史記・盧綰傳》則記載臧荼主動歸降劉邦。這場漢滅燕之戰出現得非常突兀，甚至不排除這是臧荼和劉邦共同策劃的苦肉雙簧計的可能，或者說臧荼很不湊巧地在這個時候造反，被劉邦順勢而為，拉開了削藩大幕。

臧荼倒臺之後，下一個跳出來的是項羽的舊將、新封潁川侯利幾。利幾的反抗，是項羽舊勢力對劉邦的不信任導致的，劉邦對從項羽陣營倒戈過來的武將向來不信任，最典型的莫過於韓信。

從表現上看，劉邦並沒有把利幾怎麼樣，只是想把利幾從封地召到長安見駕，就讓利幾以為劉邦要拿他開刀了。利幾的實力還不如臧荼，劉邦專捏軟柿子，自然是馬到功成，利幾被劉邦打得不知下落，群臣諸將伏拜馬首，大肆吹捧皇帝陛下的赫赫武功。

雖然臧荼和利幾只是兩隻小蝦米，大魚還潛在水裏，但削藩的形勢已經非常明朗。劉邦四處亂竄，高調作秀，敲山震虎，意在韓信諸王。在異姓王中，韓信對劉邦的威脅最大，一日不除韓信，劉邦辛辛苦苦建立起來的大漢王朝隨時可能被韓信毀滅。

縱然劉邦有今日，韓信居功第一，但這又如何？兔死狗烹，卸磨殺驢，對劉邦來說，韓信的價值基本上沒有，再留下韓信，就是對自己、對大漢朝的不負責任。

劉邦有兩點理由可以為自己除掉韓信的行為自圓其說。

一、韓信私藏項羽集團的重將鍾離昧。

二、韓信在楚國四處巡遊，大陳銳兵，張揚武力，必為君上所不喜。

關於第一點，應該是鍾離昧曾經做過傷害劉邦的事情，所以劉邦對鍾離昧恨得咬牙切齒。項羽敗後，楚將四散飄零，鼠竄藏命，而鍾離昧恰與韓信私交甚好，所以鍾離昧很自然地就逃到韓信國中殘喘續命。

韓信曾經在項羽軍中攬過馬勺，與身為楚軍大將的鍾離昧結下深厚的友誼，現在老友落難，韓信當然要拉鍾離昧一把。韓信知道劉邦對鍾離昧的態度，所以將鍾離昧藏得很深，但不知道是內部出了叛徒，或是劉邦在楚國中安插進了眼線，這件事情還是給劉邦知道了。

可以想像劉邦得知這條消息後的狂喜心情，劉邦知道韓信和鍾離昧有私交，這一點恰可以被劉邦利用。劉邦立刻給韓信下了一道詔書，讓韓信把鍾離昧交出來。

劉邦這麼做，直接將韓信逼到了牆角，如果韓信不交人，那劉邦就可以名正言順地拿下韓信；如果韓信交人，那麼韓信棄德背友的惡名就將傳遍天下。劉邦利用鍾離昧的思路是先在輿論上搞臭韓信，然後俟機拿之。

從時間上看，韓信在接到劉邦關於交出鍾離昧的詔書後，並沒有立刻對鍾離昧下手，而是採取了拖延戰術，對劉邦的命令不理不睬。劉邦其實是不希望韓信交出鍾離昧的，鍾離昧多在楚國逗留一天，劉邦就越有希望拿下韓信。

關於第二點，在漢六年（前二〇一）十月，突然有一個神祕人物向朝廷上書，告楚王韓信私藏銳兵，企圖謀反。

這個神祕人物是誰，現在已經於史無考，有兩種可能：

一、劉邦安插在韓信身邊的線人。

二、這個人物根本就是劉邦捏造出來的虛擬人，因為此人從頭至尾都沒有出現，只是向劉邦遞交了一封書信。劉邦完全可以偽造一封所謂揭發韓信造反的信件，然後拿到臺面上給韓信下套。

此人告變，理由是韓信「信初之國，行縣邑，陳兵出入」，實際上這個理由根本不能成立。作為諸侯王，制度上允許各王擁有一定數量的軍隊，韓信率楚國兵在國境內四處招搖，只是韓信衣錦還鄉的心態在作怪，換成張良做諸侯王，絕對不會如此張揚。韓信做事太過高調，才讓劉邦抓住把柄。

和得知鍾離眛藏在韓信國中的消息相比，「告發」韓信謀反，才是劉邦在政治上搞臭韓信最重要的一步，至於由誰來給韓信扣黑帽子已經不重要了。有了這個實際上並不成立的「謀反事實」，劉邦佔據了輿論的制高點，就可以名正言順地查拿韓信，地球人都知道謀反是什麼性質的罪行。

劉邦對異姓王分封問題的處理思路一直非常清晰：先欲取之，必先予之，劉邦需要一個由異姓封王過渡到同姓封王的緩衝期。只不過這個緩衝時間現在看來非常短暫，項羽死後，劉邦立刻向異姓王們舉起了政治屠刀。

毫無疑問，在異姓王中對劉邦威脅最大的，就是曾經為劉邦統一天下立下首功的韓信。韓信的軍事天才讓劉邦讚歎，更讓劉邦睡難安枕，韓信能滅項羽，對付軍事能力尚不如項羽的劉邦，對韓信來說只是小菜一碟。即使現在的劉邦沒有殺韓信的心思，但必須要徹底解除韓信對於劉邦的軍事威脅。

漢六年（前二〇一）十月，劉邦和韓信的政治蜜月終於結束了，他已經無法再忍受韓信神一般的存在。劉邦把無名氏揭發韓信「謀反」的信件拿在大殿上與諸將進行公開討論，詢問大家的意見：韓信謀反，諸君有何計應之？

韓信雖然功蓋天下，但他卻始終沒有打進漢朝最核心的沛人集團，韓信在武將們眼中只是一個豎子，他的地位甚至還不如曹參。面對劉邦的詢問，武將們異口同聲地回答：「請陛下速發兵，坑殺豎子韓信！」

《史記・陳丞相世家》記載劉邦聽完諸將表態後的反應是「默然」，說明劉邦和韓信在軍事上的明顯差距。劉邦的沉默，是對諸將提出以武力剷除韓信建議的否定。不要說劉邦，就是眼前這些諸將，哪個是韓信的對手？劉邦知道再和這些豬頭將軍商議純屬浪費時間，他立刻把諸將轟出大殿，然後請戶牖侯陳平上殿，他想聽聽陳平的意見。

劉邦手下的謀士之首是張良，但天下初定後，張良大隱隱於市，輕易不再參與朝議，陳平實際上是漢朝的參謀總長。不過陳平似乎不想介入劉邦和韓信的恩怨糾葛，劉邦讓他拿個主意，他百般推辭，直到劉邦把他逼得口吐白沫，他才勉強答應介入其中。

陳平問劉邦諸將們都說了什麼，劉邦說他們一致要求出兵討伐韓信，陳平聽完就笑了，暗中笑罵這些豬頭不自量力。陳平此時已經有了一個大致的擒韓計畫，但他還需要一個必要條件作為鋪墊，否則他的計畫就很難實施。

陳平問了劉邦一個最關鍵的問題：韓信知不知道有人告他謀反？劉邦肯定地回答：韓信不知道。

劉邦怎麼會如此肯定韓信不知道有人告他？除了告韓信者是劉邦安排的臥底或虛擬人，沒有更合理的解釋。陳平不管這些，他和劉邦、韓信均沒有太深的交情，他為劉邦出謀劃策，只是他的工作職責所在。

劉邦的回答正是陳平最需要的那個條件，接下來就好辦了。陳平連問劉邦兩個問題：一、陛下自度漢之精兵比楚兵如何？二、朝中諸將有誰是韓信的對手？

在和項羽的艱苦鬥爭中，為什麼最後勝出的是劉邦？答案就在於劉邦清楚自己有幾斤幾兩重，而不似項羽那樣狂妄自大。老子在《道德經》中說過，知人者智，自知者明。劉邦識人更識己，他非常誠實地回答了陳平：「我不如信，諸將亦不如信。」

陳平點了點頭，他的看法和劉邦完全一致：「陛下所言甚是，今漢兵精銳不如楚，為將者又不如信，如果陛下激一時之憤，盡舉漢兵而攻信，必敗，此臣所以為陛下憂者。」

劉邦問陳平將以何策擒韓信。陳平建策：「南方有雲夢，陛下知之乎？陛下可以天子巡狩四方為名，南下雲夢，然後折向北，在陳國大會諸侯，韓信必來與會。陛下擒韓信，一壯士之力耳，不須萬千軍馬。」劉邦聽完，突然爆發出一陣狂笑，有陳平在，何患韓信！

陳平不愧是智囊，如果他建議劉邦直接去陳國，召見諸侯，難免會引發與陳國交界的楚王韓信、淮南王英布、梁王彭越等人的猜疑。而先去雲夢（今湖北安陸），再去陳國（今河南睢陽），會給人造成劉邦路過陳國的假象，韓信等人必不備，一舉可擒之。不過英布和彭越現在還沒有登上劉邦私下擬定的黑名單，他這次來回折騰，就是衝著韓信去的。

為了避免夜長夢多，劉邦即日大發輿駕南下，從長安赴雲夢，要南出灞上，過藍田、武關，穿析谷抵達南陽，然後再從南陽穿越桐柏山，直下雲夢。

韓信對劉邦的態度有一個從簡單到複雜的過程，初拜大將軍時，韓信只把劉邦當成了老闆，我打工你付薪水。隨著功震天下，韓信不可避免地產生了驕傲情緒，但在感情上，韓信又放不下劉邦當初對他的重用。

自從定陶被奪兵權後，韓信就已經和劉邦貌合神離，但平心而論，韓信沒有背叛過劉邦。韓信曾經兩次逼劉邦封他為王，雖然讓劉邦很不爽，但韓信這麼做，至少說明他心裏還有劉邦，不然直接自立為王，還用得著劉邦的冊封？

韓信不擅長交際，但他並不傻，他能從劉邦對他的微妙態度上感受到一絲不安。現在劉邦在沒有任何預兆的情況下，突然駕臨陳國，並派人來到下邳，說皇帝要在陳大會諸侯，請楚王動身與會，韓信確實有些生疑。結合劉邦屢次奪其兵權來看，韓信會很自然地想到劉邦是不是在給自己布置陷阱。但韓信最多只有去與不去的選項，還不至於直接和劉邦刀兵相見。

韓信知道舉兵造反是什麼性質的罪名，一旦舉兵，即使韓信是被逼反的，他在政治上也將完敗。韓信要想以避開劉邦這次可能針對自己的襲擊，最好的辦法就是不去，理由隨便找一個就可以，比如稱病，英布就曾經這麼做過。

現在的韓信非常矛盾，他早已經從衣錦榮歸的興奮中清醒過來，他明顯從劉邦對自己的態度上預感到了一絲不祥。不過韓信還是對劉邦抱有一絲幻想，希望劉邦能念及他在滅楚戰爭中立下的汗馬功勞，從而放過自己一馬。

46 雲夢之計

韓信並沒有確定劉邦召他入陳就是對自己下手，或許是自己敏感多疑了，但如果能打消劉邦對自己的猜疑，對韓信來說再好不過。至於用什麼方法來做到這一點，有人給韓信出了一條妙計：「殿下勿憂，有一人可解殿下之患。」韓信問何人。此人笑了：「大王豈不知漢王素恨鍾離眜？漢知眜匿於楚，苛索甚急。大王可斬眜頭獻於漢王，如此，則漢必不疑楚，大王無虞矣。」

於史所見的曾經為韓信出謀劃策的謀士只有李左車和蒯徹，獻「斬眜之計」的並不是這二人，以這二人的智商，必不會出此下計。這個計策的拙劣之處有兩點：

一、獻計之人沒有看透劉邦對韓信的猜疑根本就不是來自鍾離眜匿於楚，而是韓信的軍事天才對整個漢朝統治集團帶來的強大的心理壓力。想拿掉韓信的不只是劉邦，而是站在劉邦身後的龐大的沛人親信集團。

二、出賣朋友以求自保，在當時重義輕死的社會道德大背景下是為人所不齒的，這條殺眜自保之計的代價是韓信將付出名聲上的慘重代價。即使劉邦不處置韓信，韓信以後將有何顏面在江湖上圖存？

遺憾的是，韓信居然同意了此人提出的殺掉鍾離眜獻首於漢的建議。為了自保，韓信已經利令智昏，用朋友的人頭來為自己換取一張保命符。韓信應該考慮過以上兩個問題，特別是第二個。殺鍾離昧自保對自己來說意味著什麼，韓信心裏很清楚。但讓韓信為了一個鍾離昧而放棄自己百戰才拼出來的功名富貴，恐怕沒有幾個人能做到，項羽也做不到這一點。

韓信在軍事史上固然是不世出的天才，但在政治鬥爭中，他待人接物的幼稚思維直接斷送了他的美好前程。劉邦逼他交出鍾離昧根本就是醉翁之意不在酒，有沒有鍾離昧事件，劉邦都要拿韓信開刀。

《史記》《漢書》異口同聲地說韓信謀反，如果韓信真有反心，那他完全沒有必要殺鍾離昧以媚劉邦，而是繼續保護鍾離昧以留為己用。二書一方面連篇累牘地把韓信描寫成一個欲無止境的野心家，另一方面又用大量史料證明韓信的無辜。司馬遷、班固作為成熟的史學家，自不會犯如此幼稚的錯誤，只能有一個合理的解釋：他們相信韓信是無辜的，但又懾於漢王朝的「淫威」，不敢直寫韓信之冤。

韓信在政治問題上經常犯傻，但也傻得可愛，韓信居然能傻到把鍾離昧請出來，厚著臉皮問鍾離昧：「鍾離老兄，我能否借你的人頭一用，獻給漢王，以解我之禍？」像這種事情，韓信不應該親自出面，而是隨便找個理由做掉鍾離昧，然後再抱著鍾離昧的屍體號啕痛哭，至少在當時不用背賣友的惡名。

面對韓信的「真誠」，鍾離昧無語。

鍾離昧有些後悔當初投奔韓信，他哪曾想到這裏不是他的天堂，而是他的地獄。在鍾離昧看來，他和韓信的私交現在看來也只是一個笑話，就像當初張耳和陳餘所謂的「刎頸之交」一樣可笑。

其實鍾離昧如果把韓信當成朋友的話，就不應該投奔韓信，這樣是在害韓信，弄得現在韓信非常尷尬。鍾離昧似乎對劉邦滅項羽並不服氣，也許鍾離昧潛意識中會認為項羽的失敗是因為沒有重用他，他投奔韓信，並不是為了避難，而是勸說韓信反漢，以此來證明自己的價值。韓信要出賣鍾離昧是自私，鍾離昧以一己之私禍害韓信，不同樣也是自私嗎？

從鍾離昧與韓信的對話中，可以明顯看出鍾離昧的自大狂妄：「正因為我在楚國，所以漢王才不敢對楚國發起進攻，如果你把我殺了，獻首於漢王，則我今日死，你明日死。」

鍾離昧非常可笑，難道他不知道韓信如何從一個人見人罵的胯下懦夫華麗蛻變成人見人怕的戰神？劉邦畏懼韓信的軍事天才，關鍾離昧何事？鍾離昧真要本事通天，又怎麼會被劉邦滿世界追殺，落魄到了極點才想到投奔韓信混飯吃。

韓信容留他這麼久，已經仁至義盡了，他居然好意思罵韓信不是仁厚長者，他在韓信這裏混吃混喝，韓信還沒問他要飯錢呢。鍾離昧一味指責韓信出賣朋友，卻忘了自己的所為才是出賣朋友，韓信出事，鍾離昧要不可避免地承擔一部分責任。

鍾離昧一賭氣，拔劍自刎，倒在了韓信的面前，他死前還在喋喋不休地罵韓信，直把韓信罵得抬不起頭來。

嚴格來說，鍾離昧並不是韓信逼死的，他只是來找鍾離昧「商量」此事。韓信並沒有直接對鍾離昧動手，也沒有勸鍾離昧自殺，就像當年惡少也沒有逼迫韓信一定要鑽胯下，那是韓信自己的選擇。

在韓信的潛意識中，他把劉邦當成自己父親的化身，他對劉邦的逼迫封王只是小孩子在父親面前撒嬌，根本不能證明韓信對劉邦的反感。韓信從小生活在感情缺失的社會環境中，這反而更讓韓信珍惜來之不易的感情，雖然這份感情只是他的一廂情願。

韓信是個小事無原則，大事講原則的人，在大是大非面前，他能堅守自己的底線不動搖。韓信人性中最值得稱讚的一點是他不忘本，他知道他的功名富貴是劉邦給的，所以無論別人用多大的誘惑來引誘韓信犯錯，他都選擇了直接拒絕。

雖然鍾離昧和韓信私交不錯，但在韓信心中的排位卻是劉邦在前，畢竟他曾經和劉邦患難與共。鍾離昧的死，讓韓信看到了他與劉邦和解的可能，韓信很傻很天真地割下了鍾離昧的人頭，然後帶上車，火速奔向陳國，他要和劉邦當面講清楚這一切。

從下邳到陳郡並不算很遠，幾百里的路程，幾天時間就可到達。

劉邦應該是在陳郡的行宮中接見的韓信，已經有人狂喜奔入內，告訴劉邦：陛下，大魚咬鉤了！劉邦大笑，心裏的一塊石頭也落了地，這傻小子果然中了陳平的計。

劉邦最擔心的一點並沒有出現，但這也讓劉邦平添了一絲道義上的壓力。以劉邦的智商，他應該知道韓信敢過來見他，說明韓信心中沒有鬼，否則換了誰也不敢來送死。

此時的劉邦並沒有殺韓信的打算，他只是想給韓信一個下馬威，或者剪除韓信在楚國的勢力。劉邦留下韓信，比殺掉韓信更符合劉邦的利益，原因在於雖然天下初定，但相對於英布、彭越，甚至是更遙遠的匈奴，韓信依然大有用處。

劉邦善於馭人，對他來說最理想的是把韓信打回他剛拜大將軍時的生存狀態，即宋人辛棄疾在《沁園春・戒酒杯使勿近》中寫到的「勿留亟退，吾力猶能肆汝杯」，警告韓信要輕重有度。如果韓信能像那只酒杯那樣，「杯再拜道，揮之即去，招亦須來」，低首下心地為劉邦所用，劉邦是捨不得殺韓信的。

基於這些考慮，劉邦沒有做出殺韓信的選擇，而是事先埋伏下一隊武士，就像演義小說寫的那樣，「刀斧手聽吾摔杯為號」，等韓信誠惶誠恐地拎著鍾離昧的人頭走進皇帝大帳時，還沒等韓信給劉邦施禮，武士們蜂擁而出，將韓信團團圍住……

時間是漢六年（前二〇一）十二月。

劉邦使了個眼色，武士們上前幾步，將韓信的胳膊朝後反擰，然後有人拿出一捆繩索，麻利地繞在韓信身上，韓信掃了一眼滾在地上的鍾離昧的人頭，突然仰天大笑。不過《史記・樊噲傳》記載樊噲跟著劉邦去了陳郡，並「取信」，捆綁韓信的人，也有可能就是樊噲本人。

劉邦早就給韓信準備好了一輛囚車，拉車的駿馬正在仰天嘶鳴。在劉邦的授意下，武士們把罵罵咧咧的韓信抬起來，塞進囚車裏。因為劉邦是在陳郡郊外設伏捕拿韓信，他還要去陳郡大會諸侯，所以韓信落網之後，劉邦立刻下令動身趕赴陳郡。劉邦需要用韓信的落網來警告其他異姓王：怎麼樣，你懂的。

押禁韓信的囚車在皇帝車隊後緩緩行駛著，韓信雙手被反綁，倚在囚欄裏，欲哭無淚。韓信被劉邦的背信棄義刺激得渾身哆嗦，他坐在車裏聲嘶力竭地大罵：「天下已定，留我何用！我固受烹之罪，奈何文種！」

韓信罵著罵著，突然淚流滿面，這個被上帝扔在人間的棄兒，再一次被所有人拋棄。當他認為自己得到了來自別人的溫暖和尊重時，冰冷的現實卻告訴他：在這個世界上，是存在溫暖與尊重的，但卻不屬於他。很多年前，他在淮陰從惡少胯下鑽過的時候，聽到了圍觀者的恥笑聲；現在，他看到了囚車外騎馬緩行的劉邦不陰不陽的笑。

韓信還在喋喋不休、反反覆覆說著那句讓劉邦非常惱火的話：「我常聽人說，狡兔已死，良狗當烹！高鳥盡，良弓藏；敵國破，謀臣亡。」然後又是一陣淒厲的狂笑。

劉邦聽得有些不耐煩，而且更加心虛，拿馬鞭指著韓信大罵：「叫什麼叫！你造反的證據確鑿，少扯什麼鳥盡弓藏的屁話！你自作孽，不可活，你負朕，朕不負你！」劉邦雖然嘴上硬挺，但根本不敢和韓信對視，因為韓信活得坦坦蕩蕩，而劉邦心中有鬼，他不想在韓信面前敗下陣來。

不過劉邦對韓信的態度其實是非常明確的，他要消滅的是韓信的兵權和造反的能力，而不是消滅韓信的肉體。劉邦其實是個很念舊的人，這幾年和韓信共事，雖然和韓信沒什麼私交，但他對韓信幫助他稱霸天下還是非常感激的。韓信到底反沒反，劉邦心裏最清楚，不過劉邦還是希望韓信能繼續大吵大鬧，因為他需要韓信的「配合」，來刺激那些功高蓋世的異姓諸侯王。

除了韓信在去陳郡的路上栽在了劉邦事先挖好的坑裏，其他明史記載去陳郡見駕的諸侯有梁王彭越、淮南王英布。劉邦捕拿韓信，也主要是做給這二人看的，其他諸侯來不來，已經無礙大局。

關於這次陳郡大會諸侯的內容，史料上沒有記載，彭越和英布好來好去，唯一有記載的是劉邦「盡定楚地」。也就是說，劉邦先誘捕了韓信，然後收回韓信的楚國封地。以劉邦做事的風格，他一定會對楚國的軍政系統進行大清洗，從根子上剷除韓信的勢力。

從地理位置上看，楚國位於彭越的梁國與英布的淮南國之側，一旦彭越、英布發動叛亂，楚軍可從側面牽制梁軍與淮南軍，所以必須由劉邦最信得過的人控制楚國。人選應該是劉邦早就已經內定的，就是劉邦的同母胞弟劉交，韓信剛被誘捕，劉交就被劉邦立為楚王，定都彭城。

不過劉交的楚國疆域只是原韓信楚國的西北部，包括東海、薛、彭城三郡三十六縣，韓楚的東南部被劃歸給了劉邦的堂兄劉賈，立為荊王，坐鎮淮東。拋開劉賈的宗室身分，他也是漢初的開國名將之一，而且劉賈和英布並肩作戰多年，對英布再了解不過。用劉賈坐鎮淮東，明顯就是在為日後英布的叛變布下棋子。

劉邦對郡縣制和分封制的分配思路非常清晰，近畿（關中秦地）之國夷為郡縣，由劉邦直接控制；遠畿（關東六國之地）由劉姓宗室控制。基於這個思路，劉邦開始對異姓王下手，韓信因為他的軍事天才，所以成為劉邦第一個打擊目標。新封的燕王盧綰雖然是漢室宗室，但因為劉邦和他的感情極深，也可以算進同姓王，只不過劉邦沒有想到盧綰後來會背叛他。

至於異姓王被廢之後，總要給他們一條活路，劉邦雖然致力於廢除異姓王，但輕易不想殺掉他們，只是想把他們貶為與沛人集團重臣們相等的政治地位。在沛人集團中，爵位最高的，劉邦也只會給他們侯爵，所以，異姓王們被廢後的爵位自然也應該是侯爵，當然前提是他們聽話。

如何處置韓信，劉邦已經拿定了主意。

彭越和英布掃了一眼還蹲在囚車裏曬太陽的韓信，心情複雜地給劉邦行了大禮，然後離開陳郡，回到各自的封國，開始揣度劉邦對自己的真實態度。他們會不會成為第二個韓信？沒有人可以回答他們這個問題。

韓信似乎已經習慣了囚車裏的生活，每天有人送飯給他吃，倦了就橫躺在囚車裏睡大覺，醒來再罵劉邦卸磨殺驢。劉邦就像養了一隻虎皮鸚鵡一樣，沒事就來囚車外面站一會兒，和韓信磨磨嘴皮子，是個很好玩的遊戲。

韓信應該能從劉邦對自己還算很友好的態度中察覺出自己現在的處境還算安全，至少他沒有感覺到劉邦有殺他的意思，他不再像剛被誘捕時那麼緊張。韓信現在的身分是謀反罪犯，但他的待遇還不錯，至少不用啃冰冷的窩頭。有人從囚車邊經過，也不敢對韓信大肆辱罵，反而會笑臉相向，諂媚地問韓信有什麼需要儘管提出來，他們盡量滿足。

韓信懶得說話，只是坐在囚車裏一路欣賞河南大地的美景，因為劉邦已經從陳郡啟程北上，要經過洛陽回到關中。因為時值嚴寒，韓信乘坐的囚車應該是有防寒保護的，韓信裹著厚厚的錦衣，不至於凍得哆哆嗦嗦。

劉邦對韓信的厲聲呰罵已經聽夠了，不再和韓信鬥嘴，而是乘坐前車，把韓信扔在隊伍的後面。韓信有時心情不錯，哼著小曲，懷念做楚王的日子，腦海中又不停穿越漂母和惡少的身影……

洛陽很快就到了，在洛陽宮的大殿上，劉邦命武士給韓信鬆綁。韓信盯著劉邦一言不發，他不知道劉邦要對他做什麼。劉邦笑了，他當眾宣布，赦前楚王韓信謀反之罪。

在家天下時代，犯謀逆罪者，必遭夷族之禍，這是歷代統治者對臣民態度的紅線，沒有半點商量的餘地。《唐律疏議・卷一》說得明明白白：「將有逆心，而害於君父者，則必誅之。」同書同卷列十惡不能赦之罪，其一便是「謀反」，注為「謀危社稷」；其二是「謀大逆」，即謀害皇帝；其三是「謀叛」，即叛降敵國。

劉邦給韓信定的罪名就是謀反，屬於無理由可赦之罪，可劉邦卻偏偏赦韓信無罪，這豈非自相矛盾？如果韓信真犯有謀反罪，劉邦是斷然不會饒過韓信的。劉邦當然知道韓信是無罪的，但他還是耍了一個政治手腕。他只是赦免韓信的「謀反罪」，卻不說韓信沒有犯過謀反罪。劉邦這麼做，主要是想在天下人面前彰顯自己的胸懷大度，韓信則不幸成為配合劉邦出彩的丑角，連份盒飯都沒撈到。

韓信被「赦免」了，也就是說韓信不用再戴著那頂本就不存在的政治黑帽子，他的「政治污點」被劉邦「大度」地洗掉。可韓信根本就沒有感謝劉邦的意思，他本來就是無罪的，而且日食千鍾的楚王也被擼掉了，天下又無仗可打，韓信都不知道自己除了會打仗，還會做什麼。

暫時沒有戰爭，所以劉邦也沒有用得著韓信的地方，那就先養起來吧。楚王是不能再做了，韓信的楚國早就被劉交、劉賈瓜分了，劉邦不殺韓信，總要給韓信一個飯碗端著，難道還要讓韓信去做治粟都尉嗎？

47 狂妄的韓信

劉邦對此早有安排，韓信獲得了一個新的爵位——在歷史上大名鼎鼎的淮陰侯。

淮陰在秦漢之際的政治級別是縣級，這和不久後受封的蕭何、張良等人的爵位級別是一樣的。劉邦有意拉低韓信的政治級別，把韓信納入自己的軍政系統，而不是自立山頭，而且廢除異姓王也是劉邦親信的武將集團的共識，論功勞誰也不比誰差，憑什麼你封王，我只能封侯？不廢異姓王，就不足以平息武將集團的不滿，這些人對劉邦來說，遠比韓信更重要。

漢朝爵位實行的是王、侯兩級制度，所不同的是，王有封地，有自己的官僚系統，而侯只能食封地之邑。漢朝將異姓封侯者稱為「徹侯」，徹侯食邑最高不能超過萬戶，食縣之賦；少者只有五六百戶，食鄉、亭之賦。

漢朝建立後，劉邦共封有功者一百四十三人，時間是漢六年（前二〇一）十二月至漢七年（前二〇〇）正月，這是劉邦軍政系統內部第一次論功行賞。對於由誰居功首，引起了武將們的爭議，因為劉邦把毫無戰鬥之功的丞相蕭何定為功首，雖然論食邑，蕭何並不是最多的。

蕭何的食邑是八千戶，而平陽侯曹參和留侯張良都是萬戶，而其他武將的食邑都不如蕭何。對於厚封曹參，武將們都沒意見，但把蕭何定為功首，大家都不服氣，說曹參「身被七十創，攻城掠地，功最多，宜第一」。

曹參不在劉邦欽定的「漢初三傑」之中，說明曹參在劉邦心中的地位不如蕭何。劉邦鐵了心要定文臣蕭何為功首，目的就要在打壓以曹參為首的武將群。天下已定，武將們就該卸甲歸山，這體現了劉邦偃武修文的決心，只是這群草莽武將根本沒有看透劉邦的心思，依然大吵大鬧。逼得劉邦說出了歷史上著名的「功狗論」，諸將才無話可說。

這次劉邦剖符分封的是近親大臣二十多人，其他有功者暫時還沒有得到封賞，這些人非常不滿，每天都聚在暗處，嘀嘀咕咕商量著要造反。還好張良給劉邦出了個主意，讓劉邦封他曾經最恨的雍齒為什方侯，諸將見雍齒都能封侯，我等無憂矣，劉邦這才勉強安定下混亂的局面。

定蕭何為功首的消息，很快就傳到了韓信的耳朵裏，韓信對此應該沒有什麼意見，至少韓信對蕭何是感恩戴德的。要不是當年蕭何幾乎和劉邦撕破臉皮，韓信也許早就身填溝壑了。

現在的韓信被徹底解除了兵權，連封國都沒了，他需要時間來適應做淮陰侯的生活。根據分封原則，封侯者是不能回封邑的，也就是說，韓信基本沒有可能再回淮陰，只能被劉邦拴在身邊，名義上是侯爺，實際上不過是個高級囚徒。

韓信骨子裏的那份驕傲不會因為他的落難而屈從於現實，他依然驕傲地俯視著人間那些碌碌之輩，其中自然包括過河拆橋的劉邦。

韓信自從被降封為淮陰侯之後，每天做的事情就是窩在府裏曬太陽，或者一個人喝醉了，然後莫名地哭泣。韓信不想再見到劉邦那張皮笑肉不笑的老臉，雖然劉邦曾經派人來催促韓信參加朝會，但是韓信每次都推說臣有病，陛下知否，恕不奉陪，您自個兒玩去吧，劉邦只有搖頭苦笑。

韓信從囚車中被釋放出來，卻旋即被劉邦關進另一輛看不到木柵欄的囚車裏，韓信能明顯感覺到有無數雙眼睛在暗中盯著他，韓信渾身不自在。

雖然劉邦之前就數次竊奪韓信的兵權，但是韓信依然對劉邦抱有信心，在形勢有利於韓信的情況下，任憑武涉、蒯徹磨破嘴皮子，韓信依然堅持對劉邦的忠誠。但結果呢，韓信得到了什麼？

韓信直到現在，才算看清了劉邦的真實面目。這個草根出身的皇帝從拜他為大將軍的那一天開始，就一直在利用他，把他當成一頭兇猛的獵狗。現在兔子被獵狗捕殺完了，獵狗已經沒有存在的價值了。韓信知道劉邦為什麼會對自己痛下狠手，那是因為自己在軍事上的天才已經嚴重影響到劉邦的自信，無論劉邦在自己面前如何裝威嚴，都難以掩飾劉邦寫在臉上的自卑。

只要劉邦不殺韓信，韓信在一定程度上甚至更享受劉邦對自己的這種態度，只有讓人忌恨，才更能證明自己的存在價值。但同時，韓信也從中嗅出了現在看起來並不是很濃烈的血腥味，韓信相信劉邦對自己的忍耐是有限度的，總有劉邦對自己忍受不住的那一天。為了更有尊嚴地活著，韓信需要小心提防著劉邦。

面對領導者對自己的猜忌，一般有兩種應對方式，一是夾著尾巴做人，二是用高調的方式來反映自己的不滿。如果是司馬懿面對這樣的情況，他一定會選擇第一種方式，忍辱負重裝孫子。韓信未必不知道低調做人更有可能消除劉邦對他的猜忌，但他始終學不會低調做人，風格太過張揚，這自然就很難讓劉邦相信韓信是一個能裝孫子的聰明人。

雖然劉邦將蕭何定為功首，但天下人都知道沒有韓信大殺四方，蕭何的價值也就無從談起。韓信驕傲的心理特質隨著他不斷取得軍事勝利而強化，他也認為自己才是天下功臣之首，只是劉邦現在的所作所為，讓韓信感受不到作為天下功首應該得到的尊重。

韓信有時很聰明，但更多的時候處在一種糊塗的思維狀態。他在被劉邦誘捕時也大聲呼喊過：「天下已定，我固當烹！」韓信這句話說透了歷代武將在天下平定後的命運，命好的解甲歸田、享受天倫之樂；命不好的被皇帝直接除掉。

東漢和北宋的開國名將們有幸做了富家翁，日食千鍾，明朝的開國名將們幾乎被朱元璋誅殺殆盡。韓信雖然從楚王被黜為淮陰侯，但能保住項上人頭，已經是劉邦對他所能做出的最大的寬容了。武將的價值就在於亂世中平定天下，天下初定後，統治者自然要下馬治天下，偃武修文。韓信沒有參透劉邦的這層深意，依然在大吵大鬧，說明韓信在政治上是非常不成熟的，看不透人性的虛偽與殘酷。

在這一點上，韓信不如張良看得深透，論功勞，張良不次於韓信，而且和劉邦的私交極好，即使劉邦封張良為韓王，張良也當之無愧。但張良從來沒有居功自傲，劉邦要封他在齊國三萬戶，被張良一口回絕，張良不想做出頭椽子，得罪大批武將。

張良和劉邦結識得早，相識得深，所以有機會能觀察到劉邦的內心世界。劉邦做人雖然不如勾踐那樣心狠手辣，但為了漢朝的家天下，他是什麼事情都能做出來的。張良開始有意無意地與劉邦拉開距離，而韓信不知天高地厚，總想凌駕於諸將之上，這樣的人物，讓劉邦如何放心？

韓信因為得不到劉邦的重用，反而被劉邦變相軟禁起來，脾氣越發暴躁，每天都在咒罵劉邦，「日夜怨望，居常鞅鞅」。這是劉邦不敢再重用韓信的原因。對統治者來說，最喜歡用能進能退的人才，而不是像韓信這樣知進不知退的天才。韓信處處想爭第一，出鋒頭，這是犯君主大忌的。風光都被韓信佔盡，劉邦反而成為配角，這是劉邦不能容忍的。

韓信不會考慮別人的感受，他只願意生活在自己的世界裏，所有人在他眼裏，都是浮雲。不要怪劉邦拿著捏造的假信件說要討伐謀反的韓信時，朝中武將幾乎一致要求劉邦出兵坑殺韓信，因為韓信瞧不起他們，這自然引發了武將們對韓信的仇恨。

對於韓信的天才絕世，武將們都沒意見，但總要給他們留點面子吧，雖然武將們見著韓信依然畢恭畢敬。韓信胸無城府，他做不到喜怒不形於色，他的喜惡都寫在臉上，所有人都能看得出來韓信對他們的真實態度。

韓信出世以來，就沒有瞧得起誰，劉邦、項羽在他眼裏都不過是兩盤菜，更何況周勃、灌嬰等人。周勃是吹白事喇叭的，灌嬰是個布販子，還有樊噲這個狗肉販子，韓信在他們面前總有一股難以言說的優越感，但同時又讓韓信感到恥辱。

韓信自以為國士無雙，卻天天和這些人廝混在一起，級別相等，地位甚至還不如他們（得寵），韓信覺得自己受到了污辱。可韓信有什麼資格瞧不起他們？並不是只有韓信在滅楚戰爭中立下大功，漢朝武將們拎著腦袋打天下，上刀山，下火海，刀傷滿身，曹參身上就留下了七十多處刀疤。紀信為了救劉邦，被項羽燒死，周苛被項羽烹殺，韓信能做到嗎？

沒有韓信，也許天下將屬於項羽，但這並不是韓信居功自傲的理由，大家都貢獻了自己的力量。韓信縱然天才蓋世，但如果沒有前線諸將和戰士們浴血搏殺，韓信不過是紙上談兵而已。

韓信眼裏只有自己，他所記住的只是他的豐功偉業，卻忘記了他和他所瞧不起的灌嬰、周勃一樣，都只是戰爭機器上的一顆螺絲釘，只不過韓信這顆釘子的位置相對更重要一些。

但凡有點才華的人，骨子裏總有那麼一些優越感，這很正常，但最好不要表現出來，特別是在和自己有利益衝突的人面前，這樣做極容易得罪人。聰明一點的人會很好地掩飾自己的這種驕傲，待人接物一團和氣，但韓信卻屬於不太聰明的那類人。

開國武將們雖然對韓信有許多不滿，但他們還是非常尊敬韓信，畢竟韓信是天下公認的戰神，即使韓信被黜封為淮陰侯，最典型的就是舞陽侯樊噲對韓信的態度。在要求劉邦發兵坑殺韓信的那些武將中，一定有樊噲的身影，但同樣是這個樊噲，見著韓信都要低三下四地問安。

韓信被黜封後，名為徹侯，實為囚徒，每天生活在劉邦的監視之中，一般人不敢輕易去找韓信，擔心會惹上麻煩。不過韓信的生活還算是相對自由的，他可以隨意外出，或者去長安郊外散步，或者在長安城中溜達，以打發無聊的時間。

不知道是有意還是無意，韓信在回府的路上經過了一座裝修豪華的府第，經打聽，原來是樊噲的住宅，韓信突然笑了。韓信向來瞧不起這個狗肉販子出身的將軍，甚至為當年樊噲爭當大將軍的事情狂笑不已，韓信會自負地想：此等庸才，也配做大將軍嗎？

樊噲聽說淮陰侯韓信路過，不敢怠慢，立刻出府相迎。從級別上說，樊噲和韓信是平等的徹侯。從與漢室親疏的關係上講，樊噲也能甩出韓信幾條街，樊噲是皇后呂雉的妹夫，又是沛人集團中的核心成員。但樊噲對著韓信，卻行君臣大禮，當著眾人的面，臉上毫無愧色地跪在韓信面前，口稱臣噲，向曾經的楚王請安。

樊噲面前站的好像不是韓信，而是劉邦。樊噲使盡媚術，向與他平級的淮陰侯訴說著自己心中無限的崇敬之情。樊噲為韓信能路過他的府第而感到非常的驕傲，舞陽侯跪在地上說道：「能蒙大王臨賞賤邸，臣之幸也，頓覺天地變色，四海生輝。」

樊噲為什麼會以如此隆重的禮遇對待韓信？論級別，二人相等；論年齡，樊噲應該大韓信很多歲；論親疏，樊噲也在韓信之上。樊噲卻對韓信做出肉麻的阿諛舉動，甚至是只要韓信願意，樊噲會非常榮幸地從韓信的胯下鑽過去。

樊噲在韓信面前低三下四，有三個原因：

一、韓信的軍事天才讓樊噲折服，英雄向來只敬重比他更強的英雄。

二、樊噲在賭博，他押韓信不久後還會繼續成為天下第一人，甚至恢復王爵。

三、按《史記・樊噲傳》的說法，韓信在陳郡是被樊噲生擒的，所以樊噲擔心韓信會因此記恨，等韓信東山再起後對自己打擊報復，所以樊噲才會對韓信「奴顏婢膝」。如果劉邦知道樊噲給韓信裝孫子拋媚眼，一定會把鼻子氣歪了。

韓信很享受樊噲對自己的恭順。在韓信的內心深處，他認為樊噲這等人就只配跪在自己腳下獻媚，就算是劉邦，也應該像樊噲那樣有自知之明。韓信的優越感已經膨脹到幾乎精神分裂的程度，別人尊敬他，他覺得是應該的，但同時他又不會為對方對自己的這種尊敬表示出哪怕一丁點兒的善意，韓信連最基本的禮貌都不捨得給樊噲。

樊噲在韓信面前放棄了尊嚴，他對劉邦的尊敬也不過如此，可樊噲從韓信這裏得到的只有鄙視和嘲弄。韓信在樊噲府上溜達了一圈，要回去了。樊噲送出大門，再次跪在地上，給韓信叩頭送安。韓信看著樊噲在自己面前上躥下跳，覺得非常可笑，臨上車時，韓信丟下一句話，然後揚長而去，留下臉色鐵青的樊噲。

《史記・淮陰侯列傳》：「信出門，笑曰：『生乃與噲等為伍！』」這句話翻譯過來就是：

「上天待我何其不公！讓我成天與樊噲這等人物廝混在一起，這簡直是對我的污辱！」

韓信堅持認為自己是最特殊的那一個，劉邦就必須以特殊待遇對之，否則就是逆天行事，三川難洗其惡。韓信在不久後的徹底失敗，實際上就是栽在這一點上。劉邦和韓信的矛盾，歸根結底就一句話：劉邦和韓信都想做最特殊的那一個。

如果韓信能安心地做「周勃、灌嬰」，那麼他和劉邦結構重疊的矛盾將不復存在，劉邦也就完全沒有殺掉韓信的必要。可韓信偏偏選擇了最糟糕的對抗，他堅持要做最特殊的那一個，這就意味著劉邦將被韓信踩在腳下。不要說劉邦，換了誰，能容忍如此張狂的韓信？

在劉邦看來，韓信確實是一頭凶猛的獵狗，但劉邦更希望韓信能做一頭對主人絕對忠誠的獵狗，而不是抓到兔子後就狂妄自大的獵狗。韓信做人太過張揚，讓劉邦感覺已經無力遙控韓信，所以他需要把韓信抓到身邊囚禁起來。

劉邦和韓信的關係不是主從關係，而是合作關係，但劉邦還是希望韓信能安心地做好配角，而不是和主角爭搶鏡頭。韓信偏偏就不會也不安心做配角，他只會也只想做主角，劉邦和韓信的矛盾是不可避免的。

有一次，劉邦閒得無聊，便把韓信叫到宮裏聊天，實際上就是鬥嘴，劉邦想當面質問韓信為什麼搶他的鏡頭。韓信大搖大擺地去了。剛見面，劉邦劈頭蓋臉地問韓信：「淮陰侯以為天下誰最能將兵者？」

韓信知道劉邦把他喚過去就是想挑事的，不然就不會主動約見自己這座瘟神，平時劉邦躲自己還來不及呢。韓信早就看出來劉邦對自己的軍事天才「羡慕嫉妒恨」，但他絕對不會在這個問題上對劉邦做出半點讓步。劉邦可以殺掉他，但讓韓信承認劉邦才是最特殊的那一個，這是驕傲的韓信不可能做到的。

韓信對於劉邦的發問，只是冷冰冰地回了句：「這個要因人而異，有些人善用兵，有些人則不如。」韓信明顯在給自己戴高帽子，要論行軍打仗，天下還有誰能比得過韓信？

劉邦很沒趣地嚥了口唾沫，他都沒好意思問韓信誰將兵天下第一，這純粹是沒事找抽。劉邦想把話題引向自己，讓韓信給自己戴戴高帽子，劉邦面帶微笑地問韓信：「公言有理，以公觀之，朕若將兵，能帶多少兵力？」

韓信懶洋洋地掃了劉邦一眼，心裏暗笑，就你這棒槌，還會帶兵打仗？彭城之戰差點沒把老命搭上。韓信現在受制於劉邦，還不想讓劉邦下不來台。韓信勉強按捺住對劉邦的強烈反感，扔給劉邦一顆甜棗：「恕臣直言，陛下雖善用兵，然可將之卒不過十萬，過則必敗。」

其實韓信對劉邦的評價還不算刻薄，劉邦在軍事上並非一無是處，帶上一支偏師攻打幾個城池是沒問題的，但讓劉邦自為主將打天下，那只是個笑話。劉邦被韓信這麼一說，臉上有些掛不住，惱怒地質問韓信：「朕將兵不過十萬，那你又能帶多少？」

劉邦千忍萬忍，到底還是沒有忍住，平白給了韓信一個自吹自擂的機會。韓信大笑，語氣中充盈著驕傲：「陛下自是陛下，臣自是臣，陛下最多將兵十萬。臣將兵沒有上限，多多益善，十萬能勝，百萬亦能勝！」韓信一直在打擊劉邦的自信心，但平心而論，韓信說的都是實情，屬於話糙理不糙，只是不好聽而已。

韓信話音剛落，劉邦就仰天大笑，笑得韓信直翻白眼。劉邦語重心長地挖苦韓信：「韓公說得沒有錯，天下論兵者，有誰能比公更強橫？然則寡人不解，公能將兵無數，奈何為我所擒，豈非自相矛盾？」劉邦當然不能認同韓信的狂妄自大，用彼之矛攻彼之盾，讓韓信尷尬不已。

劉邦駁得很好，讓韓信幾乎無話可說，但韓信很聰明，他愣了一下，回敬了劉邦這麼一句話：「臣的觀點沒錯，陛下確實不擅長帶兵，但陛下卻擅長管理將軍，此所以陛下能擒臣至此。」最後，韓信又加上一句：「陛下得天下，非關人力，是天意如此。」

……

這回輪到劉邦沉默了。

韓信這兩句話與其說是稱讚劉邦，不如說是在否定劉邦的軍事能力。韓信話中的意思到底還是諷刺劉邦不會領兵打仗，只會玩弄一些見不得光的厚黑權術。劉邦何其精明，當然聽得出韓信在拐彎抹角地罵他，臉上頓時白裏透紅。

韓信說的是實話，他和劉邦的分工不同，劉邦不需要親自上戰場用來證明自己的能力，他的地位也決定了他不需要這麼做，就像總經理不必去一線工作一樣。劉邦的軍事能力不如韓信是公認的，韓信在這方面居功自傲也是可以理解的，只不過韓信不應該把這種驕傲過多地呈現在劉邦面前。

開國武將們不願意讓韓信爬到他們的頭上，也有這方面的原因。劉邦在軍事上略顯無能，但恰恰能平衡武將集團的利益分配體系，大家都有立功的機會。如果讓韓信來做君主，韓信超強的軍事能力決定了他會搶走武將們的飯碗，在這種情況下，韓信不得人心是必然的。

韓信一直沒有參透這一點，不停地刺激武夫們的尊嚴底線，讓所有人都站在了他的對立面。所以說韓信有小聰明，但缺少大智慧。

48 剷除異姓王

韓信把自己放在一個很高的位置，或者說韓信早已經把自己封為這個世界上無所不能的神，他不願意再回到人間。韓信總是以一種俯視的姿態來和人間的劉邦等人打交道，這讓劉邦在自尊心上受到了傷害，劉邦固執地認為他才是這個世界上無所不能的、唯一的神。

離開了韓信，劉邦就不能活了嗎？劉邦當然不會這麼認為。所以劉邦急需在沒有韓信參與的戰場上給自己撈分，來證明自己的軍事能力不弱於韓信。這不僅是劉邦個人的尊嚴問題，而是涉及能否樹立皇帝權威、威鎮諸侯的政治問題。世界上的任何問題，只要牽扯到政治，從來沒有小問題。

劉邦的威望很高，但主要限於政治，在軍事上的威望遠不如韓信，劉邦如果想讓世人在最短的時間內忘記韓信，只有開闢新的戰場，並不斷取得勝利。如果世人還沉浸在對韓信軍事天才的無限崇拜抑或是驚恐中，將不利於劉邦對自己的造神運動。

去哪開闢新的戰場？答案是北方的匈奴。

自從戰國時代開始，日漸強大的匈奴便成為中原人心頭揮之不去的陰影，因為匈奴所處的蒙古高原社會生產力低下，物資短缺，為了生存，匈奴人時常南下犯邊。與匈奴南線接壤的燕、趙、秦三國不得不耗費大量人力物力修建長城，置塞，以防禦匈奴人南犯。

三國之中，趙國承受來自匈奴南犯的壓力最大，幸好趙國出了一位不世出的國君趙雍（即胡服騎射的武靈王）和名將李牧，有效地阻止了匈奴人的南下。秦滅六國之後，藉橫掃千軍之勢，將軍蒙恬督軍十萬北上，大破匈奴，收復河套。

當時的匈奴在北方並沒有形成一統之勢，東有東胡，西有月氏，再加上秦軍的強勢北上，匈奴進行了戰略收縮。匈奴頭曼單于北上避秦，直到秦末大亂，無暇北顧，匈奴勢力再度南下，嘗試著介入中原內戰。

還沒等頭曼有所作為時，他就陷進了一場嫡庶奪權的政治漩渦中，並因此喪命。頭曼起初立長子冒頓為繼承人，但後來頭曼娶了二房，生了小兒子，頭曼想廢掉冒頓，改立少子。為了擺脫冒頓的糾纏，頭曼把冒頓打發到月氏做人質，企圖借刀殺人，但沒想到冒頓私下逃了回來。頭曼有些良心發現，讓冒頓留下來主管軍隊，沒想到卻被冒頓設了一計，在打獵途中被冒頓亂箭射死，冒頓自立為匈奴單于，並殺庶母及少弟。

冒頓是匈奴史不多見的雄主，他的上臺意味著匈奴民族將迎來又一個春天。冒頓奪位後做的最重要的事情是向東邊強大的鄰居東胡示弱，甚至不惜把自己心愛的女人送給東胡人，以達到卑而驕之的目的。東胡人認定冒頓是個膽小怕事的懦夫，卻沒有想到冒頓憤怒的刀尖即將捅進他們的胸膛。

冒頓成功麻痹了東胡人，率憤怒的匈奴兵向東殺了過來，東胡人幾乎沒有做出什麼像樣的抵抗，就被匈奴人消滅了。冒頓已經殺紅了眼，吃掉東胡並沒有消除他的饑餓感，緊接著又把刀尖對準了月氏、樓煩等部落，結果不問可知。

就在劉邦和項羽在中原苦戰的時候，冒頓已經不聲不響地兼併了大漠草原，此時的匈奴兵力強橫，有控弦之兵三十多萬，馬牛無數，縱橫漠北，不斷騷擾燕、代地區，遂成中原大患。

劉邦很早就關注匈奴的動向，只是當時楚、漢還在殘酷地拉鋸膠著，劉邦暫時無法分心。等滅掉項羽之後，劉邦開始把目光投向遙遠的北方大漠。劉邦此時應該還沒有做好與匈奴進行大戰的軍事準備以及心理準備，現階段對劉邦來說最重要的是守邊，不要讓匈奴人突破北線，給劉邦擠出足夠的準備時間。

至於派誰去北線防禦匈奴，劉邦想到了韓信，當然不是那個成天牢騷滿腹的淮陰侯韓信，而是另外一個韓王韓信（即韓王信）。

雖然功勞不如淮陰韓信，但韓王信在漢滅楚的戰爭中也出過大力，所以劉邦早就確定立他為韓王，享受與齊王韓信平級的待遇。不過從劉邦的利益角度講，韓王信說到底不是他的嫡系，而且又是異姓王，很難讓劉邦放心。

更要命的是，韓王信所統治的區域地處河南腹地，北近洛陽、南近宛葉、西臨關中、東抵彭城，為天下重鎮，勁兵所資，連縱百萬。一旦韓王信造反，韓兵西向，長安、洛陽幾無險可守，韓王信為人又明斷好武，和淮陰侯韓信一樣都是劉邦的心腹大患，必須解除這個隱患，至少也要給韓王信挪個窩。

把韓王信遷到代北，有兩個好處：一、韓王信能力突出，可以有效防禦匈奴；二、減輕長安、洛陽所面臨的軍事威脅。韓王信的北遷實際上也是劉邦剷除異姓王威脅的一個舉措，只不過過程要比詐擒韓信的手段相對溫和一些。韓王信的國都由潁川變成了晉陽（今山西太原），轄太原郡三十一縣，河東自古就是天下重鎮，韓王信由韓入晉，不算是貶封。

韓王信對自己的北遷並沒有表示出不滿，只是提出希望劉邦能同意把韓國的國都由晉陽再向北遷至馬邑（今山西朔縣），理由是晉陽距離漢匈邊境太遠，一旦北邊有警，很難及時發兵救援。韓王信說得有道理，劉邦沒有任何反對的理由，便同意了韓王信遷都馬邑的請求。

以馬邑為中心的河朔地區是匈奴南犯中原的主要進攻點，趙國名將李牧就曾坐鎮馬邑的雁門，打得匈奴人十多年不敢犯邊。而韓王信這等級別的將軍對強悍的匈奴冒頓單于並不具備強大的威懾力，此韓信非彼韓信，冒頓沒有理由放棄南下發財的機會。

漢六年（前二〇一）秋九月，匈奴大隊騎兵離開草原，風捲殘雲般地殺向了馬邑，必欲併韓王信而後快。匈奴軍以騎兵為主，行進速度非常快，沒等韓王信明白過來，匈奴騎兵就已經將馬邑城圍了個水洩不通。

以韓王信的實力，根本沒有力量阻止匈奴人的攻擊，他唯一能做的就是求和，數名韓王使者出城與匈奴人交頭接耳，不知道在談什麼。當然匈奴人的免費午餐不是白吃的，韓王信肯定在和匈奴人的談判中付出了一定的代價。

在沒有得到最高領袖同意的情況下，就私下和敵軍談判，是犯大忌諱的，劉邦果然懷疑韓王信要腳踏兩隻船，這是劉邦絕對不能允許的。不過劉邦採用的辦法卻是激化矛盾，他派出使者去馬邑，警告韓王信不要再和匈奴人私下往來。

韓王信對劉邦的反應非常恐懼，今日劉邦罵他，明日劉邦就敢殺他，看看淮陰侯韓信的下場就知道劉邦對異姓王的態度了。韓王信和劉邦本非故交，也許是他嗅到了什麼異味，一狠心，投降了匈奴，並邀請匈奴發兵南下，共取太原。

當劉邦聽到這個消息後，那張飽經風霜的老臉幾乎扭曲得變了形，太原是中原防禦匈奴的軍事重鎮，一旦太原有失，匈奴騎兵隨時可能潮水般湧到黃河北岸。而且據可靠情報，韓王信的軍隊居然出現在了晉陽以南四百多里的銅鞮（今山西沁縣南）。

劉邦對韓王信的叛變，除了震驚之外，還存在著竊喜，至少韓王信的行為讓劉邦剷除異姓王有了合理合法的藉口——平叛。現在的形勢對劉邦非常有利，最具軍事威脅的淮陰韓信已經被劉邦軟禁，其他異姓王的軍事能力和實力都不如劉邦，對付這夥人，劉邦是非常有信心的。

漢七年（前二〇〇）十月，大漢皇帝劉邦親率精銳，離開關中，經蒲阪渡過黃河，直插銅鞮。漢軍主力盡出，大將灌嬰、酈商、靳歙皆隨軍，韓王信的軍隊根本不是他們的對手。漢軍很快就在銅鞮將韓王信軍打得落花流水，斬其大將王喜。從韓王信戰敗後逃向匈奴來看，在銅鞮戰敗的應該是他的主力部隊，否則韓王信豈能一戰就逃。

劉邦的初步戰略目的已經達到，但接著他還要繼續和匈奴作戰，以確保太原郡不落入匈奴人手上，否則大勢去矣，而且匈奴人已經聯合韓王信，以及私立趙國後裔趙利為趙王的王黃、曼丘臣等勢力，在晉陽附近來回轉悠。

劉邦早就渴望與匈奴人大戰的這一天，來證明沒有淮陰侯韓信，劉邦照樣能在軍事領域有所成就。漢軍很給皇帝掙面子，在晉陽城下大破萬餘匈奴騎兵，卻讓劉邦產生了一種可怕的錯覺，他認為匈奴人不堪一擊。

而匈奴單于冒頓則看出了劉邦想急於擺脫韓信陰影的心理，他順勢給劉邦挖了一個大坑，把匈奴精銳藏起來，用一些老弱殘兵來引誘劉邦，劉邦果然咬了鉤。時值嚴冬，寒風如刀，劉邦依然下令各部急速北上，一戰解決北方邊患。

三十多萬漢軍步兵忍受著極端天氣給人體帶來的傷害，迎風冒雪，被匈奴的餌兵引誘到了平城的白登山（今山西大同市郊）。劉邦還在幻想能藉此一戰狠抽韓信的耳光，現實卻狠狠抽了劉邦一記響亮的耳光，因為他已經看到了四十萬匈奴騎兵操著胡語，揮著馬刀，將白登團團圍住。

匈奴藏銳示羸的詭計，早就被謀士劉敬看破，但劉邦已經熱火燒心，根本聽不進去，現在後悔，已經來不及了。胡騎遍野，胡語震天，劉邦的臉色要多難看有多難看，他甚至開始悲觀地預測自己的命運。

由於漢軍是急行軍，所以隨身攜帶的糧食很快就吃光了，看著城外望不到盡頭的匈奴人，劉邦欲哭無淚。整整七天，三十多萬漢軍在饑餓中痛苦地聆聽死亡之神越來越近的腳步聲。

好在劉邦身邊帶著天才謀士陳平，他給劉邦出了一個著名的美人計，讓畫師畫一幅美人圖送給冒頓，卻故意把美人圖交給了冒頓的閼氏（即皇后），說只要匈奴大軍撤退，漢朝就把這個美女送給冒頓。陳平知道像閼氏這樣地位的女人最忌諱丈夫身邊出現「小三」，所以閼氏很痛快地就答應了漢使的請求。

閼氏在冒頓枕邊吹風，說胡人不習慣中原風俗，得到了中原也守不住，而且漢朝皇帝為人英武，並非易取之徒，不如送個人情。冒頓擔心的倒不是劉邦所謂「有神」，而是匈奴盟軍王黃等部沒有按期抵達作戰地點，冒頓懷疑王黃和劉邦私下勾連，插自己背後一刀。出於這種考慮，冒頓決定暫時後退一步，讓軍隊閃出一條小路，放劉邦過去。

劉邦在漫天的大霧中非常狼狽地從白登山下逃出來，回到平城唉聲歎氣，冒頓這一巴掌抽得劉邦眼冒金光，好不難堪。劉邦想像得到，當韓信知道白登之圍的消息後，不定狂笑成什麼樣子了。

劉邦撿回一條老命，但匈奴勾連韓王信對中原造成的巨大軍事威脅卻絲毫沒有得到削弱。韓王信甘做冒頓的馬前卒，率軍在匈漢邊境進行襲擾，氣得劉邦大罵韓王信是條白眼狼。在劉邦看來，這兩個韓信沒一個好東西，成天給他找麻煩。

通過這場莫名其妙的白登之圍，劉邦總算認清了匈奴人的真正實力，如果冒頓果斷發起進攻，四十萬騎兵對付三十萬步兵，結果可想而知。雙方的野戰能力差距太大，劉邦也不敢再托大，而是聽從劉敬的建議，盡可能地避免和匈奴人發生戰爭，把注意力集中到內政上來。

劉邦所謂的內政，實際上還是如何剷除異姓王之於朝廷威脅的問題。雖然韓信的問題已經基本解決，韓信在劉邦的嚴密監控下幾成廢人，但其他異姓王的存在依然讓劉邦睡難安枕，必須除掉。

劉邦堅持認為異姓王終究不如同姓王，即使私交再好也信不過，畢竟同姓王血出一脈，即使同姓王造反成功，天下依然姓劉。韓王信叛逃之後，劉邦立自己的兄長劉仲為代王，一步步地蠶食異姓王的地盤。

劉邦下一個目標是他的女婿——趙王張敖，張敖是劉邦好友張耳的兒子，襲承父位，又娶了劉邦的女兒魯元，但劉邦還是信不過他。漢七年（前二〇〇）十二月，劉邦從平城南下返回關中時，特地路過趙國，去找張敖的麻煩。老丈人過境，張敖自然是好吃好喝好招待，對劉邦一臉奴才相，但劉邦還是藉故大罵張敖，把張敖罵得差點兒沒哭出來。

劉邦想把張敖逼得狗急跳牆，讓劉邦抓住把柄，藉機廢掉張敖。趙國舍人貫高、趙餘等人對劉邦的無賴行為實在看不下去，勸張敖發動兵變，除掉這個老無賴。張敖還算有良心，他知道他父親張耳能做趙王，全賴劉邦一人之力，做人不可以忘本。張敖拒絕了他們這個非常危險的請求，但貫高還是私下準備刺殺劉邦，所幸劉邦似乎察覺到了一絲不安，提前離開。

劉邦很快就從貫高的仇人那裏得到了這個絕密計畫，劉邦震驚之餘狂喜不已，剷除張敖，就在今日。漢九年（前一九八）十二月，劉邦痛下辣手，抓捕趙王張敖及涉案諸人，嚴刑拷問。雖然貫高對張敖忠貞不貳，絕不把禍水引向張敖，但劉邦還是藉此事揪住張敖往死裏打。

呂雉想替女婿說句好話，說張敖有我們女兒監視著，應該不會謀反，劉邦厲聲痛罵：「你懂個屁！如果張敖謀反成功，據萬里天下，他還缺少美女嗎？到時你女兒在他眼裏什麼都不是！」

劉邦不是傻子，貫高對張敖的忠誠足以證明張敖對他的忠誠，劉邦不過是借題發揮而已。雖然劉邦沒殺張敖，但卻廢掉張敖的王爵，改封宣平侯，改立自己最疼愛的小兒子劉如意為趙王。因為劉如意年齡太小，不足以親政，加上防範呂雉對其下毒手的原因，劉邦以御史大夫周昌為趙國相。

宋人司馬光說貫高的行為是導致張敖被廢的主要原因，其實有沒有貫高的出現，劉邦都要拿下張敖。在異姓王的問題上，無論劉邦扯出什麼花招，最終的結果一定是同姓王接替異姓王。劉邦做人非常狡猾，他不殺貫高，反稱貫高為義士，重用忠於張敖的臣屬，就是想用貫高來遮掩自己在異姓王問題上的暗箱操作，並藉此在自己的老臉上塗脂抹粉。

異姓王之於朝廷的威脅是一個秦始皇已經初步解決、但因為戰亂又死灰復燃的歷史遺留問題，劉邦出於家天下的考慮打擊異姓王固然可以理解，但手段未免太過狠辣。歷代開國帝王解除異姓功臣兵權，只有手段的差異，沒有結果的差異。

東漢劉秀和北宋趙匡胤之所以能以和平手段解決這個問題，原因於他們本人在打天下的過程中本就功高蓋世，諸將威望皆不如皇帝。而劉邦的軍事能力是公認的短板，特別是韓信的出現，是劉邦能戰勝項羽的最重要因素，還有彭越、韓王信，都是有功的。所以劉邦很少採取軍事手段，而是以政治手段連拐帶騙。現在韓信被劉邦騙得傾家蕩產，張敖也差點兒沒被老岳父整死。

49 反臣陳豨

自三家分晉以來，趙便是天下大國，而且對秦漢定都的關中（包括洛陽）起到了非常重要的屏藩作用，戰略地位不言而喻。雖然周昌被任命為趙國相，但周昌的主要任務是保護劉如意不被呂雉暗箭傷害，在軍事上沒什麼作為。

趙國及北方的代國地近匈奴，需要有一個強硬的將軍駐守二地，防備匈奴南下。除了戰神韓信之外，劉邦手下還有許多名將，但劉邦卻提出了一個讓人有些意外和冷門的人選——陽夏侯陳豨。

關於陳豨的出身，《史記》甚至說不清陳豨是什麼時候跟從劉邦的，只記載陳豨是宛朐人（今山東菏澤西南）。不過《史記・高祖功臣侯者年表》記載陳豨至少在劉邦進軍灞上時就已經封侯，但不是陽夏，直到陳豨跟著劉邦北上打敗韓王信和臧荼後，才被封為陽夏侯，算是準一線的地位。

陳豨的官方職務是代國相，這其實是一個軍事職務，因為陳豨的任務是督代、趙兩國及北方邊境上的漢軍，防備匈奴入侵。雖然劉邦堅定地執行同姓封王的政策，但此時的代國卻已經沒有劉姓宗室為王。之前劉邦立自己的弟弟劉仲為代王，結果劉仲被匈奴人嚇跑，隨後劉邦又立愛子劉如意為代王，但不久又改封為趙王。而下一任代王，即後來的漢文帝劉恆還沒有出現在歷史舞臺上，所以陳豨是實際上的代王，位高權重。

不過陳豨畢竟不是名義上的異姓諸侯王，並沒有觸及劉邦剷除異姓王的政治底線。劉邦曾經解釋過他為什麼派陳豨守代國邊境，原因是陳豨常年跟隨在自己身邊，劉邦信得過他。

雖然不清楚陳豨生於哪一年，但從《史記‧太史公論》「（陳豨）少時數稱慕魏公子」這句記載來看，陳豨在年輕時應該見過著名的戰國四大公子之一——魏信陵君魏無忌。魏無忌以養士聞名天下，趙王張耳年輕時做過魏無忌的門客，所以陳豨的年齡很可能和張耳相當，應該在五十歲上下。

信陵君養士三千，上侍君王，下愛姬妾，宴有鼓吹，行備車馬，排場非常大，讓年輕的陳豨羨慕不已。陳豨一直在江湖上沒混出什麼名分，所以他暫時還沒有足夠的物質條件效仿信陵君。

現在陳豨坐鎮一方，手握重兵，儼然異姓諸侯王，自然就有條件養士了。陳豨揮金如土，招攬天下賓客，陳豨身上的江湖味比較濃，待賓客禮賢下之，常為布衣之交，所以人皆歸之。養士在當時是尊貴社會身分的象徵，諸侯們養點社會散閒人員很正常，但陳豨廣致天下賓客，卻讓陳豨的鄰居、趙國相周昌起了疑心。

愛養士，這算不上什麼壞毛病，但陳豨不應該帶著門客四處炫耀，好像唯恐天下人不知道他陳豨已經飛黃騰達似的。有一次陳豨因事路過趙國，他不是輕車簡從，而是帶著數千門客一起乘坐千餘輛豪車，浩浩蕩蕩地好似蝗蟲過境一般來到趙都邯鄲，邯鄲城中的旅館全都爆滿。

陳豨不是諸侯王，但架子擺得比諸侯王還要大，自然就引起了出自沛人集團的周昌的極大不滿。周昌自劉邦沛縣起義以來就一直跟在劉邦身邊，百戰搏命，才撈到一個汾陰侯，陳豨才立多大功勞，就敢擺諸王儀仗？周昌隨後赴長安向劉邦舉報陳豨有不法行為，難說沒有一點嫉妒心。

周昌舉報陳豨的罪名其實也是莫須有，他沒有任何證據證明陳豨要謀反，只是含糊不清地說陳豨廣招賓客，在外掌管重兵，有可能謀反。劉邦似乎對用陳豨守代、趙有些後悔，劉邦以為陳豨很聽話，沒想到是個比韓信還難纏的刺頭。

不過要說陳豨有謀反的意思，恐怕劉邦也不太相信，但真正讓劉邦對陳豨不滿的，還是陳豨過於招搖高調的處事方式。韓信功高蓋世，也不過大擺儀仗衣錦還鄉，至少韓信也沒有養士三千的記載。陳豨何德何能，就敢自比信陵君魏無忌？

劉邦也意識到了，陳豨現在的地位和異姓諸侯王沒有任何區別，甚至比身處內地的彭越、英布更危險，萬一陳豨勾連匈奴入侵，後果不堪設想。但反過來說，陳豨是自己任命為代相，並領代、趙之兵的，在僅有周昌莫須有之詞的情況下無法給陳豨定罪。

劉邦想到了一個間接除掉陳豨的辦法，就是他派人去調查陳豨的數千門客，這些人魚龍混雜，難免會有貪贓枉法的把柄被劉邦拿住，然後把禍水引到陳豨身上。像這樣的案情調查，按常理來說應該是祕密進行的，而且以漢國司法系統的能力來說，做到這一點並不難。

讓人疑惑的是，劉邦調查陳豨門客的事情鬧得天下皆知，不僅陳豨本人知道，甚至遠逃匈奴的韓王信也對此事瞭若指掌。其實劉邦這麼做，還是延續了他處理異姓王問題的一貫思路，即通過各種明或暗的手段，逼異姓王造反，然後劉邦可以名正言順地消滅他們。除了已經被劉邦軟禁的韓信，劉邦對其他異姓王在軍事上的較量是充滿信心的。

陳豨對這件事情的反應也不出劉邦所料，劉邦對他起了疑心，陳豨為了自保，也只能兵走險招，扯旗造反，這正中劉邦下懷。只是有一點讓劉邦沒有想到，陳豨把騎在牆上觀景的韓王信也拉進了這渾水，陳豨明顯是想把水攪渾，擴大自己的同盟軍，這樣自己的處境就更安全。

漢十年（前一九七）九月，陳豨在代地扯旗造反，自稱代王，公然與劉邦決裂。

陳豨在漢朝統治集團中的地位屬於「兩不靠」，他雖然算是劉邦半個心腹，但不屬於劉邦最親信的沛人集團，所以陳豨的反叛並不出劉邦的意料。陳豨在劉邦加大剷除異姓王的大背景下造反，其實正中劉邦下懷，面對陳豨、彭越、英布等人，劉邦缺少的不是實力，而是藉口。

為了平定陳豨的叛亂，六十歲的大漢皇帝劉邦決定親征，劉邦相信以他的能力，對付一個不上檔次的陳豨是沒有什麼問題的。劉邦討伐陳豨的進軍路線應該和之前討伐韓王信的路線一致，即東出函谷，北過黃河。由於路程遙遠，軍隊需要補給休息，所以劉邦在邯鄲停下了腳步，並召見趙相周昌，詢問前線情況。

從周昌這裏，劉邦得到了陳豨造反後的一些動向，當聽說陳豨只是率兵在代、趙之間像土匪一樣來回剽掠時，劉邦拂鬚仰天大笑，語眾將道：「小子無能為也！」劉邦最擔心的是陳豨踞趙都邯鄲，陳兵於漳水，阻漢軍北上。如果真的出現這種局面，整個河北都將淪陷在陳豨的魔掌之中，漢軍北進不得，甚至會影響到河南大局的穩定。

陳豨犯的戰略錯誤是沒有扼險而守，就像六百多年後，東晉太尉劉裕北伐南燕，南燕皇帝慕容超拒絕公孫五樓扼峴山而守的正確建議，放晉軍過峴山，結果一敗塗地。雖然陳豨的叛軍幾乎吃掉了邯鄲以北的重鎮常山郡，但只要邯鄲還在劉邦手上，劉邦就有機會翻盤。

劉邦的軍事能力確實不如韓信，但劉邦卻擅長將軍事與政治緊密結合，或者說他擅長用軍事為政治服務。陳豨發動叛亂，穩定趙國局面就成了重中之重，劉邦的做法是封賞由周昌舉薦上來的四名趙將，拉攏趙人，防止趙人生變。

至於解決陳豨問題，劉邦使用的同樣是先政治、後軍事的手法。因為陳豨的部將多是商人出身，商人重利，而且跟陳豨的時間不算很長，還來不及被陳豨培養成心腹，所以劉邦大撒金銀，收買陳豨之將。

不是心腹嫡系是沒理由和銀子過不去的，陳豨的兄弟們看到這麼多金銀，眼都綠了，撲在銀子上開懷大笑，然後捲起鋪蓋找劉邦發財去了。不要嘲笑劉邦用這等下三濫的手段，如果項羽用銀子收買蕭何、曹參、樊噲等人，肯定是收不到任何效果的。

陳豨的外線人馬被劉邦成功收買，剩下不投降的都是陳豨的死黨和盟友，比如侯敞、王黃、曼丘臣、趙利、張春等人。對於這些死硬分子，劉邦只能用最強硬的軍事手段解決，不要幻想和這些人達成任何和解，更不能把軍事手段理解成野蠻行為，不然成立軍隊何用？

雖然叛軍一度把觸角伸到山東，比如張春就帶著萬餘叛軍渡河攻打聊城。好在齊軍上下得力，在聊城大破張春部萬人。這一戰非常重要，一旦讓叛軍殺進山東並大造聲勢，劉邦將被迫分兵去山東，這將不利於河北對陳豨叛軍的軍事行動。

其實漢軍的平叛行為分為兩路，除了劉邦所率主力在河北之外，還有一支主力由太尉周勃率領，走山西路，抄襲代國。代地是陳豨的根據地，如果能拿下代國，河北前線的叛軍將無家可歸，劉邦可一舉平定。

周勃這一路進展得非常順利，在馬邑、樓煩一線屢破叛軍，連克雁門郡十七縣、雲中郡十二縣，後又收復代郡九縣，擒捕許多叛軍大員，基本剷除了陳豨的後方力量。周勃平定代國，與劉邦在河北遙相呼應，陳豨被尷尬地擠成了夾心餅乾。

陳豨進退失據，已成甕中之鼈，劉邦很輕鬆地就攻破了叛軍盤踞的重鎮東垣縣（後改為真定，今河北正定），進一步壓縮了陳豨的生存空間。更讓陳豨恐懼的是，他在前線最為倚重的軍事大員——王黃、曼丘臣，已經被劉邦出重金買通二人部下，用計將二人生擒，獻與劉邦。

陳豨被擠在代以南、趙以北的狹小地域內，和他的盟友韓王信也基本失去了聯繫，只能率領殘部在漢軍強大的軍事打擊下苦苦掙扎。另外一支漢軍主力柴武部也北上討伐韓王信。柴武寫信給韓王信，勸他認清形勢，向劉邦認罪，還有一線生機，遭到了韓王信強硬的拒絕。他已經和劉邦義斷情絕，回去做什麼？像淮陰侯韓信那樣做一隻痛苦的籠中鳥嗎？

50 誰是謀殺韓信的真凶？

劉邦此次親征陳豨，很可能就是避人耳目，自己離開長安，造成自己與韓信被殺無關的假象，黑鍋由呂雉來背。而且呂雉本人也願意背這個黑鍋，因為這是她控制最高權力的最佳機會。呂雉有才無威，但她又不擅長戰爭，所以她只能在政壇上折騰。呂雉以殺立威，通過殘酷的政治洗牌，誅殺異己，為自己在不久後的親政打下基礎。

至於說劉邦親征時，想帶韓信北上，而韓信以有病為藉口，拒絕從軍，這應該是漢朝史家的曲筆。只有把韓信留在長安，呂雉或劉邦才有可能更順利地誅殺韓信，否則帶韓信上前線，一旦前線鬧出兵變，軍隊擁立韓信，劉邦半點兒活路也沒有。如果真出現這種局面，長安城中的呂雉、蕭何同樣沒有活路。甚至不排除還有另外一種情況，即韓信本人希望隨劉邦上前線討伐陳豨，以證明他對劉邦的忠誠，卻被劉邦拒絕。

《史記・彭越傳》記載，劉邦親征陳豨時，曾經下詔要求梁王彭越親率軍隊去北線配合他。彭越可能是出於擔心劉邦下黑手的考慮，拒絕出征，只是派出大將率軍北上，氣得劉邦大發脾氣，派出使者去梁國大罵彭越。劉邦不放心彭越，又怎麼會放心實力比彭越更強的韓信？

韓信並不知道自己已經慢慢地陷入一個可怕的陰謀之中，他已經習慣了高級囚徒的生活。每日裏錦衣玉食，無所事事，這樣的日子，他已經過了六年。雖然韓信的生命還存在，但籠子裏的金絲雀更嚮往籠子外面更廣闊的天空，而不是做一個被人觀賞取樂的寵物。

韓信從落魄出道到走向人生最高峰，用了四年時間，而他從楚王的位子上被劉邦用計騙倒，然後軟禁，僅僅只有十個月的時間。從漢六年（前二〇一）以後，江湖上就已經沒有了戰神的傳說，韓信的故事漸漸被人們忘卻。

天才往往習慣於寂寞，但其實也更害怕寂寞，他們人生的價值在於不斷超越自我，而不是困在活死人墓裏虛度光陰。雖然中原已經平定，但北方的匈奴日漸強大，韓信渴望能繼續率兵征戰，繼續證明他在軍事上不可超越的天才。只是劉邦斷然不會再給他這樣的機會了，劉邦寧可冒危險親征，甚至在白登之圍差點兒被冒頓吃掉，依然沒有考慮起用韓信。

韓信還是原來那個單純的少年韓信，劉邦卻已經不是原來的劉邦。

劉邦和呂雉之間有許多矛盾，劉邦一直打算廢掉呂雉及太子劉盈，改立戚夫人和劉如意。呂雉也在四處拉攏大員，鞏固自己的地位，但他們對韓信的態度，雖小有出入，但大體是相同的。韓信的忠誠，在他們看來是不存在的，存在的只是韓信對於漢朝巨大的威脅。

從劉邦之前對韓信的態度來看，不殺甚於殺，但可能是出於以呂雉為代表的后黨集團的強烈要求，再加上劉邦自知時日無多，為了大漢王朝的千秋萬代，劉邦忍痛同意對韓信實行定點清除。

謀殺韓信的計畫，是韓信最大的恩公，曾經被韓信視為再生父母的丞相蕭何提出來的。《史記・蕭相國世家》：「淮陰侯謀反關中，呂后用蕭何計，誅淮陰侯。」韓信想到了劉邦對自己的軍事天才「羨慕嫉妒恨」，呂雉也就早就想對自己下手，但單純的韓信絕對不會想到，真正把他送進地獄的，居然是蕭何。

這正是韓信人生的悲劇所在，他自己重感情，便認為天下人都重感情。韓信總是一廂情願地把曾經幫助過他的人視為恩人，別人對他有過滴水之恩，他必當湧泉相報。平心而論，蕭何不是壞人，而且人品比較端正，但韓信忽略了一個關鍵因素：個人感情和本集團利益的主次關係。

前面說了，蕭何是漢朝居統治地位的沛人集團的核心成員，蕭何本人的利益是和劉邦、呂雉緊緊捆綁在一起的，屬於一種依附型的存在狀態。漢在，蕭何在；漢亡，蕭何亡。

假如韓信「造反」成功，勢必剷除與韓信利益直接衝突的沛人集團。縱然韓信出於對蕭何當年推薦自己的感恩，用蕭何為相，蕭何在政治上沒有任何盟友，隨時可能被韓信，甚至是韓信的繼承者拿掉。而蕭何和沛人集團的關係盤根錯節，牽一髮而動全身，蕭何的安全反而能得到最大程度的保證。

也許蕭何在感情上並不想置韓信於死地，但他將面對來自劉邦或呂雉以及沛人集團施加的強大政治壓力，在這種情況下，蕭何沒有任何選擇的餘地，他只能設計除掉韓信，以求自保。

蕭何留給後人的印象是忠厚長者，長於文而短於武，靜訥少言，實際上蕭何不過是在自己身上塗抹了一層道德的保護色而已。都說劉邦是條變色龍，蕭何的變色能力絲毫不遜於劉邦，蕭何對劉邦的態度不斷出現變化可以證明這一觀點。

劉邦在做泗水亭長時，因為要去咸陽出差，但他身上沒多少錢，官場上的哥兒們每人給了劉邦三百錢做路費，而蕭何獨出五百錢。蕭何的用意很明顯，想藉機搞好和劉邦的關係，也許劉邦有飛黃騰達的日子，蕭何肯定會連本帶利收回這個人情。

後來劉邦回到沛縣，殺掉沛令，眾人商議反秦大計，要推舉一個頭領。以當時的資歷而言，劉邦的聲望最高，但蕭何也不是沒有希望做老大，而蕭何和曹參這兩位文職吏員卻極力推薦劉邦出頭。二人把劉邦推到前臺，並不是因為劉邦有能力做老大，而是蕭何擔心他做了頭領，萬一反秦失敗，秦朝會拿蕭何滿門開刀，所以讓劉邦來頂包。

蕭何和劉邦的私交在外人看來幾乎親密無間，蕭何都會對劉邦使這種外人很難察覺出來的小心眼，更遑論與蕭何非親非故的韓信。蕭何在漢中力薦韓信，與其說蕭何愛才，不如說蕭何是在利用韓信幫助他殺回沛縣。蕭何實現了這個目標，韓信的價值也就沒有了，對蕭何來說，韓信的存在不是一種保障，而是一種威脅。韓信不死，想必蕭何是睡不安穩的。

出於對韓信同樣的恐懼，蕭何和呂雉自然就形成了利益共同體，一張無形的大網早在韓信被貶為淮陰侯之初，就已經悄悄地懸在了韓信的頭上，只不過韓信沒有察覺到而已。

51 長樂宮，韓信之死

蕭何給呂雉出的主意很簡單，要斬殺韓信，最穩妥的辦法就是把韓信騙進宮來，一壯士可斬之，就如同之前劉邦在陳郡詐擒韓信一樣。如果在長安城中大張旗鼓地捉拿韓信，萬一讓韓信跑了，後果不堪設想。

至於藉口，遠在代北的陳豨免費替蕭何串了一場戲。蕭何派出一個心腹，悄悄出城，然後以劉邦使者的身分從北邊進入長安。此人來到宮裏，煞有介事地說皇帝已經擊殺陳豨，代北平定。蕭何以丞相的身分散發請帖，請王侯大臣按時去宮中參加慶功宴會。

《史記・淮陰侯列傳》記載韓信生病應該實有其事，所以韓信沒有隨同劉邦北征陳豨，留在長安養病，而且病情非常嚴重。因為韓信的分量太重，如果換了別人來請，韓信未必給面子，所以這趟差使，只能有勞蕭丞相跑一趟了。

淮陰侯府邸外，一輛馬車疾馳而來，停在石階前。酇侯府上的侍從打開了車門，然後跪在車廂下，請丞相大人踩著其背，緩慢地走了下來。丞相大人也老了，鬚髮花白，背略有些駝，但依然精神矍鑠，眼神裏散發著智慧的光芒。

蕭何在車前頓了頓，抬頭看了一眼門庭並不怎麼奢華的淮陰侯邸，心中輕輕歎了一口氣，這是他最後一眼看到「淮陰」二字了。大門敞開，蕭何一行風捲而入。

韓信還躺在榻上，身上蓋著錦被，但氣色還好，不是什麼威脅到生命的大病，吃幾服藥也許就會好起來。

蕭何已經來到榻前，韓信想掙扎著起身給蕭何行禮，被蕭何微笑著制止了。

蕭何面帶春風，眼神裏充滿了關愛和慈祥，讓韓信非常感動。韓信對劉邦的感情非常複雜，有時很尊重，但有時也對劉邦的吝嗇表示憤慨，但對蕭何，韓信只有感激和感恩。

當年要不是蕭何差點兒撕破老臉，劉邦也不會極其勉強地拜韓信為大將軍，更不會有韓信日後的功成名就。韓信經常說沒有漢王的知遇之恩，他就不會有今天，實際上他說的是蕭何。

劉邦對韓信嚴加防範的態度，讓韓信早已經寒了心。只是韓信還念著劉邦當年提攜過自己，韓信始終堅守自己的底線，但雙方已經沒什麼感情了。劉邦北征陳豨，要把韓信帶過去，韓信堅決不去，就是對劉邦種種無賴行為被迫做出的反抗。

蕭何不一樣，在韓信的心裏，蕭何就像父親一般。韓信敢駁劉邦的面子，但他絕不會對蕭何有任何的不敬，因為這是他的恩人。所以今天蕭何來請韓信，韓信沒有任何的猶豫，命人準備車馬入宮。

韓信強撐著下了床，穿上朝服，強打起精神，跟著蕭何進宮。二人的車馬在寬敞的大道上疾馳，一路向東，目的地是長安城東的長樂宮。

長樂宮本是秦朝的興樂宮，劉邦決定定都長安後，在漢五年（前二〇二）九月大修興樂宮。兩年後，嶄新的長樂宮出現在長安的地平線上，劉邦把長樂宮定為臨時辦公場所，平時百官朝賀、舉辦盛大宴會都在長樂宮。

同年二月，丞相蕭何主持興建的未央宮建成。長樂宮周長只有二十里，未央宮周長二十八里，備極奢華，但劉邦似乎習慣了長樂宮，並沒有立刻搬到未央宮辦公。幾年後，太子劉盈即位後，才搬到未央宮，長樂宮就成了太后呂雉的寢宮。

韓信不止一次來到長樂宮，當他站在巍峨的大殿前時，並沒有感覺到什麼異常。蕭何說得沒錯，不止是他們二人，在長安的所有高官都來了，參加這場消滅叛臣陳豨的慶祝大會。

韓信整了整衣冠，邁步登上臺階，拾級而上。兩旁每隔幾步就站著一個威猛雄壯的武士，手中的兵器在陽光的映射下閃著耀眼的光芒，韓信突然有些感慨。這些武士也許當年就在他的麾下，在大將軍的指揮下，巧渡黃河、背水一戰、濰水囊沙、垓下決戰。

韓信永遠不會忘記自己人生中最輝煌的那些片段，但他更渴望能有機會繼續戎馬破敵。韓信的人生價值在疆場之上，而不是鉤心鬥角的廟堂。看到這些武士，韓信總有想哭的衝動，也許韓信已經意識到，他的軍事生涯已經提前結束了，他再也沒有機會做大將軍了。

只是讓韓信沒有想到的是，他的人生，在他登上長樂宮的那一瞬間，也要結束了。

因為皇帝劉邦不在京師，所以由皇后呂雉來主持這場慶功大會。長樂宮的大殿上，高官雲集，許多平時私交不錯的大臣趁著大會還沒有召開，三兩聚在一起，聊著閒天。

韓信已經看到了坐在殿上的呂皇后，他對這個女人並沒有什麼好感。韓信和呂雉基本上沒有打過什麼交道，但韓信應該能猜測到自己的被貶爵軟禁，少不了呂雉的一份「功勞」。

還沒等韓信上前給呂雉施禮，他就聽見幕後一陣甲冑晃動的金屬聲，韓信的心猛地往下一沉。再看呂雉抹了濃妝的陰沉老臉，韓信下意識地朝後退了幾步。

憑藉天生的敏感，韓信想逃離這個不祥之地，但已經來不及了。

幾十名全副武裝的士兵在眾人的驚叫聲中，瞬間便把韓信緊緊圍了起來。韓信沒有做任何反抗，他已經知道這是呂雉和蕭何擺下的鴻門宴，是斷無可能逃脫了。

看到韓信被捆綁起來後，殿上的呂雉才長長出了口氣。韓信一直是呂雉一塊心病，如果不是劉邦攔著，估計呂雉早就對韓信下手了。現在韓信被擒，就意味她權力場上最有威脅的敵人被成功剷除，再沒有人能威脅到她的地位。至於無權無勢的戚夫人，呂雉陰冷地笑了，她知道該如何處置這個差點搶走自己地位的女人。

至於蕭何，他飽經滄桑的臉上依然沒有任何表情，他甚至都不敢正視韓信憤怒的目光。蕭何知道韓信落入呂雉的手上是必死無疑的，他的腦海中突然浮現出當年漢水岸邊的夜晚，他和韓信月下對話的那一幕，心裏不由得一緊。

韓信還在冷冷地盯著蕭何，他並沒有表現出憤怒的狀態。被軟禁的這幾年，韓信嘗盡了人間冷暖，性格也變得沉穩安靜。韓信知道以劉邦、呂雉的為人，這一天遲早會來。只是讓韓信沒有想到的，為呂雉做打手的，居然是他的恩人蕭何。

韓信對蕭何已經說不出半句話來，和蕭何認識了這麼久，韓信自以為和蕭何互為知己。直到今天，韓信才醒悟過來，他不過是蕭何手上一枚冰冷的棋子。當自己的利用價值已經完全消失後，他會像一塊爛抹布一樣被蕭何隨手扔掉。

韓信看透了劉邦，卻沒有看透蕭何。

呂雉已經有些不耐煩了，她並不關心韓信和蕭何之間的恩恩怨怨，她只關心自己的利益。

呂雉也許會承認韓信的偉大，但只有死去的韓信，才是讓她放心的。呂雉在殿上厲聲叫罵著，無非是說韓信謀反，宜其死也。而且呂雉一定會抬出劉邦這塊金字招牌，呂雉也知道，她的威望不足，只有藉助劉邦的威信，她才能得到她想得到的結果。

呂雉喝令武士將「反賊」韓信押到大殿側角的鐘室，這裏將是韓信傳奇人生的終點。

五花大綁的韓信被武士推搡著，踉踉蹌蹌地向鐘室走去，只留下一串淒然的大笑，盈盪在空曠的大殿上。所有人都沉默不語，呂雉並沒有聽到徹耳的歡呼聲。

鐘室，根據唐人顏師古《漢書注》，就是存放編鐘的側室，「鐘室，謂懸鐘之室」。至於為什麼呂雉會在這裏處死韓信，史書沒有直接的記載，但兩千多年來，一直流傳著一種神祕的說法，即著名的「三不殺」。

「三不殺」傳言是劉邦許給韓信的不死承諾，相當於小說戲文中的「丹書鐵券」或「免死金牌」。三不殺是指見天不殺，見地不殺，見鐵不殺，因為古代殺人，一般都在野外，用刀具處死，所以劉邦的「三不殺」承諾確保了韓信永遠不會被劉邦以任何罪名處死，這是蕭何、曹參等人都沒有得到的待遇。

實際上這只不過是後人對這段公案的庸俗化曲解，更有甚者，在韓信被殺的情節上添油加醋。有一種說法，說呂雉殺韓信時，不見天，即在屋中；不見地，地上鋪著竹席；不見鐵，用尖竹子捅死韓信。

韓信真正的死法，其實還是傳統方式，以刀斬之。

一道寒光閃過，一顆人頭滾落地上，一代戰神傳奇就此終結。

韓信死前只留下了一句話：「吾悔不用蒯徹之計，乃為兒女子所詐，豈非天哉！」

52 悲聲餘響

這是一個韓信完全沒有想到的人生終局。

八年前，謀士蒯徹說過的那句話——「大夫種、范蠡存亡越，霸勾踐，立功成名而身死亡。野獸已盡而獵狗烹」，在韓信被殺的那一刻，像幽靈一樣穿越在韓信的腦海中。

那時的韓信，還沉浸在劉邦對他的國士待遇中不能自拔，無論蒯徹怎麼勸，韓信都無法說服自己背叛劉邦。一個來自淮陰的窮小子，人見人罵，天下皆笑其怯懦，劉邦卻最終強硬地拜韓信為大將軍，讓韓信感激涕零。

正是這種報恩的心態，嚴重束縛了韓信的思維，讓韓信很難相信蒯徹的勸告，甚至還站在劉邦的角度替劉邦辯護。韓信不相信劉邦會卸磨殺驢，但韓信沒坐幾天楚王，就被劉邦械拿入京，從此被軟禁起來，讓韓信看透了劉邦的自私。

從這個時候，韓信就已經有些後悔當初沒有聽武涉和蒯徹的勸告，但當時韓信已被劉邦軟禁，他只能坐以待斃。韓信臨死前說出這句話，只是這幾年對劉邦積怨的一種宣洩。

雖然對韓信動手的是呂雉和蕭何，但韓信知道沒有劉邦的默許，呂蕭是斷然不敢對自己下手的。在韓信眼中，呂雉只是劉邦的政治打手，韓信也許不會怨恨呂雉。

明末名將袁崇煥曾經寫過一首《韓淮陰侯廟》詩，如下：

一飯君知報，高風振俗耳。
如何解報恩，禍為受恩始。
丈夫亦何為，功成身可死。
陵谷有變易，遑問赤松子。
所貴清白心，背面早熟揣。
若聽蒯通言，身名已為累。
一死成君名，不必怨呂雉。

袁督師上馬能麾兵，下馬能解詩，一句「一死成君名，不必怨呂雉」，實際上非常準確地給韓信的傳奇人生定了位。韓信自被囚禁以來，就如同一個活死人，他的人生價值只有肉體上的，還不如來一刀痛快，一死成就千古英名。

對韓信來說，蒙冤也許是個悲劇，但從歷史的角度講，韓信的偉大，被這一場千古冤案所帶來的震撼無限放大。韓信的人生，在最後一刻迸發出耀眼的光芒，同時襯托出了劉邦、蕭何、呂雉等人的醜陋和卑鄙。這樣的人生，其實是非常成功的。

在軍事上，韓信無敵於天下，破秦、魏、趙、齊、楚，並一腳把項羽從神壇上踢了下來。不過在政治上，韓信完全不是劉邦等人的對手，被劉邦玩弄於股掌之間。而韓信的失敗，主要也是因為政治原因，項羽也是栽在了政治上。韓信的政治能力甚至可以用弱智來形容，即使他當年聽從蒯徹的建議反漢，也未必能玩得過劉邦。

早在韓信不斷取得重大軍事勝利時，死神就已經悄悄到來韓信的身後，隨時準備吞噬韓信。這很好理解，韓信功勞越大，劉邦越難放心，功高震主，向來是沒有好下場的。

韓信有小聰明，但沒有大智慧，特別是官場生存法則，韓信幾乎是一竅不通，在對官場中人來說幾乎是致命的。韓信通曉國史，卻忘記了一代戰神白起是怎麼死的，白起就死在「功高震主」上面！為人主者，最忌諱大將功高震主，這事關家天下的傳承，是封建社會的頭等政治問題。韓信固然沒有造反奪權的野心，不過他的種種幼稚舉動，比如強迫劉邦封他為齊王，使得劉邦認為韓信太難駕馭。功臣沒有野心，但如果性格過於張揚、刺頭，人主同樣會想辦法除之而後快，韓信就屬於後者。

劉邦作為千古人傑，對韓信都如此忌憚，更不要說軍事能力幾乎為零的呂雉、蕭何等人。韓信之死，有一半的原因在於韓信自身不懂官場生存法則，狂妄自大、自以為國士無雙，抱著老子天下第一的心態在官場上混，沒有不失敗的。

宋人錢若水在《題韓信廟》一詩中講到了這個問題，詩如下：

築壇拜處恩雖厚，躡足封時慮己深。
隆準若知同鳥喙，將軍應有五湖心。

劉邦對韓信的張狂忍了很久，只是當時因為還用得著韓信，所以劉邦隱忍不發，可惜韓信卻絲毫沒有感覺到危險的到來。當韓信逼迫劉邦封他為齊王時，他應該能察覺出來劉邦對他的反感。可惜的是，韓信對此不但沒有任何反應，反而變本加厲，在劉邦準備對項羽發起總攻時再次要脅劉邦，最終讓劉邦忍無可忍，痛下狠手。如果韓信能學范蠡那樣野服騎鶴歸去，就不至於落到如此淒慘的下場。

不過劉邦對韓信的態度也是非常複雜的，可以確定的是，劉邦確實忌憚韓信，但沒到必殺之後快的地步。韓信的死，是各種政治勢力在幕後博弈的結果，有些時候，劉邦是作不了主的，比如對於呂雉集團的迅速壯大，劉邦無可奈何。劉邦應該很早就預料到韓信會死在一場陰謀之中。

韓信死後不久，劉邦就從北方前線回到長安，當看到韓信血跡已經枯乾的人頭時，劉邦的反應是「且喜且憐之」。韓信之死，對劉邦本人是有好處的，至少劉邦不用再提心吊膽地面對韓信。至於劉邦為什麼會「憐」韓信，這也很好理解，一是韓信無罪至死，二是劉邦行將老矣，難免念及舊情。

從家天下的角度，韓信必須死；從個人的角度，韓信之死又觸動了劉邦「英雄凋落」的悲涼心路。後來劉邦討伐英布路過沛縣時，高唱大風歌，「安得猛士兮守四方」，指的很可能就是痛惜韓信被殺。

劉邦「家天下」的思想根深蒂固，當得知韓信臨死前最後一句話是悔不聽當年蒯徹之計，劉邦的表情極度憤怒。劉邦知道蒯徹曾經做過韓信的謀士，他甚至知道蒯徹藏身何處，一道命令下來，蒯徹很快就被捕拿入長安。

劉邦當面質問蒯徹：「韓信之反，汝教之乎！」

蒯徹落在劉邦手上，自知凶多吉少，乾脆痛痛快快求一死，他污辱性地回駁劉邦：「沒錯，是臣教韓信反漢。韓信不聽臣言，所以他身死族夷，如果韓信聽臣之計，現在坐在這個位子上的，不是陛下，而是韓信。」

可以想像劉邦當時的憤怒，被韓信羞辱也就罷了，現在又被蒯徹當眾羞辱，劉邦的老臉頓時白裏透紅。韓信羞辱過劉邦的軍事能力，而蒯徹的羞辱實際上從另一個角度直接證明韓信無罪，這幾乎否定了扣在韓信頭上的「謀反罪」，這是劉邦不能接受的。劉邦想用油鼎烹殺蒯徹，以解羞辱之恨，好在蒯徹夠機靈，當場喊冤，劉邦這才饒過蒯徹。

劉邦不殺蒯徹，並不代表劉邦發善心，他殺丁公的時候可沒這麼慈眉善目，而是韓信的死讓劉邦心存愧疚。劉邦並不是個不講感情的梟狠人物，韓信當年拜將時的意氣風發，在蜿蜒的秦嶺小道上迎著朝陽前進的畫面，至今猶歷歷在目，不可能不在劉邦心中產生情感的波瀾。

還有一點，如果殺了蒯徹，劉邦就等於承認韓信沒有謀反。不殺蒯徹，實際上是劉邦在給自己找個臺階下。劉邦順便把殺害韓信的髒水潑到呂雉和蕭何的頭上，自己反倒落了個乾乾淨淨，非絕對聰明者，不能為此。

對劉邦來說，韓信的死，終歸是一件好事，至少他的大漢王朝將穩如泰山。天下三雄去其二（項羽、韓信），從此再沒有任何人可以對劉邦的江山產生威脅，清人袁保恆寫過一首《過韓侯嶺題壁》，前兩句是「高帝眼中只兩雄，淮陰國士與重瞳」。

英雄害怕孤獨，但英雄更希望戰勝所有的對手，而不是和其他英雄終生都在做殘酷的鬥爭。孫子兵法云，兵聞拙勝，未聞巧之久也。項羽和韓信都很沉醉於過程的唯美，而劉邦只想要冰冷的結果，這就是他們成敗的原因所在。

英雄往往重情，但也往往栽在「情」字上，韓信始終學不會心狠手辣，東漢末年的信都縣令閻忠在勸功高震主的車騎將軍皇甫嵩時就提及韓信的重情。《九州春秋》詳細記載了這段對話，皇甫嵩不忍叛漢，閻忠勸皇甫嵩不要學韓信的傻氣，「昔韓信不忍一飱之遇，而棄三分之利，拒蒯通（蒯徹，《史記》、《漢書》避漢武帝名諱作「通」。）之忠，忽鼎跱之勢，利劍已揣其喉，乃歎息而悔，所以見烹於兒女也」。

閻忠對韓信之所以失敗的原因分析得一針見血，功高震主卻不知進退，不要說劉邦，任何人坐在劉邦那個位子上，都要拿下韓信。從秦至明，功高震主的例子舉不勝舉。手段溫和一些，如杯酒釋兵權；手段毒辣一些，直接夷三族，根子還是出在對皇權家天下是否能千秋萬代的恐懼上。

明太祖朱元璋為了家天下，對開國武將群大開殺戒，只有湯和幸運逃過一劫，安享天年，原因就在於湯和的「卑言讓權」。所謂卑言，即從來不伐其功，如果功勞都是將軍們立的，皇帝豈不成了「打醬油」的？所謂讓權，即把能威脅到皇權的軍隊，徹底從軍隊系統退出來，把自己的生死交給皇帝，這樣反而有可能活下來。

無論是卑言還是讓權，韓信都搞得一塌糊塗，這讓所有人都對他不放心。皇帝信不過他，大臣信不過他，武將信不過他，韓信的悲慘下場，其實早已經注定。

不論韓信死得是否冤，韓信被殺，讓所有在他面前都有強烈自卑感的人們長長鬆了口氣。劉邦「且喜且憐」，「喜」的成分更大，就像劉邦看到項羽的人頭喜笑顏開一樣。

韓信的死，標誌著一個偉大的英雄時代徹底終結。實際上，當西楚霸王項羽烏江自刎時，這個時代就已經結束了，韓信被殺，只是為這個偉大時代畫了一個悲壯的句號。

英雄時代結束了，留下的，只有英雄寂寞的感歎。

漢十一年（前一九六）七月，淮南王英布在韓信被殺、彭越被呂后騙入長安剁成肉醬的雙重刺激下，再也無法忍受心中強烈的恐懼，扯旗造反。大漢皇帝劉邦這才悲涼地發現，已經沒有人再願意替他出頭做功狗了，人人只求自保。無奈之下，六十一歲的劉邦在群臣的冷眼旁觀下，強忍心中的悲涼，抱病親征淮南。

英布並沒有想到劉邦會親征，他之所以敢造反，就是仗著韓信、彭越已死，天下再無英雄。只是英布忘記了天下還有一位垂垂老矣的英雄，那就是劉邦本人。

漢十二年（前一九五）十月，新的一年開始了，劉邦卻越發蒼老。劉邦已經知道自己時日無多，他必須用也許是他一生中最後一場勝利來祭奠即將逝去的那個偉大時代，否則他將遺恨千古。

劉邦在陣前問英布為何造反。英布倒是個爽快人，說出了他的心裏話：「我想當皇帝。」皇帝大怒，揮鞭一指，萬丈橫戈，直踏敵陣。英布的皇帝夢還沒有做起來，就已經結束了，是役，「布軍敗走」，倉皇渡過淮河，企圖割據江東。

劉邦確實老了，他已經無心再追擊英布，只是派部將過江殺布，他要回長安料理後事。在回長安的路上，劉邦特意在家鄉沛縣停留一段時間，他要再看看這裏的一草一木，每一位鄉親父老。劉邦知道此次一別，再無相見之期。劉邦在沛宮置酒，大宴父老，聊起他少年時的趣事，劉邦拂鬚，仰天大笑。

劉邦是個性情中人，酒入愁腸，便作英雄淚。劉邦藉著酒勁，仗劍而起，和歌起舞。一劍舞起一聲歌，歌云：「大風起兮雲飛揚，威加海內兮歸故鄉。安得猛士兮守四方？」

座中父老忘我唱和，滿頭華髮的大漢皇帝已經淚流滿面。

此時的劉邦是一個演員，他獨自佔據一個偌大的舞臺，天下所有人都是他的觀眾，但劉邦還是被猛烈襲來的寂寞擊倒。當唱到「安得猛士兮守四方」的時候，劉邦一定隱約看到了一個人的身影，這個人同樣淚流滿面。

是韓信！

英雄最怕寂寞，而且老年人總是不停地懷舊。劉邦無法忘記當年漢中一拜，大將軍橫劍北上，在巍峨秦嶺上並肩大笑的場景。韓信被呂雉、蕭何騙入宮中處死的時候，雖然劉邦並不在場，但劉邦完全可以體會到韓信當時的悲涼心境。

天下底定，英雄宜其死也！

韓信已不在人間，只留下一段讓人唏噓的江湖傳說。劉邦知道他也即將離開這個讓人眷戀的人生舞臺，去另一個世界。也許在那裏，劉邦能遇到韓信。

十幾天後，劉邦依依不捨地離開沛縣，起駕回到長安，劉邦即將走到他人生的終點。

在平定英布叛亂的戰爭中，劉邦在亂軍中被流矢射傷，回到長安後，病情日益惡化。皇后呂雉請來名醫給劉邦治傷，被劉邦斷然拒絕，劉邦忍痛大罵這位倒楣的醫生：「吾以布衣提三尺取天下，此非天命乎？命乃在天，雖扁鵲何益！」劉邦已經很累了，他需要休息，永遠不要被人打擾。

漢十二年（前一九五）四月二十五日，大漢皇帝劉邦崩於長安宮中，壽六十二歲。

劉邦死前已經安排好了後事，性格有些怯懦的皇太子劉盈在強悍的母親呂雉擺布下即皇帝位，群臣伏拜山呼。

殿外，天高雲淡。

大地叢書介紹

作者：姜狼
定價：320 元

作者：張雲風
定價：280 元

漢化的鮮卑皇帝 VS 鮮卑化的漢族皇帝
中國歷史上政權更迭最頻繁時期的風雲史話

西元六世紀初時，曾威震天下的北魏帝國在內憂外患的打擊下，最終徹底崩潰，只留下一堆華麗的歷史碎片。千里北方大地上，狐兔狂奔，胡沙漫天，各路軍閥勢力為了獲得北方天下的統治權，大打出手。

真正從群雄中殺出重圍的，是鮮卑化的漢人高歡和鮮卑化的匈奴人宇文泰，震撼歷史的雙雄爭霸拉開了序幕，此後，河橋之戰、沙苑之戰、邙山之戰、玉壁之戰，歷史銘刻了屬於他們的驕傲。

一切總會被時間終結，但幸運的是，在高歡和宇文泰的子孫們的堅持下，脫胎於東魏的高氏北齊帝國，和脫胎於西魏的宇文氏北周帝國，延續著父輩的熱血與鐵血，上演了一齣齣精彩的攻防戰。

但讓他們都沒想到的是，他們並不是最終的勝利者。笑到最後的，却是一個名叫普六茹那羅延的漢人，他就是楊堅。

歷史總是充滿著不可預知的神秘色彩。

大地叢書介紹

作者：姜狼豺盡
定價：280 元

在中國歷史上，漢唐之後各經歷了一次大分裂時期。一次是漢朝之後極為著名的三國，唐朝之後是五代十國，五代十國和三國的歷史軌跡極為相似，但和三國的歷史知名度相比，五代十國則有些沒沒無聞。

但對於現代中國而言，五代十國的歷史意義遠在三國之上。晉高祖石敬瑭為一己之私，悍然出賣北方戰略屏障燕雲十六州，致使中原無險可守，受制於強悍的游牧民族。漢族政權兩次亡天下，極大地改變了中國歷史的進程。

五代是指唐朝滅亡後、宋朝建立前，在中原地區存在的五個政權：朱溫建立的梁，李存勖建立的唐，石敬瑭建立的晉，劉知遠建立的漢，郭威建立的周。在歷史上，這五個短命小朝廷都被視為正統；五代之後是宋、元、明、清、中華民國、中華人民共和國。

正史皆以五代為正統，十國只是附於五代，知名度相對更低。不過要是提及一個人物，想必大家都會恍悟。中國詞史上的開山鼻祖李煜，正是五代後期十國之一的南唐末代皇帝。「問君能有幾多愁，恰似一江春水向東流」之後沒多長時間，李煜便被宋太宗趙光義下藥毒死，只留下一闕闕帶著歷史血腥味的詞章，無言地在向歷史陳說李煜的悲劇。

十國是指楊行密建立的吳，李昪建立的南唐，錢鏐建立的吳越，王建建立的前蜀，孟知祥建立的後蜀，馬殷建立的楚，高季興建立的荊南，劉隱建立的南漢，王審知建立的閩以及劉崇在今山西建立的北漢。這還沒有包括劉守光建立的燕政權，李茂貞建立的岐政權，周行逢建立的湖南政權，留從效和陳洪進建立的清源軍，張氏和曹氏在大西北建立的歸義軍，以及契丹貴族耶律阿保機建立的遼，在雲貴高原一帶的大理政權。

五代十國存在的時間長短雖然和三國大抵相當，但這一時期政權遠多於三國，所以過程之曲折、鬥爭之殘酷、命運之無常，讓歷史都為之震撼。歷史總是這樣，驚心動魄之後，是無限的感慨……

大地叢書介紹

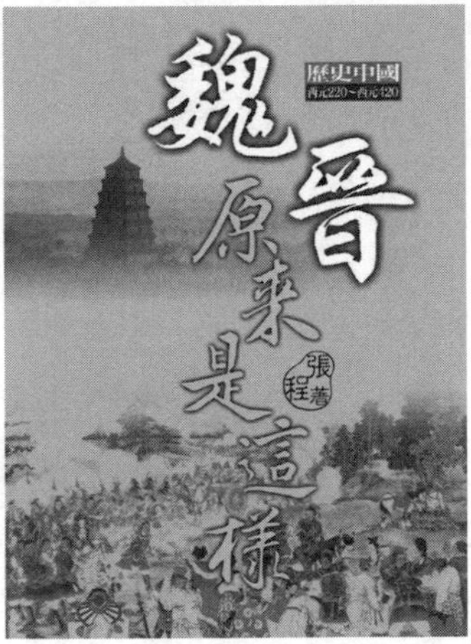

作者：張程
定價：320 元

魏晉南北朝（西元220年—589年），是中國歷史上一段分裂的時期。這個時期由220年曹丕強迫東漢漢獻帝禪讓，建立曹魏開始，到589年隋朝滅南朝陳重新統一結束，共400年。可分為三國時期、西晉時期（與東晉合稱晉朝）、東晉與十六國時期、南北朝時期。另外位於江南，全部建都在建康（孫吳時為建業，即今天的南京）的孫吳、東晉、南朝的宋、齊、梁、陳等六個國家又統稱為六朝。

189年漢靈帝死後，東漢長期混亂，誕生了曹魏、蜀漢、孫吳三國。到後期曹魏逐漸被司馬氏取代，265年被西晉取代。263年蜀漢亡於魏，280年孫吳亡於晉，三國最後由晉朝統一。

魏：是指曹丕建立的魏國，屬三國時期朝代，與蜀、吳三國鼎立。

晉：即指司馬炎建立的西晉。

西晉皇朝短暫的統一，於八王之亂與五胡亂華後分瓦解，政局再度混亂。在304年因為成漢與劉淵的立國，使北方進入五胡十六國時期。316年西晉亡於匈奴的劉曜後，司馬睿南遷建康建立東晉，南北再度分立。東晉最後於420年被劉裕篡奪，建立南朝宋，南朝開始，中國進入南北朝時期。然而北朝直到439年北魏統一北方後才開始，正式與南朝宋形成南北兩朝對峙。

大地叢書介紹

作者：醉罷君山

定價：320 元

西元前三世紀，秦王朝的暴政天下大亂，使得秦王朝以短時間滅亡，起而代之的是由漢高祖劉邦所創立的漢王朝。

西漢（前206年 ~ 9年），與東漢合稱漢朝。西元前206年劉邦被西楚霸王分封為漢王，而後經過歷時四年的楚漢戰爭，劉邦取勝後，西元前202年最終統一天下稱帝，建國號為「漢」，定都長安。史稱西漢。至西元9年1月10日王莽稱帝，改國號為新，西漢滅亡，一共210年。

劉邦一統天下建立漢王朝，自此帝國進入一個長期的空前繁榮，由文景之治到漢武帝，文治武功達到巔峰。

西漢極盛時的疆域東、南到海，西到今巴爾喀什湖、費爾干納盆地、蔥嶺一線，西南到今雲南、廣西以及今越南中部，北接大漠，東北至今朝鮮半島北部。

項羽以「巴蜀漢中四十一縣」封劉邦，以治所在漢中稱「漢王」，稱帝後遂以封地名為王朝名。又劉邦都城長安位於劉秀所建漢王朝都城洛陽之西，為加以區別，故史稱「西漢」 。而劉邦建立的漢王朝在劉秀所建漢王朝之前，因此歷史上又稱前者為「前漢」。

大地叢書介紹

作者：姜狼

定價：250 元

三國時代從東漢末年算起，長不過百年，卻英雄紛起，豪傑遍地。一代風流才子蘇東坡迎風高唱：「大江東去，浪淘盡，千古風流人物。」

雖然三國是漢末唐初三百年天下大亂的開始，但畢竟就整個歷史發展階段而言，三國處在了歷史上升時期。三國是亂世，不過卻亂得精彩，因此三國熱自然就歷久不衰。

也許是受到了《三國演義》的影響，我們心中的那個近乎完美的三國，更多的是指西元184年東漢黃巾起義以來，到西元234年諸葛亮病逝五丈原，這五十年的精彩歷史。尤其是東漢末年那二十多年時間，幾乎包攬了三國歷史最精華的部分。比如孫策平江東、官渡之戰、三顧茅廬、赤壁之戰、借荊州、馬超復仇、劉備入蜀，失荊州、失空斬、星落五丈原等。

其實要從嚴格意義上來講，三國真正開始於西元220年曹丕代漢稱帝，曹操、孫策、袁紹、呂布、劉表、荀彧、荀攸、龐統、法正、郭嘉、周瑜、魯肅、呂蒙、關羽都是東漢人。

三國之氣勢，足以傾倒古今，嘗臨江邊，沐浩蕩之風煙，歎一身之微渺；慕鳥魚之暢情，悲物事之牽錮。滾滾長江東逝水，浪花淘盡英雄……

大地叢書介紹

作者：王者覺仁
定價：360 元

唐朝是中國歷史上強盛的朝代之一，隋末民變留守太原的李淵見天下大亂，隋朝的滅亡不可扭轉，遂產生取而代之的念頭，率兵入關中擁立楊侑為帝，是為隋恭帝，西元618年迫隋恭帝禪位，建立唐朝，即唐高祖。

李淵建立唐朝後以關中為基地逐步統一天下，唐朝歷史可以概略分成數期，大致上以安史之亂為界。初唐時期，唐太宗勵精圖治國力逐漸強大，且擊敗強敵突厥，創造了貞觀之治。唐高宗與武后時期擊敗高句麗等強敵建立永徽之治。唐高宗去逝，武則天主政建國號周，女主政治達巔峰，西元705年唐中宗復辟國號恢復唐，一直到唐玄宗繼位女主政治才完全結束。至此進入盛唐，是唐朝另一高峰與轉折，唐玄宗即位革除前朝弊端，政治開明，四周鄰國威服，是為開元盛世。

天寶時期，政治逐漸混亂西元755年爆發安史之亂，唐朝由盛轉衰。中唐時期受河朔三鎮，吐番的侵擾，宦官專權，牛李黨爭等內憂外患的影響國力逐漸衰落。其中雖有唐憲宗的元和中興、唐武宗的會昌中興、唐宣宗的大中之治，都未能根治唐朝的內憂外患。晚唐時期政治腐敗爆發了唐末民變，其中黃巢之亂更是破壞了江南經濟，使唐朝經濟瓦解，導致全國性的藩鎮割據。唐室最後被藩鎮朱全忠控制，他迫使唐昭宗遷都洛陽，並於西元907年逼唐哀帝禪位，唐亡。

千古一戰神：韓信／姜狼著. -- 一版.-- 臺北市：
大地, 2014.02
面：　公分. --（History：63）

ISBN 978-986-5800-18-5（平裝）

1.（漢）韓信　2. 傳記

782.821　　103000534

千古一戰神 韓信

作者	姜狼
發行人	吳錫清
主編	陳玟玟
出版者	大地出版社
社址	114台北市內湖區瑞光路358巷38弄36號4樓之2
劃撥帳號	50031946（戶名　大地出版社有限公司）
電話	02-26277749
傳真	02-26270895
E-mail	vastplai@ms45.hinet.net
網址	www.vastplain.com.tw
美術設計	普林特斯資訊股份有限公司
印刷者	普林特斯資訊股份有限公司
一版一刷	2014年2月

HISTORY 063

大地

定　價：300元